プリント形式のリアル過去問で本番の臨場感！

福岡県

筑紫女学園中学校

2025年春受験用

解答集

本書は，実物をなるべくそのままに，プリント形式で年度ごとに収録しています。
問題用紙を教科別に分けて使うことができるので，本番さながらの演習ができます。

■　収録内容

・解答集（この冊子です）

書籍ＩＤ番号，この問題集の使い方，最新年度実物データ，リアル過去問の活用，解答例と解説，ご使用にあたってのお願い・ご注意，お問い合わせ

・2024（令和６）年度 ～ 2020（令和２）年度　学力検査問題

JN132316

〇は収録あり

年度	'24	'23	'22	'21	'20	
■ 問題収録	〇	〇	〇	〇	〇	
■ 解答用紙	〇	〇	〇	〇	〇	
■ 配点						

全教科に解説があります

注）国語問題文非掲載:2021年度の二

問題文の非掲載につきまして

著作権上の都合により，本書に収録している過去入試問題の本文の一部を掲載しておりません。ご不便をおかけし，誠に申し訳ございません。

本文の一部を掲載できなかったことによる国語の演習不足を補うため，論説文および小説文の演習問題のダウンロード付録があります。弊社ウェブサイトから書籍ＩＤ番号を入力してご利用ください。

なお，問題の量，形式，難易度などの傾向が，実際の入試問題と一致しない場合があります。

教英出版

■　書籍ＩＤ番号

入試に役立つダウンロード付録や学校情報などを随時更新して掲載しています。
教英出版ウェブサイトの「ご購入者様のページ」画面で，書籍ＩＤ番号を入力してご利用ください。

書籍ＩＤ番号　108440

（有効期限：2025年9月30日まで）

【入試に役立つダウンロード付録】
「要点のまとめ(国語／算数)」
「課題作文演習」ほか

■　この問題集の使い方

年度ごとにプリント形式で収録しています。針を外して教科ごとに分けて使用します。①片側，②中央のどちらかでとじてありますので，下図を参考に，問題用紙と解答用紙に分けて準備をしましょう（解答用紙がない場合もあります）。

針を外すときは，けがをしないように十分注意してください。また，針を外すと紛失しやすくなりますので気をつけましょう。

① 片側でとじてあるもの

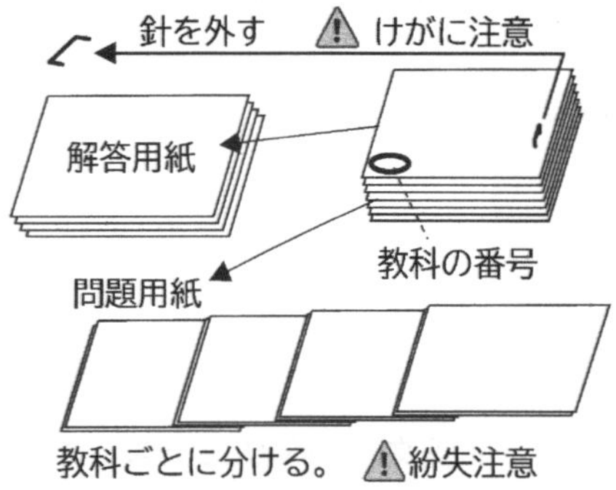

② 中央でとじてあるもの

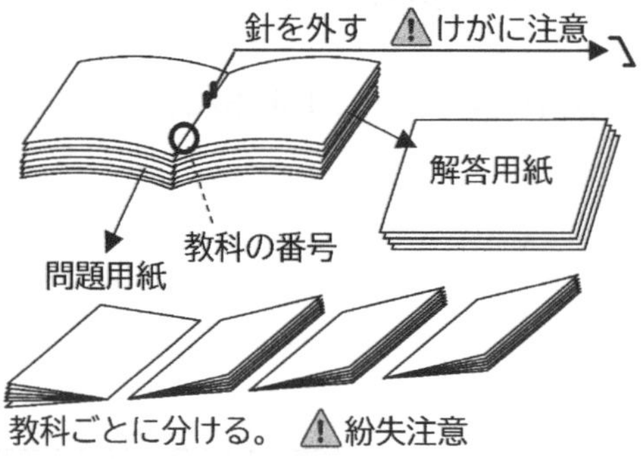

※教科数が上図と異なる場合があります。
解答用紙がない場合や，問題と一体になっている場合があります。
教科の番号は，教科ごとに分けるときの参考にしてください。

■　最新年度 実物データ

実物をなるべくそのままに編集していますが，収録の都合上，実際の試験問題とは異なる場合があります。実物のサイズ，様式は右表で確認してください。

問題用紙	Ａ４冊子(二つ折り)
解答用紙	Ａ３プリント

リアル過去問の活用

～リアル過去問なら入試本番で力を発揮することができる～

本番を体験しよう！

問題用紙の形式（縦向き / 横向き），問題の配置や余白など，実物に近い紙面構成なので本番の臨場感が味わえます。まずはパラパラとめくって眺めてみてください。「これが志望校の入試問題なんだ！」と思えば入試に向けて気持ちが高まることでしょう。

入試を知ろう！

同じ教科の過去数年分の問題紙面を並べて，見比べてみましょう。

① 問題の量

毎年同じ大問数か，年によって違うのか，また全体の問題量はどのくらいか知っておきましょう。どのくらいのスピードで解けば時間内に終わるのか，大問ひとつにかけられる時間を計算してみましょう。

② 出題分野

よく出題されている分野とそうでない分野を見つけましょう。同じような問題が過去にも出題されていることに気がつくはずです。

③ 出題順序

得意な分野が毎年同じ大問番号で出題されていると分かれば，本番で取りこぼさないように先回りして解答することができるでしょう。

④ 解答方法

記述式か選択式か（マークシートか），見ておきましょう。記述式なら，単位まで書く必要があるかどうか，文字数はどのくらいかなど，細かいところまでチェックしておきましょう。計算過程を書く必要があるかどうかも重要です。

⑤ 問題の難易度

必ず正解したい基本問題，条件や指示の読み間違いといったケアレスミスに気をつけたい問題，後回しにしたほうがいい問題などをチェックしておきましょう。

問題を解こう！

志望校の入試傾向をつかんだら，問題を何度も解いていきましょう。ほかにも問題文の独特な言いまわしや，その学校独自の答え方を発見できることもあるでしょう。オリンピックや環境問題など，話題になった出来事を毎年出題する学校だと分かれば，日頃のニュースの見かたも変わってきます。

こうして志望校の入試傾向を知り対策を立てることこそが，過去問を解く最大の理由なのです。

実力を知ろう！

過去問を解くにあたって，得点はそれほど重要ではありません。大切なのは，志望校の過去問演習を通して，苦手な教科，苦手な分野を知ることです。苦手な教科，分野が分かったら，教科書や参考書に戻って重点的に学習する時間をつくりましょう。今の自分の実力を知れば，入試本番までの勉強の道すじが見えてきます。

試験に慣れよう！

入試では時間配分も重要です。本番で時間が足りなくなってあわてないように，リアル過去問で実戦演習をして，時間配分や出題パターンに慣れておきましょう。教科ごとに気持ちを切り替える練習もしておきましょう。

心を整えよう！

入試は誰でも緊張するものです。入試前日になったら，演習をやり尽くしたリアル過去問の表紙を眺めてみましょう。問題の内容を見る必要はもうありません。どんな形式だったかな？受験番号や氏名はどこに書くのかな？…ほんの少し見ておくだけでも，志望校の入試に向けて心の準備が整うことでしょう。

そして入試本番では，見慣れた問題紙面が緊張した心を落ち着かせてくれるはずです。

※まれに入試形式を変更する学校もありますが，条件はほかの受験生も同じです。心を整えてあせらずに問題に取りかかりましょう。

筑紫女学園中学校

《国　語》

一 問一．a．築き　b．ふしめ　c．いごこち　d．本格　e．就職　f．収まつ　g．心機一転

問二．ウ　問三．新たな～ること　問四．②イ　③ウ　問五．ア　問六．消極的　問七．1．旅に出る　2．日常的に接してきた相手　3．自己物語の文脈　4．固定化

問八．〈作文のポイント〉

・最初に自分の主張、立場を明確に決め、その内容に沿って書いていく。

・わかりやすい表現を心がける。自信のない表現や漢字は使わない。

さらにくわしい作文の書き方・作文例はこちら！→https://kyoei-syuppan.net/mobile/files/sakupo.html

二 問一．a．市街地　b．た　c．河口　問二．A．むくむく　B．さんさん　C．わくわく　問三．飛行機からながめる空　問四．淡青色の～快活な空　問五．空に白と／頭上を飛　問六．ア　問七．風に吹かれて上下に揺れる様子。　問八．残像を利用した壮大な手品　問九．ていた。　問十．空はだれ

《算　数》

1 (1)21　(2)2　(3)15　(4)3825　(5)28　(6)35　(7)25　(8)ア．8　イ．6　ウ．4

2 (1)①ウ　②イ　(2)45　(3)①0.86　②1.72　(4)432　(5)2.5

3 (1)125　(2)3

4 (1)13　(2)3　(3)a．3　b．11

5 (1)8　(2)(ア)4　(イ)2　(ウ)2　(3)7　(4)②，④

《理　科》

1 (1)ウ　(2)エ　(3)ア　(4)日時計

2 (1)1，2　(2)①暗く　②箱の中に入れて　(3)エ　(4)日光が当たるとデンプンができるから。

3 (1)カ　(2)①エ　②Ⅰ．軽く　Ⅱ．上　Ⅲ．B　(3)11

4 (1)①イ　②ア　③オ　④オ　⑤外来種〔別解〕外来生物　(2)A．ウ　B．イ

5 (1)4　(2)3　(3)C　(4)エ

6 (1)じょう発　(2)イ　(3)エ　(4)水と氷では，あたたまり方がちがう。　(5)A，C　(6)14.3

7 (1)①台風　②イ　③反時計回り　④ア　(2)ア

8 (1)1.3　(2)A．イ　B．ア　C．ウ　(3)ふりこの長さ

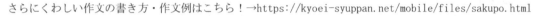

《社　会》

1　問1．イ　問2．大西洋→インド洋→太平洋　問3．⑴ウ　⑵ア　問4．ウ　問5．⑴トレーサビリティ　⑵エ　問6．イ

2　問1．イ　問2．ウ　問3．エ　問4．イ　問5．⑴エ　⑵資料1…A　資料2…C　資料3…D　問6．⑴エ　⑵A．鉄鉱石の産地から近く　B．石炭産出高が全国で第一位である　問7．(第1次)石油危機　〔別解〕(第1次)オイルショック　問8．⑴ア　⑵エ　問9．イ　問10．C

3　問1．エ　問2．ウ　問3．イ　問4．エ　問5．ア　問6．A．ベトナム　B．アジア　問7．一人っ子政策　問8．イ

《2024　国語　解説》

一　**問三**　「他者の視点を取り入れていく」ことは、「自己が他者を含《ふく》むものへと拡張していくことを意味する」。このことを同段落で、「身近に接する人たちのもつ視点を取り入れることで、世界を見る視点をもつようになっていくのだ」と説明している。これを一言で言ったのが、２段落後の最後の「視野が広がる」なので、それを説明した「新たな視点を他者から取り入れることでものごとをより多角的に見られるようになること」をぬき出す。

問四②　「左右される」は、影響される、動かされるという意味。イの「赤組か白組か」はクラスによって決まることで、何かの影響《えいきょう》で動かされることではないので、適当ではない。　③　ウの「一年の終わりをしめくくる」月は「十二月」しかないので、何かと比べて一番であるという意味の「最たるもの」を使うのは、適当ではない。

問五　「自分のこれまでの生き方に嫌気《いやけ》がさしたとき」や、「自分が嫌になる」という気持ちを表した言葉だからアの「うんざり」(＝飽《あ》きて嫌になるさま)が適する。

問七１　[1] の直前に「新たな自己語りのチャンスを求めて」とあるので、「自己語りのチャンス」について書かれた部分を探すと、最後の段落に「旅に出たいという衝動《しょうどう》に駆《か》られるとき～新たな自己の語りのチャンスを求めているのだ」とある。よって、[1] の前後に合わせて、「旅に出る」をぬき出す。　**２**　「[2] との付き合いが断たれ～自己を語ることができる」と、本文の最後から４段落目の「旅先では、日常的に接してきた相手との接触《せっしょく》が断たれるため、これまでの自己の語り方から解放される」がほぼ同じ表現になっているので、下線部の直前、「日常的に接してきた相手」をぬき出す。　**３**　本文の最後から４段落目に「日常的に接してきた相手との接触が断たれ」「これまでの自分を知らない」「旅先で出会った人」と語り合うときには、「これまで生きてきた自己物語の物語筋をふまえずに～自己を語ることができる」とある。この「自己物語の物語筋」と同じ意味の「自己物語の文脈」をぬき出す。　**４**　──部②のある段落に、自己物語が安定感のあるものに仕上がっていくと、見方が「固定化」されてしまうとある。

二　**問三**　「地上からあおぐ空」と対比されているもの。指示語の内容は前の部分に書かれていることが多いので、前の段落を探すと、５行前に「飛行機からながめる空」とある。

問四　娘《むすめ》に「空は同じじゃない？　アフリカも日本も」と言われたが、筆者は「そうではなかった」と感じており、アフリカの空について、「淡《たん》青色の半球に白と灰色を混ぜた～快活な空」([5]段落)と説明している。

問五　「鮮烈《せんれつ》」は、あざやかではっきりしていること。[6]段落の最後で「鋭《するど》い叫喚《きょうかん》が響《ひび》きわたった」と、筆者に強い印象をあたえた光景の描写《びょうしゃ》が始まり、「空に白と黒の無数の木の葉が舞《ま》っているようだった」「頭上を飛び交う鳥たちの羽がキラキラして、暗い空にひらめく稲光《いなびかり》のように見えた」とたとえを用いて表現している。

問六　問五でぬき出した、沢山《たくさん》の鳥たちが空を飛んでいる光景を見て──部⑦のように感じたので、アが適する。

問七　このように、人ではないものを人にたとえて表現する技法を、擬人法《ぎじんほう》という。

問八　雪に映った自分のかげを凝視《ぎょうし》してから空を見上げたので、目に残像が残り、「白い巨人」(＝自分のかげ)が見えた。それを「手品」と言っている。

問九　[10]段落を参照。筆者は「鳥の一生を～鳥の意識で文章化」しようと思い立ち、小説を書いたが、完成したときには「へとへとになっていた」。鳥になったことを想像して小説を書いただけで疲《つか》れきってしまったので、「想像の中ですら鳥になることは至難の業だったのだ！」と言っている。

問十　人間は「地上性の生物」なので、飛行機(＝空の中)から空を見ても落ち着かないが、「地上からあおぐ空には～安定感がある」($\boxed{2}$段落)と感じる。一方、鳥は、「空を自在に飛ぶことができ、その一部を生活環境《かんきょう》に取りいれている」($\boxed{10}$段落)ので、空が「別の意味をもち」、人間とは「異なる感覚世界」に生きているのではないかと筆者は考えた。このような、空に対する生き物ごとの感覚の違《ちが》いがあるという思いから、$\boxed{11}$段落で「空はだれかが独り占《じ》めするものではない。〝鳥の空〟～があって同時に成熟した人間の空もありうるのであろう」とまとめている。

《2024　算数　解説》

$\boxed{1}$ (1)　与式$=(15\div 45+\frac{7}{6})\times 8+9=(\frac{1}{3}+\frac{7}{6})\times 8+9=(\frac{2}{6}+\frac{7}{6})\times 8+9=\frac{9}{6}\times 8+9=\frac{3}{2}\times 8+9=12+9=$**21**

(2)　与式$=(\frac{17}{5}-\frac{3}{5})\times\frac{5}{7}=\frac{14}{5}\times\frac{5}{7}=$**2**

(3)　$\frac{22}{7}=22\div 7=3.142857142857\cdots$となり，一の位の数は3，小数第1位以下では1，4，2，8，5，7の6個の数がこの順にくり返し並ぶ。よって，一度も現れない数字を足すと，$0+6+9=$**15**となる。

(4)　50から100までの整数の和は，1から100までの整数の和から，1から50までの整数の和を引き，50を足した値《あたい》になるから，$5050-1275+50=$**3825**である。

(5)　売値は定価の$1-0.2=0.8$(倍)であり，特売の値段は定価の$0.8\times(1-0.1)=0.72$(倍)だから，定価の$(1-0.72)\times 100=$**28**(%)引きである。

(6)　**【解き方】リボンの左端《ひだりはし》からA，Bまでの長さをそれぞれ求める。**

1m＝100㎝であり，リボンの左端からAまでの長さは$100\times\frac{3}{3+2}=60$(㎝)，左端からBまでの長さは$100\times\frac{1}{1+3}=25$(㎝)である。よって，色つき部分の長さは$60-25=$**35**(㎝)

(7)　**【解き方】速さの比は同じ道のりを進むのにかかる時間の比の逆比となる。**

太郎さんと花子さんが100m進むのにかかる時間の比は16：20＝4：5だから，2人の速さの比は4：5の逆比の5：4である。よって，花子さんが100m走るとき，太郎さんは同じ時間に$100\times\frac{5}{4}=125$(m)走るから，花子さんの出発点よりも$125-100=$**25**(m)後ろにすればよい。

(8)　**【解き方】$2\times\boxed{ア}\boxed{ア}$の計算結果が170以上179以下となっていることに注目する。**

2に2桁の整数をかけた積が170以上179以下となるとき，2桁の整数の十の位は8だから，$\boxed{ア}=8$である。よって，右の筆算より，$\boxed{イ}=6$，$\boxed{ウ}=4$である。

$$\begin{array}{r} 88 \\ \times\ 23 \\ \hline 264 \\ 176\ \ \\ \hline 2024 \end{array}$$

$\boxed{2}$ (1)　(直径の長さ)×(円周率)＝(円周の長さ)だから，(円周率)＝(円周の長さ)÷(直径の長さ)である。

(2)　**【解き方】右図のように，補助線ODを引く。**

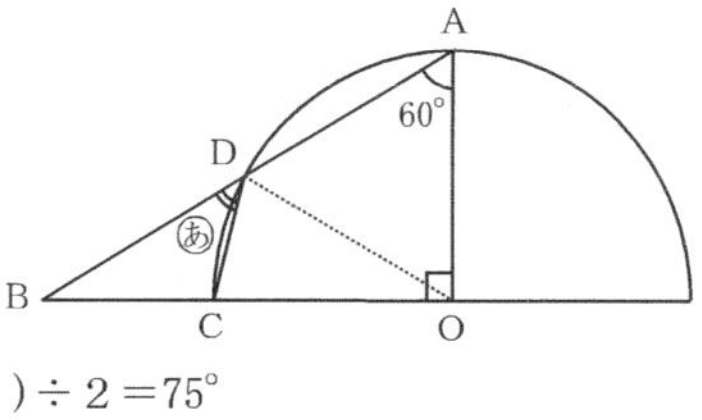

円の半径だからOA＝ODより，三角形OADは二等辺三角形であり，角OAD＝60°だから，三角形OADは正三角形である。よって，角ODA＝60°，角COD＝90°－60°＝30°

OC＝ODより，三角形OCDは二等辺三角形だから，角ODC＝(180°－30°)÷2＝75°

よって，角㋐＝180°－(60°＋75°)＝**45°**

(3)①　斜線《しゃせん》部分の面積は，1辺の長さが2㎝の正方形の面積から，半径が2㎝，中心角が90°のおうぎ形の面積を引いた値《あたい》だから，$2\times 2-2\times 2\times 3.14\times\frac{90°}{360°}=4-3.14=$**0.86**(㎠)である。

②　**【解き方】正方形の面積は，(対角線の長さ)×(対角線の長さ)÷2で求められる。小さい正方形の1辺の長さを具体的に求めることはできないが，1辺の長さを2回かけた値は正方形の面積と等しくなることを利用する。**

小さい正方形の対角線の長さは，大きい正方形の1辺の長さに等しく4㎝である。よって，小さい正方形の面積は

4×4÷2＝8(㎠)であり，小さい正方形の１辺の長さをａ㎝とすると，ａ×ａ＝８となる。円の半径は(ａ×$\frac{1}{2}$)㎝だから，求める面積は８－ａ×$\frac{1}{2}$×ａ×$\frac{1}{2}$×3.14＝８－(ａ×ａ)×$\frac{1}{4}$×3.14＝８－８×$\frac{1}{4}$×3.14＝**1.72**(㎠)である。

⑷　**【解き方】直方体の体積から，三角柱ＢＰＦ－ＣＱＧの体積を引いて求める。**

ＰＢ＝ＡＢ－ＡＰ＝８－４＝４(㎝)だから，三角柱ＢＰＦ－ＣＱＧの体積は４×６÷２×12＝144(㎤)

直方体の体積は８×12×６＝576(㎤)だから，求める体積は576－144＝**432**(㎤)である。

⑸　**【解き方】側面の展開図をかき，Ｅと重なる点をＥ′とすると，糸の長さが最も短くなるとき，糸は直線ＡＥ′と重なる(右図参照)。**

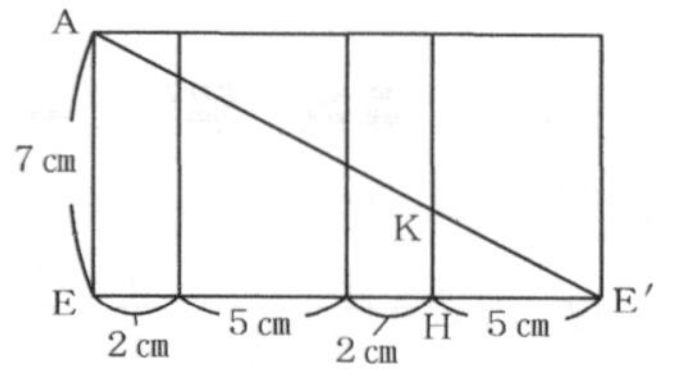

ＡＥとＫＨは平行だから，三角形ＡＥＥ′と三角形ＫＨＥ′は形が同じで大きさが異なる三角形である。三角形ＡＥＥ′と三角形ＫＨＥ′の辺の長さの比はＥＥ′：ＨＥ′＝(２×２＋５×２)：５＝14：５だから，

ＫＨ＝ＡＥ×$\frac{5}{14}$＝７×$\frac{5}{14}$＝$\frac{5}{2}$＝**2.5**(㎝)である。

3　⑴　５▲３＝５×５×５＝**125**

⑵　(４▲４)×２＝４×４×４×４×２＝(４×２)×(４×２)×(４×２)＝８×８×８だから，□＝**3**である。

4　⑴　**【解き方】色つき部分の面積を，正方形の面積と台形の面積の和として計算する。**

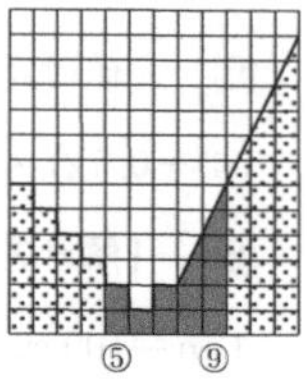

ａが⑤，ｂが⑨のとき，右図のようになる。⑤から⑦までの面積が５㎠，⑧から⑨の面積が(２＋６)×２÷２＝８(㎠)だから，塗《ぬ》られる部分の面積は５＋８＝**13**(㎠)である。

⑵　塗られる部分の面積が最も小さくなるのはａが⑥，ｂが⑦のときで，面積は**3**㎠である。

⑶　**【解き方】⑴より，ａが⑤，ｂが⑨のときの面積が13㎠だから，面積が36㎠になるのは⑴の塗り方よりも，塗る面積を36－13＝23(㎠)だけ増やしたときである。**

⑴と比べたとき，④を塗ると３㎠，③を塗ると３＋４＝７㎠，②を塗ると７＋５＝12㎠，①を塗ると12＋６＝18(㎠)だけそれぞれ面積が増える。また，⑩を塗ると(６＋８)×１÷２＝７(㎠)，⑪を塗ると(６＋10)×２÷２＝16(㎠)だけ面積が増える。よって，⑴からさらに③，④，⑩，⑪を塗れば，面積は７＋16＝23(㎠)増えて条件に合うので，ａの値を**3**，ｂの値を**11**とすればよい。

5　⑴　**【解き方】20人のテスト結果の中央値は，20÷２＝10より，高い順に10番目と11番目の値の平均である。**

中央値が7.5点のとき，10番目と11番目の得点の和は7.5×２＝15(点)であり，10番目と11番目の値はそれぞれ，12点と３点，８点と７点のどちらかであるが，12点と３点は明らかに適さないので，**8**点と**7**点である。

⑵　⑴より，点数の高い方から10番目の得点は８点，11番目の得点は７点だから，(ア)＝10－(４＋２)＝**4**である。【問２】を正解した生徒は11人で，得点は４点，４＋３＝７(点)，４＋５＝９(点)，12点のいずれかだから，(イ)＝11－(３＋２＋４)＝**2**である。よって，(ウ)＝20－(４＋２＋４＋２＋２＋３＋１)＝**2**となる。

⑶　**【解き方】(平均値)＝(合計)÷(人数)で求める。**

20人の合計点は，12×４＋９×２＋８×４＋７×２＋５×２＋４×３＋３×２＝140(点)だから，平均値は140÷20＝**7**(点)である。

⑷　**【解き方】24人のテスト結果の中央値は，24÷２＝12より，高い順に12番目と13番目の値の平均である。この値が20人のときと同じ7.5点なので，高い方から12番目の生徒は８点，13番目の生徒は７点である。**

20人の結果では，得点が８点以上の生徒の人数は４＋２＋４＝10(人)なので，得点が高い方から12番目の生徒が８点となるためには，欠席した４人のうち，12－10＝２(人)以上が８点以上となる必要がある。

また，20人の結果と24人の結果の平均値が変わらないので，欠席した４人の平均点も７点であり，合計点は

7×4＝28(点)となる。合計点について，①が30点，②が28点，③が22点，④が28点，⑤が26点だから，適するものは②，④であり，それぞれ8点以上の生徒が2人いるので，条件に合う。

《2024　理科　解説》

1 (2)(3)　太陽は東の地平線からのぼり，正午に南の空の高いところを通り，西の地平線にしずむ。棒のかげは太陽のある向きと反対側にできるから，かげの向きは西→北→東と動く。したがって，正午に記録したかげの向きは北である。また，太陽が高い位置にあるほどかげは短くなり，低い位置にあるほどかげは長くなるから，午後4時に記録したかげは，正午のかげより長くなり，より東に向く。

2 (1)(2)　調べたい条件以外の条件を同じにして実験を行うことで，結果に違《ちが》いがあった場合，その違いは変えた条件によるものであると判断できる。(1)では，水以外の条件が同じで，水ありで発芽し，水なしで発芽しなかったものを比較《ひかく》することで水が必要だと判断できる。(2)では，温度以外の条件を同じにする必要がある。

(3)(4)　ヨウ素液はデンプンに反応して青むらさき色に変化する。植物の葉は日光が当たると，水と二酸化炭素をもとにデンプンと酸素をつくる光合成を行う。

3 (1)　空気にふくまれる気体の量は，ちっ素が約78%，酸素が約21%，その他の気体が約1%(このうち約0.04%が二酸化炭素)である。

(2)①　ものを燃やす前と後で，ちっ素の量は変わらない。なお，ものが燃えると，酸素が減り，二酸化炭素が増える。　②　Bではあたためられた空気が上から出ていき，新しい空気が下のすき間から入ってくる。

(3)　炭が完全に燃えるとき，炭と必要な酸素の重さの比は3：8だから，炭3gを完全に燃やすのに必要な酸素の重さは8gである(この実験では酸素が12gあまる)。表より，できる二酸化炭素の重さは，燃やした炭と必要な酸素の重さの和に等しいから，できる二酸化炭素は3＋8＝11(g)である。

4 (1)①　自分で養分をつくることができるのは，光合成を行うことができるイカダモである。　②　ふつう，食べる生物の数より，食べられる生物の数の方が多い。よって，図の生物の食物連鎖《れんさ》は，イカダモ→ミジンコ→メダカ→ザリガニ→サギとなる。　③　イカダモを食べるミジンコは草食動物，ミジンコを食べるメダカは肉食動物である。メダカを食べるザリガニ，ザリガニを食べるサギも肉食動物である。　④　ミジンコの位置にあてはまるのは，草食動物のバッタと考えることができる。なお，生物の数が多い順に，イネ＞バッタ＞カエル＞ヘビ＞タカである。　⑤　外来生物によって，在来生物(もとからいた生物)が食べられたり，生活の場所をうばわれたりすることがある。

5 (1)　てこがつりあっているとき，てこをかたむけるはたらき〔おもりの重さ×支点からのきょり〕が左右で等しい。使うおもりの重さがすべて等しいからおもりの重さはおもりの個数，支点からのきょりは中心(支点)からの目盛りの数を用いる。てこを右にかたむけるはたらきは2×2＝4だから，1個のおもりだけを使っててこをつりあわせるためには，中心から左に4÷1＝4(目盛り)の位置につるせばよい。

(2)　てこを右にかたむけるはたらきが2×2＋1×5＝9だから，中心から左に3目盛りの位置だけにおもりをつるしててこをつりあわせるためには，おもりを9÷3＝3(個)つるせばよい。

(3)　支点はC，作用点はB，力点はAである。

6 (2)　ふくろの中の水じょう気(気体)が水(液体)に変化して，体積が小さくなるため，ふくろはしぼむ。

(3)(4)　ab間では氷があたためられ，bc間では氷が水に変化し，cd間では水があたためられ，de間は水が水じょう気に変化している。

⑸　水の量と入れるものの量の割合が同じとき，水よう液のこさは同じになる。60℃の水 50ｇに 20ｇのものを入れてとかすことは，それぞれを２倍にした，60℃の水 100ｇに 40ｇのものを入れてとかすことと同じと考える。よって，表より，60℃の水 100ｇにとける最大量が 40ｇより少ない食塩（A）とホウ酸（C）でとけ残りができるとわかる。

⑹　水の量ととけるものの最大量は比例の関係にある。表より，20℃の水 100ｇにはミョウバンが 11.4ｇとけるから，20℃の水 50ｇにはミョウバンが $11.4\times\frac{50}{100}=5.7$（g）とける。よって，20－5.7＝14.3（g）のミョウバンが出てくる。

7　⑴①　台風は日本のはるか南の海上で発生する。　④　ア×…台風の中心に向かって反時計回りにふく風の向きと台風の進行方向が同じになるところで特に強い風がふくから，台風の進む方向の右側で特に強い風がふく。

8　⑴　アは 12＋13＋13＝38（秒），イは $38\div3=\frac{38}{3}$（秒），ウは $\frac{38}{3}\div10=1.26\cdots\rightarrow1.3$ 秒となる。

⑶　⑵より，ふりこが１往復する時間は，ふりこの長さが長いほど長くなり，おもりの重さやふりこのふれはばによって変化しないとわかる。

《2024　社会　解説》

1　**問１**　イ　①アメリカの全人口は日本の全人口の約３倍で，日本とアメリカの農林水産業にたずさわる人口に差がないことから，全人口に対する農林水産業にたずさわる人口の割合は，アメリカより日本の方が大きい。
②アメリカの耕地・樹園地の面積は，日本の耕地・樹園地の面積の約40倍で，日本とアメリカの農林水産業にたずさわる人口に差がないことから，農林水産業にたずさわる一人あたりの耕地・樹園地の面積は，アメリカより日本の方が小さい。

問２　大西洋→インド洋→太平洋　右図に，大西洋→地中海→スエズ運河→紅海→インド洋→マラッカ海峡→南シナ海→太平洋と進む航路を示した。

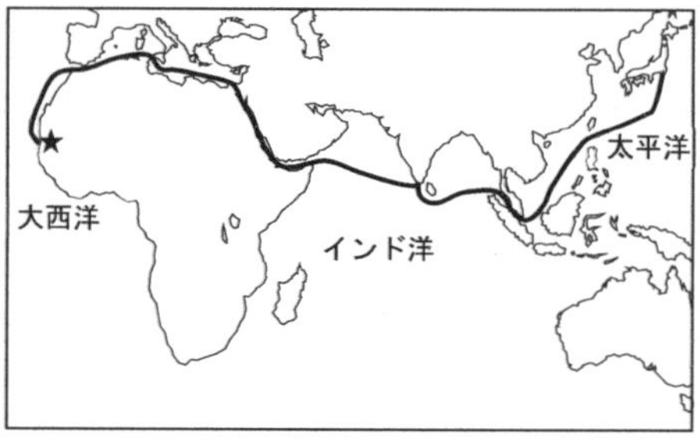

問３⑴　ウ　関東平野は，東側に高い山がないことから考える。
⑵　ア　群馬県では，冷涼な気候を利用して，愛知県や千葉県など他県の出荷量が少なくなる夏にキャベツを栽培・収穫している。

問４　ウ　ＩＣＴと略される。アはグローバルポジショニングシステムの略称。イは新聞・テレビ・ラジオなど，情報を大衆に伝達する媒体。エはソーシャルネットワーキングシステムの略称。

問５⑴　トレーサビリティ　トレーサビリティを利用することで，消費者は安心して食品を購入することができる。　⑵　エ　宮崎県は，畜産と野菜の生産がさかんである。宮崎県は，温暖な気候とビニールハウスなどを利用して，きゅうりやピーマンの促成栽培をしている。アは茨城県，イは鹿児島県，ウは北海道。

問６　イ　阪神工業地帯を構成する大阪府は，古くからある中小企業が多く，製造業における出荷額は減少傾向にあるが，福岡県より高い。北九州工業地帯を構成する福岡県は，一時期生産額を落としていたが，エコタウン計画や自動車工場の誘致によって，機械工業の出荷額を大きく伸ばしている。

2　**問１**　イ　Ⅰは王塚古墳，Ⅱは田川市の石炭記念公園，Ⅲは大宰府政庁跡，Ⅳは野村望東尼の平尾山荘。

問２　ウ　D．（弥生時代・古墳時代）→B．（飛鳥時代・奈良時代・平安時代）→A．（鎌倉時代・江戸時代）→C．（明治時代～）

問３　エ　朝廷内での勢力争いに敗れ，大宰府に流されたのは菅原道真である。

問４　イ　　ア．誤り。朝鮮との貿易は対馬藩を通して行われた。ウ．誤り。長崎の出島は，ポルトガルとの貿易のために長崎湾内につくられた人工の島で，ポルトガル船の来航が禁止されてからはオランダ船が来航した。エ．誤り。オランダとの貿易は，長崎の出島に限られ，幕府の監視のもとにおかれた。

問５⑴　エ　　大化の改新は，飛鳥時代におこった。アは明治時代，イは室町時代，ウは弥生時代。

⑵　資料１＝Ａ　資料２＝Ｃ　資料３＝Ｄ　　ＢはモンゴルＥはサウジアラビア。

問６⑴　エ　　官営八幡製鉄所の操業開始は1901年である。大日本帝国憲法の発布は1889年である。また，貴族院ではなく，衆議院で初めて選挙が行われた。　⑵　地図２から，鉄鉱石の産地は呉市より近いことが読み取れる。資料４から福岡県の石炭産出高は，他の都道府県より突出して多いことが読み取れる。

問７　（第１次）石油危機〔別解〕（第１次）オイルショック　　1973年，第４次中東戦争を受けて，産油国が原油の生産量を減らしたり，値上げをしたりしたことで，世界経済に起きた混乱を第１次石油危機という。

問８⑴　ア　　大仙古墳は大阪府堺市にある。大浦天主堂は長崎県長崎市にある。石見銀山は島根県大田市にある。原爆ドームは広島県広島市にある。　⑵　エ　　ユネスコ（UNESCO）は，国際連合教育科学文化機関の略称である。ユニセフは国際連合児童基金，NGOは非政府組織，ODAは政府開発援助の略称。

問９　イ　　鎌倉時代から江戸時代は武家政権である。

３　問１　エ　　Ｘ．誤り。市議会で作ることができるのは条例である。Ｙ．誤り。国会議員は有権者からの選挙で選ばれるが，内閣総理大臣は国会議員の中から国会議員によって選ばれる。

問２　ウ　　⑴子育てを行う家庭の経済的負担を軽減することができる。⑵自家用車などの移動手段を持たない高齢者の外出機会が増える。

問３　イ　　ア，ウ，エはいずれも国会の仕事である。

問４　エ　　ア．誤り。辞退することも可能であり，また，裁判員制度は憲法に記されていない。イ．誤り。裁判員制度は，重大な刑事裁判の第１審だけで行われる。ウ．誤り。制度が始まった当時は20歳以上の国民からくじで選ばれたが，2023年１月から18歳以上の国民から選ばれるようになった。

問５　ア　　明治時代の憲法では，天皇は神聖にして侵すことのできない存在で，主権をもっていた。

問６　Ａ＝ベトナム　Ｂ＝アジア　　東南アジアの国の名前を覚えておこう。右図で，①はラオス，②はミャンマー，③はタイ，④はカンボジア，⑤はマレーシア，⑥はインドネシア，⑦はシンガポール。

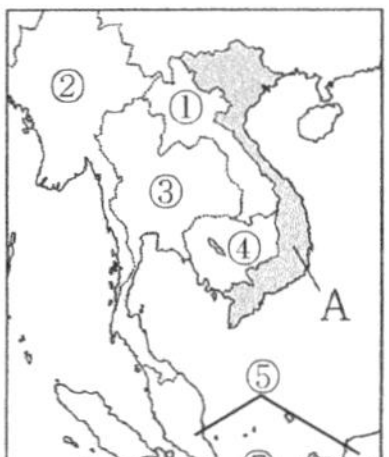

問７　一人っ子政策　　漢族の夫婦の子どもの数を一人に制限する一人っ子政策を実施したことで，人口の抑制には成功したが，少子高齢化が急激に進んだために，2014年に廃止され，2015年から二人っ子政策に変更された。

問８　イ　　孔子が広めたのは仏教ではなく儒教の教えである。

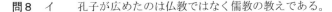

筑紫女学園中学校

《国　語》

一　①ふる　②うわぜい　③なまはんか　④蒸発　⑤耕す　⑥規制　⑦延ばす　⑧収拾　⑨保証　⑩操縦

二　問一．人生に、本質的に価値や意味があるとは思えない、という感覚。　問二．1．イ　2．ア　3．エ　問三．エ　問四．ツメタガイは、他の貝類の殻を溶かして中を食べてしまう捕食者だと教えてくれたり、校長先生が捕まえた大きなミミズをオオミミズだと言って採集瓶の中に入れたりするなど、森羅万象の大筋の全体を知っている、本物の博物学者と言える先生。　問五．ウ，オ　問六．エ　問七．イ　問八．イ　問九．何がなんでもからだを生き続けさせよう　問十．4　問十一．A．美しくて不思議に満ちている　B．本当の現実　C．人生の原点

問十二．〈作文のポイント〉

・最初に自分の主張、立場を明確に決め、その内容に沿って書いていく。

・わかりやすい表現を心がける。自信のない表現や漢字は使わない。

さらにくわしい作文の書き方・作文例はこちら！→https://kyoei-syuppan.net/mobile/files/sakupo.html

三　問一．①ア　④イ　問二．②ウ　⑥ア　問三．ウ　問四．A．ウ　B．イ　問五．やや暗くて存在感のうすい　問六．明るくて楽しい、みんなの人気者にだってなれるかもしれない――　問七．風　問八．エ

《算　数》

1　(1)① $\frac{3}{32}$　②10　(2)240　(3)1　(4)250　(5)2　(6)11　(7)27

2　(1)200　(2)30.375　(3)160

3　(1)60　(2)16　(3)216

4　(1)①0.6　②14　(2)18　(3)4，40

5　ア．6　イ．2　ウ．2　エ．3　オ．97　カ．5　キ．11　ク．90　ケ．15　コ．290

《理　科》

1　(1)①ア　②石が割れたり，削られたりして，丸くなる。　③エ　(2)しん食／運ぱん／たい積

2　(1)ウ　(2)①E　②ウ　③0.1　④イ　⑤ヨーグルト

3　(1)①消化管　②ア　(2)a・b．カ　c・d．サ　(3)①120　②再び体の中に取りこまれる。

4　(1)エ　(2)右図　(3)イ　(4)ア

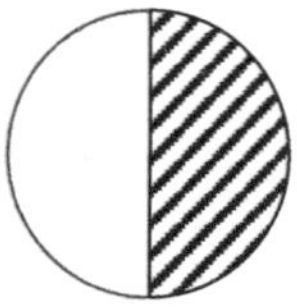

5　(1)イ　(2)ア　(3)ウ　(4)D．オ　E．ウ　(5)①アルカリ　②中和

6　(1)①地面の中で育つ　②イ　(2)①40　②540　③90　(3)ウ

7　(1)ウ　(2)①20　②80.5　③2.5

《社　会》

1　問１．⑴イ　⑵ア　　問２．⑴全体的に気温が高くなり，特に夏の降水量が増えている　⑵エ　　問３．ア
問４．インド／中国　　問５．イ，ウ　　問６．ア

2　問１．ア　　問２．ウ　　問３．エ　　問４．⑴ウ　⑵読み札Ａ…イ　読み札Ｂ…エ　読み札Ｃ…ア　　問５．Ｂ
問６．ア　　問７．１．シャクシャイン　２．伊能忠敬　　問８．イ　　問９．エ
問10. ソビエト社会主義共和国連邦　　問11. 1956　　問12. ウ

3　問１．ア　　問２．エ　　問３．ウ　　問４．イ　　問５．25　　問６．イ　　問７．難民　　問８．ア

《2023　国語　解説》

二 **問一**　──線①の「この感覚」が指すのは、「(人生に)本質的に価値や意味があるとは思えない」という感覚である。これは、１～２行目の「人生に意味や価値があるのかどうかわからない、生きていく意味がわからない、という意見(感じ)」と同じ。

問四　5段落に、大野敬子先生がどのような先生か、具体的なエピソードをあげて書かれている。

問五　敬語には、尊敬語(話し相手や話に出てくる人の動作を直接敬って言う表現)、謙譲《けんじょう》語(相手を敬うために、自分の動作をへりくだって言う表現)、丁寧《ていねい》語(相手を敬うために、丁寧にものを言う表現)がある。　ア.「いただく」は「もらう」の謙譲語。へりくだる文脈ではないので、「もらった」がふさわしい。　イ.「お会いになる」は「会う」の尊敬語なので、自分の動作には使わない。　ウ.「めし上がる」は「食べる」の尊敬語なので、相手を敬う言い方として正しい。　エ. 筑紫さんに敬意を表すために、「いる」の尊敬語を用いて「いらっしゃいましたら」とする。　オ.「うかがう」は、「たずねる」の謙譲語。先生は、たずねる相手を敬って使っているので正しい。

問六　6段落の【　　　】をふくむ最後の２文は、筆者が生物学の研究のために観察をしてきた「揚《あ》げ句に得た結論」について述べている。それについて説明をしている7～10段落を丁寧に読もう。「動物たちが一生懸命生きていることは否《いな》めない」「呼吸すること、体温を維持《いじ》すること、痛みを回避《かいひ》すること、栄養とエネルギーを取り込《こ》むこと、などなどは～一生懸命になって取り組んでいる、第一の業務である。意識とは～氷山の一角に過ぎない」「人間の自意識は～『生きるとは何か？』、『生きている意味は何か？』といった『哲学《てつがく》的』疑問を生じさせる。この自意識は、からだと脳が自分を懸命に生き続けさせているからこそ、こんな疑問を～問いかけるゆとりがあるのだという事実を知らない」とある。生きているからこそ、生きる意味や価値が生まれてくるのだ。よって、エが適する。

問七　「辞さない」とは、やめることをしない、ためらわずに行うという意味。よって、イが適する。

問八　「生物はみな、一生懸命生きている」「彼《かれ》らは決してあきらめず」とある。生きることをあきらめているように見える個体はいない、という意味になるので、イが適する。ここでの「投げる」は、あきらめるという意味。

問九　具体的には、直前の「呼吸すること、体温を維持すること、痛みを回避すること、栄養とエネルギーを取り込《こ》むこと、などなど」だが、それらをまとめていて、指定された字数に合うのは「何がなんでもからだを生き続けさせよう」(という働き)である。

問十一　［　　　］の中の文章は、11・12段落に述べられていることをまとめたものである。［B］と［C］に入ることばは、最後から１～２行目の「本当の現実を見るとどれほど多次元的に感動するか、それが、人生の原点なのだと思う」からぬき出す。［A］に入る内容は、11・12段落の中では、「自然界が美しい」「実際に見て触《ふ》れてすばらしいと感じる自然」などと表現されているが、それらと同様の内容を1～4段落内から指定字数で探す。3段落の「自然が美しくて不思議に満ちているからである」からぬき出す。

三 **問二②**　──線②とウの「ばかり」は、限定を示す。アは完りょうして間もないことを示す。イは「ばかりに」の形で、その理由では考えもしなかった悪い結果になることを示す。エは程度を示す。　⑥　──線⑥とアの「ながら」は、二つの動作が並行して行われることを表す。イ・ウは、そのままの状態であるという意味を表す。エは、内容のむじゅんする二つのことがらをつなぐ意味を表す。

問五　同じ段落の初めに「あからさまながっかりの気配を感じる。もうこの時点で、私の『新しい私』への希望の大半が消え失《う》せている～『なんだ』の落胆《らくたん》が確信に変わり、クラスメートの関心は去り、結局いつもどおり」とあるから、「がっかり」されたり「落胆」されたりするような、それまでの「私」のことを表している部分を探す。第４段落に「これまでの、やや暗くて存在感のうすい私」とある。

問六　前後に「数年後の転校では～と思いながら移動する、ということをくり返した」とあるので、これまでどのような希望をいだいて転校をくり返したのかが分かる部分を探す。第４段落の「新しい転校先は、これまでの自分のことを全く知らない。だから、全く新しい自分になることだってできるのだ。これまでの～私ではなく、明るくて楽しい、みんなの人気者にだってなれるかもしれない――」からぬき出す。

問八　「久しぶりに再会しても、あ、あの転校生の、と言われることも多い」とある。最後の一行でまとめているように、「転校生の時間は、今もずっと続いているのだ」ということを述べている。よって、エが適する。

《2023　算数　解説》

1　(1)①　与式 $=\frac{3}{8}\times(\frac{2}{4}-\frac{1}{4})=\frac{3}{8}\times\frac{1}{4}=\mathbf{\frac{3}{32}}$

②　与式 $=\frac{10}{3}\times\frac{6}{5}+\frac{9}{2}\div\frac{3}{4}=4+\frac{9}{2}\times\frac{4}{3}=4+6=\mathbf{10}$

(2)　２つの数の最小公倍数を求めるときは，右の筆算のように割り切れる数で次々に割っていき，割った数と割られた結果残った数をすべてかけあわせればよい。

$$\begin{array}{r|rr} 2 & 48 & 60 \\ 2 & 24 & 30 \\ 3 & 12 & 15 \\ \hline & 4 & 5 \end{array}$$

よって，48 と 60 の最小公倍数は，$2\times2\times3\times4\times5=\mathbf{240}$

(3)　2.4 km＝(2.4×1000) m＝2400m を 40 分＝(40×60)秒＝2400 秒で歩くので，求める速さは，毎秒(2400÷2400) m＝**毎秒１m**

(4)　もとの値段の $1-\frac{2}{10}=\frac{4}{5}$ が 200 円だから，もとの値段は，$200\div\frac{4}{5}=\mathbf{250}$(円)

(5)　**【解き方】規則性に注目する。**

$\frac{8}{27}$を小数で表すと，８÷27＝0.296296…となり，小数第１位から「２９６」の３つの数をくり返す。

100÷３＝33 余り１より，小数第 100 位までに「２９６」を 33 回くり返し，その後２が並ぶので，小数第 100 位の数字は**２**である。

(6)　**【解き方】右図のようにブロックに数字や文字を書きこむ。**

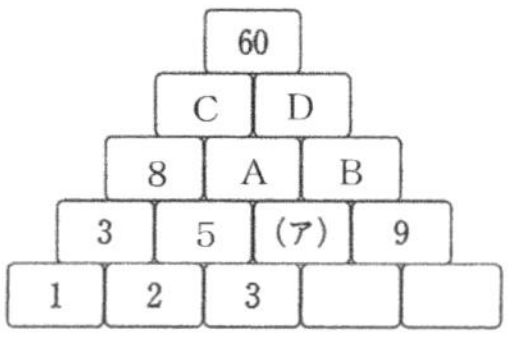

A＝(ア)＋５，B＝(ア)＋９，C＝８＋A＝８＋(ア)＋５＝(ア)＋13,

D＝A＋B＝(ア)＋５＋(ア)＋９＝(ア)×２＋14

C＋D＝(ア)＋13＋(ア)×２＋14＝(ア)×３＋27 が 60 となるので,

(ア)×３＝60－27　　(ア)＝33÷３＝**11**

(7)　**【解き方】百の位の数が３である３けたの数で 345 より大きい整数は 351，352，354 の３個なので，あとは百の位の数が４または５となる３けたの数の個数を調べればよい。**

百の位の数が４のとき，十の位の数の選び方は１～５のうち４を除く４通り，一の位の数の選び方は１～５のうち４と十の位で選んだ数を除く３通りあるから，３けたの数は４×３＝12(個)できる。

百の位の数が５のときも同様に 12 個できるから，345 より大きい整数は，３＋12×２＝**27**(個)できる。

2 (1) **【解き方】組み立ててできる立体は，右図のような柱体となる。**

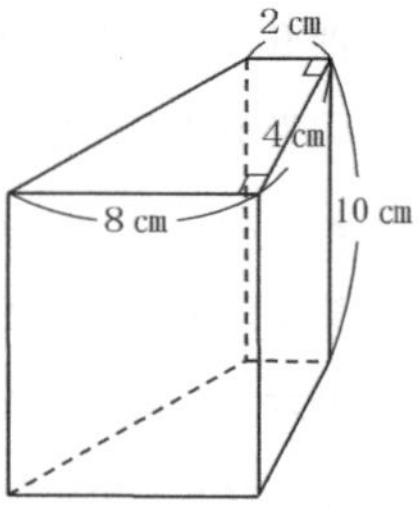

底面積は(２＋８)×４÷２＝20(㎠)，高さは 10 ㎝だから，体積は，20×10＝**200**(㎤)

(2) **【解き方】右のように斜線《しゃせん》部分を移動させ，アとイそれぞれの面積を求める。**

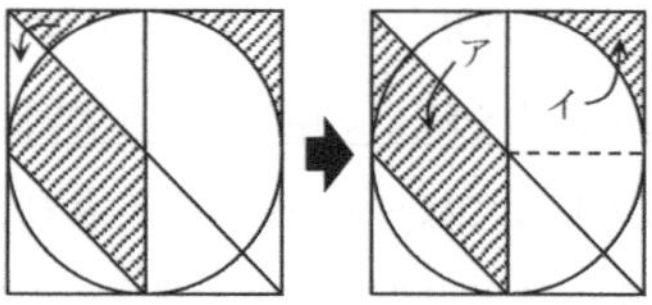

アは，10÷２＝５(㎝)の辺を底辺とすると，高さが 10÷２＝５(㎝)となる平行四辺形なので，面積は，５×５＝25(㎠)

イは，１辺が５㎝の正方形から，半径が５㎝の円の$\frac{1}{4}$を取り除いた図形なので，面積は，

５×５－５×５×3.14×$\frac{1}{4}$＝25－19.625＝5.375(㎠)　　よって，求める面積は，25＋5.375＝**30.375**(㎠)

(3) 三角形ＥＡＣはＥＡ＝ＥＣの二等辺三角形だから，角ＥＡＣ＝角ＥＣＡ＝50°

三角形ＡＢＣはＡＢ＝ＡＣの二等辺三角形だから，角ＡＢＣ＝角ＡＣＢ＝50°，角ＢＡＣ＝180°－50°×２＝80°

よって，角ＥＢＤ＝180°－50°＝130°，角ＥＡＤ＝80°－50°＝30°

三角形ＥＡＤはＥＡ＝ＥＤの二等辺三角形だから，角ＥＤＡ＝角ＥＡＤ＝30°

三角形ＢＤＥについて，外角の性質より，角㋐＝130°＋30°＝**160°**

3 (1) 雑煮《ぞうに》を食べた人は，小学生 80 人の 75%＝$\frac{75}{100}$＝$\frac{3}{4}$だから，80×$\frac{3}{4}$＝**60**(人)

(2) 雑煮を食べてない人は 80－60＝20(人)，黒豆を食べた人は 80×$\frac{20}{100}$＝16(人)，黒豆を食べてない人は 80－16＝64(人)

よって，表２は右のようになる。(ア)＝12 人のとき，

(イ)＝16－12＝４(人)だから，(エ)＝20－４＝**16**(人)

		雑煮		合計
		食べた	食べてない	
黒豆	食べた	(ア)	(イ)	16 人
	食べてない	(ウ)	(エ)	64 人
合計		60 人	20 人	80 人

(3) (2)より，(ウ)＝60－12＝48(人)

よって，求める角度は，360°×$\frac{48}{80}$＝**216°**

4 (1)① **【解き方】床(ア)をＯの位置で固定したままのプールを正面から見た図について，図ⅰのように作図すると，グラフから図ⅱのことがわかる。**

図ⅰ

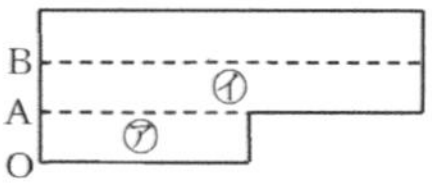

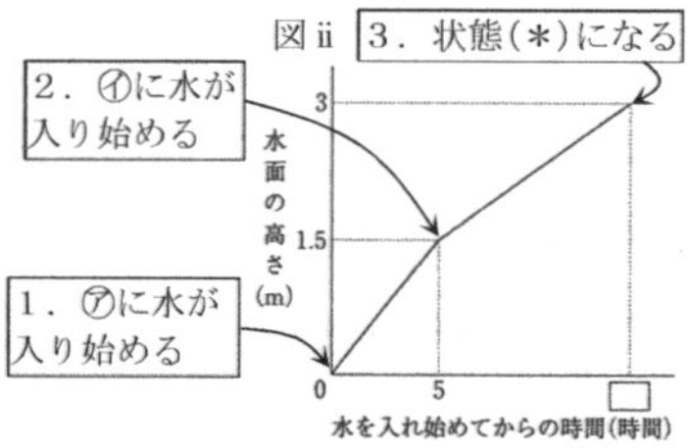

図ⅱの１～２の間，水面の高さは５時間で 1.5m 上がるから，水を入れ始めてから２時間後の水面の高さは，1.5×$\frac{2}{5}$＝**0.6**(m)

② 図ⅰの㋐と㋑は縦の長さと高さが等しいので，容積の比は横の長さに等しく，10：(10＋８)＝５：９

よって，図ⅱの２～３までにかかる時間は，１～２までにかかる時間の$\frac{9}{5}$倍なので，５×$\frac{9}{5}$＝９(時間)

したがって，状態(＊)になるのは，水を入れ始めてから５＋９＝**14**(時間後)である。

(2) **【解き方】５分後のプールを正面から見た図について，右のように作図する(太線は床(ア)が上がった位置)。このとき，㋒と㋓の体積は等しい。**

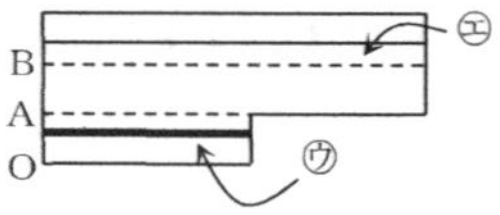

㋒と㋓は縦の長さは等しく，横の長さの比が５：９だから，高さの比は横の長さの比の逆比である９：５となる。㋓の高さは 50 ㎝だから，㋒の高さは，50×$\frac{9}{5}$＝90(㎝)

よって，床(ア)の動く速さは，毎分(90÷５)㎝＝毎分 **18** ㎝である。

(3) **【解き方】これまでの解説をふまえ，蛇口から１時間で出る水の量を１として考える。このとき，㋐の体積は５，㋑の体積は９となる。**

状態(＊)から4時間30分後＝4.5時間後で，蛇口から水が4.5だけ出て，㋐の部分にのみ水がある状態になるから，4.5時間で排水口から抜けた水の量は，(蛇口から入った水の量)＋(㋑の体積)＝4.5＋9＝13.5

よって，排水口は1時間で13.5÷4.5＝3の水が抜ける。

状態(＊)のときはプールに水が5＋9＝14入っているので，プール全体が空になるのは，水を抜き始めてから$14\div 3=\frac{14}{3}=4\frac{2}{3}$(時間後)，つまり，4時間$(\frac{2}{3}\times 60)$分後＝**4時間40分後**である。

また，ＯＡ＝1.5m＝150㎝で，床(ア)がＡの位置まで上がるのにかかる時間は150÷20＝7.5(分)となり，4時間40分より早いから，解答はこれで正しい。

5 (問1)について，80÷13＝6余り2より，80÷13の商は**6**で余りは**2**だから，$\langle\langle\frac{80}{13}\rangle\rangle=\mathbf{2}$

(問2)について考える。

Ａ＝99のとき，99÷3＝33，99÷4＝24余り3より，$\langle\langle\frac{99}{3}\rangle\rangle+\langle\langle\frac{99}{4}\rangle\rangle=0+3=3$なので，成り立たない。

Ａ＝98のとき，98÷3＝32余り2，98÷4＝24余り2より，$\langle\langle\frac{98}{3}\rangle\rangle+\langle\langle\frac{98}{4}\rangle\rangle=2+2=4$なので，成り立たない。

Ａ＝97のとき，97÷3＝32余り1，97÷4＝24余り1より，$\langle\langle\frac{97}{3}\rangle\rangle+\langle\langle\frac{97}{4}\rangle\rangle=1+1=2$なので，成り立つ。

よって，(問2)の答はＡ＝**97**である。

(問3)について考える。

101÷12＝8余り5より，$\langle\langle\frac{101}{12}\rangle\rangle=\mathbf{5}$だから，$\langle\langle\frac{101}{B}\rangle\rangle=16-5=\mathbf{11}$

割られる数が101で余りが11となるのは，割る数が101－11＝90の約数で11より大きいときである。

よって，Ｂの値で最も大きい値は**90**である。90の約数は1と90，2と45，3と30，5と18，6と15，9と10である。このうち，11より大きい数の中で最小の数は15だから，(問い3)の答えはＢ＝**15**である。

(問4)について考える。

11÷40＝0余り11だから，$\langle\langle\frac{11}{40}\rangle\rangle=11$　　よって，$\langle\langle\frac{C}{40}\rangle\rangle+11=\langle\langle\frac{C+11}{40}\rangle\rangle$

つまり，(Ｃ＋11)÷40の余りが，Ｃ÷40の余りより11大きくなる。割る数は40なので，Ｃ÷40の余りが0から40－(11＋1)＝28になるときは，(Ｃ＋11)÷40の余りはＣ÷40の余りより11大きくなる。

そのような数は，1以上40以下の整数に29個(1～28と40)，41以上80以下の整数に29個(41～68と80)，…と，整数40個ごとに29個あるので，条件に合う1以上400以下の整数Ｃは，全部で$29\times\frac{400}{40}=\mathbf{290}$(個)ある。

《2023　理科　解説》

1 (1)①② 川の上流にある大きくとがった石は，流水によって運ばれてくる間に，川底や他の石とぶつかって石が割れたり，削られたりして丸くなるので，下流の石は小さくて丸みを帯びている。写真の石は丸みを帯びているので，下流の平地を流れる川である。　③ 川を流れてきて沖合の海底にたい積する一般的な石と比べて粒が大きいので，しん食作用をあまり受けずに沖合の海底に運ばれたと考えられる。

(2) 川の上流では土砂をけずるはたらき(しん食)，運ぶはたらき(運ぱん)が大きく，下流では積もらせるはたらき(たい積)が大きい。

2 (1) 見るものが動かせないときは，エのようにして観察する。

(2)① Ｇ(調節ねじ)を回すとＥ(ステージ)の高さが変化する。　② けんび鏡では，実物と上下左右が反対に見える。　③ けんび鏡で見られる部分の長さは0.1㎜で変わらない。　④ けんび鏡の倍率が2倍になったので，見える長さはたて横ともに$\frac{1}{2}$倍になり，見える範囲は$\frac{1}{2}\times\frac{1}{2}=\frac{1}{4}$(倍)となる。

3　(1)②　フナはBの浮き袋によって，体が水底に沈《しず》まないようにしている。　(2)　カエルの幼生(オタマジャクシ)はえらで呼吸するが，成体になると肺で呼吸する。図２はカエル，図３はフナの心臓のつくりと血液の流れである。

(3)①　180÷1.5＝120(倍)

4　(1)　図のＡ地点では，地球の自転の向きから，間もなく太陽が見えなくなる18時頃だとわかる。

(2)　月は太陽の光を反射して光って見える。図の月を地球から見ると，月の左側半分に太陽の光が当たって光って見える。

(3)　星は，表面温度が高い方から順に青白色，白色，黄色，赤色となる。

(4)　カシオペヤ座は北の空に見える星座である。北の空の星は，北極星を中心に24時間で360度反時計回りに回転し，ほぼもとの位置に戻るので，福岡市ではカシオペヤ座は１年の間どの季節でも見ることができる。

5　(1)　酸性の水よう液は青色リトマス紙を赤色に変え，アルカリ性の水よう液は赤色リトマス紙を青色に変える。中性の水よう液はどちらのリトマス紙の色も変えない。よって，Ａの水よう液は中性である。

(2)　石灰水に二酸化炭素を通すと白くにごるので，Ｂの水よう液にとけている気体は二酸化炭素である。二酸化炭素は無色無臭《むしゅう》で，水に少しとけて酸性を示す。

(3)(4)　実験３より，特有のにおいがするＣとＤはうすい塩酸かアンモニア水，実験４より，鉄と反応するＣはうすい塩酸とわかる。よって，Ｄはアンモニア水，Ｅはうすい水酸化ナトリウム水よう液である。うすい塩酸にアルミニウムを加えると，アルミニウムがとけて水素が発生するので，アルミニウムがすべてとけた後の水よう液全体の重さは，加えたアルミニウムの重さから，発生したあわの重さを引いた分だけ重くなる。

(5)　石灰をとかした水はアルカリ性だから，酸性の水に混ぜると中和して，酸性の性質を打ち消すことができる。

6　(1)②　地面の上で育つカボチャは水に浮き，地面の中で育つレンコンは水に沈む。

(2)①　水がものを持ち上げる力は，図１のばねはかりの値から図３のばねはかりの値を引いた40ｇである。

②　図３のとき，水がものを持ち上げる力の分だけ台はかりの値が大きくなるので，540ｇである。　③　台はかりの値が90ｇ増えたので，水がものを持ち上げる力は90ｇである。

(3)　ア×…沈めた深さが０㎝のときのばねはかりが示す重さから，ＹはＸよりも重い。　イ×…沈めた深さがある深さに達すると，ばねはかりが示す重さは一定になる。　ウ○…全体が沈むと，ばねはかりが示す重さは一定になる。　エ×…Ｘのばねはかりが示す重さは180ｇから80ｇまで変化したので，水がものを持ち上げる重さは最大で180－80＝100(ｇ)である。

7　(1)　水よう液はとうめいで，ものが水にとけて，とけたものが全体に広がっている。ものを水にとかしても，ものと水を合わせた重さは変わらない。

(2)①　20℃の水100ｇにとけるホウ酸の重さは5.0ｇでこのとき105ｇの水よう液ができるので，420ｇ作るにはホウ酸を$5.0\times\frac{420}{105}=20$(ｇ)とかす必要がある。　②　60℃の水100ｇにホウ酸は14.9ｇとけるので，12ｇとかすには水が$100\times\frac{12}{14.9}=80.53\cdots$→80.5ｇ必要である。　③　20℃の水50ｇにホウ酸は$5.0\times\frac{50}{100}=2.5$(ｇ)とけるので，完全に水を蒸発させると後に残ったホウ酸は2.5ｇである。

《2023　社会　解説》

1　問１(1)　イ　　長良川は北から南西に流れていることが流路の記号からわかる。長良川鉄道は，長良川の上流から下流の方向が上り，逆の方向が下りと書いてある。進行方向を向くと，左手に針葉樹林(Λ)がある。

(2)　ア　　標高337ｍの山がある。イ．工場の地図記号は廃止されており，名称《めいしょう》で示されるようになったが，地図

１からは読み取れない。また，美濃市駅の手前には広葉樹林(Q)や老人ホーム(⌂)がある。ウ．市役所(◎)の隣に図書館(🕮)はない。エ．河川は，上流から下流の方向を見たときの右側が右岸，左側が左岸となるので，田んぼ(ll)が広がっているのは左岸である。オ．確認できる最も低い標高は 67m，最も高い標高は 337mだから，およそ５分の１程度である。

問２(1)　資料３から１年のうちの８つの月の月平均気温が上昇していることから，全体として気温は上昇していると読み取れる。また，資料４から７月から９月にかけての降水量が増えていることを読み取る。

問３　ア　　ブドウの生産量が多いことから判断する。ミカンの割合が高いイは和歌山県，どの農作物の割合も低いウは岐阜県，コメとナシの割合が高いエは茨城県。

問４　インド，中国　　E，H，Ｉがインド，F，G，Ｊが中国である。

問５　イ，ウ　　日本は，インドより中国との貿易量が多いから，アとエが中国と判断できる。

問６　ア　　日本では鉄鉱石はほとんど産出されず，オーストラリア・ブラジルからの輸入に依存していて，燃料の石炭もオーストラリアやインドネシアから輸入しているため，主な製鉄所は船での輸送に便利な沿岸部に立地する。

2　**問１**　ア　　『解体新書』から杉田玄白と判断する。イは津田梅子，ウは源頼朝，エは紫式部。

問２　ウ　　元寇防塁(石塁)である。アは大仙古墳(大阪府)，イは首里城(沖縄県)，エは吉野ケ里遺跡(佐賀県)。

問３　エ　　紫式部が『源氏物語』を書いたのは平安時代だからエを選ぶ。アは奈良時代，イは室町時代，ウは江戸時代。

問４(1)　ウ　　人口密度が小さいａがモンゴル，面積が大きいｃをアメリカと判断する。

(2)　読み札Ａ＝イ　読み札Ｂ＝エ　読み札Ｃ＝ア　　ウはアフリカ大陸を示している。

問５　B　　D(平安時代)→C(鎌倉時代)→B(江戸時代)→A(明治時代)

問６　ア　　イは時代が誤り。ウとエは時代も影響も誤り。

問８　イ　　旅順は，リャオトン半島の先端に位置する。

問９　エ　　日露戦争(1904 年)は，日清戦争(1894 年)より戦費も犠牲者も多かったのに，ポーツマス条約(1905年)で賠償金が得られなかったため，国民の不満が高まり，日比谷焼き打ち事件が起きた。アはノルマントン号事件(1886 年)，イは満州事変(1931 年)，ウは大日本帝国憲法の発布(1889 年)である。

問 10　ソビエト社会主義共和国連邦　　1941 年に締結した日ソ中立条約を破棄したソ連が，満州や千島列島に侵攻した。

問 11　1956　　「日本は国際連合に加盟した」とあることから日ソ共同宣言を調印した 1956 年である。ソ連が安全保障理事会で拒否権を発動していたため，日本はサンフランシスコ平和条約で独立を回復した後も国際連合に加盟できなかった。1956 年，日ソ共同宣言を発表してソ連と国交を回復したことで，日本の国際連合加盟にソ連の反対がなくなり，日本は国際連合への加盟を果たすことができた。

問 12　ウ　　スライドⅠ～Ⅲの共通点は，ロシア・ソ連である。

3　**問１**　ア　　イ．第 49 回総選挙の投票率は，全ての年代において第 48 回を下回っているから誤り。ウ．18・19 歳から 20 歳代，70 歳代から 80 歳以上の階層において，年齢階層が上がると投票率が下がっているから誤り。
エ．第 48 回総選挙において投票率が最も高いのは 70 歳代で，２番目に高いのが 60 歳代だから誤り。

問２　エ　　参議院議員と都道府県知事への立候補は満 30 歳以上でないとできない。また，衆議院議員と市町村長への立候補は満 25 歳以上でないとできない。ア．参議院議員は任期が６年で，半数を３年ごとに改選するので，次の選挙は2025年になるから誤り。イ．参議院議員の定数は248だから誤り。465は衆議院議員の定数である。ウ．予算案の審議は，必ず衆議院から行われるから誤り(衆議院の優越)。

問3　ウ　　X．選挙権は公職選挙法によって満18歳以上と規定されているから誤り。Y．正しい。

問4　イ　　X．正しい。Y．消費税は収入が少ないほど，収入に占める負担の割合が増えるので誤り(逆進性)。

問5　25　　日本国憲法第25条の「健康で文化的な最低限度の生活を営む権利」を生存権という。

問6　イ　　すべての裁判所に違憲審査権がある。ア．裁判は異なる裁判所で3回まで受けることができる(三審制)から誤り。ウ．最高裁判所の長官の任命は天皇の国事行為だから誤り。エ．裁判員制度では，有罪か無罪かを判断し，有罪の場合，量刑まで判断するから誤り。

問7　難民　　難民は，シリアやアフガニスタンなど，政治情勢が不安定な国から多く出やすい。

問8　ア　　日本は，東日本大震災の後，火力発電の割合が増え，原子力発電の割合が減った。また，自動車の開発においては，アメリカやＥＵのＥＶ化に比べて，大きく遅れている。

2022 解答例
令和4年度

筑紫女学園中学校

《国　語》

一　①るいじ　②きんいつ　③ゆだ　④こっし　⑤裁く　⑥誠意　⑦綿密　⑧大破　⑨就寝　⑩鋼鉄

二　問一．家に連れて帰る。→頭から水をふきかける。→食事をあたえる。　問二．絶える　問三．物は修理
問四．1．×　2．B　3．A　問五．たのみに(は)来ないだろう　問六．子供たちに無料で生き物の意味を教えるものから、傷ついたカブト虫をひそかに新しいカブト虫と交かんし、代金を得るものに変わった。
問七．ア，エ　問八．(1)自分が生き物であることを投げ捨てる　(2)エ　問九．1．ア　2．ウ　3．エ　問十．ウ
問十一．デパートの昆虫売り場の「カブト虫」は、「修理」するというウソのもとに、傷ついたらゴミとして捨てられ、物としてあつかわれるが、ノミのサーカスの「ノミ」は、座長氏の血をあたえられ、同じ生き物として一緒に生きている点。

三　問一．一トンの塩を～ないかしら。　問二．②オ　③イ　問三．理解　問四．1．本についての情報　2．全体　3．積極的な行為　4．新せんなおどろき　問五．そのもの自体を読めば、なにかがはじまる

《算　数》

1　(1)16　(2)$4\frac{3}{5}$　(3)674　(4)$\frac{36}{7}$　(5)200　(6)ひも…13　あまり…$\frac{3}{8}$　(7)①4　②864

2　(1)$3\frac{1}{2}$　(2)$1\frac{1}{2}$　(3)①135　②0.42　(4)①$\frac{11}{12}$　②180

3　(1)16　(2)3　(3)9時$2\frac{1}{2}$分，9時3分，9時5分，9時$8\frac{1}{2}$分

4　(1)1250　(2)36　(3)17250　(4)17，40

5　(1)8　(2)右図　(3)③3　④2　(4)34

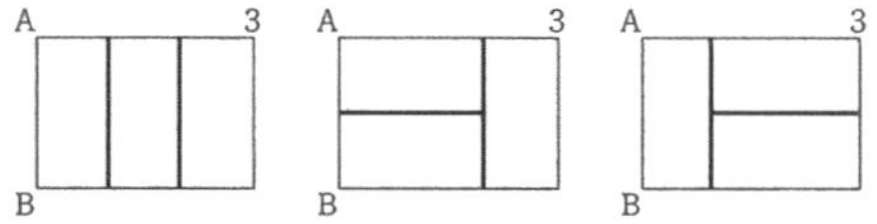

《理　科》

1　(1)尿　(2)食物　(3)光合成　(4)ウ→ア→エ→イ　(5)イ，エ

2　(1)ウ　(2)①ウ　②敵に見つからないようにする。　(3)イ　(4)エ　(5)ア，オ

3　(1)A．ア　B．ウ　(2)ウ　(3)さ防ダム　(4)ア

4　(1)北東　(2)エ　(3)金星　(4)ウ　(5)20

5　(1)イ　(2)右図　(3)エ　(4)発生する熱で雪を溶かすため。
(5)①X，Y，Z　②場所…ウ　向き…○

6　(1)エ　(2)イ　(3)ウ　(4)右グラフ　(5)ア　(6)実験1…イ　実験2…エ

7　(1)アンモニア水／炭酸水 などから1つ　(2)A　(3)480　(4)①3：2　②225

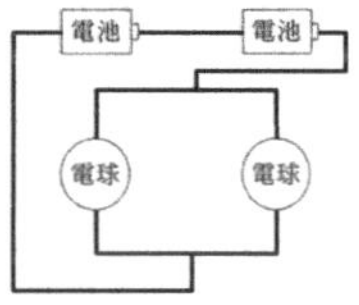

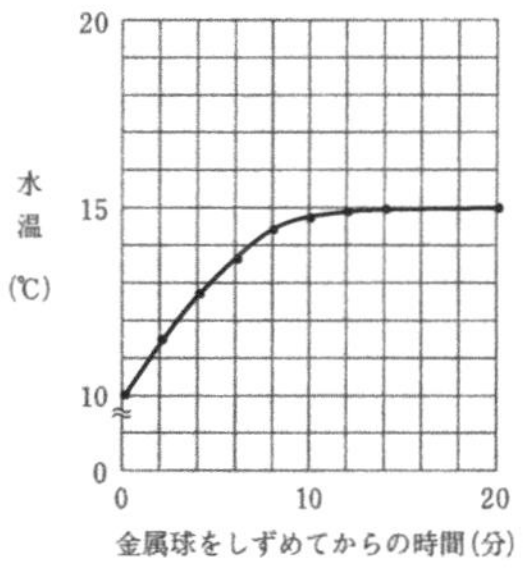

《社　会》

[1] 問1．1．南西　2．3.4　3．防災　問2．ウ　問3．博物館〔別解〕美術館　問4．ア　問5．イ
問6．ア

[2] 問1．ア　問2．エ　問3．⑴1．足利尊氏〔別解〕足利高氏　2．大塩平八郎　⑵エ，オ
問4．ウ→エ→ア　問5．ア　問6．ウ　問7．ウ　問8．平塚らいてうが，女性の地位向上を目指した。
問9．3．満州　4．(アジア)太平洋　問10．エ　問11．ウ

[3] 問1．ウ　問2．イ　問3．国民主権〔別解〕主権在民　問4．ア，エ　問5．ジェンダー
問6．条例　問7．エ　問8．イ　問9．オ

←解答例は前のページにありますので，そちらをご覧ください。

《2022　国語　解説》

二　問一　次の段落の「そういうときは家に連れて帰って、まず頭から水をふきかけてみる。そうするとカブト虫はけっこう元気を取りもどす。それから食事をあたえる」からまとめる。

問四　══線Aは、打ち消しの助動詞。「理解できぬ」のように「ぬ」に置きかえることができる。

══線Bは形容詞。「カユくはない」のように、「ない」の直前に助詞の「は」を入れることができる。

１　「せつない」という形容詞の一部。　２　「ない」の直前に助詞の「は」があるので、形容詞。

３　「降らぬ」と「ぬ」におきえることができるので、打ち消しの助動詞。

問五　「生き物を『修理』することはできない」ということを理解できない子供たちが、「『修理』をたのみにくる」が、「生き物という言葉の意味」を理解し、「生き物の飼い方」を教わっていれば、「『修理』をたのみに来ないだろう」と対比している。

問六　デパートの昆虫《こんちゅう》売り場で働いていた「彼」は、はじめはカブト虫を修理してほしいとたのみに来る子供たちに対して、「無料」で「物は修理できても生き物を『修理』することはできない」と説明し、「長い時間をかけて生き物の意味を教えるようにしていた」。しかし、それでは「売り上げ」にならないので、修理すると言って足がもげたカブト虫を引き取り、新しいカブト虫と交かんして、カブト虫一匹分の代金をとるようになった。子供たちに生き物の意味を教えなくなったことと、お金(売り上げ、代金)をとるようになったことを落とさずにまとめたい。

問七　直前の「なんという労働をしていたのだろうね」という「彼」の自虐《じぎゃく》的な言葉や、次の段落の「生き物を物としてあつかうこと、それは自分が生き物であることを投げ捨てることでもあったのである。たぶん彼は、生き物を物としてあつかうしかない～そうしてこの制度に従うしかない自分の労働のことを言いたかったのだろう」という筆者の分析《ぶんせき》から、「彼」が、カブト虫を物としてあつかうのをひどい労働だと思い、嫌悪《けんお》感をもっていたことが読みとれる。満足やうれしさによる笑いではなく、苦笑いである。

問八(1)　カブト虫を修理するといって、ゴミとして捨てるような「生き物を物としてあつかう」制度にしたがうことで、自分(人間)も「自分が生き物であることを投げ捨てる」という問題が生まれた。　(2)　デパートの昆虫売り場と同じように、「ノミのサーカス」では生き物を商売に使っていた。しかし、この商売では、座長が自らの血をノミにあたえ、「座長氏とノミは同じ生き物として一緒《いっしょ》に生きていた」。だから、「必ずこういう問題を生み出してしまう」とは「限らない」のである。よってエが適する。

問十一　昆虫売り場では、「生き物を物としてあつかうしかない制度や管理ができ上って」いたが、ノミのサーカスの「ノミ」は、座長氏の血をあたえられ、座長氏と「同じ生き物として一緒に生きていた」。

三　問一　直後の段落の初めと終わりの六字をぬき出す。この段落は文末が「なのよ」「でしょう」「かしら」と話しことばになっているので、姑《しゅうとめ》が話したことだとわかる。

問三　「ひとりの人を理解するまでには、すくなくとも、一トンの塩をいっしょになめなければだめなのよ」という、人を理解することの難しさをたとえた姑の言葉を、古典を読むときに当てはめ、「一トンの塩とおなじで、そのひだは、相手を理解したいと思いつづける人間にだけ、ほんの少しずつ、開かれる」と言っている。「ひだ」は、古典作品の「それまで気がつかなかった、あたらしい面」のこと。

問四１　最後の段落の２～３行目の「現代社会に暮らす私たちは、本についての情報に接する機会にはあきれるほどめぐまれていて」が、説明した文章の「現代社会では［1］が簡単に手に入り」と対応している。

2　最後の段落の7～8行目の「ときには、部分の抜粋《ばっすい》だけを読んで、全体を読んだ気になってしまうこともあって」が、説明した文章の「一部だけを読むことで本の［2］を読んだつもりになったりする」と対応している。

3　最後の段落の1行目の「『自分で読んでみる』という、私たちの側からの積極的な行為《こうい》を」と、説明した文章の「自ら本そのものを読むという［3］を」が対応している。　4　最後から4段落目の「読むたびに、それまで気がつかなかった、あたらしい面がそういった本にはかくされていて～新せんなおどろきに出会いつづける」を参照。こうなるためには、相手(本)を理解したいと思うこと、すなわち自分で積極的に本を読むことが必要なのである。

問五　否定のことばを2回使うことで、肯定《こうてい》の意味になる。この場合は「読まなければ、なにもはじまらない」の「なけれ」と「ない」が否定の言葉(打ち消しの助動詞)なので、これをとって「読めば～はじめる」にする。

《2022　算数　解説》

1

(1)　与式$=3+16-3=16$

(2)　与式$=\frac{14}{5}\times\{\frac{15}{7}-(\frac{1}{4}+\frac{4}{3})\div\frac{19}{6}\}=\frac{14}{5}\times\{\frac{15}{7}-(\frac{3}{12}+\frac{16}{12})\times\frac{6}{19}\}=\frac{14}{5}\times(\frac{15}{7}-\frac{19}{12}\times\frac{6}{19})=\frac{14}{5}\times(\frac{15}{7}-\frac{1}{2})=$
$\frac{14}{5}\times\frac{15}{7}-\frac{14}{5}\times\frac{1}{2}=6-1\frac{2}{5}=4\frac{3}{5}$

(3)　$2022\div3=674$(個)

(4)　**【解き方】かけた分数の分子は4，6，9の最小公倍数であり，分母は21，49，56の最大公約数である。**

4，6，9の最小公倍数は36であり，21，49，56の最大公約数は7だから，かけた分数は，$\frac{36}{7}$

(5)　**【解き方】食塩水全体(1000ｇ)に対するくみ出した食塩水の割合は，食塩全体に対するくみ出した食塩の割合と等しく，$\frac{11-8.8}{11}=\frac{1}{5}$である。**

全体の$\frac{1}{5}$をくみ出したのだから，くみ出した食塩水は，$1000\times\frac{1}{5}=200$(ｇ)

(6)　850 cm$=\frac{17}{2}$mを$\frac{5}{8}$mずつに分けると，$\frac{17}{2}\div\frac{5}{8}=\frac{68}{5}=13\frac{3}{5}$より，13本と，$\frac{5}{8}$mの$\frac{3}{5}$の$\frac{5}{8}\times\frac{3}{5}=\frac{3}{8}$(m)になる。

(7)①　2ア×6＝(20＋ア)×6＝120＋ア×6が1アアになるような数を考えると，アに入る数は4である。

②　右図のイに入る数は，24×イの一の位の数が2になる数なので，3か8である。しかし，イ＝8だと24×イが3けたの数になってしまう。したがって，イ＝3だから，かけ算の答えは，
$24\times36=864$

```
    2 4
×  イ 6
-------
  1 4 4
  □ 2
-------
  □ □ 4
```

2

(1)　三角柱の体積は，$(3\times4\div2)\times7=42$(cm³)だから，直方体の高さは，$\frac{42}{3\times4}=\frac{7}{2}=3\frac{1}{2}$(cm)

(2)　**【解き方】正六角形は右図の太線によって，合同な6つの正三角形に分けることができる。**

斜線部分の面積は正三角形1.5個分だから，その面積は，$6\times\frac{1.5}{6}=\frac{3}{2}=1\frac{1}{2}$(cm²)

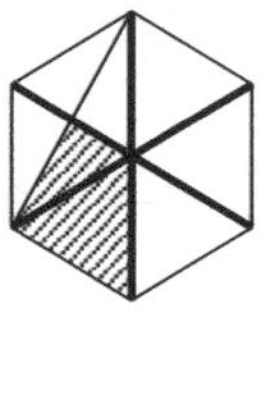

(3)①　**【解き方】右のように作図すると，三角形ＡＢＣは正三角形，三角形ＡＣＤはＡＣ＝ＡＤの二等辺三角形になることを利用する。**

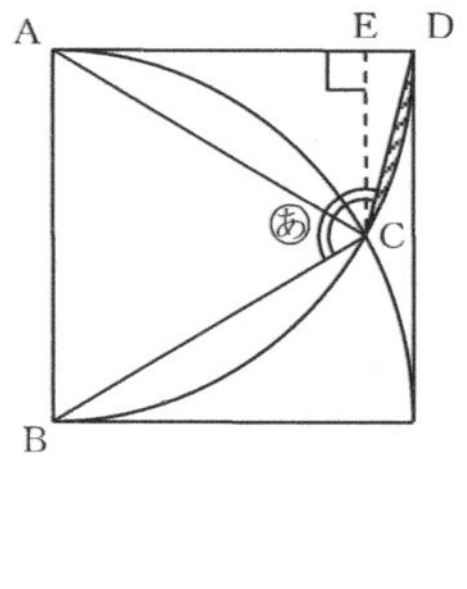

角ＡＣＢ＝角ＢＡＣ＝60°だから，角ＣＡＤ＝90°－60°＝30°

三角形ＡＣＤは二等辺三角形だから，角ＡＣＤ＝(180°－30°)÷2＝75°

よって，角あ＝60°＋75°＝135°

②　**【解き方】3つの内角が30°，60°，90°の三角形は正三角形を半分にしてできる直角三角形であることを利用する。**

①の図において，三角形ＡＣＥは１辺がＡＣ＝６㎝の正三角形を半分にしてできる直角三角形だから，
ＥＣ＝６÷２＝３(㎝)　三角形ＡＤＣの面積が，ＡＤ×ＥＣ÷２＝６×３÷２＝９(㎠)で，おうぎ形ＡＣＤの面積が，$6\times6\times3.14\times\frac{30^\circ}{360^\circ}=9.42$(㎠)だから，斜線部分の面積は，9.42－９＝0.42(㎠)

(4)①　水の体積を１とすると氷になることで体積が$\frac{12}{11}$になる。この氷を水にもどすと，体積は$1\div\frac{12}{11}=\frac{11}{12}$(倍)になる。つまり，$\frac{12}{11}$の逆数の$\frac{11}{12}$倍になるということである。

②　【解き方】コップの中の水の体積をａ，氷全体の体積を$\boxed{12}$とすると，氷がとけることで体積は，$\boxed{12}\times\frac{11}{12}=\boxed{11}$になる。氷がとける前ととけたあとの水面より下にある物質の体積の差を考える。

氷がとける前，水面より下にある物質の体積は，$a+\boxed{12}\times\frac{2}{3}=a+\boxed{8}$であり，これが30×７＝210(㎤)にあたる。
氷がとけたあと，水面より下にある物質の体積は$a+\boxed{11}$であり，これが30×8.5＝255(㎤)にあたる。
よって，$(a+\boxed{11})-(a+\boxed{8})=\boxed{3}$が255－210＝45(㎤)にあたるから，はじめの氷の体積は，$45\times\frac{\boxed{12}}{\boxed{3}}=180$(㎤)

3　(1)　$800\text{m}=\frac{800}{1000}\text{km}=\frac{4}{5}\text{km}$を３分＝$\frac{3}{60}$時間＝$\frac{1}{20}$時間で走ったから，時速$(\frac{4}{5}\div\frac{1}{20})$km＝時速16km

(2)　【解き方】Ａ子さんとＢ子さんの速さは，Ｋ子さんの３周目の速さの$\frac{8}{16}=\frac{1}{2}$(倍)だから，１周にかかる時間は$\frac{2}{1}=2$(倍)の，３×２＝６(分)である。

Ａ子さんとＢ子さんの速さは等しいから，それぞれがコースの$\frac{1}{2}$を進んだところで出会うので，求める時間は，$6\times\frac{1}{2}=3$(分後)

(3)　【解き方】Ａ子さんとＢ子さんが出会う地点をＭとすると，２人は出発してから３分後に初めてＭで出会ったあとは，６分ごとにＭで出会う。したがって，初めて出会うのは３分後，２回目は３＋６(分後)，３回目は３＋６＋６(分後)，…となる。Ｋ子さんがＭを通過する時刻から時間を逆算して２人が出発した時刻を求める。

Ｋ子さんが１周目にＭを通るのは，9:00と9:12の真ん中の9:06である。２人が出発した時刻として考えられるのは，9:06－３分＝9:03，9:03－６分＝8:57，…となるが，9:00と9:10の間は，9:03である。
Ｋ子さんが２周目にＭを通るのは，9:12と9:16の真ん中の9:14である。２人が出発した時刻として考えられるのは，9:14－３分＝9:11，9:11－６分＝9:05，9:05－６分＝8:59，…となるが，9:00と9:10の間は，9:05である。
Ｋ子さんが３周目にＭを通るのは，9:16と9:19の真ん中の9:17$\frac{1}{2}$である。２人が出発した時刻として考えられるのは，9:17$\frac{1}{2}$－３分＝9:14$\frac{1}{2}$，9:14$\frac{1}{2}$－６分＝9:08$\frac{1}{2}$，9:08$\frac{1}{2}$－６分＝9:02$\frac{1}{2}$，9:02$\frac{1}{2}$－６分＝8:56$\frac{1}{2}$…となるが，9:00と9:10の間は，9:02$\frac{1}{2}$と9:08$\frac{1}{2}$である。
よって，求める時刻は，９時２$\frac{1}{2}$分，９時３分，９時５分，９時８$\frac{1}{2}$分である。

4　(1)　$\frac{500}{2}\times5=1250$(円)

(2)　閉店までは10分間が120÷10＝12(回)あるから，ケーキは３×12＝36(個)売れる。

(3)　定価のときの10分間の売上金額は，500×３＝1500(円)であり，閉店まで定価で売ると，売上金額の合計は1500×12＝18000(円)になる。定価で売る10分間を半額で売る10分間に置きかえると，売上金額は1500－1250＝250(円)下がる。18時半に半額にすると，半額で売る10分間が３回になるから，売上金額は，18000－250×３＝17250(円)になる。

(4)　【解き方】定価で売る10分間を半額で売る10分間に置きかえると，売上金額の合計は250円下がり，売れ残るケーキの個数は，５－３＝２(個)減る。閉店まで定価で売る場合(定価で売る10分間が12回の場合)，売上金額の合計は18000円，売れ残るケーキは70－36＝34(個)だから，損失額が6000円で，その差額は18000－6000＝12000(円)になる。ここから，定価で売る10分間を半額で売る10分間に置きかえて調べていくが，売れ残ったケーキの個数による損失額は，売れ残った個数の一の位の数が８になるところで下がることに注目する。

売れ残るケーキの個数が28個になるのは，定価で売る10分間を半額で売る10分間に置きかえることを(34−28)÷2＝3(回)行ったときであり，このとき，売上金額の合計は17250円，損失額は4500円で，その差額は17250−4500＝12750(円)になる。このように調べていくと，右表のようにまとめられる。

定価で売る10分間	売上金額	売れ残りの個数	損失額	(売上金額)−(損失額)
12回	18000円	34個	6000円	12000円
9回	17250円	28個	4500円	12750円
4回	16000円	18個	3000円	13000円
0回	15000円	10個	3000円	12000円

よって，定価で売る10分間の回数を4回にすればよいから，17時40分に半額にすると判断すればよい。

5 (1) この問題はＡＢから８ｍのラインまでを長方形の板でしきつめる方法の数を求めるので，＃(８)を求める。

(2) 解答例のように３通りある。

(3) ＃(４)について，［その１］の場合は，３ｍのところまでのしきつめ方の数と同じだから，＃(③3)と同じになる。［その２］の場合，２ｍのところまでのしきつめ方の数と同じだから，＃(④2)と同じになる。

(4) **【解き方】ここまでの問題から，＃(ｎ)＝＃(ｎ−２)＋＃(ｎ−１)が成り立つ。**

＃(４)＝＃(２)＋＃(３)＝２＋３＝５，＃(５)＝＃(３)＋＃(４)＝３＋５＝８，＃(６)＝＃(４)＋＃(５)＝５＋８＝13，＃(７)＝＃(５)＋＃(６)＝８＋13＝21，＃(８)＝＃(６)＋＃(７)＝13＋21＝34

よって，求めるしきつめ方の数は34通りである。

《2022 理科 解説》

1 (1) からだ中をめぐる血液にふくまれる不要なものは，じん臓で水とともにこし出され，尿として体外に出される。

(3) 植物は，光のエネルギーを利用して二酸化炭素と水から，酸素とデンプンをつくる。

(5) 地球温暖化の原因の１つが二酸化炭素などの温室効果ガスの増加と言われている。イ○…石炭や石油などを燃やすと二酸化炭素が出る。　エ○…森林が減少する(光合成をする植物が減少する)と，二酸化炭素の吸収量が減る。

2 (1) サクラの花芽は前年の夏ごろにつくられ，秋に休眠し，冬に一定期間低温にさらされると，開花の準備が始まる。その後気温が上昇《じょうしょう》すると，花芽が成長し開花する。

(4) 冬になり気温が下がると，体温調整ができないカエルなどの動物は冬眠をして冬をこす。これはカエルの元々の冬のこし方で，環境《かんきょう》の変化によるカエルの数の減少とは関係ない。

3 (1) 土砂は，流れる水によってけずりとられ(浸食《しんしょく》)，運ばれて(運ぱん)，積もる(堆積《たいせき》)。水の流れが速いところでは浸食作用や運ぱん作用が大きくなり，水の流れがゆるやかなところでは堆積作用が大きくなる。なお，水の流れが曲がっているところでは，外側で流れが速く，内側で流れがゆるやかになる。

(2) 流れが非常にゆるやかな河口付近では，堆積した土砂により三角州が形成される。なお，川が山地から平地に出て流れが急にゆるやかになるところでは扇状地《せんじょうち》が形成される。また，流れが速い川の上流では，川底がけずられてＶ字谷が形成される。

(3) 解答例の他にも，ダムやてい防などでもよい。

(4) キャンプ場よりも川の上流で前日に雨が降ると，キャンプ場周辺の川が増水している(または今後増水する)可能性がある。

4 (1) 北を向いているとき，右手側が東，左手側が西である。

(2) 南の空で右半分が光る月を上弦《じょうげん》の月，左半分が光る月を下弦の月という。なお，上弦の月は夕方ごろ，下弦の月は明け方ごろ，南の空に見える。

(3)　太陽までの距離《きょり》は，地球が約１億5000万km，金星が約１億1000万km，土星が約14億3000万km，木星が約７億8000万kmである。

(4)　地球から見たとき，太陽と月はほぼ同じ大きさに見えるから，地球から月までの距離と地球から太陽までの距離の比と，月と太陽の直径の比は等しくなる。月と太陽の直径の比は，3500：140万＝１：400だから，地球から太陽までの距離は地球から月までの距離の400倍の38万×400＝15200万(km)→約１億5000万kmとなる。

(5)　１年間に，木星は360÷12＝30(°)，土星は360÷30＝12(°)動く。土星より木星の方が速く進むから，木星が土星より１周(360°)多く太陽の周りを回ったときに，太陽から見て木星と土星が再び一直線上に並ぶ。木星は土星より30－12＝18(°)速く進むから，再び一直線上に並ぶのは360÷18＝20(年後)である。

5　(2)　直列つなぎの電池が多いほど，また，直列つなぎの電球が少ないほど，電球は明るくなる(並列つなぎの電池や電球は１個の電池や電球と同じと考える)。よって，電池２個を直列つなぎにし，電球２個を並列つなぎにすればよい。

(3)　手回し発電機で発電した電気をコンデンサーにためて，電球と発光ダイオードのそれぞれにつなげばよい。このとき，コンデンサーにたまる電気量が同じになるように，手回し発電機のハンドルの回し方や回す時間などを同じにする。

(4)　発光ダイオードは，電気エネルギーを効率よく光エネルギーにかえることができるので，発生する熱エネルギーが電球より少ない。

(5)①　Ａのスイッチを入れると，３つの電球が並列つなぎの回路になる。　②　Ａのスイッチのみを入れた状態で２つ目の発光ダイオードを入れてもＸとＹがついたままになるのは，２つ目の発光ダイオードをイかウに図３と同じ向きで入れたときか，エにいずれかの向きで入れたときである。また，Ｂのスイッチのみを入れたとき，２つ目の発光ダイオードを入れなければ３つの電球がつく。この状態から２つ目の発光ダイオードを入れてＸだけがつかなくなるようにするには，イに図３と逆向きで入れたときか，ウに図３と同じ向きで入れたときのどちらかである。よって，両方の条件を満たすのは，ウに図３と同じ向きで入れたときである。

6　(1)(2)　金属は温度が上がると体積が大きくなるので，金属球だけを加熱して温度を上げると，金属球の直径はリングの穴の直径より大きくなり，通りぬけられなくなる。反対に，リングだけを加熱して温度を上げると，リングの体積が大きくなり，リングの穴の直径が大きくなるので，よゆうをもって通りぬけられるようになる。

(3)　水はあたためられると軽くなって上に移動する。よって，熱した金属球を図２の位置に置くと，金属球によってあたためられた水が上に移動し，上にある冷たい水が下に移動する。このようにして，水全体があたたまることを対流という。

(5)　金属球のもっていた熱によって水の温度が上がる。金属球のもっていた熱の量が同じであれば，水の量が増えると水の上昇温度は小さくなる。

(6)　実験１は温度変化によって体積が変化する現象である。また，実験２では，あたたかいものは上に，冷たいものは下に移動する対流が起こっている。なお，アは液体が気体に変化することで熱をうばう現象であり，ウでは熱が空気を通りぬけてあたったものを直接あたためる放射が起こっている。

7　(1)　アンモニア水はアンモニアが，炭酸水は二酸化炭素がとけた水溶液《すいようえき》である。

(2)　発生する気体の体積は(塩酸または水酸化ナトリウム水溶液と)反応したアルミニウムの重さに比例するので，Ａ～Ｄのうち，発生した気体の体積が最も大きいＡで，反応したアルミニウムが最も多い(反応せずに残っているアルミニウムが最も少ない)とわかる。

(3)　酸性の塩酸とアルカリ性の水酸化ナトリウム水溶液を混ぜると，たがいの性質を打ち消し合う中和という反応が起こる。Cでは発生した気体が0㎤であることから，X75㎤とY100㎤がちょうど反応したとわかる(このとき中性の食塩水ができる)。このことから，DではX75㎤とY100㎤が反応し，残った100－75＝25(㎤)のXがアルミニウムと反応することで120㎤の気体が発生したとわかる。よって，Xの体積が25㎤の４倍の100㎤であれば，発生する気体の体積は120㎤の４倍の480㎤になる。

(4)①　同じ重さのアルミニウムをとかすと，同じ体積の気体が発生するから，図より，発生した気体が450㎤のときに着目して，必要な水酸化ナトリウム水溶液の体積の比は，Y：Z＝150：100＝３：２である。　②　同じ重さのアルミニウムをとかすのに必要な体積の比は，Y：Z＝３：２だから，Z200㎤は$200\times\frac{3}{2}=300$(㎤)のYと同じだと考えることができる。よって，100㎤のYとちょうど反応するXは75㎤だから，100㎤の３倍の300㎤のYとちょうど反応するXは75㎤の３倍の225㎤である。

《2022　社会　解説》

[1]　問１[1]　方角は，上が北，右が東，下が南，左が西だから，市役所(◎)から見て左下にある図書館(🕮)は南西となる。
[2]　北九州芸術劇場の北側に 3.4mの水準点がある。　[3]　防災マップ(ハザードマップ)には，洪水や地震，火山噴火，津波，土砂災害などの自然災害について，災害が起きたときに被害が発生しやすい地域や緊急避難経路，避難場所などが示される。

問２　ウが正しい。三重県では四日市ぜんそくが発生した(右表参照)。

公害名	原因	発生地域
水俣病	水質汚濁 (メチル水銀)	八代海沿岸 (熊本県・鹿児島県)
新潟水俣病	水質汚濁 (メチル水銀)	阿賀野川流域 (新潟県)
イタイイタイ病	水質汚濁 (カドミウム)	神通川流域 (富山県)
四日市ぜんそく	大気汚染 (硫黄酸化物など)	四日市市 (三重県)

問４　冬の降水量が多いイは日本海側の気候の富山市，冬の寒さが厳しく梅雨がないウは北海道の気候の釧路市，夏の降水量が多いエは太平洋側の気候の宮崎市だから，福岡市はアと判断する。北九州沿岸は，太平洋側の気候に属する。

問５　イが正しい。　A．北海道の十勝地方は全国有数の畑作地帯で，小麦の生産が盛んである。　C．愛知県の渥美半島で，人工的に光を当てて開花時期を遅らせる電照きくの抑制栽培が盛んである。

問６　アが誤り。国内生産台数は1990年が1300万台，2019年が1000万台だから，半減していない。

[2]　問１　アが正しい。藤原道長は平安時代の有力な貴族であり，藤原氏の摂関政治(娘を天皇のきさきとし，生まれた子を次の天皇に立て，自らは天皇の外戚として摂政や関白となって実権をにぎる政治)が全盛だった頃の摂政であった。　イ．江戸時代に志賀島で発見された金印は，後漢の皇帝から奴国の王にさずけられたものである。邪馬台国の卑弥呼は魏に使いを送り，「親魏倭王」の称号や金印などをさずけられた。　ウ．米づくりが広まった弥生時代には，ムラとムラの間で土地や水の利用をめぐる争いが生じた。また，支配する者と支配される者の身分の差がはっきりとしていた。　エ．藤原京は天智天皇の死後，皇后の持統天皇が飛鳥地方(奈良県)につくった。中大兄皇子が近江につくったのは大津宮である。

問２　エの土偶(縄文時代)は自然の産物がゆたかになり，獲物が多くとれることを祈ってつくられた。アは石包丁(弥生時代)，イは埴輪(古墳時代)，ウは須恵器(古墳時代)。

問３(1)[2]　元大阪町奉行所の与力であった大塩平八郎は，天保のききんに苦しむ人々に対する奉行所の対応を批判し，1837年に彼らを救うために挙兵して乱を起こした(大塩平八郎の乱)。　(2)　エとオが誤り。　エ．百姓から刀などの武器を取り上げる刀狩によって，農民は武器を使って戦うことができなくなったため，武士との身分がはっきりと区別されるようになった(兵農分離)。　オ．「大名は毎年４月に江戸に参勤すること(参勤交代)」は徳川家光が武家諸法度に追加した寛永令である。

問4　ウ．古代→エ．中世→ア．近世の順である。イは明治時代なので近代にあたる。

問5　江戸時代(幕末)のアが正しい。イは原始のH，ウは古代のI，エは中世のJにあたる。

問6　ウが正しい。石と白砂を用いて山や水などを表現する様式を枯山水といい，京都の龍安寺の石庭がその代表である。　ア．資料1の銅鐸は鉄器ではなく青銅器である。　イ．資料2の正倉院には奈良時代の聖武天皇の宝物が納められている。日本最初の仏教文化は飛鳥文化，桓武天皇は平安京遷都で知られる。　エ．資料4は湯島聖堂の学問所(昌平坂学問所)。寺子屋には百姓や町人の子どもが通った。

問7　ウが正しい。殖産興業政策として，生糸の品質や生産技術を向上させることを目的に富岡製糸場などが建設された。　ア．「版籍奉還」ではなく「廃藩置県」である。版籍奉還は，1869年に全国の大名が所有していた土地と人民を朝廷に返還させたこと。　イ．「西郷隆盛」ではなく「板垣退助」である。西郷隆盛は，1877年に西南戦争を起こした。　エ．「台湾」ではなく「韓国」である。台湾は，日清戦争後の下関条約(1895年)で日本領となった。

問8　平塚らいてうは，女性の地位向上のため，市川房枝らとともに新婦人協会を設立した。解答例の他「全国水平社を設立し，差別からの解放を目指した。」などもよい。

問9 [3]　1931年に関東軍が南満州鉄道の線路を爆破した柳条湖事件をきっかけとして始まった一連の軍事行動を満州事変と言う。　[4]　1941年7月に日本が資源を求めて東南アジアに軍隊を進めたため，アメリカなどが石油の供給をストップした(ABCD包囲網)。その後，12月8日に真珠湾とマレー半島への攻撃から太平洋戦争が始まった。

問10　エが誤り。資料8の「天皇陛下ヲイタダク日本ノ國」から国民主権の民主主義ではなかったことがわかる。

問11　ウが正しい。北海道旧土人保護法による同化政策でアイヌ語やアイヌ文化が消滅の危機にあったため，1997年にアイヌ文化振興法が制定された。　ア．沖縄にはアメリカ軍基地がある。アメリカ軍の駐留を認めた日米安全保障条約は，1960年に改定され，以後10年ごとに自動延長されている。　イ．「日中平和友好条約」ではなく「日中共同声明」である。　エ．高度経済成長期に日本は，国民総生産(GDP)がアメリカに次いで世界第2位となった。

[3] **問1**　ウ．有識者や利害関係のある人を招いて公聴会で意見を聴く。

問2　イが正しい。中国は人口の約94%が漢族で，残りがウイグル族やチベット族などの少数民族である。
ア．オリンピック・パラリンピックが開催されたのはリオデジャネイロ，ブラジルの首都はブラジリア。
ウ・エ．中国についての記述である。

問3　日本国憲法の基本原則は「国民主権」「平和主義」「基本的人権の尊重」である。

問4　国民の三大義務は「子女に普通教育を受けさせる義務(26条)」「勤労の義務(27条)」「納税の義務(30条)」だから，アとエが正しい。イは参政権，ウは請求権。

問5　ジェンダーは性別に対する考え方を指す。

問6　都道府県や市区町村の議会が法律の範囲内で条例を制定する。

問7　市議会議員や市長は住民による直接選挙で選出されるから，エが正しい。

問8　イ．2001年9月11日の同時多発テロを受けて，アメリカ軍はアフガニスタンを攻撃してタリバン政権を倒し，2003年にイラク戦争を強行した。

問9　オを選ぶ。　A．参議院の任期は6年(3年ごとに半数改選)だから，衆議院(任期は4年)よりも長く，解散はない。　B．市区議会議員に立候補できるのは満25歳以上である(右表参照)。　C．日本国憲法が公布されたのは，衆議院総選挙より後の1946年11月3日である。

選挙権	満18歳以上
衆議院議員・都道府県の議会議員・市(区)町村長・市(区)町村の議会議員の被選挙権	満25歳以上
参議院議員・都道府県知事の被選挙権	満30歳以上

2021 解答例 令和３年度　筑紫女学園中学校

《国　語》

一　①さか　②ほうぼく　③かんとう　④垂れる　⑤光栄　⑥故障　⑦貯蔵　⑧功績　⑨反らす　⑩小包(み)

二　問一．心をもった　問二．１．関心　２．悩み　問三．イ，エ　問四．１．他者の心を推測する力　２．相手の裏をかく　３．複雑な思考　４．高度なコミュニケーション　問五．左右　問六．ア　問七．イ　問八．C　問九．ウ　問十．低学年は、大切なお皿を三枚も割ったという結末を重視するため、太郎が悪いと考える。高学年は、自分が食べたい物を無断でこっそり焼くという身勝手な動機を重視するため、次郎が悪いと考える。

三　問一．小人／宝石　問二．そのいっし　問三．A．オ　B．ア　問四．１．オ　２．イ　問五．雨によって街の様子を知った　問六．④エ　⑤ウ　問七．１．無愛想なものたち　２．世界にたった一つしかない楽器

《算　数》

1　(1)$\frac{1}{4}$　(2)８　(3)0.001　(4)11.4　(5)①100　②990　(6)㊁　(7)50　(8)４　(9)80

2　(1)108　(2)20.52　(3)117.75　(4)㋕

3　(1)右図　(2)127.44

4　(1)48　(2)９，５　(3)５，30

5　(1)５＋７＋７＋７　(2)23　(3)58

6　(1)右図　(2)15　(3)30，39，42，45

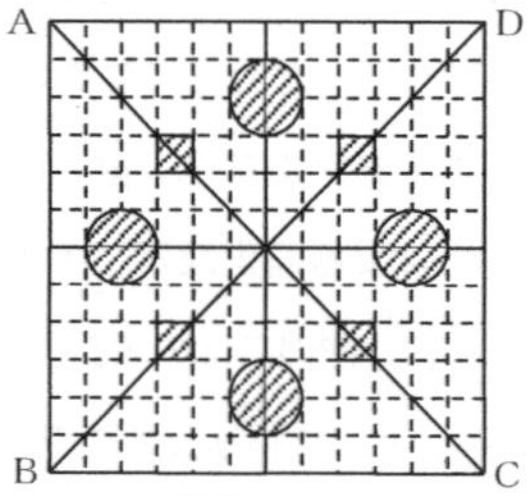

3(1)の図

	①	②	③	④	⑤
⑥	2	2	3	3	3
⑦	3	3	1	1	1
⑧	3	3	1	1	1
⑨	3	3	1	1	1
⑩	3	3	1	1	1

6(1)の図

《理　科》

1　(1)①蒸発　②水蒸気　(2)イ　(3)ウ　(4)食物連鎖

2　(1)ア　(2)関節　(3)あ．えら　い．卵　(4)イ，ウ，カ　(5)ウイルス

3　(1)ア　(2)ア　(3)ウ　(4) c

4　(1)温度が低い　(2)ウ　(3)ウ　(4)ア　(5)ブラックホール

5　(1)ア　(2)①A，E　②D．空気　F．温度　(3)イ
(4)発芽の養分として使われた。
(5)もやし／アスパラガス　などから１つ

6　(1)ア，ウ　(2)右グラフ　(3)50　(4)イ　(5)①Y／100　②300

7　(1)イ，エ，オ　(2)エ　(3)12　(4)①1.4　②ウ

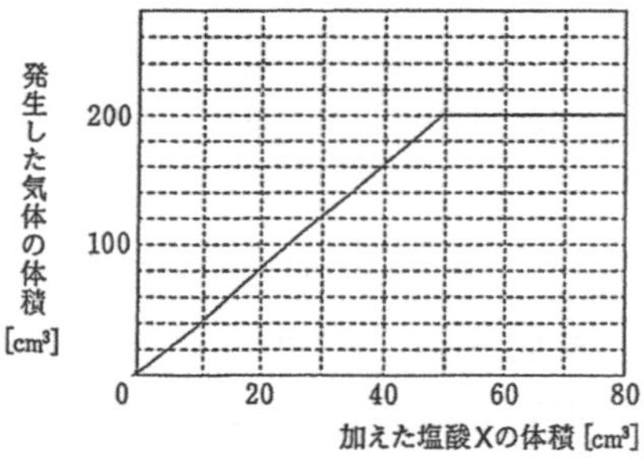

《社　会》

1　問１．図Ⅰ…新潟県　図Ⅱ…長崎県　図Ⅲ…岩手県　図Ⅳ…香川県　問２．ア　問３．ウ　問４．エ　問５．エ

2　問１．１．遣唐使　２．国分寺　３．日米修好通商条約　４．第一次世界大戦　５．関東大震災　問２．ウ　問３．ア　問４．エ　問５．イ　問６．イ　問７．ア　問８．ウ　問９．ウ

3　問１．１．象徴　２．平和維持活動　問２．エ　問３．イ　問４．エ　問５．ウ　問６．ア　問７．イ　問８．エ　問９．一般市民の感覚を裁判に反映させるため。〔別解〕司法に対する理解と信頼を深めるため。

《2021 国語 解説》

二 **問一** 「同義」は意味が同じであること。直前の「これはある意味で、とても不思議な現象です」の「これ」の指す内容と同じ意味だということ。よって[2]段落２文目の「心をもった人間が、心について考える」からぬき出す。

問二 この前の部分で、相手に期待することと、相手の期待にこたえようとすることの間に生じるズレが、「悩《なや》みのひとつの種」になると述べている。それを受けて、「そもそも人が心に[1]をもたなければ、[2]は生まれない、ということです」と説明しているから、[2]には「悩み」が入り、[1]にはその元となる事がらが入ると予想できる。[6]段落では、[5]段落の内容をさらにくわしく説明し、「その過程の中で悩みが生じる」の「その過程」を、「このような『心への関心』」と言いかえている。よって、[1]には「関心」が入る。

問三 「『[3]』『[4]』というのではなく、他者への配慮《はいりょ》、共感、思いやりがはっきりとあらわれ」という流れから、「他者への配慮、共感、思いやり」とは関係のない選択肢《せんたくし》を選ぶ。よってイとエが適する。

問七 「『子どもはいつ大人になるの』『人間はしゃべるのに、犬はどうして話せないの』」といった質問をする、人間観察が「とてもするどい」と感じられる時期の子どもたちをたとえた言葉。大人と子ども、人と動物のちがいといった、物事の本質や真理にせまる問いをしているので、イの「哲《てつ》学者」が適する。

問八 「その成長ぶりをよろこぶよゆうもほしいところ」という表現から、よゆうがないときは、よろこべないような種類の成長について、この前に書かれていると予想できる。〈C〉の前に書かれている「うそ」をつくことは、普通《ふつう》良くないこととされ、よろこぶのは難しいので、〈C〉が適する。

問十 10歳《さい》前後で他者の心を深く読みとることが可能になり、「ものごとの善悪を判断する場合も、その結末ではなく、動機を加味して判断する」([14]段落)と述べていることから考える。低学年は物事の結末に着目し、お皿の割れた枚数の多い太郎を悪いと考え、高学年は動機に着目し、(お母さんのためではなく)自分のためにパンケーキを焼いた次郎を悪いと判断すると考えられる。

三 **問一** 「まるで小人が手のひらの上でおどっているかのようだった。あるいは、妖精《ようせい》たちが宝石をばらまいているとでもいったほうがいいかもしれない」から、「小人」と「宝石」をぬき出す。「まるで～かのよう」というたとえ(直喩《ちょくゆ》)の表現に着目する。

問二 「雨つぶだ」の後の段落の「そのいっしゅん前まで、重苦しい音の圧力となって私の頭にのしかかっていた雨が、とつぜん、むじゃきでかわいらしいつぶつぶに姿を変えて、手のひらの上で楽しそうに飛びはねている。それはまさに、空が魔法《まほう》の箱となって～滴《しずく》の精に変身させたしゅん間だった」に、雨の感じ方の変化が書かれている。「かわいらしいつぶつぶ～楽しそうに飛びはねている」には、人でないもの(雨つぶ)を人にたとえる擬人《ぎじん》法が用いられている。また、「重苦しい音の圧力」「魔法の箱」「滴の精」もたとえの表現である。

問三A 雨の丸いつぶがあたる感じだから、オの「ポツポツと」が適する。　**B** 空き缶、つまり金属に雨があたったときだから、鋭《するど》い音を表す、アの「キーンと」が適する。

問四 それぞれの雨について見ていくと、アの「時雨《しぐれ》」は、秋の末から冬の初め頃《ごろ》に降ったりやんだりする雨。イの「春雨《はるさめ》」は、春に静かに降る細かい雨。ウの「五月雨《さみだれ》」は、陰暦《いんれき》五月頃に降る長雨。梅雨《つゆ》の雨。エの「みぞれ」は、雪が溶《と》けかけて雨まじりに降るもの。オの「夕立《ゆうだち》」は、夏の昼すぎから夕方にかけて急に激しく降りだす雨。　1 「夏の[1]では勢いが強すぎて」より、夏に激しく降る雨だから、オの「夕立」が適する。

2 「 2 は細く静かで～秋や冬の雨は風にあおられて」より、秋や冬以外に降る静かな雨だから、イの春雨が適する。

問五 「私は」が主語になるから、「雨は」は、「雨によって」「雨から」などの表現になる。

問六④ 「たたずむ」は、ある場所にしばらく立ち止まること。よってエが適する。 ⑤ 「つむぐ」は、綿や繭《まゆ》から繊維《せんい》を引き出して、よりをかけ糸をつくること。そこから、色々な素材を組み合わせて作品を作ることをいう。よってウが適する。

問七１ 筆者は視力を失っているために、音のしない「街並み」は「ほとんど無に等しい存在」であった。そのため、――線④の３～５行後で「街の景色」をつくるものを「私がぶつかるまで自分の存在を教えてはくれない」「無愛想なものたち」と言っている。 **２** ――線⑤の１行前の「それが、雨の日にだけ世界にたった一つしかない楽器に生まれかわり、次々と音をつむぎ出して」から、ぬき出す。

《2021 算数 解説》

1 ⑴ 与式＝$(\frac{28}{24}-\frac{27}{24})\times 6=\frac{1}{24}\times 6=\frac{1}{4}$

⑵ 与式＝1.4＋{１＋６－(１－0.6)}＝1.4＋(７－0.4)＝1.4＋6.6＝８

⑶ １Ｌは１辺が 10 cmの立方体の体積だから，１Ｌ＝10 cm×10 cm×10 cm＝0.1ｍ×0.1ｍ×0.1ｍ＝0.001 m^3

⑷ **【解き方】右のてんびん図を利用して考える。**

ａ：ｂは，食塩水の量の比の逆比に等しくなる。

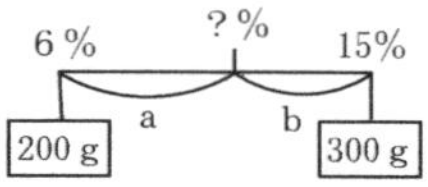

ａ：ｂは，200：300＝２：３の逆比の３：２となるから，ａ：(ａ＋ｂ)＝３：５

よって，求める濃度《のうど》は，$6+(15-6)\times\frac{3}{5}=11.4$(%)

⑸① 利益は原価の１割だから，$1000\times\frac{1}{10}=100$(円)

② 定価は 1000＋100＝1100(円)だから，１割引きで売ると，$1100\times(1-\frac{1}{10})=990$(円)

⑹ 体積が 10×10×10÷２＝500(cm^3)に最も近い値となる長さを探す。

７×７×７＝343，８×８×８＝512 より，最も 500 cm^3に近い値となるのは，１辺が８cm(㊁)のときである。

⑺ 子供１人に対して配るお菓子を４－２＝２(個)減らすと，配るのに必要なお菓子は 70－10＝60(個)減るので，子供は全員で 60÷２＝30(人)いる。よって，お菓子は全部で 30×２－10＝50(個)ある。

⑻ 行きは６÷３＝２(時間)，帰りは６÷６＝１(時間)かかるから，往復(12 km)で２＋１＝３(時間)かかる。よって，平均の速さは，時速(12÷３)km＝時速４kmである。なお，速さの数字の平均で，時速$\frac{3+6}{2}$km＝時速 4.5 kmとするのは間違い。

⑼ **【解き方】長針は 60 分で 360°進むので，１分ごとに 360°÷60＝６°進む。短針は 60 分で 360°÷12＝30°進むので，１分ごとに 30°÷60＝0.5°進む。したがって，１分ごとに長針は短針より６°－0.5°＝5.5°多く進む。**

時刻が１時のとき，長針と短針がつくる角のうち，小さい方の角の大きさは 30°となる。ここから１時 20 分までの 20 分間で，長針は短針より 5.5°×20＝110°多く進むから，長針と短針がつくる角のうち，小さい方の角の大きさは，110°－30°＝80°となる。

2 ⑴ **【解き方】正ｎ角形の１つの内角の大きさは，180°×(ｎ－２)÷ｎで求められることを利用する。**

右図のように記号をおく。正五角形の１つの内角の大きさは，180°×（５－２）÷５＝108°

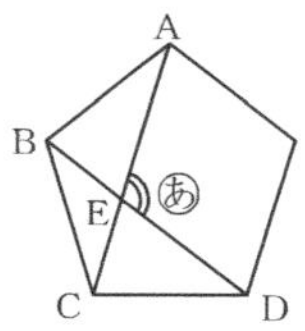

よって，三角形ＢＡＣは，角ＡＢＣ＝108°であり，ＢＡ＝ＢＣの二等辺三角形なので，
角ＢＡＣ＝(180°－108°)÷２＝36°である。同様にして，三角形ＣＢＤについて，
角ＣＢＤ＝36°がいえるので，角ＡＢＥ＝108°－36°＝72°
三角形ＡＢＥについて，外角の性質より，角あ＝36°＋72°＝108°

⑵　**【解き方】右図の太線で囲まれた，１辺が12÷４×２＝６(cm)の正方形に注目する。半径が３cmの半円を太線内のように４つ重ねると，斜線《しゃせん》部分のみが重なる。よって，半径が３cmの半円４つ分の面積から，１辺が６cmの正方形の面積をひくと，斜線部分の面積となる。**

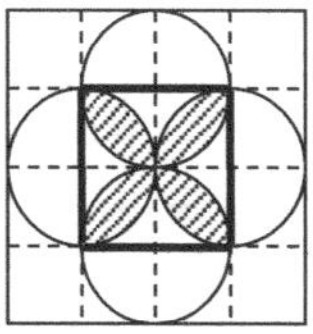

３×３×3.14÷２×４－６×６＝18×3.14－36＝56.52－36＝20.52(㎠)

⑶　**【解き方】図４の立体を，右図のように２つ合わせると，底面の半径が３cmで高さが10＋５＝15(cm)の円柱から，底面の半径が２cmで高さが15cmの円柱をくりぬいた立体となる。**

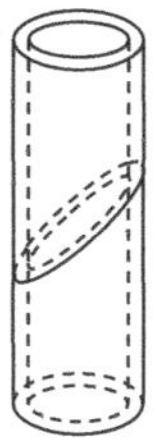

右図は，底面積が３×３×3.14－２×２×3.14＝(９－４)×3.14＝５×3.14(㎠)だから，体積は
５×3.14×15＝75×3.14(㎤)となる。よって，求める体積は，75×3.14÷２＝37.5×3.14＝117.75(㎤)

⑷　立方体の展開図は右図の①～⑪の11種類ですべてなので，覚えておくとよい。①～⑥のように，４つの面が１列に並び，その上下に１面ずつがくっついている形が基本的な形である。立方体の展開図では面を90度ずつ回転移動させることができるので，⑤の左端《ひだりはし》の面を上に回転移動させると⑦になる。⑦の一番下の面を右に回転移動させていくと，⑧と⑨ができる。⑩と⑪は覚えやすい形なので，そのまま覚えるとよい。

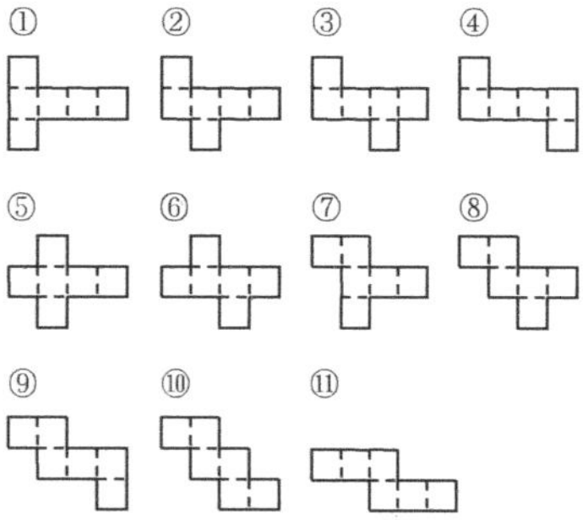

㋐～㋔の展開図は，すべて①～⑪と同じ形(回転して重なる図形)であり，
㋕の展開図は①～⑪の展開図を回転させても重ならないので，立方体の展開図でないものは㋕である。

3　⑴　折ったときと逆の手順で広げると，右図のようになる。

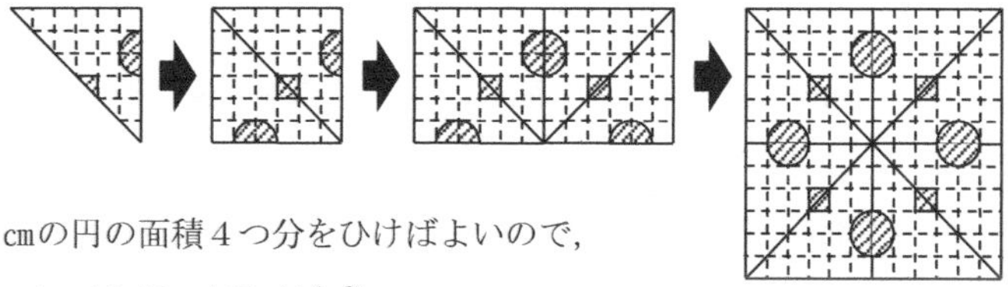

⑵　１辺が12cmの正方形の面積から，
１辺が１cmの正方形の面積４つ分と，半径が１cmの円の面積４つ分をひけばよいので，
12×12－１×１×４－１×１×3.14×４＝144－４－12.56＝127.44(㎠)

4　⑴　バスは28kmの道のりを35分＝$\frac{35}{60}$時間＝$\frac{7}{12}$時間で進むので，求める速さは，時速(28÷$\frac{7}{12}$)km＝時速48km

⑵　バスがＡ町を出発してから，再びＡ町について出発するまでの時間は，９時40分－８時＝１時間40分である。よって，最終便は，午前８時＋１時間40分×(８－１)＝午前８時＋100分×７＝午前８時＋700分＝午前８時＋11時間40分＝午後７時40分にＡ町を出発する。ここから，バスが再びＡ町に戻るまでは，９時25分－８時＝１時間25分かかるから，求める時刻は，午後７時40分＋１時間25分＝午後９時５分

⑶　**【解き方】バスはＡ町とＢ町の間を35分間で進み，各町で15分間止まってから出発する。このことから，りょうこさんが出発する午後３時30分に，バスはＢから出発するとわかる。りょうこさんはＢ町まで28÷６＝４$\frac{2}{3}$(時間)歩くから，バスとりょうこさんのグラフは，右のようになる。よって，右グラフの●でりょうこさんはＢ町から来るバスと２回目に出会う。**

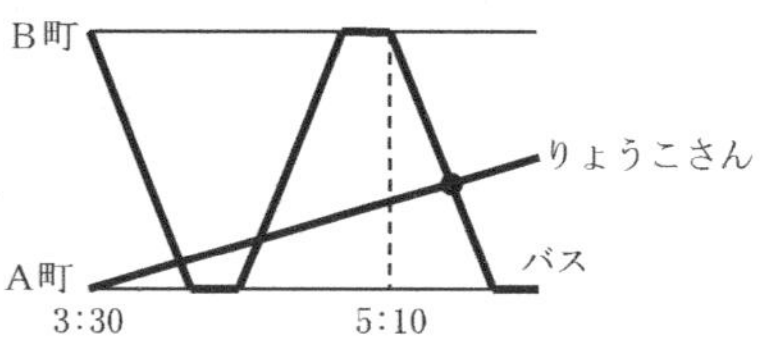

※時刻は午後を表している。

午後５時10分－午後３時30分＝１時間40分＝$1\frac{2}{3}$時間＝$\frac{5}{3}$時間で，
りょうこさんは$6\times\frac{5}{3}$＝10(km)進む。よって，午後５時10分から，バスとりょうこさんは合わせて28－10＝18(km)進んで出会うのだから，求める時間は，午後５時10分から18÷(48＋６)＝$\frac{1}{3}$(時間後)，つまり，20分後の午後５時10分＋20分＝午後５時30分である。

5 (1)　26から７をひいていき，５の倍数になるところを探す。
26－７＝19，19－７＝12，12－７＝５より，26＝５＋７＋７＋７とわかる。

(2)　**【解き方】問題の表を使って，５と７だけの和で表せる数に○をつけていく。**
はじめに，５の倍数と７の倍数に○をつけると図Ⅰのようになり，一番右の列の数にはすべて○がつく。
次に，７の倍数それぞれに５を何回も足してできる数に○をつけていくと，図Ⅱのように，７の倍数よりも下にある数字すべてに○がつく。
○をつけた数が作ることのできる数だから，求める数は23とわかる。

図Ⅰ

1	2	3	4	⑤
6	⑦	8	9	⑩
11	12	13	⑭	⑮
16	17	18	19	⑳
㉑	22	23	24	㉕
26	27	㉘	29	㉚
31	32	33	34	㉟
36	37	38	39	㊵
41	㊷	43	44	㊺
46	47	48	㊾	㊿

図Ⅱ

1	2	3	4	⑤
6	⑦	8	9	⑩
11	⑫	13	⑭	⑮
16	⑰	18	⑲	⑳
㉑	㉒	23	㉔	㉕
㉖	㉗	㉘	㉙	㉚
㉛	㉜	㉝	㉞	㉟
㊱	㊲	㊳	㊴	㊵
㊶	㊷	㊸	㊹	㊺
㊻	㊼	㊽	㊾	㊿

(3)　**【解き方】５と７の最小公倍数は35なので，㋐５＋５＋５＋５＋５＋５＋５は，㋑７＋７＋７＋７＋７に変えられることを利用する。まずは，2021を，５を一番多く使った和の形で表す。**
2021－７×３＝2000，2000÷５＝400より，2021＝５×400＋７×３だから，2021を，５を一番多く使った和の形で表すと，５が400個と７が３個並ぶ。400÷７＝57余り１より，これは㋐が57グループと５が１個と７が３個の和である。㋐を㋑に変えるごとに５と７の個数が変わるので，表し方が変わる。
よって，変えない(５が400個と７が３個)の場合もふくめると，表し方は全部で１＋57＝58(通り)ある。

6 (1)　ボタン①を２回押すと図ⅰのようになり，
さらにボタン②を２回押すと図ⅱのようになり，
さらにボタン⑥を２回押すと図ⅲのようになる。

図ⅰ

3	1	1	1	1
3	1	1	1	1
3	1	1	1	1
3	1	1	1	1
3	1	1	1	1

図ⅱ

3	3	1	1	1
3	3	1	1	1
3	3	1	1	1
3	3	1	1	1
3	3	1	1	1

図ⅲ

2	2	3	3	3
3	3	1	1	1
3	3	1	1	1
3	3	1	1	1
3	3	1	1	1

(2)　**【解き方】ボタンを１回押すと５つの数字が変わる。また，数字が３→１となるとき以外は，常に数字は１ずつ大きくなる。最初のパネルに表示されている数字の合計は，５×５＝25である。**
１回目のボタンで変わる５つの数字はすべて１→２と変わるので，数字の合計は25＋５＝30となる。
２回目のボタンで変わる５つの数字はすべて１→２または２→３と変わるので，数字の合計は30＋５＝35となる。
３回目のボタンで数字の合計が37－35＝２だけ増えればよいので，１→２または２→３と変わる数字が４つ，３→１と変わる数字が１つあればよい。よって，そのような２回目，３回目のボタンの押し方を考える。
３→１と変わるのは，１回目のボタンで変わった，右図のＡ～Ｅのパネルだけである。
Ａのパネルが３回目のボタンで３→１と変わるのは，①→①→⑥または①→⑥→①または①→⑥→⑥とボタンを押した場合の３通りある。Ｂ～Ｅのパネルの場合も同様に３通りあると考えられるので，求めるボタンの押し方は，全部で３×５＝15(通り)ある。

A				
B				
C				
D				
E				

(3)　**【解き方】(2)をふまえ，数字が３→１になる回数について考える。**

ボタンを４回押すとき，数字が３→１になることがない場合(例えば，①→②→③→④とボタンを押すとき)は，数字の合計は25＋５×４＝45となる。ここから，㋐数字が３→１になる回数が１回増えるごとに，数字の合計は２＋１＝３小さくなる。

㋐が１回(例えば，①→①→②→⑥)のとき，数字の合計は45－３＝42

㋐が２回(例えば，①→①→⑥→⑦)のとき，数字の合計は45－３×２＝39

㋐が３回，４回になるときはない。

㋐が５回(例えば，①→①→①→①)のとき，数字の合計は45－３×５＝30

㋐が６回以上になるときはないので，小さい順に並べると，30，39，42，45となる。

《2021　理科　解説》

1 (1) 他に，せんたく物がかわくのも，水が水蒸気に変化することで起こる現象である。

(2) イ○…乱層雲は，雨雲ともよばれる弱い雨を長時間降らせる雲である。

(3) ウ○…光合成では，根から吸い上げた水と空気中からとりこんだ二酸化炭素を材料に，でんぷんと酸素を作る。したがって，大気中に出される気体は酸素である。酸素はものを燃やすはたらきがある気体である。なお，アはアンモニアなど，イは二酸化炭素，エはちっ素の説明である。

2 (3) (あ)魚類と両生類の子はえらで呼吸する。　(い)鳥類は卵をうむ。このようなこの生まれ方を卵生という。

(4) イ，ウ，カ○…クモはからだが２つの部分に分かれ，しょっ角がなく，８本のあしがある。なお，ア，エ，オはこん虫の特ちょうである。

3 (1) ア○…空気は熱した部分が上にあがり，そこに新たな空気が流れこむことで流れができ，やがて全体があたたまっていく。このような熱の伝わり方を対流という。

(2) ア○…窓の近くの空気は外気で冷えやすいので，ストーブを窓の近くに置くことで，部屋をまんべんなく暖めることができる。

(3) ウ○…暖められた空気は軽くなって上にあがるので，エアコンから風を下向きに出すと部屋全体が暖まりやすくなる。また，送風機を使って真上に送ることで，空気の流れができ，部屋全体が暖まりやすくなる。

(4) ｃ○…部屋の中央を風が通るようにすると，空気を最もはやく入れかえられる。したがって，対角線上にあるａとｃを開ければよい。

4 (1) 星の温度が高い色から順に，青白色，白色，黄色，赤色である。

(2) ウ○…南の空で図１のように見えるオリオン座は，西の空にしずむとき，90度時計回りに回転して見える。

(3) ウ○…南半球から真北の空のオリオン座を見ると，北半球から真南の空のオリオン座を見たときと，上下左右が反対に見える。

(4) ア○…オリオン座のベテルギウスは，地球から光の速さで640年かかるほど遠くにある星だから，ベテルギウスの爆発が起きてから100年後のオリオン座の形はほとんど変わらない。

5 (1) ア○…インゲンマメは養分(デンプン)を子葉(ア)にたくわえており，ヨウ素液をつけるとこの部分が紫色に変化する。

(2)① ある条件について調べたいときは，その条件だけがことなる２つの実験の結果を比べる。光の条件だけがことなるＡとＥの結果をくらべる。　② インゲンマメの種子の発芽に必要な条件は，水，空気，温度である。Ｄでは種子が水につかっているので空気が，Ｆでは種子が約４℃の冷蔵庫に入っているので温度が足りない。

(3) イ○…インゲンマメは，発芽すると子葉が地上に出る。また，インゲンマメは双子葉類で，根は中央の太い根(主根《しゅこん》という)から細い根(側根《そっこん》という)がたくさん出るつくりをしている。

⑸　モヤシを育てるときは，日光を当てないが，水は与えなければならない。日光を当てずに育てたアスパラガスをホワイトアスパラガスという。

6　⑴　ア，ウ○…鉄と塩酸の反応で発生する気体は水素である。イは酸素，エは二酸化炭素が発生する。

⑵　鉄がなくなるまでは，発生した気体の体積は加えた塩酸Xの体積に比例するが，鉄がなくなると，それ以上塩酸を加えても，発生した気体の体積は一定である。表より，発生した気体の体積は 200 cm^3で一定になることが分かるので，AとBの結果をもとに発生した気体の体積が 200 cm^3に達するまでは一定の割合で増加し，その後は 200 cm^3で一定のグラフをかく。

⑶　⑵解説より，鉄 1.0ｇがすべてとけるときに，グラフがおれ曲がって気体の体積が一定になる。したがって，塩酸Xを 50 cm^3加えたときである。

⑷　イ○…鉄 1.0ｇと塩酸X40 cm^3では，塩酸X40 cm^3がすべて反応し，鉄 1.0ｇの一部が反応せずに残る。残った鉄はろ過によってとり除かれ，塩酸に反応した鉄(塩化鉄)が水にとけて，ろ液の中に残っている。

⑸①　実験２より，塩酸X120 cm^3と水酸化ナトリウム水よう液Y160 cm^3がちょうど反応することがわかる。したがって，塩酸X300 cm^3とちょうど反応する水酸化ナトリウム水よう液Yは $160\times\frac{300}{120}=400(cm^3)$であり，水酸化ナトリウム水よう液Yを$400-300=100(cm^3)$加えればよい。　②　Bは$120\times\frac{300}{160}=225(cm^3)$の塩酸Xが反応し，$300-225=75(cm^3)$の塩酸Xが残っている。2.0ｇの鉄と $50\times2=100(cm^3)$の塩酸Xが反応するので，ここでは塩酸X75 cm^3がすべて反応して，$200\times\frac{75}{50}=300(cm^3)$の気体が発生する。

7　⑴　イ，エ，オ○…表のAとBを比べると，ふりこの 10 往復(１往復)する時間は糸の長さが長いほど長いこと，AとD，CとEを比べると，ふりこの 10 往復(１往復)する時間はおもりの重さに関係しないこと，BとCを比べると，ふりこの 10 往復(１往復)する時間はふれはばに関係しないことが分かる。

⑵　エ○…⑴解説より，周期はふれはばに関係しないことが分かる。また，最下点での速さは最高点の高さが高いほど速いので，Qの方が速い。

⑶　糸の長さが 50 cmのふりこと 50－25＝25(cm)のふりこの 10 往復する時間の平均を求める。(14＋10)÷２＝12(秒)となる。

⑷①　表より，Eの 10 往復の時間はDの 14÷10＝1.4(倍)であり，木切れにしょうとつするまでの時間も 1.4 倍である。　②　ウ○…DとEはおもりの重さが同じで，木切れはどちらも同じ距離をすべって止まったことから，木切れにしょうとつする速さも同じである。

《2021　社会　解説》

1　**問１**　Ⅰ．新潟県　Ⅱ．長崎県　Ⅲ．岩手県　Ⅳ．香川県　Ⅰ．「信濃川が流れる」「稲作がさかん」から新潟県と判断できる。Ⅱ．「江戸時代にオランダや中国と交流があった」ことから長崎県と判断できる。Ⅲ．「平泉」から岩手県と判断できる。Ⅳ．「ため池」「うどん」から香川県と判断できる。

問２　長崎県長崎市は，夏に雨が多い太平洋側の気候に属するからアと判断する。イは瀬戸内の気候の香川県高松市，ウは日本海側の気候の新潟県新潟市，エは太平洋側の気候の岩手県盛岡市の雨温図である。

問３　ウが誤り。輸入大豆の約７割がサラダ油などの精油用に使われる。

問４　エが適当でない。日本の世界自然遺産は，屋久島(鹿児島県)，小笠原諸島(東京都)，白神山地(青森県・秋田県)，知床(北海道)であり，鳥取砂丘は世界文化遺産にも登録されていない。

問５　エが誤り。台風による記録的な被害は 2006 年ではなく 2004 年に起きている。アは新潟県の中越地震，イは長崎県の雲仙普賢岳の噴火，ウは東日本大震災の記述として正しい。

2　問１　１．遣唐使　２．国分寺　３．日米修好通商条約　４．第一次世界大戦　５．関東大震災

１．飛鳥時代から始まった遣唐使は，平安時代の中頃まで十数回に渡って派遣された。菅原道真が，唐の衰退と航海の危険を理由として派遣の停止を進言したことで，10 世紀以降は派遣されなかった。２．奈良時代，全国に建てたのが国分寺と国分尼寺，奈良に建てたのが東大寺と大仏であった。３．1858 年，井伊直弼とハリスの間で日米修好通商条約が結ばれ，函館・新潟・横浜・神戸・長崎が開港された。相手国の領事裁判権を認め，自国の関税自主権がない不平等な条約であった。４．第一次世界大戦は，1914 年にサラエボ事件が起きたことから始まった。

５．正午直前に発生した関東大震災では，昼食のために火を使っていた人が多かったので，多くの火災が発生した。また，風評被害によって，多くの在日朝鮮人が殺害された。

問２　ウが奈良時代の大陸との関係として適当である。ア．水墨画の技法が伝わったのは鎌倉時代である。イ．鉄砲伝来は室町時代である。エ．米づくりや鉄器・青銅器が伝わったのは弥生時代である。

問３　アの行基が正しい。イは北条政子，ウは鑑真，エは平清盛の像である。

問４　エが正しい。『名所江戸百景』より「大はしあたけの夕立」である。アは葛飾北斎の『富嶽三十六景』より「凱風快晴」，ウは東洲斎写楽の『三代目大谷鬼次の奴江戸兵衛』である。

問５　イが大政奉還の年である。1854 年は日米和親条約が締結された年，1868 年は王政復古の大号令・五箇条の御誓文の発布・戊辰戦争などがあった年，1877 年は西南戦争が起きた年である。

問６　イが適当でない。湯川秀樹は，日本人初のノーベル物理学賞受賞者である。

問７　アが正しい。東郷平八郎は日露戦争の日本海海戦で活躍した軍人，小村寿太郎は初めて関税自主権の回復に成功した外務大臣，陸奥宗光は初めて領事裁判権の撤廃に成功した外務大臣である。

問８　ウを正しいと判断した。大正時代の記述として正しいのはウだけである。治安維持法は，25 歳以上の男子に選挙権を与える代わりに，社会主義運動を取り締まるために制定された。ア．女性の自由と権利の拡大をめざす女性運動をはじめたのは平塚らいてうなどである。イ．新渡戸稲造は，国際連盟の事務次長を務めた人物である。

エ．20 歳以上の男女に選挙権が与えられたのは昭和時代の太平洋戦争後である。

問９　ウが正しい。資料１は，1894 年に起きた日清戦争直前の東アジアの風刺画である。左側の武士を日本，右側の人物を中国，橋の上の人物をロシア，魚を朝鮮に見立てている。

3　問１　１．象徴　２．平和維持活動　　１．大日本帝国憲法では主権者であった天皇は，日本国憲法では象徴となった。２．1992 年のカンボジアへの派遣が，ＰＫＯの始まりであった。

問２　エが適当でない。天皇の仕事を国事行為と呼ぶ。国務大臣の任命は，内閣総理大臣に権限がある。

問３　イが正しい。アは裁判所，ウとエは国会の説明である。

問４　エが正しい。資料２のＨ29 年のところに 10 代を示す◆の点がある。ア．衆議院議員の任期は４年だが，解散があるため，４年に１回とは決まっていない。イ，資料２を見ると，Ｓ42 年は 20 代より 70 代の方が投票率は低い。ウ．資料１を見ると，Ｈ26 年からＨ29 年にかけて投票率は上がっている。

問５　ウが正しい。ユニバーサルデザインは，障害の有無や年齢・性別などにかかわらず，すべての人が利用しやすいようにデザインする考え方。ピクトグラムは，情報を言語ではなく絵で伝えるための記号。セーフティネットは，全体に対して安心・安全を提供するための仕組み。

問６　アが誤り。広い範囲で災害が起きた場合，市町村単位で国への報告を行うと混乱する恐れがあるので，市町村は都道府県への報告をすればよい。

問７　イが誤り。世界遺産の保護活動はユニセフ(国連児童基金)ではなく，ユネスコ(国連教育科学文化機関)。

問８　エが誤り。法律の公布は天皇の国事行為である。

問９　裁判員制度では，くじで選ばれた 20 歳以上の男女６名が裁判員として，３人の裁判官とともに裁判に参加する。

2020 解答例 令和２年度

筑紫女学園中学校

《国　語》

一　問一．ａ．挙げ　ｂ．始末　ｃ．処理　ｄ．はぐく　　問二．ぼく／おれ／わし　　問三．もともと
問四．１．カ　２．ウ　３．イ　　問五．エ　　問六．⑴Ａ．イ　Ｂ．エ　⑵Ａ．ウ　Ｂ．ア　　問七．１．一つ二つの言い回しに統一される　２．推理したり想像したり　　問八．⑤エ　⑥ウ　　問九．イ　　問十．心が豊かというのは、語いが豊富で感受性が強い状態のことであり、それは、感じたことを深くほり下げ、言語化するという経験を重ねることで身につくものであると考えている。

二　問一．ａ．たいぼう　ｂ．なか　ｃ．納得　ｄ．電灯〔別解〕電燈　ｅ．周囲　ｆ．輸送　　問二．カ
問三．１．き　２．か　３．ほろ　　問四．③ウ　④エ　　問五．１．エ　２．ウ　　問六．１．蛍の群れ
２．明滅しながら高く低く飛び交っている　　問七．(例文)そこのたんぼで蛍を見かけましたよ　　問八．ア，イ
問九．季節感が消えていくのを残念がり、不安に思う気持ち。

《算　数》

1　⑴61　⑵４　⑶500　⑷91　⑸50　⑹３　⑺630

2　⑴29　⑵①328　②416　⑶92．52　⑷30．28　⑸イ

3　⑴8400　⑵1200　⑶１，24

4　⑴144　⑵62．5　⑶25

5　⑴エ　⑵11：７　⑶78

6　⑴24　⑵右図　⑶２，２，３

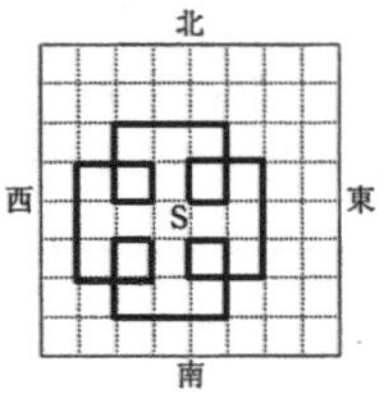

《理　科》

1 ⑴イ　⑵むね　⑶ア．D　イ．F　⑷成長に必要な養分や水をたくわえる役割。　⑸エ

2 ⑴ヘチマの種…ア　アサガオの発芽の様子…オ　⑵イ　⑶イ，エ

⑷①ウ　②［まちがっている部分／正しい言葉］［受精／受粉］，［めしべの先／めしべのもと］

3 ⑴①ア　②ウ　⑵ウ，オ　⑶エ　⑷①軽　②上

4 ⑴ウ　⑵エ　⑶ウ　⑷日光が地面に当たるときの角度のちがい。　⑸エ

5 ⑴B，D　⑵雨が降っていると発電できない。　⑶①発電機　②C，E

6 ⑴ドライヤー／電気ポット などから1つ　⑵X　⑶P　⑷ア．$\frac{1}{4}$　イ．2　ウ．反比例

7 ⑴オ　⑵7.9　⑶①38.0　②7.5　③4.1

《社　会》

1 問1．1．木曽　2．季節風　3．タンカー　問2．アイヌ　問3．イ　問4．オ　問5．ウ

問6．オ　問7．国内の産業を保護するため。

2 問1．1．貴族院　2．対馬　3．地頭　4．卑弥呼　5．明智光秀　問2．イ　問3．イ　問4．ア

問5．ウ　問6．エ　問7．エ　問8．ウ　問9．ア

3 問1．1．自由民主党　2．国民投票　3．基本的人権の尊重　問2．ウ　問3．イ　問4．ア

問5．(A)カ　(B)ウ　問6．イ

2020 解説 ▶ 筑紫女学園中学校

令和２年度

←解答例は前のページにありますので，そちらをご覧ください。

《2020　国語　解説》

一　問三　第２段落の「もともと日本語というのは語いが豊富な言語で～仕組みになっている」からぬき出す。

問四１　「雷《かみなり》が落ちる」は、目上の人に大声でどなられてしかられること。カが適する。　２　「大目玉《おおめだま》を食《く》らう［食う］は、ひどくしかられること。ウが適する。　３　「小言《こごと》」は、細かいことをいちいち取り立ててしかること。また、その言葉。イが適する。

問五　アの「非力《ひりき》」、イの「非情」、ウの「非常」の「非」は、下の字を打ち消している。「～でない。それと違う。～がない」などの意味。エの「非行」は、「道義に外れた、まちがった行為《こうい》」のことだから、この「非」は「悪い。まちがった」の意味。――線②の「非」は、おこられたり、叱《しか》られたりしたことの悪さの度合いのことだから、エが適する。

問六(1)A　イの「はにかむ」（＝はずかしがる。はずかしそうな表情をする）が適する。　B　エの「ほほえむ」（＝声を立てず、にっこり笑う。微笑《びしょう》する。好ましくて、思わずほほえみたくなるようすを表す）が適する。「ほほえましい」という形容詞もある。　ア．「あざわらう」は、人をばかにして笑うこと。せせら笑う。あざけり笑う。ウ．「ほくそえむ」は、うまくいったことに満足して、一人ひそかに笑うこと。　(2)A　ウの「とぼとぼ」（＝元気なく歩くさま）が適する。　B　アの「すたすた」（＝わき目もふらず足早《あしばや》に歩くさま）が適する。　イ．「のしのし」は、体の重いものがゆっくりと歩くさま。　エ．「よちよち」は、幼児などが頼《たよ》りない足どりで歩くさま。

問七　「大した問題ではない」とは言えない理由を、直後の文で「語いの減少は、感受性のどん化につながっているからである」と述べている。１は「語いの減少」をもう少しくわしく、具体的に述べている前文の表現を用いる。２は「感受性のどん化」を具体的に説明している部分のはず。日本語の語いが豊富なために、どんなことができるかということを、「『自分自身』を指す言葉」の例を用いて述べた、３段落２番目の文の「推理したり想像したり」をぬき出す。「～することができなくなっている」と、この部分を打ち消しているので、文脈がつながっていく。

問九　いっしょに映画を見た若者に感じた違和感《いわかん》や不満を述べていたが、――線⑦の２つ前の段落では「これは若者に限ったことではない。四十代の私の友人も～」となった。そして前の段落では「他人事ではない。自分のこととして考えてみても～」に変わり、――線⑦を経て、次の段落では「私たちはつまり～」と、私たちみなに起こりうる身近な問題として考え始めた。よってイが適する。

問十　――線⑧は、心の豊かさを手に入れ、身につけるために筆者が必要だと考えることを、比喩《ひゆ》で表現した部分。

二　問四③　――線③とウは、動作・作用の結果が存続していることを表す用法。「～している」。アは動作・作用の完了を表す。イは動作・作用が過去に行われたことを表す。エは予定や存在の確認を表す。　④　――線④とエは根拠のある推量（推定）を表す。アはぴったりの状態であることを表す。イ・ウは形容詞の一部。

問五１　見つけたのは「待望の蛍《ほたる》の群れ」。ついに見つけたという気持ちなので、エの「とうとう」が適する。予想以上の美しさに、子供もぼくも感動している。　２　前後の記述から推測できる。減ってしまったが完全にいなくなったのではない。ウの「ほとんど」が適する。

問六　実際に息づかいが聞こえたわけではない。蛍の光の明滅と動きが蛍の生命を感じさせるさまを、――線⑤のように表現した。２は、＝＝線ｂの２行あとの表現を利用する。

問七　となりのおひゃくしょうさんは、そのあとで蛍のことにふれているから、蛍を見た感想・感動を素直に伝えたことばがふさわしい。

問八　アは「米という現実」に対応している。イは主に「となりのおひゃくしょうさん」の発言から推測できる。よってアとイが適する。現実の生活と情緒を感じさせる自然をともに成り立たせるのは難しいということ。筆者は自然を守らなければならないということを主張しているわけではないことに注意する。

問九　「(心の中の)歳時記《さいじき》」が表す内容を考えて、簡潔にまとめる。実際の物事だけでなく、心の中からも季節を感じる感覚や知識が失われていくことを危惧《きぐ》している。

《2020　算数　解説》

1

(1)　与式$=\frac{2}{3}\times60+\frac{3}{5}\times60-\frac{1}{4}\times60=40+36-15=61$

(2)　与式$=4\frac{1}{3}-0.35\times\frac{20}{21}=4\frac{1}{3}-\frac{7}{20}\times\frac{20}{21}=4\frac{1}{3}-\frac{1}{3}=4$

(3)　定価の２割引きは定価の$1-\frac{2}{10}=\frac{4}{5}$(倍)だから，定価は，$400\div\frac{4}{5}=500$(円)

(4)　５人の点数の合計は，$72\times5=360$(点)だから，Ｃの点数は，$360-(43+72+88+66)=91$(点)

(5)　姉が妹よりも池１周分(2000m)多く歩いたとき，姉は妹を追いぬく。姉は１分ごとに妹より$120-80=40$(m)多く歩くから，求める時間は，$2000\div40=50$(分後)

(6)　９＋６＋イ＝①15＋イと，８＋６＋オ＝14＋オが等しいのだから，オ＝イ＋１とわかる。したがって，11＋イ＋オ＝11＋イ＋イ＋１＝12＋イ＋イと，下線部①の15＋イ＝12＋３＋イが等しいのだから，イ＝３

(7)　３つの組み合わせを足し合わせると右図のようになるから，バナナ１本とりんご１個とみかん１個の重さの合計は，$1260\div2=630$(g)

バナナ１本＋	りんご１個		＝　500 g
	りんご１個＋	みかん１個＝	440 g
バナナ１本＋		みかん１個＝	320 g
バナナ２本＋	りんご２個＋	みかん２個＝	1260 g

2

(1)　三角形ＡＥＤはＡＥ＝ＡＤの二等辺三角形であり，角ＥＡＤ＝$90-32=58$(度)だから，角ＡＤＥ＝$(180-58)\div2=61$(度)である。よって，角㋐＝$90-61=29$(度)

(2)　正面に見える台形と長方形を合わせた面を底面と考えると，この立体は高さが８cmの角柱である。

①　底面の台形部分は，上底が２cm，下底が８cm，高さが$8-4=4$(cm)だから，面積は，$(2+8)\times4\div2=20$(cm²)である。長方形部分は縦が４cmで横が８cmだから，面積は，$4\times8=32$(cm²)である。

したがって，底面積は$20+32=52$(cm²)である。柱体の側面積は，(底面の周の長さ)×(高さ)で求められるから，側面積は，$(2+5+4+8+4+5)\times8=224$(cm²)である。

よって，表面積は，$52\times2+224=328$(cm²)

②　底面積が52cm²，高さが８cmだから，体積は，$52\times8=416$(cm³)

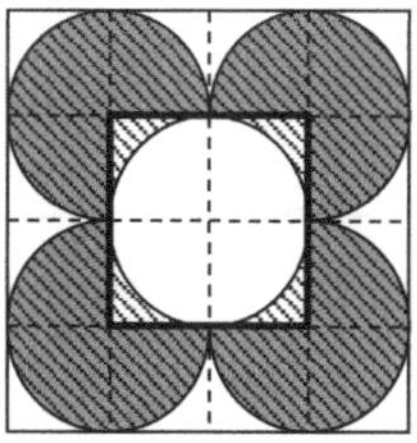

(3)　右図の色をつけた４つのおうぎ形の面積と太線の正方形の面積の和から，白い円の面積を引けばよい。おうぎ形も円も半径は$12\div4=3$(cm)，太線の正方形の１辺の長さは$12\div2=6$(cm)だから，斜線部分の面積は，

$(3\times3\times3.14\times\frac{3}{4})\times4+6\times6-3\times3\times3.14=$

$27\times3.14-9\times3.14+36=(27-9)\times3.14+36=18\times3.14+36=92.52$(cm²)

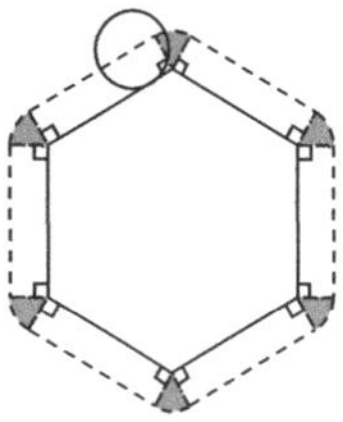

(4)　Ｏが動いたあとにできる線は，右図のように，色をつけたおうぎ形の曲線部分と直線部分に分けられる。色をつけた６つのおうぎ形をあわせると半径が１cmの円になるから，曲線部分の長さは，$1\times2\times3.14=6.28$(cm)である。直線部分の長さは正六角形の１辺の長さに等しく４cmだから，Ｏが動いたあとの線の長さは，$6.28+4\times6=30.28$(cm)

(5)　立方体を矢印の向きにたおすということは，次に上の面となるのは矢印の向きとは

反対の向きの面である。したがって，展開図において矢印の向きと反対の向きに面をたどっていき，すべての面をたどることができる展開図を選べばよい。ア～エの展開図を見比べると，１つだけ色がこい矢印の向き以外はすべて同じだから，その矢印の向きに注意する。また，立方体の展開図においては，となりの面にくっつくのならば面を 90 度だけ回転移動できるので，右図Ⅰのように展開図を変形できることを利用して考える。以上のことから，イの展開図は図Ⅱの順番ですべての面をたどることができるから，イが正しく，イ以外は正しくないとわかる。

図Ⅰ

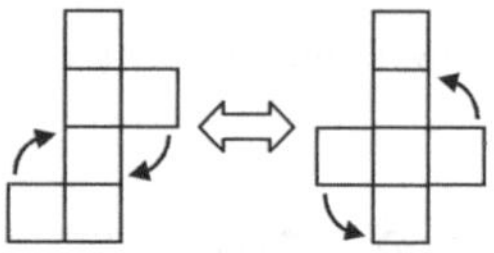

図Ⅱ

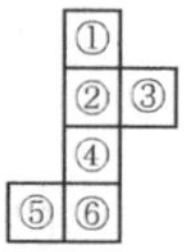

3 (1)　１Ｌとは１辺が 10 cmの立方体の容器に入る水の量だから，10×10×10＝1000(cm³)である。

よって，8.4Ｌ＝(8.4×1000)cm³＝8400 cm³

(2)　容器の高さ 16 cmまでの容積は，20×30×16＝9600(cm³)で，入っている水が 8400 cm³だから，石の体積は，9600－8400＝1200(cm³)

(3)　グラフから１分間で 14.4－8.4＝６(Ｌ)の水が入るとわかるから，16.8－14.4＝2.4(Ｌ)の水が入るのにかかる時間は，$\frac{2.4}{6}$＝0.4(分)，つまり，0.4×60＝24(秒)である。よって，容器の中の水の量が 16.8Ｌになるのは，水を入れ始めてから１分 24 秒後である。

4 (1)　材料全体の重さは，200＋160＋55＋50＋25＋10＝500(ｇ)だから，小麦粉の重さは全体の$\frac{200}{500}=\frac{2}{5}$である。円グラフでは全体が 360 度で表されているから，角㋐＝360×$\frac{2}{5}$＝144(度)

(2)　５人分だとすべての材料が表の$\frac{5}{4}$倍必要になるので，50×$\frac{5}{4}$＝62.5(ｇ)

(3)　材料表で牛乳と砂糖の重さの差は 160－55＝105(ｇ)であり，材料全体の重さはこの$\frac{500}{105}=\frac{100}{21}$(倍)である。よって，帯グラフ全体の長さは，5.25×$\frac{100}{21}$＝25(cm)

5　「●●○●○」の５個の碁石を１グループとする。

(1)　20 番目の碁石は，20÷５＝４より，４番目のグループの最後の碁石なので，○である。

53 番目の碁石は，53÷５＝10 余り３より，11 番目のグループの３番目の碁石なので，○である。

よって，エが正しい。

(2)　72 番目の碁石までに，72÷５＝14 余り２より，14 グループと２個の碁石があり，最後の２個は●●である。

１グループに●は３個，○は２個ふくまれるから，72 番目の碁石までに，●は３×14＋２＝44(個)，○は２×14＝28(個)ある。よって，求める比は，44：28＝11：７

(3)　１グループに○は２個ふくまれるから，31÷２＝15 余り１より，31 番目の○は 16 グループの中の最初の○であり，５×15＋３＝78(番目)の碁石である。

6 (1)　シオンちゃんの歩いた跡は右図のようになるので，「②③①」を４回くり返すとＳの位置に止まるとわかる。「②③①」を１回行うのに２＋３＋１＝６(分)かかるから，求める時間は，６×４＝24(分)

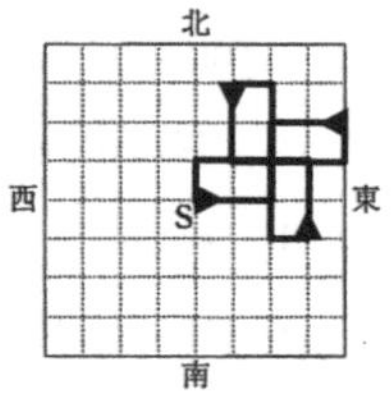

※図の矢印の向きは，「②③①」の動きを始めるときのシオンちゃんの向きを表している

(2)　移動するたびにシオンちゃんの向きが変わることに気をつけながら，順番に歩いた跡をかいていけばよい。

(3)　シオンちゃんが歩いた跡がついている区間を数えると全部で 24 区間あるので，「○○○」を１回行うのにシオンちゃんは少なくとも 24÷４＝６(分)歩いたとわかる。もし，すべて指示が②だとシオンちゃんが歩いた跡は

１辺が２区間の正方形になるはずだから，指示がすべて②であることはない，つまり③は必ずあるとわかる。また，最初の移動で２区間以下しか歩いていないので，指示がすべて③であることはないとわかる。したがって，３つの指示の組み合わせは(①，②，③)(②，②，③)(②，③，③)のいずれかである。これらの組み合わせからできる指示のうち，図３で示された「①②③」と(1)の「②③①」と，最初が③である指示を除くと，考えられる指示は，「①③②」「②①③」「②②③」「②③②」「②③③」である。それぞれの指示で歩いた跡を，図４とは異なる図になるまでかいていくと，以下の図のようになり，「②②③」が正しいとわかる。

①③②
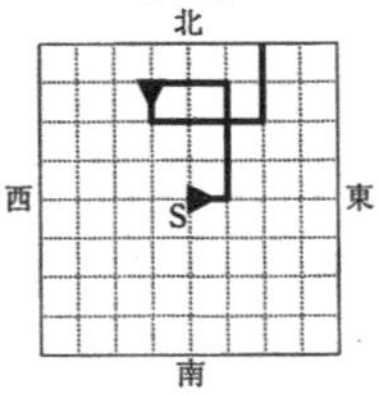

②①③
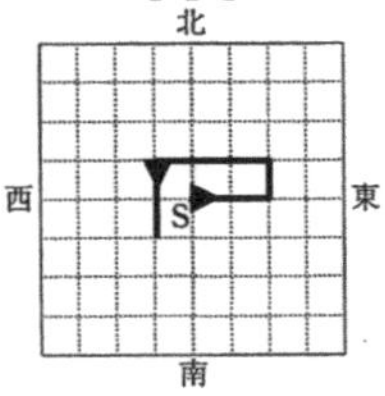

②②③
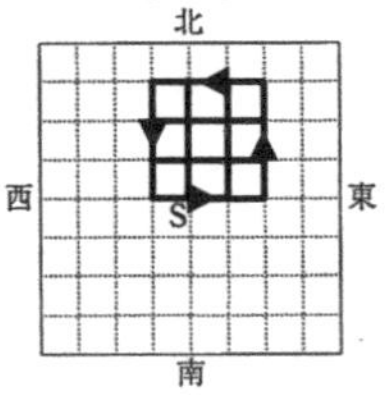

②③②
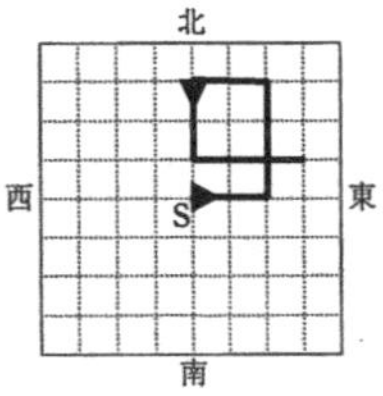

②③③
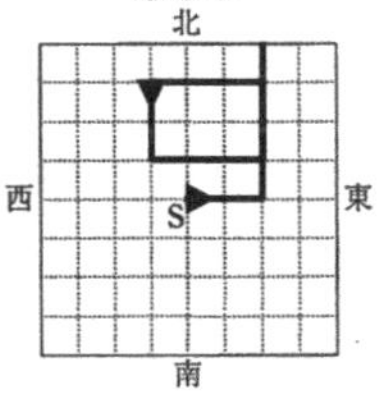

※図の矢印の向きは，(1)の解説と同様。

《2020　理科　解説》

1 (1)　セミと同じこん虫を選べばよいので，トンボ(B)，チョウ(C)，バッタ(E)，ハチ(H)である。

(2)　こん虫のからだは，あたま・むね・はらの３つの部分にわかれていて，むねの部分に３対(計６本)の足がついている。

(3)　落ち葉やふん，動物の死がいなどを食べ物にしているのは，分解者であるダンゴムシ(D)とミミズ(F)である。このうち(ア)は触れると丸くなることからダンゴムシであり，(イ)がミミズである。

(5)　トンボは主に水の中で幼虫(ヤゴ)の姿で冬を越す。

2 (2)　ヘチマの種をまく時期は春である。ア×…ツバキの花がさくのは冬である。イ○…ダイコンの花が満開になるのは春である。ウ×…キュウリがしゅうかくされるのは夏である。エ×…サツマイモがしゅうかくされるのは秋～初冬である。

(3)　ア×オ×…サクラとエンドウの花は花びらが１枚ずつ離れている。ウ×…イネの花には花びらがない。

(4)①　ウ○…実ができるためにはめしべに花粉がつく必要があることを確かめるため，めばなAのめしべには人の手によって花粉をつけ，めばなBのめしべには花粉をつける。虫などにより運ばれてきた花粉がめしべにつかないようにふくろをかぶせている。　　②　花粉がめしべの先につくことを受粉という。また，実になるのはめしべの根もとの部分である。

3 (1)①　ア○…空気中の約78％はちっ素，約21％は酸素であり，二酸化炭素は0.04％ほどである。

②　ウ○…ろうそくが燃えた後，ちっ素の量は変わらず，酸素が減って二酸化炭素が増える。

(2)　ろうそくが激しく燃えるためには酸素が必要だから，気体Xは酸素である。酸素は二酸化マンガンとオキシドール(過酸化水素水)によって発生する。なお，塩酸と石灰石によって二酸化炭素が，塩酸や水酸化ナトリウム水よう液とアルミニウムによって水素が発生する。

(3)(4)　ろうそくを燃やすと，炎のまわりの空気が温められて上昇するので，上下が開いている形にすれば，ろうそくは燃え続けることができる。

4 (1)　ウ○…気温は，地面から1.2～1.5ｍぐらいの位置で，温度計に直射日光が当たらないようにしてはかる。百葉箱は，このような条件に合うように作られている。

(2)　エ○…晴れた日には，夜明けごろに最も気温が低くなる。これは，夜に熱が宇宙空間に逃げていくことと，まだ太陽によって地面や空気がほとんど温められていないことによるものである。

(3)　ウ○…液だめ部分が土の中に入り，はかりたい地面には直射日光が当たり，温度計本体には直射日光が当たらないようにする。

(4)　地面に当たる太陽光の角度が90度に近づくほど，地面の温度は上がりやすい。

(5) 図２で，太陽から地球に届くエネルギーの量 100 のうち，地球の温度の上昇に使われるエネルギーは，雲や大気中の水蒸気に吸収される 20 と地表や海に吸収される 49 の合計 69 であり，これが地球から宇宙へ少しずつ出されるエネルギーの量である。

5 (1) Ｂ○…火力発電では，石油や石炭などを燃やすことによる熱で水蒸気を発生させ，タービンを回して発電する。Ｄ○…原子力発電では，ウランなどが核分裂する際に出る熱で水蒸気を発生させ，タービンを回して発電する。どちらも燃料がなくなれば発電できなくなり，発電により発生した二酸化炭素や核廃棄物は環境問題を引き起こしている。

(3)② Ｂ，Ｄについては(1)解説の通りである。Ｃ×…波力発電は波の力でタービンを回すので図にあてはまらない。Ｅ×…風力発電は風の力でタービンを回すので図にあてはまらない。Ｆ○…地熱発電は再生可能エネルギーであるが，地熱によって地下水が熱せられて発生した水蒸気を使ってタービンを回すので図にあてはまる。

6 (2) 長さが等しい電熱線では，流れる電流は電熱線の太さに比例するので，太さがＰの２倍のＱのグラフは，流れる電流がＹの２倍のＸである。

(3) 流れる電流が小さいほど電熱線から発生する熱の量が少ないので，水温の変化が小さいアはＰの結果を示している。

(4)① 実験２より，流れる電流の大きさと温度の上昇は比例している。したがって，実験３において，ＡはＣに比べて温度の上昇が$\frac{25-15}{55-15}=\frac{1}{4}$(倍)なので，流れる電流は$\frac{1}{4}$倍である。

② ＢはＡに比べて温度の上昇が$\frac{35-15}{25-15}=2$(倍)なので，発生する熱の量は２倍である。

③ ＢはＡに比べて長さが$\frac{5}{10}=\frac{1}{2}$(倍)なので，②の結果より，反比例しているといえる。

7 (1) 200ｇの水に 20ｇのホウ酸がとける温度は，100ｇの水に 10ｇのホウ酸がとける温度と同じである。したがって，表より，100ｇの水に 10ｇのホウ酸が完全にとける温度は，8.9ｇとける 40℃と 11.4ｇとける 50℃の間である。

(2) 表より，20℃の水 100ｇにとける食塩の量は 35.8ｇなので，20℃の水 50ｇにとける食塩の量は$\frac{35.8}{2}=17.9$(ｇ)である。したがって，あと 17.9－10.0＝7.9(ｇ)とける。

(3)① 表より，80℃の水 100ｇに食塩は 38.0ｇとける。

② 70ｇのＸのうち，とけた食塩が 38.0ｇ，とけずに残った食塩が 24.5ｇなので，ホウ酸の量は 70－38.0－24.5＝7.5(ｇ)である。

③ 表より，30℃の水 100ｇにとけるホウ酸の量は 6.8ｇなので，30℃の水 50ｇにとけるホウ酸の量は$\frac{6.8}{2}=$3.4(ｇ)である。したがって，とけきれずに出てくるホウ酸の量は，7.5－3.4＝4.1(ｇ)である。

《2020　社会　解説》

1 **問１** **1** 飛騨山脈は北アルプス，木曽山脈は中央アルプス，赤石山脈は南アルプスと呼ばれる。 **2** 夏は南東から，冬は北西から季節風が吹き付け，夏は太平洋岸に雨と湿気を，冬は日本海側に大雪をもたらす。 **3** 輸送船には，タンカー・ＬＮＧタンカー・コンテナ船・自動車専用船など，運ぶものによってさまざまな形態がある。

問２ 2019年，国会は，アイヌ民族を日本の先住民と認め支援を行うアイヌ民族支援法を制定した。

問３ イが誤り。与那国島について，領土問題は発生していない。

問４ オが正しい。南西諸島の気候の奄美市はすぐにＢと判断できる。５～６月に雨が少ないＣを梅雨の影響を受けない北海道の気候の札幌市，夏と冬の気温差が大きく冬に雨の少ないAを松本市と判断する。

問5　ウが正しい。長野県や群馬県では夏の冷涼な気候を利用して，レタスの抑制栽培がさかんに行われる。アは茶，イは肉用牛，エはぶどうのグラフである。

問6　オが正しい。第一次石油危機(オイルショック)と世界各国の排他的経済水域(ＥＥＺ)の設定によって，1973年を境に急激に漁獲量を落としたEが遠洋漁業である。遠洋漁業をやめて沖合漁業にうつる漁師が増えたこととマイワシの豊漁により一時漁獲量を伸ばすが，環境の変化と乱獲によってマイワシの漁獲量が大幅に減ったことで漁獲量が減ったDが沖合漁業である。

問7　「国内の産業の保護」と同じ意味が書かれていればよい。

2　**問1**　**1**　貴族院は，皇族・華族のほか，天皇に任命された人物からなり，衆議院のような投票は行われなかった。

2　豊臣秀吉による朝鮮出兵によって，途絶えていた朝鮮との国交を回復したのが，対馬藩の宗氏であった。

3　軍事・警察の役割を持つ守護は国ごとに，年貢の取り立てなどを行う地頭は荘園や公領ごとにおかれた。

4　卑弥呼は，魏から「親魏倭王」の称号と 100 枚の銅鏡を授かったと「魏志」倭人伝に書かれている。卑弥呼が魏に使いを送った目的は，王と認めてもらうことで，まわりの国より優位な立場に立つためであった。

5　豊臣秀吉は，織田信長を倒した明智光秀を山崎の戦いで倒した。これは本能寺の変からわずか11日後のことであった。

問2　イが正しい。聖徳太子－遣隋使，足利義満－日明貿易(勘合貿易)をしっかりと覚えておこう。

問3　イが誤り。東求堂は，寝殿造ではなく書院造の建物として知られている。

問4　アが正しい。長崎の出島の様子である。出島ではオランダとの貿易が行われた。

問5　ウが誤り。身分統制令では，武士が百姓や町人になること，百姓が耕地を放棄して町人・商人になることなどが禁止された。

問6　エが正しい。三内丸山遺跡は青森県にある。

問7　エが正しい。十七条の憲法の内容である。アについて，「家がらによって」の部分が冠位十二階に合わない。イとウは奈良時代の説明である。

問8　ウが正しい。資料２は，竹崎季長が描かせたと言われている『蒙古襲来絵詞』である。

問9　アが正しい。Ⅷ→Ⅴ→Ⅸ→Ⅳ→Ⅱ→Ⅵ→Ⅲ→Ⅰ→Ⅶ

3　**問1**　**1**　2020年２月現在，安倍晋三首相が率いる自由民主党と山口那津男が率いる公明党による連立政権が成立している。　**2**　衆議院と参議院の各議院で総議員の３分の２以上の賛成を得ると，国会が憲法改正の発議をし，国民投票で有効投票の過半数の賛成を得ると，天皇が国民の名において，改正を公布する。　**3**　基本的人権には，日本国憲法に規定される平等権，自由権，社会権などのほか，日本国憲法に規定されていない新しい権利として，プライバシーの権利や環境権などもある。

問2　ウが正しい。福岡で開催されたのは，財務大臣・中央銀行総裁会議である。

問3　イが正しい。京都会議で制定された気候変動に関する国際協定を京都議定書という。

問4　アの習近平国家主席が正しい。イは金正恩《キムジョンウン》(北朝鮮)，ウは安倍晋三(日本)，エは文在寅《ムンジェイン》(韓国)

問5　(A)がカ，(B)がウ(弾劾裁判)である。アの違憲審査権は，すべての裁判所が国会に対して持つ権利である。イは内閣が裁判所に対して持つ権利である。エの内閣不信任決議は，国会(衆議院だけ)が内閣に対して持つ権利である。オはすべての裁判所が内閣に対して持つ権利である。

問6　イが誤り。歳入の円グラフにおいて，租税・印紙収入のうち，１番高い割合を示しているのは，所得税であり，物を買ったときにかかる税(消費税)は第２位である。

■ ご使用にあたってのお願い・ご注意

（1）問題文等の非掲載

著作権上の都合により，問題文や図表などの一部を掲載できない場合があります。

誠に申し訳ございませんが，ご了承くださいますようお願いいたします。

（2）過去問における時事性

過去問題集は，学習指導要領の改訂や社会状況の変化，新たな発見などにより，現在とは異なる表記や解説になっている場合があります。過去問の特性上，出題当時のままで出版していますので，あらかじめご了承ください。

（3）配点

学校等から配点が公表されている場合は，記載しています。公表されていない場合は，記載していません。

独自の予想配点は，出題者の意図と異なる場合があり，お客様が学習するうえで誤った判断をしてしまう恐れがあるため記載していません。

（4）無断複製等の禁止

購入された個人のお客様が，ご家庭でご自身またはご家族の学習のためにコピーをすることは可能ですが，それ以外の目的でコピー，スキャン，転載（ブログ，ＳＮＳなどでの公開を含みます）などをすることは法律により禁止されています。学校や学習塾などで，児童生徒のためにコピーをして使用することも法律により禁止されています。

ご不明な点や，違法な疑いのある行為を確認された場合は，弊社までご連絡ください。

（5）けがに注意

この問題集は針を外して使用します。針を外すときは，けがをしないように注意してください。また，表紙カバーや問題用紙の端で手指を傷つけないように十分注意してください。

（6）正誤

制作には万全を期しておりますが，万が一誤りなどがございましたら，弊社までご連絡ください。

なお，誤りが判明した場合は，弊社ウェブサイトの「ご購入者様のページ」に掲載しておりますので，そちらもご確認ください。

■ お問い合わせ

解答例，解説，印刷，製本など，問題集発行におけるすべての責任は弊社にあります。

ご不明な点がございましたら，弊社ウェブサイトの「お問い合わせ」フォームよりご連絡ください。迅速に対応いたしますが，営業日の都合で回答に数日を要する場合があります。

ご入力いただいたメールアドレス宛に自動返信メールをお送りしています。自動返信メールが届かない場合は，「よくある質問」の「メールの問い合わせに対し返信がありません。」の項目をご確認ください。

また弊社営業日（平日）は，午前９時から午後５時まで，電話でのお問い合わせも受け付けています。

2025 春

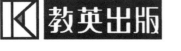

株式会社教英出版
〒422-8054　静岡県静岡市駿河区南安倍３丁目 12-28
TEL　054-288-2131　　FAX　054-288-2133
URL　https://kyoei-syuppan.net/
MAIL siteform@kyoei-syuppan.net

教英出版の中学受験対策

中学受験面接の基本がここに！
知っておくべき面接試問の要領

面接試験に，落ち着いて自信をもってのぞむためには，あらかじめ十分な準備をしておく必要があります。面接の心得や，受験生と保護者それぞれへの試問例など，面接対策に必要な知識を１冊にまとめました。

- 面接の形式や評価のポイント，マナー，当日までの準備など，面接の基本をていねいに指南「面接はこわくない！」
- 書き込み式なので，質問例に対する自分の答えを整理して本番直前まで使える
- ウェブサイトで質問音声による面接のシミュレーションができる

定価：770円（本体700円+税）

入試テクニックシリーズ

必修編

基本をおさえて実力アップ！
1冊で入試の全範囲を学べる！
基礎力養成に最適！

こんな受験生には必修編がおすすめ！
- 入試レベルの問題を解きたい
- 学校の勉強とのちがいを知りたい
- 入試問題を解く基礎力を固めたい

定価：1,100円（本体1,000+税）

発展編

応用力強化で合格をつかむ！
有名私立中の問題で
最適な解き方を学べる！

こんな受験生には発展編がおすすめ！
- もっと難しい問題を解きたい
- 難関中学校をめざしている
- 子どもに難問の解法を教えたい

定価：1,760円（本体1,600+税）

絶賛販売中！

詳しくは教英出版で検索

教英出版 検索

URL https://kyoei-syuppan.net/

教英出版　2025年春受験用　中学入試問題集

学校別問題集

✿はカラー問題対応

北海道

①[市立]札幌開成中等教育学校
②藤女子中学校
③北嶺中学校
④北星学園女子中学校
⑤札幌大谷中学校
⑥札幌光星中学校
⑦立命館慶祥中学校
⑧函館ラ・サール中学校

青森県

①[県立]三本木高等学校附属中学校

岩手県

①[県立]一関第一高等学校附属中学校

宮城県

①[県立]宮城県古川黎明中学校
②[県立]宮城県仙台二華中学校
③[市立]仙台青陵中等教育学校
④東北学院中学校
⑤仙台白百合学園中学校
⑥聖ウルスラ学院英智中学校
⑦宮城学院中学校
⑧秀光中学校
⑨古川学園中学校

秋田県

①[県立]
- 大館国際情報学院中学校
- 秋田南高等学校中等部
- 横手清陵学院中学校

山形県

①[県立]
- 東桜学館中学校
- 致道館中学校

福島県

①[県立]
- 会津学鳳中学校
- ふたば未来学園中学校

茨城県

①[県立]
- 日立第一高等学校附属中学校
- 太田第一高等学校附属中学校
- 水戸第一高等学校附属中学校
- 鉾田第一高等学校附属中学校
- 鹿島高等学校附属中学校
- 土浦第一高等学校附属中学校
- 竜ヶ崎第一高等学校附属中学校
- 下館第一高等学校附属中学校
- 下妻第一高等学校附属中学校
- 水海道第一高等学校附属中学校
- 勝田中等教育学校
- 並木中等教育学校
- 古河中等教育学校

栃木県

①[県立]
- 宇都宮東高等学校附属中学校
- 佐野高等学校附属中学校
- 矢板東高等学校附属中学校

群馬県

①
- [県立]中央中等教育学校
- [市立]四ツ葉学園中等教育学校
- [市立]太田中学校

埼玉県

①[県立]伊奈学園中学校
②[市立]浦和中学校
③[市立]大宮国際中等教育学校
④[市立]川口市立高等学校附属中学校

千葉県

①[県立]
- 千葉中学校
- 東葛飾中学校

②[市立]稲毛国際中等教育学校

東京都

①[国立]筑波大学附属駒場中学校
②[都立]白鷗高等学校附属中学校
③[都立]桜修館中等教育学校
④[都立]小石川中等教育学校
⑤[都立]両国高等学校附属中学校
⑥[都立]立川国際中等教育学校
⑦[都立]武蔵高等学校附属中学校
⑧[都立]大泉高等学校附属中学校
⑨[都立]富士高等学校附属中学校
⑩[都立]三鷹中等教育学校
⑪[都立]南多摩中等教育学校
⑫[区立]九段中等教育学校
⑬開成中学校
⑭麻布中学校
⑮桜蔭中学校
⑯女子学院中学校
✿⑰豊島岡女子学園中学校
⑱東京都市大学等々力中学校
⑲世田谷学園中学校
✿⑳広尾学園中学校(第2回)
✿㉑広尾学園中学校(医進・サイエンス回)
㉒渋谷教育学園渋谷中学校(第1回)
㉓渋谷教育学園渋谷中学校(第2回)
㉔東京農業大学第一高等学校中等部
(2月1日 午後)
㉕東京農業大学第一高等学校中等部
(2月2日 午後)

神奈川県

①[県立]
相模原中等教育学校
平塚中等教育学校

②[市立]南高等学校附属中学校

③[市立]横浜サイエンスフロンティア高等学校附属中学校

④[市立]川崎高等学校附属中学校

✿⑤聖光学院中学校

✿⑥浅野中学校

⑦洗足学園中学校

⑧法政大学第二中学校

⑨逗子開成中学校(1次)

⑩逗子開成中学校(2·3次)

⑪神奈川大学附属中学校(第1回)

⑫神奈川大学附属中学校(第2·3回)

⑬栄光学園中学校

⑭フェリス女学院中学校

新潟県

①[県立]
村上中等教育学校
柏崎翔洋中等教育学校
燕中等教育学校
津南中等教育学校
直江津中等教育学校
佐渡中等教育学校

②[市立]高志中等教育学校

③新潟第一中学校

④新潟明訓中学校

石川県

①[県立]金沢錦丘中学校

②星稜中学校

福井県

①[県立]高志中学校

山梨県

①山梨英和中学校

②山梨学院中学校

③駿台甲府中学校

長野県

①[県立]
屋代高等学校附属中学校
諏訪清陵高等学校附属中学校

②[市立]長野中学校

岐阜県

①岐阜東中学校

②鶯谷中学校

③岐阜聖徳学園大学附属中学校

静岡県

①[国立]
静岡大学教育学部附属中学校
(静岡·島田·浜松)

②
[県立]清水南高等学校中等部
[県立]浜松西高等学校中等部
[市立]沼津高等学校中等部

③不二聖心女子学院中学校

④日本大学三島中学校

⑤加藤学園暁秀中学校

⑥星陵中学校

⑦東海大学付属静岡翔洋高等学校中等部

⑧静岡サレジオ中学校

⑨静岡英和女学院中学校

⑩静岡雙葉中学校

⑪静岡聖光学院中学校

⑫静岡学園中学校

⑬静岡大成中学校

⑭城南静岡中学校

⑮静岡北中学校

⑯
常葉大学附属常葉中学校
常葉大学附属橘中学校
常葉大学附属菊川中学校

⑰藤枝明誠中学校

⑱浜松開誠館中学校

⑲静岡県西遠女子学園中学校

⑳浜松日体中学校

㉑浜松学芸中学校

愛知県

①[国立]愛知教育大学附属名古屋中学校

②愛知淑徳中学校

③
名古屋経済大学市邨中学校
名古屋経済大学高蔵中学校

④金城学院中学校

⑤椙山女学園中学校

⑥東海中学校

⑦南山中学校男子部

⑧南山中学校女子部

⑨聖霊中学校

⑩滝中学校

⑪名古屋中学校

⑫大成中学校

⑬愛知中学校

⑭星城中学校

⑮名古屋葵大学中学校
(名古屋女子大学中学校)

⑯愛知工業大学名電中学校

⑰海陽中等教育学校(特別給費生)

⑱海陽中等教育学校(I·II)

⑲中部大学春日丘中学校

新刊⑳名古屋国際中学校

三重県

①[国立]三重大学教育学部附属中学校

②暁中学校

③海星中学校

④四日市メリノール学院中学校

⑤高田中学校

⑥セントヨゼフ女子学園中学校

⑦三重中学校

⑧皇學館中学校

⑨鈴鹿中等教育学校

⑩津田学園中学校

滋賀県

①[国立]滋賀大学教育学部附属中学校

②[県立]
河瀬中学校
守山中学校
水口東中学校

京都府

①[国立]京都教育大学附属桃山中学校

②[府立]洛北高等学校附属中学校

③[府立]園部高等学校附属中学校

④[府立]福知山高等学校附属中学校

⑤[府立]南陽高等学校附属中学校

⑥[市立]西京高等学校附属中学校

⑦同志社中学校

⑧洛星中学校

⑨洛南高等学校附属中学校

⑩立命館中学校

⑪同志社国際中学校

⑫同志社女子中学校(前期日程)

⑬同志社女子中学校(後期日程)

大阪府

①[国立]大阪教育大学附属天王寺中学校

②[国立]大阪教育大学附属平野中学校

③[国立]大阪教育大学附属池田中学校

- ④[府立]富田林中学校
- ⑤[府立]咲くやこの花中学校
- ⑥[府立]水都国際中学校
- ⑦清風中学校
- ⑧高槻中学校(A日程)
- ⑨高槻中学校(B日程)
- ⑩明星中学校
- ⑪大阪女学院中学校
- ⑫大谷中学校
- ⑬四天王寺中学校
- ⑭帝塚山学院中学校
- ⑮大阪国際中学校
- ⑯大阪桐蔭中学校
- ⑰開明中学校
- ⑱関西大学第一中学校
- ⑲近畿大学附属中学校
- ⑳金蘭千里中学校
- ㉑金光八尾中学校
- ㉒清風南海中学校
- ㉓帝塚山学院泉ヶ丘中学校
- ㉔同志社香里中学校
- ㉕初芝立命館中学校
- ㉖関西大学中等部
- ㉗大阪星光学院中学校

兵庫県

- ①[国立]神戸大学附属中等教育学校
- ②[県立]兵庫県立大学附属中学校
- ③雲雀丘学園中学校
- ④関西学院中学部
- ⑤神戸女学院中学部
- ⑥甲陽学院中学校
- ⑦甲南中学校
- ⑧甲南女子中学校
- ⑨灘中学校
- ⑩親和中学校
- ⑪神戸海星女子学院中学校
- ⑫滝川中学校
- ⑬啓明学院中学校
- ⑭三田学園中学校
- ⑮淳心学院中学校
- ⑯仁川学院中学校
- ⑰六甲学院中学校
- ⑱須磨学園中学校(第1回入試)
- ⑲須磨学園中学校(第2回入試)
- ⑳須磨学園中学校(第3回入試)
- ㉑白陵中学校
- ㉒夙川中学校

奈良県

- ①[国立]奈良女子大学附属中等教育学校
- ②[国立]奈良教育大学附属中学校
- ③[県立]
  - 国際中学校
  - 青翔中学校
- ④[市立]一条高等学校附属中学校
- ⑤帝塚山中学校
- ⑥東大寺学園中学校
- ⑦奈良学園中学校
- ⑧西大和学園中学校

和歌山県

- ①[県立]
  - 古佐田丘中学校
  - 向陽中学校
  - 桐蔭中学校
  - 日高高等学校附属中学校
  - 田辺中学校
- ②智辯学園和歌山中学校
- ③近畿大学附属和歌山中学校
- ④開智中学校

岡山県

- ①[県立]岡山操山中学校
- ②[県立]倉敷天城中学校
- ③[県立]岡山大安寺中等教育学校
- ④[県立]津山中学校
- ⑤岡山中学校
- ⑥清心中学校
- ⑦岡山白陵中学校
- ⑧金光学園中学校
- ⑨就実中学校
- ⑩岡山理科大学附属中学校
- ⑪山陽学園中学校

広島県

- ①[国立]広島大学附属中学校
- ②[国立]広島大学附属福山中学校
- ③[県立]広島中学校
- ④[県立]三次中学校
- ⑤[県立]広島叡智学園中学校
- ⑥[市立]広島中等教育学校
- ⑦[市立]福山中学校
- ⑧広島学院中学校
- ⑨広島女学院中学校
- ⑩修道中学校
- ⑪崇徳中学校
- ⑫比治山女子中学校
- ⑬福山暁の星女子中学校
- ⑭安田女子中学校
- ⑮広島なぎさ中学校
- ⑯広島城北中学校
- ⑰近畿大学附属広島中学校福山校
- ⑱盈進中学校
- ⑲如水館中学校
- ⑳ノートルダム清心中学校
- ㉑銀河学院中学校
- ㉒近畿大学附属広島中学校東広島校
- ㉓AICJ中学校
- ㉔広島国際学院中学校
- ㉕広島修道大学ひろしま協創中学校

山口県

- ①[県立]
  - 下関中等教育学校
  - 高森みどり中学校
- ②野田学園中学校

徳島県

- ①[県立]
  - 富岡東中学校
  - 川島中学校
  - 城ノ内中等教育学校
- ②徳島文理中学校

香川県

- ①大手前丸亀中学校
- ②香川誠陵中学校

愛媛県

- ①[県立]
  - 今治東中等教育学校
  - 松山西中等教育学校
- ②愛光中学校
- ③済美平成中等教育学校
- ④新田青雲中等教育学校

高知県

- ①[県立]
  - 安芸中学校
  - 高知国際中学校
  - 中村中学校

福岡県

①[国立]福岡教育大学附属中学校（福岡・小倉・久留米）
②[県立]
- 育徳館中学校
- 門司学園中学校
- 宗像中学校
- 嘉穂高等学校附属中学校
- 輝翔館中等教育学校

③西南学院中学校
④上智福岡中学校
⑤福岡女学院中学校
⑥福岡雙葉中学校
⑦照曜館中学校
⑧筑紫女学園中学校
⑨敬愛中学校
⑩久留米大学附設中学校
⑪飯塚日新館中学校
⑫明治学園中学校
⑬小倉日新館中学校
⑭久留米信愛中学校
⑮中村学園女子中学校
⑯福岡大学附属大濠中学校
⑰筑陽学園中学校
⑱九州国際大学付属中学校
⑲博多女子中学校
⑳東福岡自彊館中学校
㉑八女学院中学校

佐賀県

①[県立]
- 香楠中学校
- 致遠館中学校
- 唐津東中学校
- 武雄青陵中学校

②弘学館中学校
③東明館中学校
④佐賀清和中学校
⑤成穎中学校
⑥早稲田佐賀中学校

長崎県

①[県立]
- 長崎東中学校
- 佐世保北中学校
- 諫早高等学校附属中学校

②青雲中学校
③長崎南山中学校
④長崎日本大学中学校
⑤海星中学校

熊本県

①[県立]
- 玉名高等学校附属中学校
- 宇土中学校
- 八代中学校

②真和中学校
③九州学院中学校
④ルーテル学院中学校
⑤熊本信愛女学院中学校
⑥熊本マリスト学園中学校
⑦熊本学園大学付属中学校

大分県

①[県立]大分豊府中学校
②岩田中学校

宮崎県

①[県立]五ヶ瀬中等教育学校
②[県立]
- 宮崎西高等学校附属中学校
- 都城泉ヶ丘高等学校附属中学校

③宮崎日本大学中学校
④日向学院中学校
⑤宮崎第一中学校

鹿児島県

①[県立]楠隼中学校
②[市立]鹿児島玉龍中学校
③鹿児島修学館中学校
④ラ・サール中学校
⑤志學館中等部

沖縄県

①[県立]
- 与勝緑が丘中学校
- 開邦中学校
- 球陽中学校
- 名護高等学校附属桜中学校

もっと過去問シリーズ

北海道

北嶺中学校
7年分（算数・理科・社会）

静岡県

静岡大学教育学部附属中学校
（静岡・島田・浜松）
10年分（算数）

愛知県

愛知淑徳中学校
7年分（算数・理科・社会）
東海中学校
7年分（算数・理科・社会）
南山中学校男子部
7年分（算数・理科・社会）
南山中学校女子部
7年分（算数・理科・社会）
滝中学校
7年分（算数・理科・社会）
名古屋中学校
7年分（算数・理科・社会）

岡山県

岡山白陵中学校
7年分（算数・理科）

広島県

広島大学附属中学校
7年分（算数・理科・社会）
広島大学附属福山中学校
7年分（算数・理科・社会）
広島学院中学校
7年分（算数・理科・社会）
広島女学院中学校
7年分（算数・理科・社会）
修道中学校
7年分（算数・理科・社会）
ノートルダム清心中学校
7年分（算数・理科・社会）

愛媛県

愛光中学校
7年分（算数・理科・社会）

福岡県

福岡教育大学附属中学校
（福岡・小倉・久留米）
7年分（算数・理科・社会）
西南学院中学校
7年分（算数・理科・社会）
久留米大学附設中学校
7年分（算数・理科・社会）
福岡大学附属大濠中学校
7年分（算数・理科・社会）

佐賀県

早稲田佐賀中学校
7年分（算数・理科・社会）

長崎県

青雲中学校
7年分（算数・理科・社会）

鹿児島県

ラ・サール中学校
7年分（算数・理科・社会）

※もっと過去問シリーズは
国語の収録はありません。

教英出版
〒422-8054
静岡県静岡市駿河区南安倍3丁目12−28
TEL 054-288-2131
FAX 054-288-2133
詳しくは教英出版で検索
教英出版 検索
URL https://kyoei-syuppan.net/

筑紫女学園中学校

令和６年度

入学試験

国　　語

〈問題用紙〉

(50分間)

〈注意〉

1　かんとく者の開始の合図があるまで，この問題用紙を開かないでください。

2　開始の合図があったら，解答用紙の内側にも受験番号を記入して，解答を始めてください。

3　問題は，１ページから７ページまであります。

4　解答は，すべて解答用紙の所定のらんに記入してください。

5　かんとく者の終了の合図で筆記用具を置き，解答用紙を広げたまま解答面を下に向け，机の上に置いてください。

6　解答用紙だけを提出し，問題用紙は持ち帰ってください。

2024(R6) 筑紫女学園中
K 教英出版

一　次の文章を読んで、後の各問いに答えなさい。

　人としゃべっていると、同じことがらに対してこれほど見方が違《ちが》うものかと驚《おどろ》かされることがある。なんでこんなことがわからないのかと［1］したり、どうしてそんな見方をするのかと［2］に思ったりすることもあれば、そういう見方もあるんだと［3］したりすることもある。いずれにしても、それらは他者の視点に触《ふ》れる経験ということができるだろう。

　このように他者の視点に触れる経験をすることで、僕《ぼく》たちはその他者の視点を取り入れていく。これは、①**自己が他者を含《ふく》むものへと拡張していくこと**を意味する。僕たちは、この世に生まれ落ちた時点で、世界に対するひとつの視点を身につけているわけではない。生後、身近に接する人たちのもつ視点を取り入れることで、世界を見る視点をもつようになっていくのだ。

　人生の初期に、周囲の人たち、とくに両親のように身近にかかわる人たちの視点に触れ、そうした他者を含むものへと自己が拡張されていく。そうした身近に接する他者の視点を取り込《こ》むような形で自己物語が形成されていく。

　はじめのうちは、身近な他者の視点に触れるごとにそれを取り込むというようにして、大きな揺《ゆ》れを見せながら自己物語が形成されていく。視野が広がるという言い方がなされることがあるが、それは新たな視点を他者から取り入れることでものごとをより多角的に見られるようになることをさすものである。

　しかし、そのうちに、その内容が蓄《ちく》積されてくるにつれて、自己物語は周囲の人たちにあまり②**左右され**ないような安定感のあるものへと仕上がっていく。こうして、僕たちの見方は、よく言えば安定し、悪く言えば固定化されていく。僕たちは、自己物語の文脈を基準に周囲の出来事を意味づけ、自分の世界をa**キズキ**上げていく。

　この自己物語の世界から脱《だっ》しようという動きが出始めるのが、人生のb**節目**とか人生の危機とか呼ばれる時期である。

　では、これまで安住してきた自己物語の世界が窮屈《きゅうくつ》になったとき、c**居心地**悪く感じられるようになってきたとき、どのようにしてそこから脱したらよいのだろうか。脱するなどというように、自己物語の大胆《たん》な書き換《か》えをすることはないにしても、どうしたら自己物語を新たなバージョンに書き換えることができるのだろうか。

　自分が嫌《いや》になったとき、自分のこれまでの生き方に嫌気《いやけ》がさしたとき、人は自己についての新たな語り方を必要とする。カウンセリングを受けるというのはその③**最たるもの**だが、そこまでd**ホンカク**的な語り直しの場を求めるのでなくても、もっと身近な語りの場で自己を語り直していくことになる。

　つまり、自分が嫌になるというのは、いわばこれまで生きてきた自己物語に［4］してきたことを意味する。そこでは、自己物語の書き換えが必要となる。環《かん》境や置かれた状況《きょう》が変化したために、これまでの自己物語が通用しなくなるということもあるかもしれない。その場合も、自己物語を今の状況により※1フィットしたものへと書き換えていく必要がある。

　では、そうした書き換えをもたらすものは何かというと、それは語り直すことだと言える。そして、語り直す、つまりこれまでとは違うふうに自己を語るということを考えたとき、手っ取り早いのは、語る相手を変えることだ。

　試しに自己を語る相手を変えてみれば、自分の語り口が自然と変化していくことに気づくはずだ。転校したりe**シュウショク**したりして環境が変わったのをきっかけに、自分の性格や行動パターンが大きく変わったという話をよく聞く。それまではとても控《ひか》えめで【　　】だった人が、まるで別人のように積極的に振《ふ》る舞《ま》うようになったりする。これなども、身近に接する相手が変わることで、自分を語って呈《てい》示する仕方を大胆に変えることができるといった事情によるものと言える。

　何もかもが嫌になったとき、人はしばしば旅に出るということをする。ふだん生活している場所から脱出すると、まわりは見慣れない光景ばかり。日ごろ交わっている人たちは一切おらず、そこにいるのは見知らぬ人ばかり。仕事や家庭を含めてあらゆる日常的な生活習慣からも解放される。いつもと違う場所、人、生活習慣。そうした非日常的な環境に身を置くことで、日常的に自分を方向づけている自己物語による縛《しば》りが、しばしゆるむのを実感できる。

旅先では、日常的に接してきた相手との接触《しょく》が断たれるため、これまでの自己の語り方から解放される。たまたま旅先で出会った人と意気投合して語り合うとき、相手はこれまでの自分を知らないのだから、これまで生きてきた自己物語の物語筋をふまえずに、こうなりたいという方向に自己を語ることができる。

これまでの自分を知っている人を前にすると、どうしてもこれまで生きてきた自己物語の文脈からずれる語りはしにくい。何を語るにも、これまでの自分の生き方を基準にした語り方をしないと、相手の心の中にしっくりf**オサマッ**ていかない。そこをじっくり説明してわかってもらうのも面倒《どう》なので、ついついこれまでの語り口を踏襲《とうしゅう》※2してしまう。ゆえに、慣れ親しんだ人たちの中にいながら、生まれ変わるというのは難しい。つまり、そのような状況では、新たな自己物語へと書き換えていくのに大きな困難がともなう。

④**何もかもが非日常的な場に身を置くことが、新たな自分の創造、つまり新たな自己物語の創造につながる。**

旅に出たいという衝《しょう》動に駆《か》られるとき、人は非日常的な場面での、これまでの自分を知らない人を前にしての、新たな自己の語りのチャンスを求めているのだ。気持ちを新たにして、別の自分の語り方をしたい。そんな思いを抱《いだ》いて、人はg**シンキイッテン**の旅に出る。

（榎本博明『〈ほんとうの自分〉のつくり方』による）

※1　フィット……ぴったり合うこと。
※2　踏襲……それまでのやり方をそのままうけつぐこと。

問一　║部a～gについて、漢字は読みを**ひらがな**で書き、カタカナは**漢字**に直しなさい。送り仮名が必要なものは、送り仮名も正しく書きなさい。

問二　本文中の[1]・[2]・[3]に当てはまることばの組み合わせとして最も適当なものを次のア～エから選び、**記号**で答えなさい。

ア　1　むしゃくしゃ　2　不人気　3　認知
イ　1　やきもき　2　不作法　3　納得
ウ　1　イライラ　2　不可解　3　感心
エ　1　オロオロ　2　不思議　3　満足

問三　──部①**「他者を含むものへと拡張していくこと」**とありますが、これは自己がどのようになることですか。わかりやすく説明してある部分を──部①より**後**の本文中から**四十字**でぬき出し、**初めと終わりの三字ずつ**を書きなさい。

問四　――部②**「左右され」**・③**「最たるもの」**とありますが、これらのことばの使い方として**適当でないもの**を次のア～エからそれぞれ選び、**記号**で答えなさい。

②**「左右され」**

ア　人間はいわば感情に左右される生き物だ。
イ　赤組か白組かはクラスによって左右される。
ウ　商品の売れ行きは広告によって左右される。
エ　野菜や果物の生育は天候に大きく左右される。

③**「最たるもの」**

ア　現代の文明の利器の最たるものはスマホだろう。
イ　大きな動物の最たるものはアフリカゾウである。
ウ　一年の終わりをしめくくる最たるものは十二月だ。
エ　受験生のころの誘惑《ゆうわく》の最たるものはマンガだった。

問五　本文中の［**4**］に当てはまる最も適当なことばを次のア～エから選び、**記号**で答えなさい。

ア　うんざり　　イ　がっかり　　ウ　しんみり　　エ　びっくり

問六　本文中の【　　】が～～部「積極的」と反対の意味になるように、当てはまることばを**漢字三字**で書きなさい。

問七　――部④**「何もかもが非日常的な場に身を置くことが、新たな自分の創造、つまり新たな自己物語の創造につながる」**とありますが、それについて述べた次の文章の［1］～［4］に当てはまる最も適当なことばを本文中からそれぞれ指定された字数でぬき出して書きなさい。

> これまでの何もかもが嫌になったとき、新たな自己語りのチャンスを求めて、人は［1**（四字）**］ことによって、非日常的な場に身を置こうとする。そこでは［2**（十一字）**］との付き合いが断たれ、これまでたどってきた［3**（七字）**］をふまえずに、自己を語ることができる。［4**（三字）**］された自己物語の世界から脱することが、新たな自分を創り出す第一歩となるのである。

問八　本文を読んだうえで、他者の視点（他者のものの見方や考え方）にふれて自分が変わったといえる体験を一つ挙げ、それがどのような体験で、どう変わったのかを**一〇〇字**から**一二〇字**で書きなさい。ただし、**「だ・である」調**で、**二文**または**三文**で書くこと。

（次ページに問題 二 があります。）

二　次の文章を読んで、後の各問いに答えなさい。（1～11は段落番号です。）

1　ここ数年、外国に旅に出る機会が多くなった。その折は飛行機の座席をできるだけ窓側にとる。フライト中、ときどき空を見ることができるように。でも飛行機からながめる空は、※1放恣《ほうし》なほど広がる青だったり、日の出と日没《ぼつ》のものすごい色に染まっていたり、自分の下方に位置する［A］した雲のカーペットであったり、夜なのに太陽が［B］と輝《かがや》いていたり、いずれもかなり非日常的な空だ。※2スリリングな抽《ちゅう》象画の美しさだ。落ちついて眠りたいときは、小窓を閉めたほうがいい。

2　①**それ**に比べると、地上からあおぐ空にはどんな場合でも安定感がある。たぶん私たちが本来は地上性の生物だからであろう。

3　空が風景の一部なのか、風景が空の一部なのかはよくわからないが、風景と同じように②**空にも個性がある**ことはたしかである。旅に行くと、それは実感できる。

4　私は東アフリカの風土が好きで、日本から気軽に行ける所ではないにもかかわらず、十年間に三度も出かけた。一度目と次の旅とのあいだは約五年離《はな》れていたが、私はアフリカの風景の強烈《れつ》さや野生生物の豊かさをしっかり記憶《おく》にとどめていた。空港からa**シガイチ**へ向かって、車が草原道路を走りはじめると、私の口からひとりでにこんな言葉が滑《すべ》りだしていた。

「ああ、アフリカの空だわ、なんてなつかしい」

そのとき同行していた私の娘《むすめ》は、たいへんあきれた顔をしたうえで、クールに言った。

「空は同じじゃない？　アフリカも日本も」

5　でも私にとってはそうではなかった。淡《たん》青色の半球に白と灰色を混ぜたねじりパンのような雲を浮《う》かべたあの快活な空は、私にとってアフリカの最初の印象だった。それをこの二度目の出会いでとっさに思いだしたのである。

6　アフリカの空については、もう一つ③**忘れがたい鮮烈《せんれつ》な光景**がある。三度目の旅では、タンザニアのタンガニーカ湖畔《はん》の熱帯雨林でほぼ十日間を過ごした。この地域の野生チンパンジーの観察記を書く目的だったが、中の一日、私の趣《しゅ》味のバードウオッチングをしようと思いたち、現地の案内人とともに小舟《ぶね》で湖に出ていった。天候はあまりよくなくて、雲が低くb**垂れこめ**、時折雨がばらついた。それでも岩頭にたたずむみごとなオオヤマセミや、アシ原の何百個ものハタオリドリの吊《つ》り巣を見て楽しんだ。最後に案内人は、この湖に注ぎこむ川のc**カコウ**に船を回した。近づくにつれて鋭《するど》い※3叫喚《きょうかん》が響《ひび》きわたった。空に白と黒の無数の木の葉が舞《ま》っているようだった。日本でアジサシと呼んでいる鳥の仲間だった。頭上を飛び交う鳥たちの羽がキラキラして、暗い空にひらめく稲《いな》光のように見えた。〝鳥の空〟という表現が浮かんできた。

7　④**生きものたちが、空と容易に一体化できる**のは不思議なくらいだ。

8　この文を書く数日前、私は大雪山の旭岳《あさひだけ》にいた。久しぶりの登山だったが、私は人でいっぱいの山頂ルートを目指さずに、下を巻く細い山道を歩いていった。予想どおり、このルートを通る人の姿は少なかったが、代わりに花盛りの高山植物ににぎやかに迎《むか》えられた。ピンクの鐘《かね》のようなエゾツガザクラ、⑤**風にうなずく白いチングルマ**、金色のミヤマキンバイ、クリーム色のキバナノシャクナゲなどの花々に。そして大きな空が、お花畑をゆったりと、さりげなく包んでいた。花のために存在する〝花の空〟だった。

9　子供時代、空は［C］するおもちゃ箱のようだった。おもしろい形の様々な雲や虹《にじ》の橋、赤トンボの大群、への字に並んでいく鳥の編隊、流れ星。空からくるくる落ちてくる雪片を口を開けて受けとめた。雪が積もると、⑥**白い巨《きょ》人を呼びだすことができた**。雪の上に映った自分のかげを凝《ぎょう》視したあとで、空を見あげると、青いスクリーンいっぱいに大きな人間の姿が現われるのだ。残像を利用した壮《そう》大な手品だった。

10　冒《ぼう》頭にも書いたとおり、空は人間にとっては、そこにあっても当然ではあるが、そこには住めないという理由でもともと非日常的な場所なのだと思う。でもその空を自在に飛ぶことができ、その一部を生活環《かん》境に取りいれている動物、たとえば鳥にとっては、空はもっと別の意味をもち、異なる感覚世界であるにちがいない、とあるとき私は思いついた。鳥の一生を、空と密接にかかわっている鳥の意識で文章化したら、どんな作品ができるだろうか。実際にそれを試みて完成したときには、私はへとへとになっていた。ただこの小説を読んでくれた一人の友人が「ベッドから天井に舞いあがったような気分になった」と言ってくれたから、まあまあの出来なのだろう。

11 空はだれかが独り占《じ》めするものではない。〝鳥の空〟、〝花の空〟、〝子供の空〟があって同時に成熟した人間の空もありうるのであろう。宇宙飛行士が地球を百周しようとも、これだけは忘れたくないと思っている。

（加藤幸子『鳥のことば　人のことば』による）

※1　放恣…………気ままなこと。
※2　スリリング……はらはら、どきどきさせるさま。
※3　叫喚…………大声でわめきさけぶこと。

問一　═部a～cについて、漢字は読みを**ひらがな**で書き、カタカナは**漢字**に直しなさい。

問二　本文中の［A］・［B］・［C］には、「さらさら」のように同じことばを二回くり返してできる四字のことばが入ります。後の【　】の中の意味になるように、出だしの文字に続けて書きなさい。

A　［む　　］【重なり合ってわき出てくる様子】
B　［さ　　］【明るく光りかがやく様子】
C　［わ　　］【心をおどらせる様子】

問三　──部①「**それ**」とありますが、「それ」の指す内容を本文中から**十字**でぬき出して書きなさい。

問四　──部②「**空にも個性がある**」とありますが、アフリカの空はどんな空だと表現されていますか。1～5段落から**四十字以内**でぬき出し、**初めと終わりの四字ずつ**を書きなさい。

問五　──部③「**忘れがたい鮮烈な光景**」とありますが、この「光景」をたとえを用いて表現した**一文**を本文中から**二つ**探し、それぞれ**初めの四字**をぬき出して書きなさい。

問六　――部④「**生きものたちが、空と容易に一体化できる**」とありますが、筆者は鳥たちを見たとき、どのような様子を「空と容易に一体化」していると思ったのですか。それを述べたものとして最も適当なものを次のア～エから選び、**記号**で答えなさい。

ア　鳥たちが自由に空を飛び回っている様子。
イ　鳥たちの鳴き声が空にひびきわたる様子。
ウ　鳥たちが高い場所をものともせずに巣作りをする様子。
エ　鳥たちが雨の降る中でもいつもと変わらず過ごす様子。

問七　――部⑤「**風にうなずく白いチングルマ**」とありますが、これは「チングルマ」のどのような様子を表しているのですか、書きなさい。

問八　――部⑥「**白い巨人を呼びだすことができた**」とありますが、「白い巨人」が現れる現象を何と表現していますか。本文中から**十二字**でぬき出して書きなさい。

問九　次の一文は8～11段落からぬき出したものです。どの文の**後**に入っていたと考えるのが適当ですか、その文の**終わりの四字**を書きなさい。

想像の中ですら鳥になることは至難の業だったのだ！

問十　この文章で筆者が言いたかったことがまとめられている連続した**二文**を本文中から探し、**初めの四字**をぬき出して書きなさい。

筑紫女学園中学校

令和６年度

入学試験

算　　数

〈問題用紙〉

(50分間)

〈注意〉

1　かんとく者の開始の合図があるまで，この問題用紙を開かないでください。

2　開始の合図があったら，解答用紙の内側にも受験番号を記入して，解答を始めてください。

3　問題は，１ページから10ページまであります。

4　解答は，すべて解答用紙の所定のらんに記入してください。

5　かんとく者の終了の合図で筆記用具を置き，解答用紙を広げたまま解答面を下に向け，机の上に置いてください。

6　解答用紙だけを提出し，問題用紙は持ち帰ってください。

分数は，それ以上約分できない形で答えなさい。

1 **次の各問いに答えなさい。**

(1) $\left\{(12+3)\div 45+\dfrac{7}{6}\right\}\times 8+9$ を計算しなさい。

(2) $\left(3\dfrac{2}{5}-0.6\right)\div\dfrac{7}{5}$ を計算しなさい。

(3) $\dfrac{22}{7}$ を小数で表したとき，0から9までの数字のうち，一度も現れない数字をすべてたすといくつになりますか。

(4) 1から50までの整数をすべてたした値は1275です。また，1から100までの整数をすべてたした値は5050です。50から100までの整数をすべてたした値を求めなさい。

(5) ある品物を定価の20％引きで売値をつけたが，売れ残ったために売値の10％を引いて特売として売りました。特売の値段は，定価の何％引きですか。

(6) 図のように，横 1 m のリボンを 3：2 に分ける点を A，1：3 に分ける点を B としてしるしをつけ，A と B のところでリボンを縦にまっすぐに切って 3 つに分けたとき，色のついた部分の横の長さは何 cm ですか。

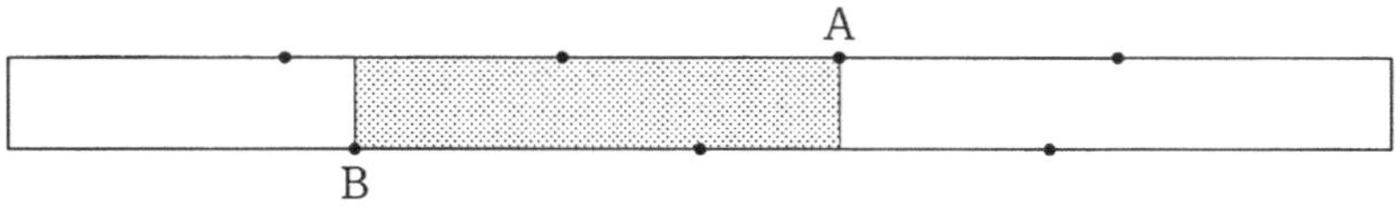

(7) 太郎さんは 100 m を 16 秒で走り，花子さんは 100 m を 20 秒で走ります。2 人が同時に出発して 100 m を走ると，太郎さんが先にゴールします。そこで，2 人が同時に出発し，同時にゴールするためには，太郎さんの出発点を花子さんの出発点よりも何 m 後ろにすればよいですか。ただし，2 人とも一定の速さで走るものとします。

(8) 次のように，かけ算の筆算をしました。

ア，イ，ウ にあてはまる数字をそれぞれ答えなさい。

ただし，□ には，0 から 9 までの数字が入り，同じ文字には同じ数字が入ります。

```
     ア ア
  ×   2  3
-----------
   2 イ ウ
 1 7 イ
-----------
 2 0 2 ウ
```

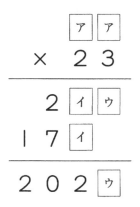

2　次の各問いに答えなさい。

(1)　円周率を式で表したとき，次の ① ， ② にあてはまるものを，後のア～オからそれぞれ１つ選び，記号で答えなさい。

円周率 ＝ ① ÷ ②

ア　半径の長さ　　イ　直径の長さ　　ウ　円周の長さ　　エ　円の面積　　オ　3.14

(2)　次の図は，点Ｏが中心の半円と，角Ｏが 90°，角Ａが 60°の直角三角形ＯＡＢを組み合わせたものです。また，半円とＯＢ，ＡＢの交点をそれぞれＣ，Ｄとします。
角㋐の大きさを求めなさい。

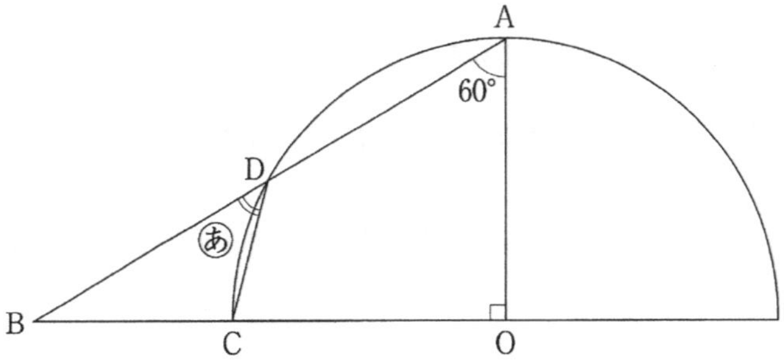

(3) 円周率が必要な場合は，3.14 としなさい。

① 次の図は，1 辺の長さが 2 cm の正方形とおうぎ形を組み合わせたものです。斜線部分の面積を求めなさい。

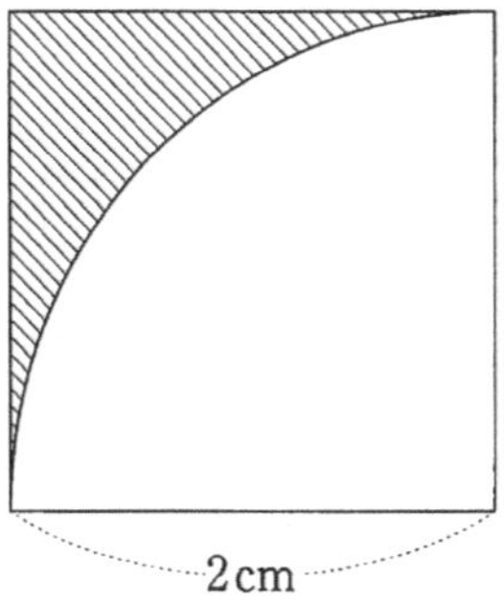

② 次の図は，1 辺の長さが 4 cm の正方形であり，その内側に各辺の真ん中の点を結んだ正方形をつくります。また，内側の正方形の各辺にぴったりくっついた円をかきます。このとき，斜線部分の面積を求めなさい。

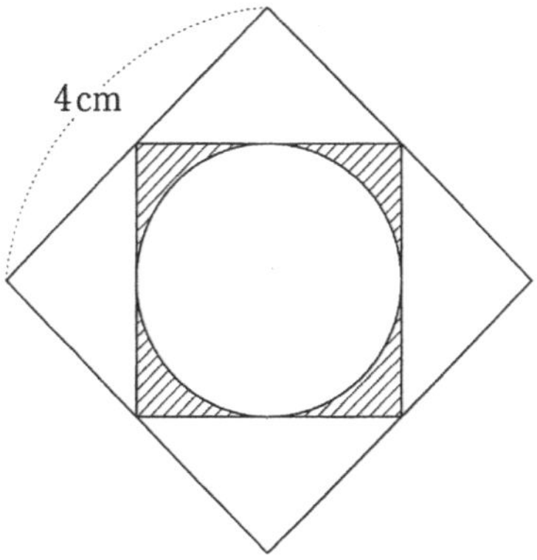

(4) 次の図は，AB の長さが 8 cm，AD の長さが 12 cm，AE の長さが 6 cm の直方体です。点 P，Q を辺 AB，CD 上に，AP の長さが 4 cm，DQ の長さが 4 cm となるようにとります。面 FGQP で直方体を 2 つに分けたとき，大きい方の立体の体積を求めなさい。

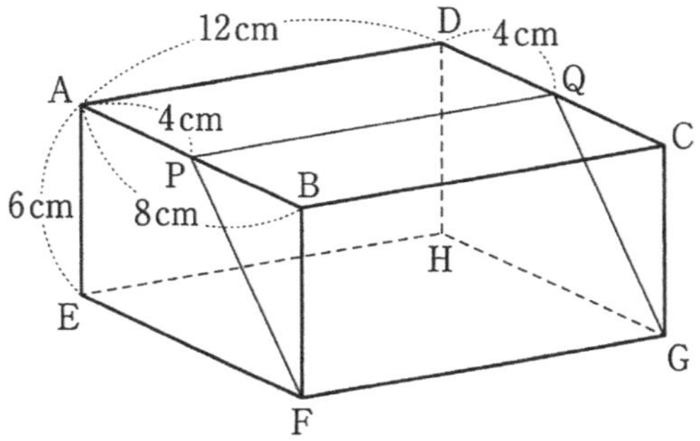

(5) 次の図は，ABの長さが2 cm，ADの長さが5 cm，AEの長さが7 cm の直方体です。直方体の点Aから辺BF上の点I，辺CG上の点J，辺DH上の点Kを通り点Eまで糸を張ります。糸の長さが最も短くなるときのKHの長さを求めなさい。

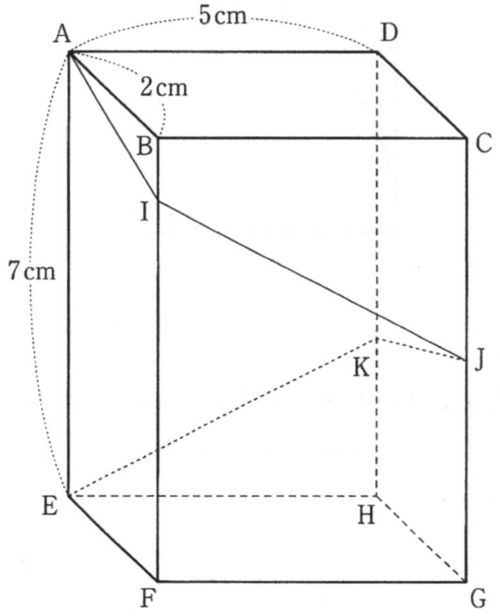

3

ある数 a を b 回かけた結果が c であることを，a ▲ $b = c$ と表すものとします。
例えば，3 を 4 回かけた結果は $3 \times 3 \times 3 \times 3 = 81$ であるから，3 ▲ 4 = 81 と表します。
次の（1），（2）の □ にあてはまる数を答えなさい。

(1) 5 ▲ 3 = □

(2) 8 ▲ □ = (4 ▲ 4) × 2

4

【図１】は，縦も横も１目盛り１cm であるとし，①～⑫列あるとします。そのとき，a 列から b 列までの  で塗《ぬ》られる部分の面積を考えます。
ただし，a は①から⑥まで，b は⑦から⑫までの中からそれぞれ選びます。

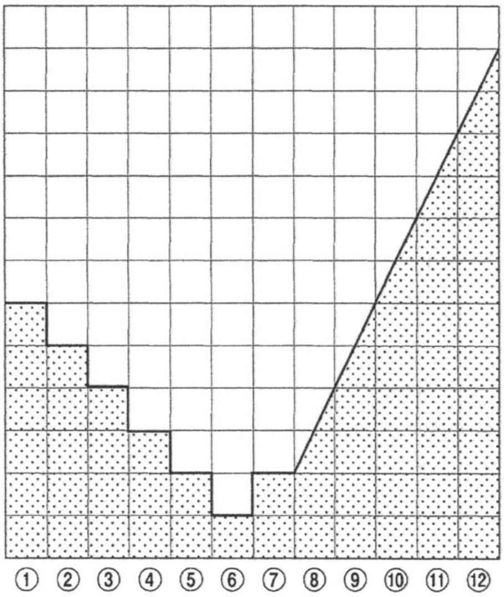

【図１】

例えば，a が②，b が⑦のとき，塗られる部分は【図２】の②～⑦の  の部分で，面積は 17 cm^2 です。また，a が⑥，b が⑧のとき，塗られる部分は【図３】の⑥～⑧の  の部分で，面積は 6 cm^2 です。

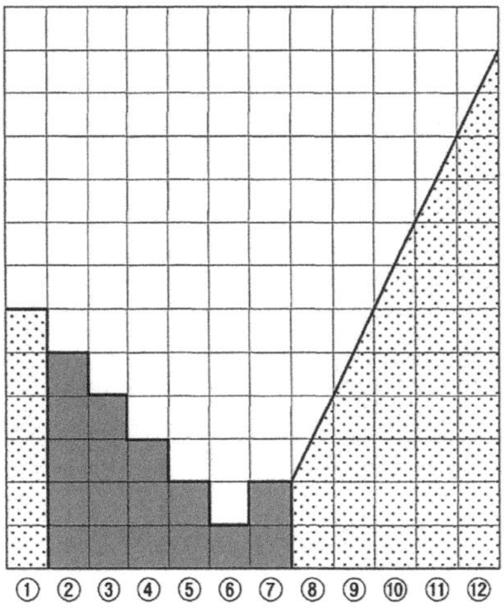

【図２】

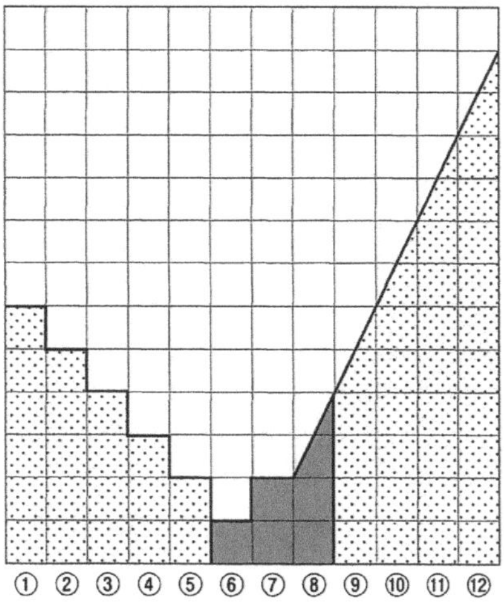

【図３】

(1) aが⑤，bが⑨のとき，塗られる部分の面積を求めなさい。

(2) 塗られる部分の面積が最も小さくなるとき，その面積を求めなさい。

(3) 塗られる部分の面積が36 cm^2のとき，a，bの値をそれぞれ求めなさい。

5　A先生とBさんの会話を読んで，あとの各問いに答えなさい。

A先生：先日行ったテストの結果が出ましたよ。

Bさん：全部で3問ありましたよね。1問何点ですか。

A先生：【問1】は3点，【問2】は4点，【問3】は5点の合計12点満点です。どの問題も正解または不正解のどちらかで採点して，おまけの部分点はありません。

Bさん：先日受けた20人分の結果を，教えてください。

A先生：表にまとめると，このようになりました。

得点（点）	人数（人）
12	4
9	2
8	（ア）
7	（イ）
5	2
4	3
3	（ウ）
0	1

Bさん：（ア），（イ），（ウ）の数が知りたいので，何かヒントをいただけませんか。

A先生：このテストの中央値は7.5点でした。

Bさん：中央値とは，何ですか。

A先生：例えば5人の生徒がテストを受けて，得点を高い順にならべたとすると，ちょうど真ん中にある3番目の得点のことです。

Bさん：6人の生徒が受けたとすると，中央値はどうなるのですか。

A先生：同じように得点を高い順にならべて，3番目と4番目の得点の平均値が中央値です。

Bさん：ということは，先日のテストの得点を高い順にならべたときの10番目の得点は，［(a)］点ですね。

A先生：そのとおりです。

Bさん：もうひとつ，ヒントをいただけませんか。

A先生：【問2】を正解した生徒は11人でした。

Bさん：なるほど。……（ア），（イ），（ウ）の数がすべてわかりました。

A先生：すばらしいですね。では，20人の得点の平均値を求めてみましょう。

Bさん：えっと……［(b)］点ですか。

A先生：そのとおりです。

Bさん：そういえば，先日欠席してテストを受けられなかった4人が，昨日テストを受けたそうですね。結果はどうだったのですか。

A先生：ちょっと待ってね。計算してみます。……先日テストを受けた生徒と合わせて 24 人分の得点の記録をまとめたところ，中央値と平均値は 20 人のときとどちらも同じ結果になりました。

Bさん：ということは，4 人の得点として考えられる組合せは，例えば (c) がありますね。

A先生：よく気づきましたね。

(1) (a) にあてはまる数を求めなさい。

(2) 表中の（ア)～(ウ）にあてはまる数をそれぞれ答えなさい。

(3) (b) にあてはまる数を求めなさい。

(4) (c) にあてはまる得点の組合せとして考えられるものを次の①～⑤から
すべて選び，番号で答えなさい。

① 7 点， 7 点， 8 点， 8 点
② 5 点， 5 点， 9 点， 9 点
③ 3 点， 4 点， 7 点， 8 点
④ 3 点， 5 点， 8 点， 12 点
⑤ 0 点， 5 点， 9 点， 12 点

筑紫女学園中学校

令和６年度

入学試験

理　　科

〈 問題用紙 〉

(40分間)

〈注意〉

1　かんとく者の開始の合図があるまで，この問題用紙を開かないでください。

2　開始の合図があったら，解答用紙の内側にも受験番号を記入して，解答を始めてください。

3　問題は，１ページから13ページまであります。

4　解答は，すべて解答用紙の所定のらんに記入してください。

5　かんとく者の終了の合図で筆記用具を置き，解答用紙を広げたまま解答面を下に向け，机の上に置いてください。

6　解答用紙だけを提出し，問題用紙は持ち帰ってください。

1　よく晴れた日，筑紫女学園中学校の校庭の平らな場所にまっすぐに棒を立てて，日光でできる棒のかげを観察しました。道具Aを使って，かげの向き（東西南北）を調べ，その向きとかげの長さをスケッチブックに記録しました。次の各問いに答えなさい。

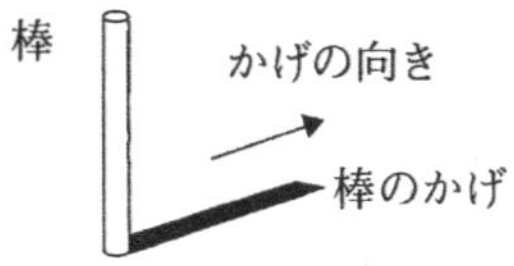

(1)　道具Aは何ですか，次のア～エから１つ選び，記号で答えなさい。

ア　放射温度計　　イ　かい中電灯　　ウ　方位磁針　　エ　分度器

(2)　正午に記録したかげの向きを次のア～エから１つ選び，記号で答えなさい。

ア　東　　イ　西　　ウ　南　　エ　北

(3)　午後４時に記録したかげは，正午に記録したかげと比べてどのようになりますか，最も適当なものを次のア～カから選び，記号で答えなさい。

ア　正午のかげより長くなり，より東に向く。
イ　正午のかげより短くなり，より東に向く。
ウ　正午のかげより長くなり，より西に向く。
エ　正午のかげより短くなり，より西に向く。
オ　正午のかげより長くなり，より北に向く。
カ　正午のかげより短くなり，より北に向く。

(4)　太陽の位置によって，かげの向きが変化することを利用した時計を何といいますか，**漢字３字**で答えなさい。

2　**しおんちゃんは植物に興味を持ち，インゲンマメとアサガオを使って，【実験１】【実験２】を行いました。これについて，次の各問いに答えなさい。**

【実験１】　室温が20℃の場所で，**表**の**条件１～５**のように温度・水・空気の条件を整え，カップにだっし綿を入れ，その上にインゲンマメの種子を置き，発芽の条件を調べました。**条件４**と**５**は，５℃にするために冷ぞう庫に入れて，発芽の様子を観察しました。**表**は，その結果を示しています。

表

	条件１	**条件２**	**条件３**	**条件４**	**条件５**
温度	20℃	20℃	20℃	５℃	５℃
水	あり	なし	あり	なし	あり
空気	あり	あり	なし	あり	あり
結果	発芽した	発芽しなかった	発芽しなかった	発芽しなかった	発芽しなかった

(1)　インゲンマメが発芽するためには「水」が必要です。このことは**条件１～５**のうち，どの条件とどの条件を比較するとわかりますか，数字で答えなさい。

(2)　発芽に温度が関係しているかどうかは，**条件１**と**条件５**を比較して調べます。そのため，**条件１**には，さらに操作を加える必要があります。これについて説明した次の文の（　①　）にはあてはまる言葉を，（　②　）には適する操作を書きなさい。

> **条件５**では冷ぞう庫のドアをしめると（　①　）なるので，**条件１**では，さらにインゲンマメの種子が入ったカップを（　②　），明るさの条件を同じにする必要がある。

【実験２】 しおんちゃんは，はち植えのアサガオを用意しました。**図**のように，アサガオの葉の一部をアルミニウムはくでおおい，丸一日暗い部屋に置きました。日の出ごろ，はち植えのアサガオに，太陽の光を十分に当てたあと，その日の午後２時ごろにその葉をつみ取りました。この葉をお湯で煮《に》て，水であらってからヨウ素液をかけ，色の変化を観察しました。これについて，次の各問いに答えなさい。

図

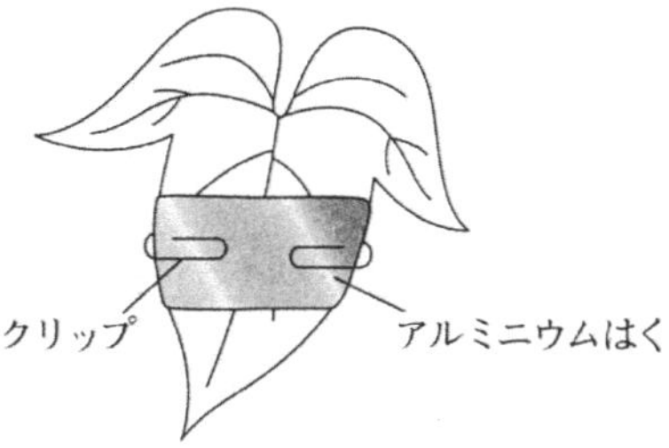

⑶ **【実験２】**の結果として正しいものを次の**ア**～**エ**から１つ選び，記号で答えなさい。

ア

葉の色は
変化しなかった

イ

葉の全体の色が
変化した

ウ

アルミニウムはくを
かぶせた部分だけ
色が変化した

エ

アルミニウムはくを
かぶせた部分だけ
色が変化しなかった

⑷ なぜこの結果になったのか，**20字以内**で説明しなさい。

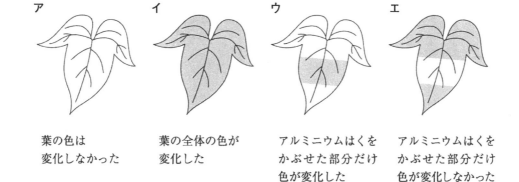

3　ものの燃え方について，次の各問いに答えなさい。

(1)　空気はおもに二酸化炭素・酸素・ちっ素が混ざった気体です。空気中の体積の割合が多い順に左から並べるとどうなりますか。次のア～カから１つ選び，記号で答えなさい。

ア　二酸化炭素，酸素，ちっ素	イ　二酸化炭素，ちっ素，酸素
ウ　酸素，ちっ素，二酸化炭素	エ　酸素，二酸化炭素，ちっ素
オ　ちっ素，二酸化炭素，酸素	カ　ちっ素，酸素，二酸化炭素

(2)　右のＡ～Ｃのような３種類の方法でろうそくを燃やしました。次の各問いに答えなさい。

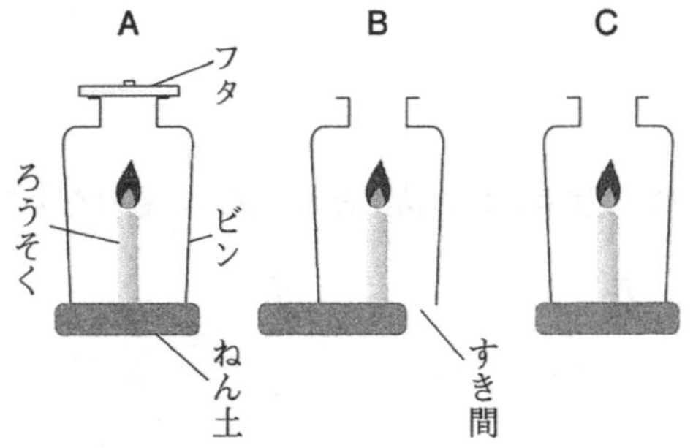

①　Ａの方法では，まもなく火が消えました。火が消えたあと，ビンの中のちっ素の量は燃える前と比べてどのようになりますか。正しいものを次のア～エから１つ選び，記号で答えなさい。

ア　少なくなっている
イ　なくなっている
ウ　多くなっている
エ　変わらない

②　ＢとＣの方法では，ろうそくが燃え続けましたが，燃え方の勢いにちがいがありました。このしくみを説明した次の文章の（Ⅰ）～（Ⅲ）にあてはまることばとして適当なものはどちらですか，それぞれ選び，答えなさい。

> ビンの中でろうそくを燃やすと空気があたためられ，あたためられた空気は（Ⅰ　重く・軽く　）なるので（Ⅱ　上・下　）の方へ動いてビンから出て行った。その結果（Ⅲ　Ｂ・Ｃ　）のビンの方が空気の入れかわりが起こりやすく，勢いよく燃えることができる。

(3)　炭《すみ》が完全に燃えると二酸化炭素になり，このとき炭と必要な酸素の重さの比は３：８になります。次の**表**は，燃やした炭と必要な酸素，できた二酸化炭素の重さをまとめたものです。この**表**を参考にして，酸素20gの中で炭３gを完全に燃やしたときにできる二酸化炭素は何gか求めなさい。

表

炭（g）	0.6	1.8	2.1
酸素（g）	1.6	4.8	5.6
二酸化炭素（g）	2.2	6.6	7.7

4

生物とそれを取り巻く日光や大気，水などの環境を1つのまとまりとして考えたものを生態系といいます。近年，様々な理由により生態系のバランスがくずれ，多くの生物にえいきょうが出てくることが心配されています。これについて，次の各問いに答えなさい。

(1) ある地域のサギ，イカダモ，ミジンコ，ザリガニ，メダカの数を調べてみました。**図**は，その数が多い順に下から並べて，ピラミッドの形で表したものです。これについて，次の①～⑤の各問いに答えなさい。

図

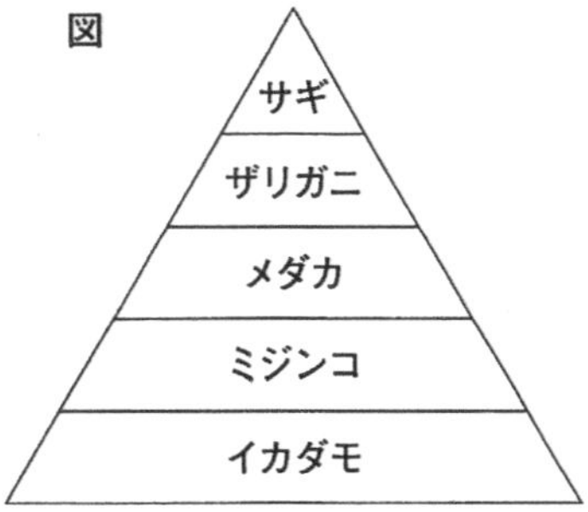

① 自分で養分をつくることができることから，生産者と呼ばれる生物はどれですか。次のア～オから**すべて**選び，記号で答えなさい。

ア　サギ　　イ　イカダモ　　ウ　ミジンコ　　エ　ザリガニ　　オ　メダカ

② **図**の生物を食物連鎖の順に「生物A → 生物B → 生物C → 生物D → 生物E」と表したとき，生物Eはどれですか。次のア～オから１つ選び，記号で答えなさい。ただし，「矢印（→）の左の生物が，矢印（→）の右の生物に食べられる」ことを意味します。

ア　サギ　　イ　イカダモ　　ウ　ミジンコ　　エ　ザリガニ　　オ　メダカ

③ **図**の生物のうち，最も小型の肉食動物はどれですか。次のア～オから１つ選び，記号で答えなさい。

ア　サギ　　イ　イカダモ　　ウ　ミジンコ　　エ　ザリガニ　　オ　メダカ

④ 里山（森と田んぼをふくむ環境）のカエル，ヘビ，タカ，イネ，バッタを**図**と同じように生物の数に従ってピラミッドの形に表すと，**図**のミジンコの位置にあてはまる生物はどれですか。次のア～オから１つ選び，記号で答えなさい。

ア　カエル　　イ　ヘビ　　ウ　タカ　　エ　イネ　　オ　バッタ

⑤ **下線部**の「様々な理由」の１つに「アメリカザリガニのように，もともとその地域にすんでいなかったのに，人によって運ばれ，他の地域から入ってきて，すみついてしまった生物」の問題があります。このような生物を何といいますか。

(2) 世界気象機関（WMO）は，2023年７月の世界の平均気温が史上最も高くなると予想したことから，国連のグテーレス事務総長が「(　A　)の時代が終わり，(　B　)の時代がとう来した」と呼びかけました。(　A　)と(　B　)にあてはまる言葉として最も適当なものを次のア～ウからそれぞれ選び，記号で答えなさい。

ア　地球寒冷化　　イ　地球ふっとう化　　ウ　地球温暖化

5 **実験用てこと10ｇのおもりを使って，てこのつり合いの実験を行いました。てこには中心から等しい間かくで目盛りがあり，目盛りのある位置に10ｇのおもりを複数つるすことができます。次の各問いに答えなさい。**

(1) **図１**のように，てこの中心から右に２目盛りの位置に２個のおもりをつるしました。中心より左に，１個のおもりだけ使ってつりあわせるには，中心から左に何目盛りの位置につるせばよいですか，数字で答えなさい。

図１

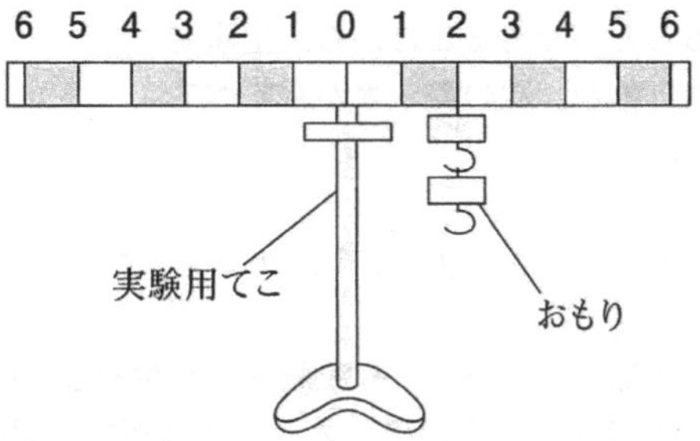

(2) **図２**のように，てこの中心より右に２目盛りの位置に２個，５目盛りの位置に１個のおもりをつるしました。中心より左に３目盛りの位置だけにおもりをつるしてつり合わせるには，何個のおもりをつるせばよいですか，数字で答えなさい。

図２

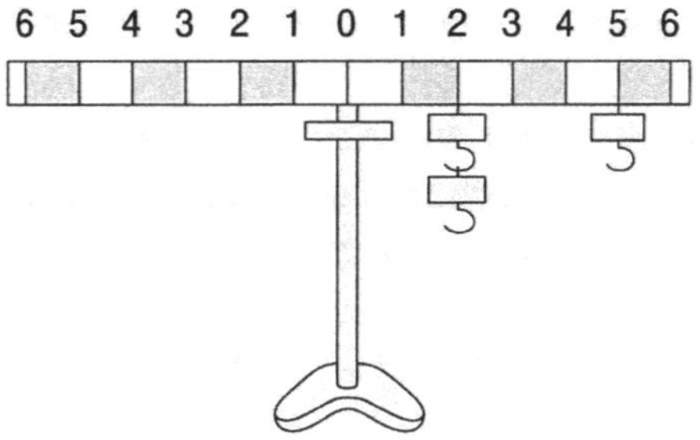

てこの性質を使った道具に，釘《くぎ》抜《ぬ》きや食品をつかむトングがあります。次の図の釘抜きやトングの点Ａ～Ｃは，「支点」「作用点」「力点」のいずれかを表しています。次の各問いに答えなさい。

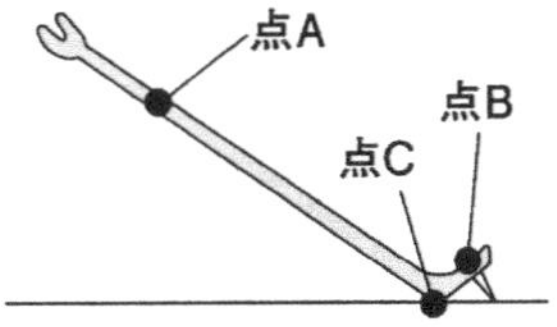

釘抜き

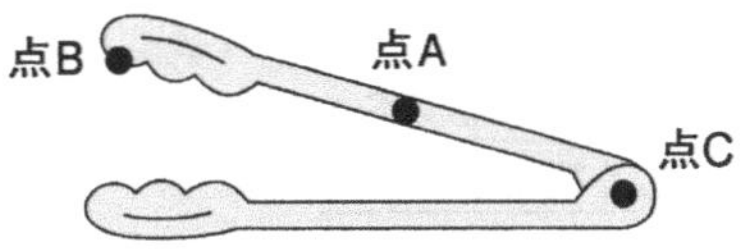

トング

(3)　支点は点Ａ～Ｃのどれですか。記号で答えなさい。

(4)　次の文章は，釘抜きやトングで作用点にはたらく力の大きさの関係を説明しています。（　①　）～（　④　）にあてはまる言葉の組合せとして正しいものを次のア～エから１つ選び，記号で答えなさい。

> 釘抜きでは，支点から作用点までの長さが，支点から力点までの長さより（　①　）ので，作用点にはたらく力の大きさは力点に与える力より（　②　）。トングでは，支点から作用点までの長さが，支点から力点までの長さより（　③　）ので，作用点にはたらく力の大きさは力点に与える力より（　④　）。

	①	②	③	④
ア	長い	小さい	短い	大きい
イ	長い	大きい	短い	小さい
ウ	短い	小さい	長い	大きい
エ	短い	大きい	長い	小さい

6 **ものの性質について，次の各問いに答えなさい。**

【実験１】 ビーカーに水とふっとう石を入れ，**図１**の装置を組立て，熱しました。①水がふっとうしているときはふくろがふくらみました。これは，水が水じょう気になったからです。次に，②熱するのをやめて，ふくろの様子をしばらく観察しました。

図１

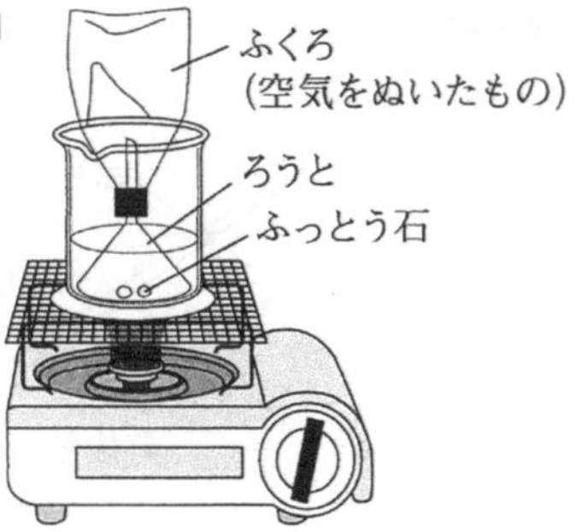

⑴ 下線部①で，水が水じょう気になる変化を何といいますか。

⑵ 下線部②の結果として最も適当なものを次の**ア～ウ**から選び，記号で答えなさい。

ア さらにふくらむ　　**イ** しぼむ　　**ウ** 変化しない

【実験２】 50ｇの氷をビーカーに入れて，同じ火力で加熱しつづけました。このときの温度の変化を記録したところ，**図２**の結果が得られました。

図２

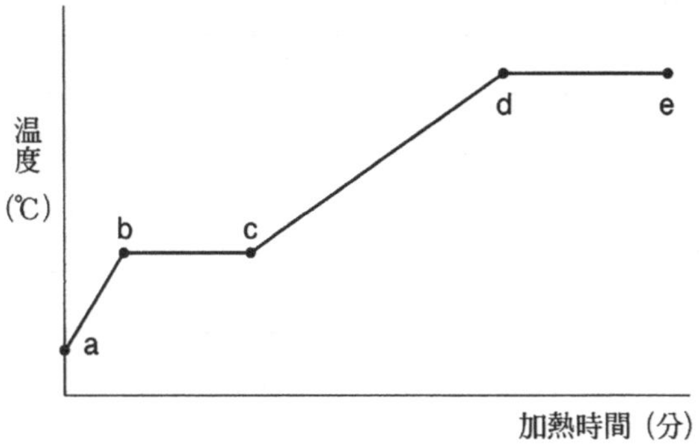

⑶ **図２**の**bc**間では，ビーカーの中に入れた氷はどのようになっていますか。次の**ア～カ**から1つ選び，記号で答えなさい。

ア 氷だけになっている。　　**イ** 水だけになっている。
ウ 水じょう気だけになっている。　　**エ** 氷と水が混ざっている。
オ 氷と水じょう気が混ざっている。　　**カ** 水と水じょう気が混ざっている。

⑷ **図２**の**ab**間と**cd**間では，温度の上がり方がちがっています。この図からわかることを**20字以内**で書きなさい。

【実験３】 A～Dの４つのビーカーに60℃の水50gを入れました。次に，Aに食塩，Bにミョウバン，Cにホウ酸，Dにしょう酸カリウムをそれぞれ20gずつ入れ，ガラス棒で混ぜました。表は，各温度において水100gにとける食塩，ミョウバン，ホウ酸，しょう酸カリウムの最大量(g)を示しています。

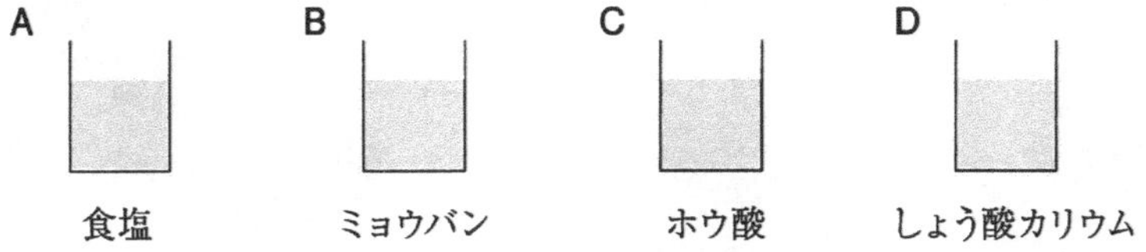

表

温度 (℃)	0	20	40	60	80
食塩	37.5	37.8	38.3	39.0	40.0
ミョウバン	5.7	11.4	23.8	57.4	322
ホウ酸	2.8	4.9	8.9	14.9	23.5
しょう酸カリウム	13.3	31.6	63.9	109	169

(5) 【実験３】でよく混ぜた後，とけ残りができたビーカーはどれですか，A～Dからすべて選び，記号で答えなさい。ただし，温度は60℃のままでした。

【実験４】 80℃の水50gにミョウバンを20gとかし，ガラス棒で混ぜました。この水よう液を20℃に冷やすとミョウバンが出てきました。

(6) 【実験４】で出てきたミョウバンは何gですか。

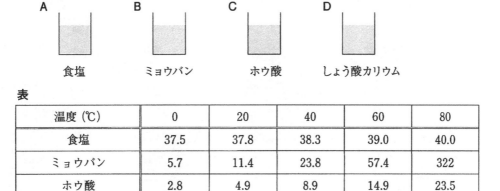

7　図１～４は，ある時期における日本付近の雲の様子を，気象衛星で６時間ごとにさつえいしたものです。これについて，次の各問いに答えなさい。

図１（7月31日11：00）

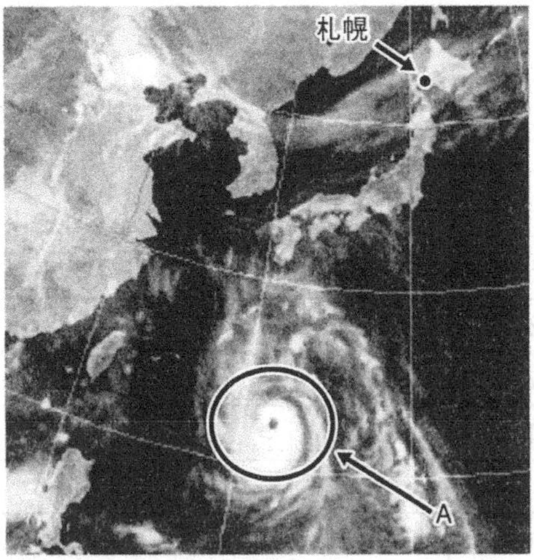

図２（7月31日17：00）

図３（7月31日23：00）

図４（8月1日5：00）

(1) 図1のAのような雲のかたまりについて，次の各問いに答えなさい。

① Aのような雲のかたまりを何といいますか。

② Aはおもにどんな雲の集まりからできていることが多いですか，最も適当なものを次のア～エから選び，記号で答えなさい。

ア 巻積雲　　イ 積乱雲　　ウ 層積雲　　エ 巻雲

③ Aの中心に向かってふきこむ風は，どのようにうず巻いていますか，図1～4を参考に，「**時計回り**」または「**反時計回り**」のいずれかで答えなさい。

④ 次のア～エは，Aの特ちょうやAが近づく時の天気の変化を説明したものです。**誤っているもの**を次のア～エから1つ選び，記号で答えなさい。

ア 風の強さはAの進む方向の右側と左側で異なり，左側では特に強い風がふく。
イ Aの中心には，雲はほとんどなく，雨はあまり降らず，風も弱い。
ウ Aの中心に近いところほど，多くの雨が降り，風が強くなる。
エ Aが近づくと多くの雨が降ったり，風が強くなったりする。また，Aが過ぎ去ると，雨や風がおさまり，おだやかに晴れることが多い。

(2) 図1～4が示す18時間の変化の中で，札幌の天気の変化を表しているのはどれですか，最も適当なものを次のア～エから選び，記号で答えなさい。

ア 雨またはくもり → 雨またはくもり → 晴れ → 晴れ
イ 晴れ → 雨またはくもり → 雨またはくもり → 晴れ
ウ 雨またはくもり → 晴れ → 雨またはくもり → 雨またはくもり
エ 晴れ → 雨またはくもり → 晴れ → 雨またはくもり

8　あるクラスの５つの班がふりこの実験を行いました。図１のように，タコ糸におもりをつけたふりこを，スタンドにクリップでとりつけ，図２のようにおもりを横に引いてはなすと，ふりこが往復します。次の各問いに答えなさい。

図１

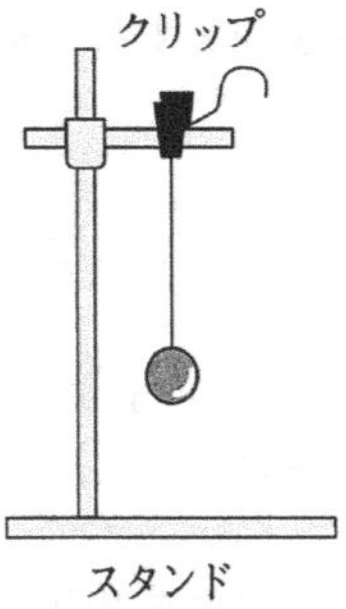

【横から見た図】

図２

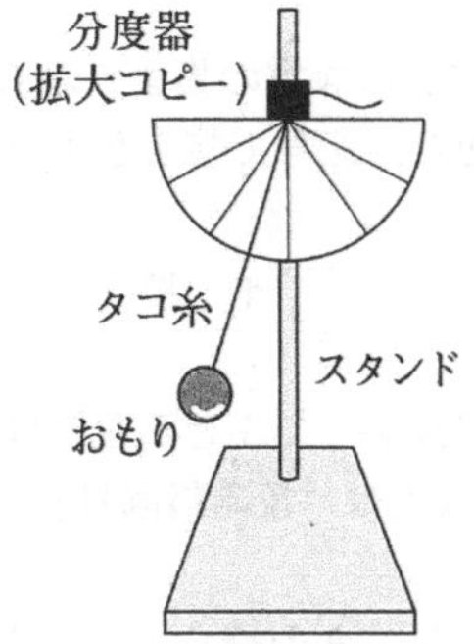

【前から見た図】

【実験１】　ふりこの長さを40cm，おもりの重さを10g，ふれはば10°でふりこを往復させました。10往復する時間をストップウォッチで３回はかり，その平均から「ふりこが１往復する時間」を求めます。

(1)　**表１**はある班の**【実験１】**の記録です。この表の**ウ**はいくらか答えなさい。ただし，答えは**小数第２位を四捨五入して小数第１位まで求めなさい。**

表１

10 往復する時間	１回目	12 秒
	２回目	13 秒
	３回目	13 秒
	合計	**ア**　秒
10 往復する時間の平均		**イ**　秒
１往復する時間		**ウ**　秒

【実験２】　ふりこの長さを 20cm，60cm，100cm，おもりの重さを 10g，50g，100g，ふれはばを 5°，10°，15° などと変えて，**【実験１】**と同じ方法で「ふりこが１往復する時間」をはかりました。各班の結果を**表２**に記録したあと，**図２**に示す３種類の**グラフ用紙 A，B，C**にシールをはって，各班の「ふりこが１往復する時間」をまとめました。

表2

ふりこの長さ	おもりの重さ	ふりこのふれはば	ふりこが1往復する時間				
			1班	2班	3班	4班	5班
20cm	50g	10°	0.9秒	0.8秒	0.9秒	0.9秒	0.9秒
60cm	50g	10°	1.5秒	1.5秒	1.6秒	1.6秒	1.5秒
100cm	50g	10°	2.0秒	2.0秒	2.1秒	2.0秒	2.0秒
60cm	10g	10°	1.5秒	1.5秒	1.5秒	1.5秒	1.6秒
60cm	100g	10°	1.5秒	1.6秒	1.5秒	1.5秒	1.5秒
100cm	50g	5°	2.1秒	2.0秒	2.0秒	2.0秒	2.0秒
100cm	50g	15°	2.0秒	2.0秒	2.0秒	2.0秒	2.0秒

図2

A

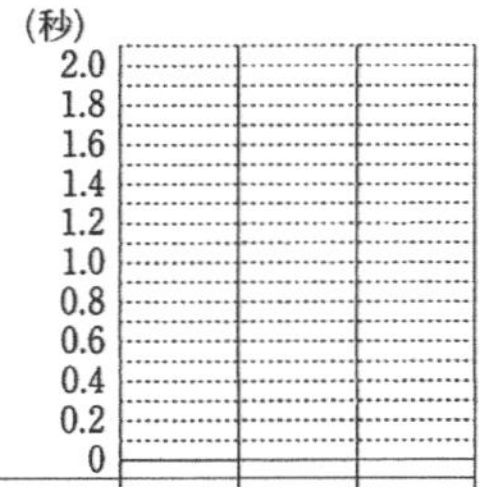

ふりこの長さ	20cm	60cm	100cm
おもりの重さ	50g	50g	50g
ふりこのふれはば	10°	10°	10°

B

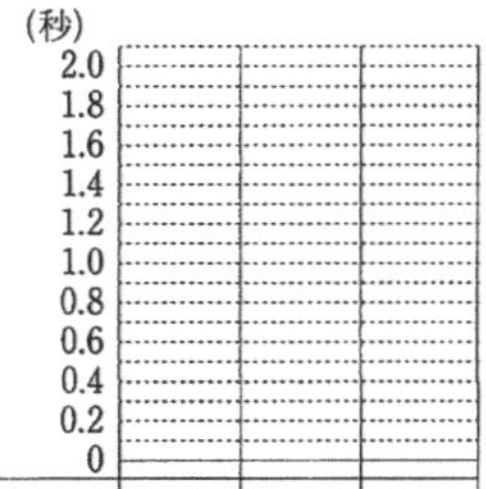

ふりこの長さ	60cm	60cm	60cm
おもりの重さ	10g	50g	100g
ふりこのふれはば	10°	10°	10°

C

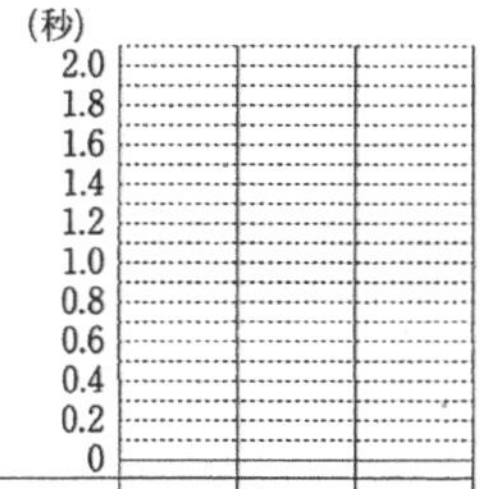

ふりこの長さ	100cm	100cm	100cm
おもりの重さ	50g	50g	50g
ふりこのふれはば	5°	10°	15°

(2) シールをはったあとのグラフA，B，Cはどうなりますか，次のア～ウからそれぞれ1つ選び，記号で答えなさい。

ア

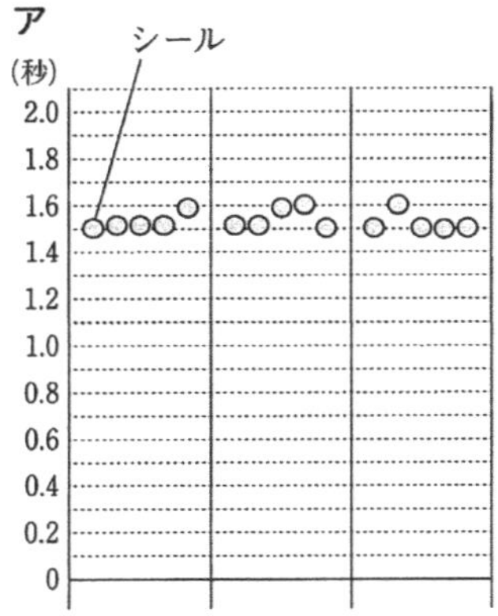

イ

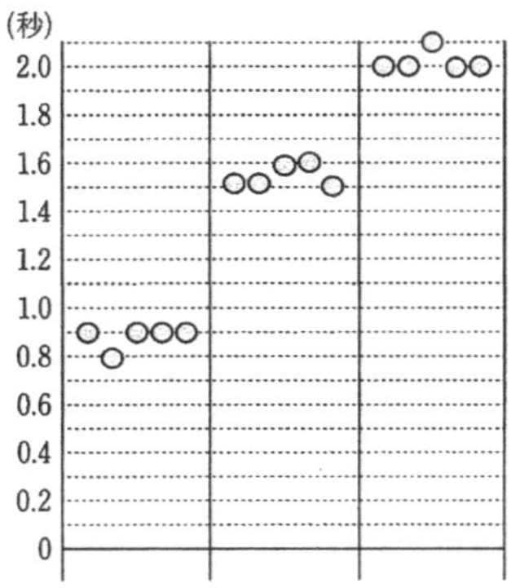

ウ

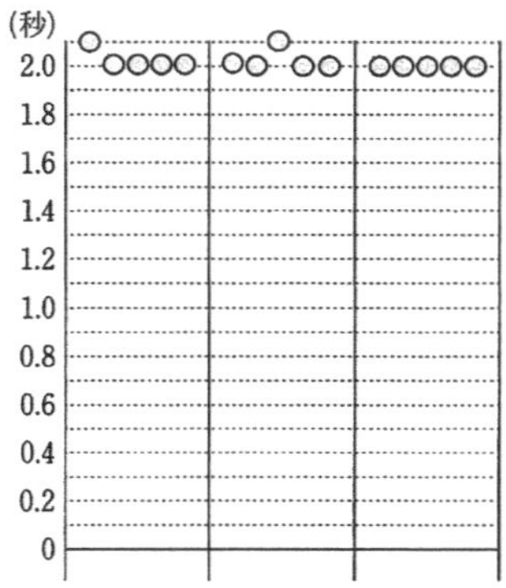

(3) **【実験2】**から，「ふりこが1往復する時間」に大きく関係するのは，「ふりこの長さ」・「おもりの重さ」・「ふりこのふれはば」のうちどれだと考えられますか，1つ選び，書きなさい。

筑紫女学園中学校

令和６年度

入学試験

社　会

〈 問題用紙 〉

(40分間)

〈注意〉

1　かんとく者の開始の合図があるまで，この問題用紙を開かないでください。

2　開始の合図があったら，解答用紙の内側にも受験番号を記入して，解答を始めてください。

3　問題は，１ページから14ページまであります。

4　解答は，すべて解答用紙の所定のらんに記入してください。

5　かんとく者の終了の合図で筆記用具を置き，解答用紙を広げたまま解答面を下に向け，机の上に置いてください。

6　解答用紙だけを提出し，問題用紙は持ち帰ってください。

1　福岡市に住む花子さんは，ある日，家族とたこ焼きを作った。次の資料１～４は，その時に使用した食材にあった表示の一部である。これらについて，後の各問いに答えなさい。

資料１

名称：小麦粉　原材料名：小麦（アメリカ産または国産）　内容量：500g　賞味期限：枠外下部に記載《きさい》　保存方法：高温多湿の場所，直射日光を避《さ》けて保存してください。
＜以下，省略＞

資料２

［バーコード］　本体 税込　**267円**
モーリタニア産
ボイルタコ　ブツ切　解凍
＜以下，省略＞

資料３

キャベツ　１／２
［バーコード］
原産地　群馬県産

資料４

［※QRコード］
詳しい情報はこちら

名称　：鶏卵《けいらん》（生食用）
賞味期限：枠外左下に記載
＜中略＞
採卵《さいらん》農場：宮崎県〇〇市▲▲町
□□農場

※ QR コードとは，情報を読み取ることのできる２次元のコードのこと。
※「ＱＲコード」は株式会社デンソーウェーブの商標登録です。

問１　**資料１**に関して，次の**表１**は日本とアメリカの農業等を比較したものである。花子さんは，**表１**から読み取れる日本の農林水産業の特徴を次の文①・②にまとめた。［ A ］・［ B ］にあてはまる語の組合せとして適当なものを後のア～エから一つ選び，記号で答えなさい。

表１

	農林水産業にたずさわる人口（2020年，千人）	耕地・樹園地の面積（2018年，千ha）
日本	2,280	3,821
アメリカ	2,191	160,437

（『世界がわかるデータブック　世界国勢図会　2021/22』を参考に作成）

花子さんのまとめ
①日本は，アメリカと比べ，全人口に対して農林水産業にたずさわる人口の割合が［ A ］。
②日本は，アメリカと比べ，農林水産業にたずさわる一人あたりの耕地・樹園地の面積が［ B ］。

ア　A－大きい　B－大きい　　イ　A－大きい　B－小さい
ウ　A－小さい　B－大きい　　エ　A－小さい　B－小さい

問２　**資料２**に関して，次の**地図１**はモーリタニアのあるアフリカ大陸を表している。**地図１**中のモーリタニアの位置（★）から船で東に向かって，日本（東京）までタコを最短ルートで運んだ場合，船は「太平洋」・「大西洋」・「インド洋」の３つの海洋をどのような順番で進むか。解答欄の形式に従い，３つの海洋を順番に並びかえなさい。

地図１

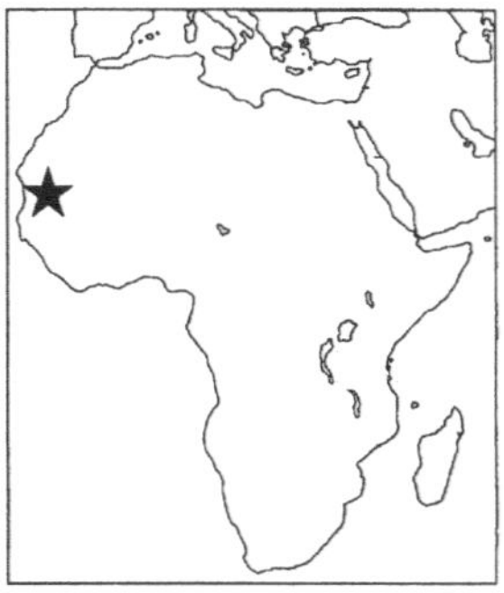

問３　**資料３**について，次の**地図２**および**グラフ１～３**を見て，後の各問いに答えなさい。

地図２　キャベツの主な産地

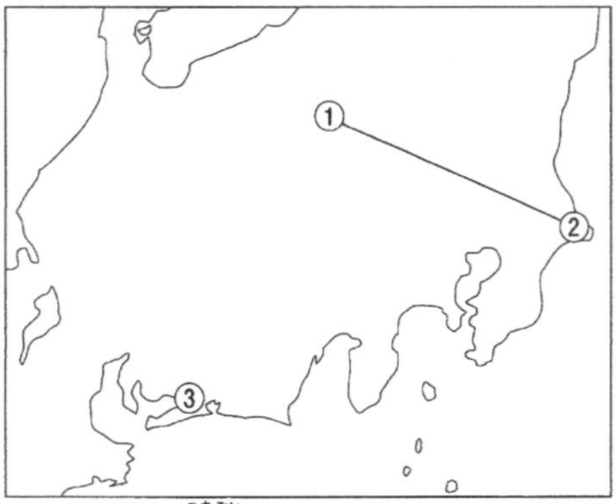

①・・・群馬県嬬恋《つまごい》村　　②・・・千葉県銚子市
③・・・愛知県豊橋市

グラフ１　東京都中央卸売市場におけるキャベツの取扱量　（単位：万 kg）（2022 年）

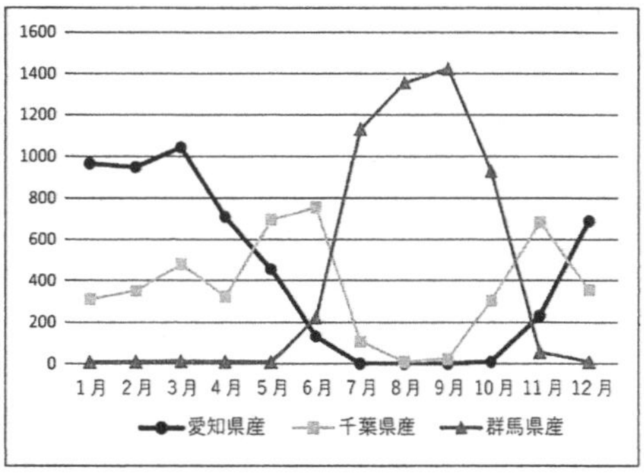

（東京都中央卸売市場　市場統計情報を参考に作成）

グラフ２　月別平均気温（単位：℃）の比較

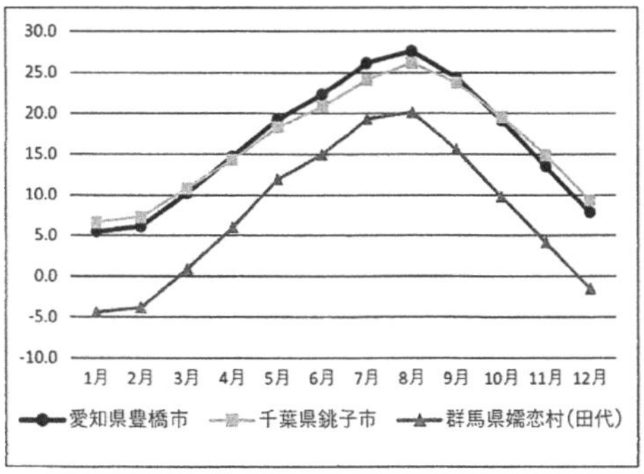

グラフ３　月別平均降水量（単位：mm）の比較

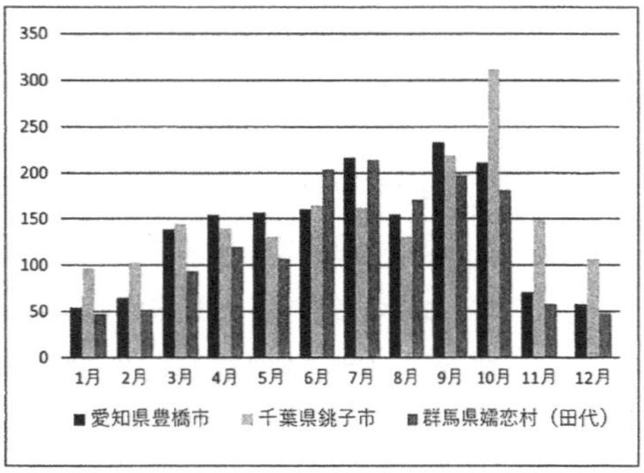

（いずれも気象庁ホームページを参考に作成。2012 ～ 2022年における各月の平均値をグラフにしたもの。）

(1) **地図２**中の①－②の断面図として適当なものを次のア～エから一つ選び，記号で答えなさい。

ア

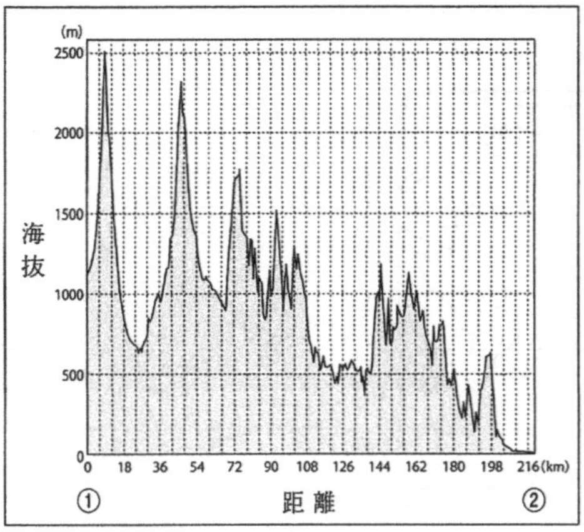

イ

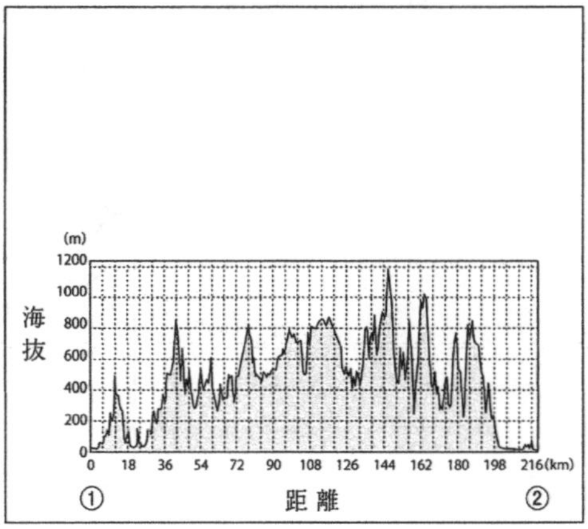

ウ

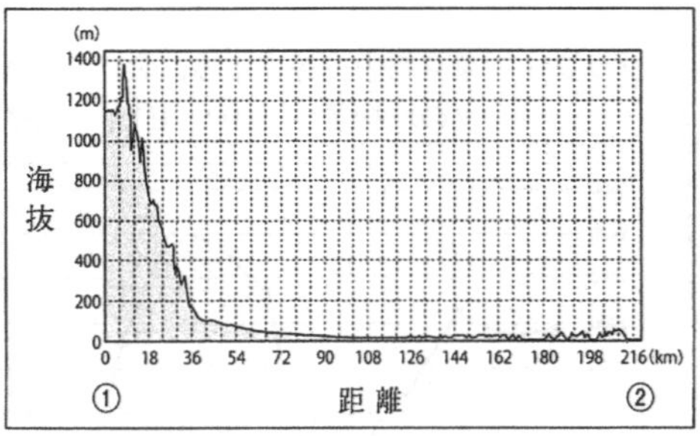

エ

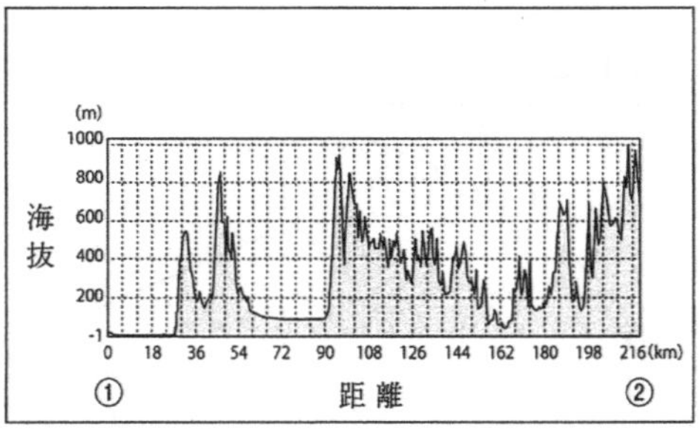

（国土地理院ホームページ「地理院地図」を参考に作成）

(2) **グラフ１**から，群馬県のキャベツ生産が，愛知県や千葉県と異なる特徴を持つことが分かる。次の文中の［ C ］にあてはまる文を次のア～エから一つ選び，記号で答えなさい。その際，**地図２**や**グラフ２・３**を参考にしなさい。

> ６～10月，群馬県を代表するキャベツの生産地である嬬恋村は，愛知県豊橋市や千葉県銚子市と比べ，［ C ］。

ア　内陸に位置し，月別平均気温が最も低くなる
イ　親潮の影響で，月別平均気温が低くなる
ウ　台風の影響で，月別平均降水量が多くなる
エ　最も月別平均気温が高く，乾燥している

問4　**資料2・3**にあるバーコードから，販売する側（スーパーなど）は日々の売り上げ数などを把握《はあく》し，その後の注文や販売，商品の開発にいかすことができる。このように，インターネット等を通じて，多くの情報を集め，処理・分析し，伝達・共有する技術の名称として適当なものを次のア～エから一つ選び，記号で答えなさい。

ア　ＧＰＳ　　イ　マスメディア　　ウ　情報通信技術　　エ　ＳＮＳ

問5　**資料4**について，後の各問いに答えなさい。

(1)　**資料4**中のＱＲコードから，消費者である私たちは，生産者や生産方法に関する情報を得ることができる。中でも，米や牛肉などで導入されている食品の情報を追跡できる仕組みの名称を答えなさい。

(2)　次の**表2**は，採卵鶏･肉用牛･きゅうり･ピーマンの生産量について，上位３都道府県（2021年）をまとめたものである。**表2**中のア～エは，宮崎県・鹿児島県・茨城県・北海道のいずれかを示している。宮崎県にあたるものとして適当なものを**表2**中のア～エから一つ選び，記号で答えなさい。

表2

	採卵鶏	肉用牛	きゅうり	ピーマン
第１位	ア	ウ	エ	ア
第２位	千葉県	イ	群馬県	エ
第３位	イ	エ	埼玉県	イ

（『日本がわかるデータブック　日本国勢図会2023/24』を参考に作成）

問6　花子さんは次の父親のことばを聞いて，30年間における福岡県と大阪府の変化を，製造業の分野で比較した（次ページの**資料5・6**）。**資料5・6**中の**A**～**D**は，福岡県・大阪府のいずれかを指す。大阪府にあたるものの組合せとして適当なものを次のア～エから一つ選び，記号で答えなさい。

父親のことば

たこ焼きで有名な大阪府では，2025年に万国博覧会を開く予定だよ。実は約30年前にも，大阪府では国際花と緑の博覧会をやっていてね。同じころ，福岡県でもアジア太平洋博覧会が開かれたんだ。大阪府は阪神工業地帯の中心だし，福岡県にも北九州工業地帯があるよね。30年間で福岡県と大阪府がどう変化したか，比べてみるとおもしろいと思うんだ。

ア　**A・C**　　イ　**A・D**　　ウ　**B・C**　　エ　**B・D**

資料５　福岡県・大阪府における出荷額と事業所数，従業者規模の比較

府県	A		B	
年	1990年	2019年	1990年	2019年
製造業における出荷額（百万円）	22,667,284	14,850,695	7,352,292	9,240,466
事業所数	44,585	15,522	9,915	5,009
299人以下の従業者規模	99.4％	99.1％	99.0％	97.8％
300人以上の従業者規模	0.6％	0.9％	1.0％	2.2％

資料６　製造業の出荷額（割合）の変化

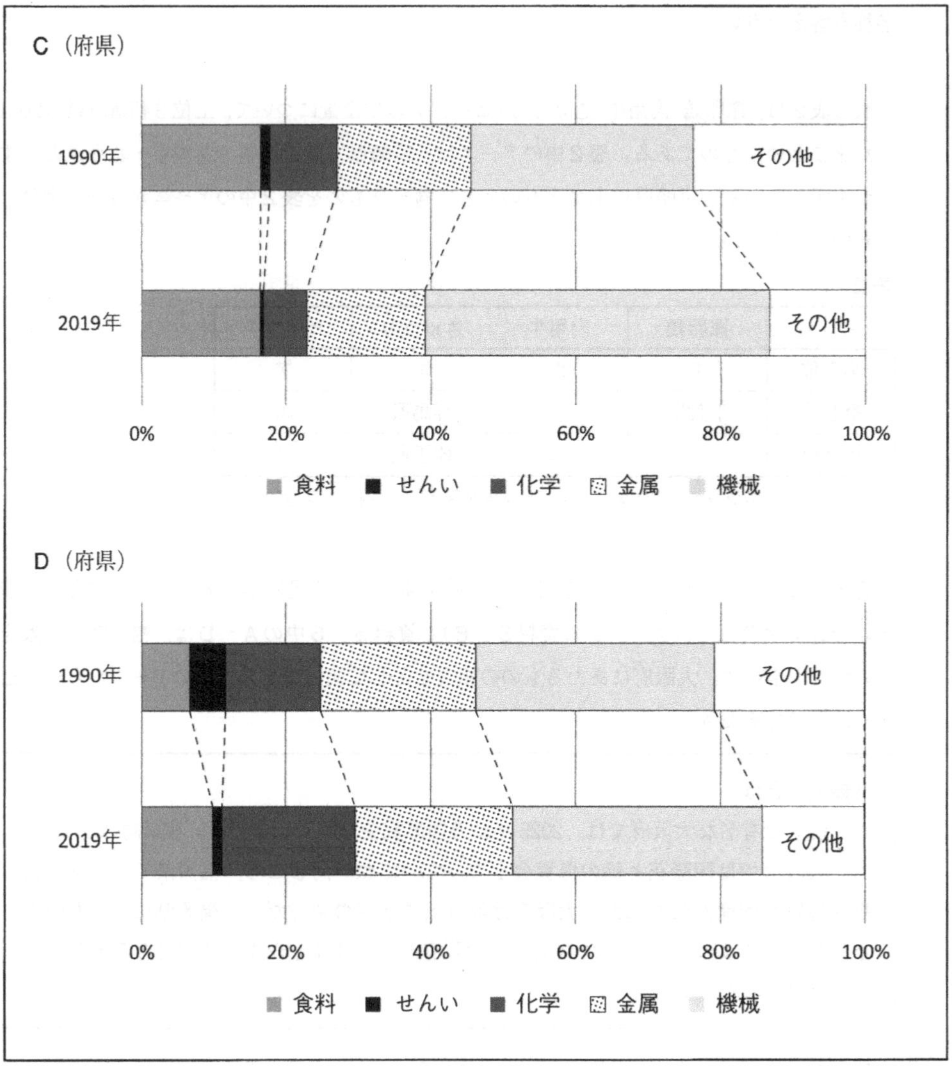

（**資料５・６**は，経済産業省ホームページ「工業統計調査」等を参考に作成）

2

次の小旅行コースA～Dは，いずれも筑紫女学園中学校を出発点にして，福岡県内の史跡《しせき》をめぐるコースである。A～Dの４つの小旅行コースについて，後の各問いに答えなさい。

小旅行コース

コースA	コースB	コースC	コースD
(1)筑紫女学園中学校出発 ↓ (2)①元寇防塁跡 （福岡市西区） ↓ (3)②福岡城跡 （福岡市中央区） ↓ (4)③江戸時代に朝鮮通信使が滞在した相島 （糟屋郡新宮町） ↓ (5)幕末の志士が集《つど》った野村望東尼《ぼうとうに》の平尾山荘 （福岡市中央区）	(1)筑紫女学園中学校出発 ↓ (2)古代の外交の窓口であった④鴻臚館《こうろかん》跡 ↓ (3)大宰府政庁跡 （太宰府市） ↓ (4)⑤僧になる資格を与えた戒壇院《かいだんいん》跡 （太宰府市） ↓ (5)⑥太宰府天満宮 （太宰府市）	(1)筑紫女学園中学校出発 ↓ (2)⑦官営八幡製鉄所跡 （北九州市） ↓ (3)田川市⑧石炭・歴史資料館（田川市） ↓ (4)宮原坑《みやのはらこう》跡 （三池炭鉱・大牟田市） ↓ (5)三池港（大牟田市）	(1)筑紫女学園中学校出発 ↓ (2)奴国の丘歴史公園 （春日市） ↓ (3)約 2300 年前の水田跡が見つかった板付遺跡 （福岡市博多区） ↓ (4)「漢委奴国王」の金印が出土した志賀島 （福岡市東区） ↓ (5)装飾古墳で有名な王塚古墳（嘉穂郡桂川町）

問１　**コースA～D**の見学地と史跡の写真Ⅰ～Ⅳの組合せとして適当なものを**表１**のア～エから一つ選び，記号で答えなさい。

Ⅰ

Ⅱ

Ⅲ

Ⅳ

表１

	コースA	コースB	コースC	コースD
ア	Ⅲ	Ⅱ	Ⅰ	Ⅳ
イ	Ⅳ	Ⅲ	Ⅱ	Ⅰ
ウ	Ⅳ	Ⅱ	Ⅲ	Ⅰ
エ	Ⅱ	Ⅰ	Ⅳ	Ⅲ

問２　**コースＡ～Ｄ**でめぐった史跡の時代を，古い方から順に並びかえたものとして，適当なものを次のア～エから一つ選び，記号で答えなさい。

ア　**Ａ → Ｂ → Ｄ → Ｃ**　　イ　**Ｃ → Ｄ → Ａ → Ｂ**

ウ　**Ｄ → Ｂ → Ａ → Ｃ**　　エ　**Ｄ → Ｂ → Ｃ → Ａ**

問３　**コースＡ・Ｂ**の下線①・②・⑤・⑥に関連する人物についての説明として**適当でないもの**を次のア～エから一つ選び，記号で答えなさい。

ア　下線①のときに，自分の戦いぶりを『蒙古襲来絵詞』に書き残させた人物が竹崎季長である。

イ　関ヶ原の合戦の後，筑前に配置され，下線②を築いた大名が黒田長政である。

ウ　下線⑤について，僧になるための資格を与えるために中国から来日したのが鑑真である。

エ　下線⑥は，朝廷内での勢力争いに敗れ，大宰府に流された藤原道長を祭った神社である。

問４　下線③に関して，江戸時代の外国との関係として適当なものを次のア～エから一つ選び，記号で答えなさい。

ア　江戸時代に，朝鮮との間の貿易は薩摩藩を通して行われ，対馬藩は釜山《ブサン》の倭館に役人を送った。

イ　江戸時代の初めには，日本の商人は東南アジアに出かけ，各地に日本人が移り住み，日本町ができた。

ウ　長崎の出島は，ポルトガルやスペインとの貿易のために長崎湾内につくられた人工の島である。

エ　江戸時代のオランダとの貿易は，琉球王国に限られ，幕府の役所の監視のもとにおかれた。

120

二

問一

a シガイチ

b 垂れこめ

れこめ

c カコウ

問二

A む

B さ

C わ

問三

問四

～

問五

・

問六

問七

問八

問九

問十

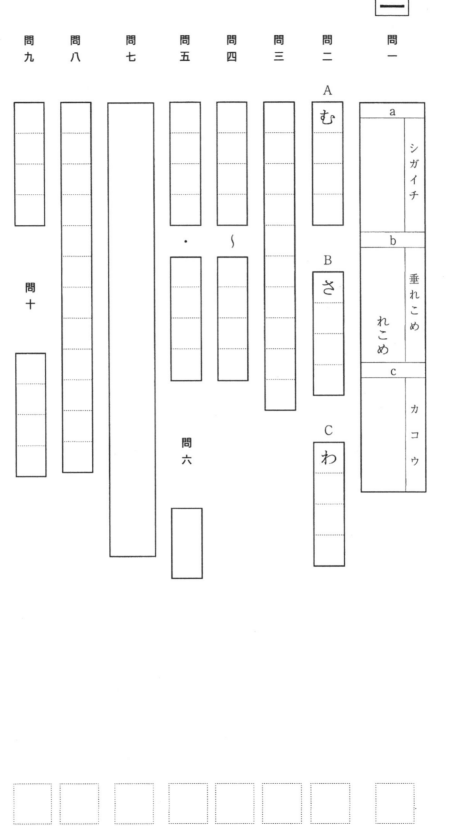

筑紫女学園中学校

令和6年度

入学試験

算　　数

〈解答用紙〉

(50分間)

受験番号
氏　名

〈この用紙の内側に解答らんがあります〉

・　かんとく者の指示があったら，表の受験番号，氏名のらんに記入してください。

・　受験番号，氏名の記入が終わったら，解答用紙を二つ折りのまま取りはずし，問題用紙をその上に重ねて，問題用紙の注意事項を読んでおいてください。

筑紫女学園中学校 入学試

1

(1)				
(2)				
(3)				
(4)				
(5)	%引き			
(6)	cm			
(7)	m			
(8)	ア		イ	
	ウ			

2

(1)	①		②	
(2)	度			
(3)	①	cm^2		
	②	cm^2		
(4)	cm^3			
(5)	cm			

点

点

筑紫女学園中学校

令和６年度

入学試験

理　　科

〈解答用紙〉

(40分間)

受験番号
氏　名

〈この用紙の内側に解答らんがあります〉

・　かんとく者の指示があったら，表の受験番号，氏名のらんに記入してください。

・　受験番号，氏名の記入が終わったら，解答用紙を二つ折りのまま取りはずし，問題用紙をその上に重ねて，問題用紙の注意事項を読んでおいてください。

筑紫女学園中学校 入学

1

(1)	
(2)	
(3)	
(4)	

点

3

(1)		
(2)	①	
	② Ⅰ	Ⅱ
	Ⅲ	
(3)	g	

点

2

(1)	条件　　と条件
(2)	①
	②
(3)	
(4)	

点

4

(1)	①	
	②	
	③	
	④	
	⑤	
(2)	A	B

点

筑紫女学園中学校

令和６年度

入学試験

社　　　会

〈解答用紙〉

(40分間)

受験番号
氏　名

〈この用紙の内側に解答らんがあります〉

・　かんとく者の指示があったら，表の受験番号，氏名のらんに記入してください。

・　受験番号，氏名の記入が終わったら，解答用紙を二つ折りのまま取りはずし，問題用紙をその上に重ねて，問題用紙の注意事項を読んでおいてください。

筑紫女学園中学校 入学

1

問1		問2	→ →						
問3	(1)	(2)		問4		問5	(1)	(2)	
問6									

2

問1		問2		問3		問4		
問5	(1)	(2) 資料1	資料2	資料3	問6	(1)		
問6	(2)	A						
		B						
問7		問8	(1)	(2)	問9		問10	

社会 解答用紙（令和６年度）

点

点

点

点

3

問1		問2		問3		問4		問5	

問6	A	B

問7		問8	

点

点

点

点

点

受験番号	得点
	※75点満点 （配点非公表）

理科 解答用紙（令和6年度）

5

(1)	目盛り
(2)	個
(3)	
(4)	

点

7

(1)	①	
	②	
	③	
	④	
(2)		

点

6

(1)	
(2)	
(3)	
(4)	
(5)	
(6)	g

点

8

(1)	秒		
(2)	A	B	C
(3)			

点

受験番号	得　点
	※75点満点 （配点非公表）

算数 解答用紙（令和６年度）

3

(1)	
(2)	

4

(1)	cm^2			
(2)	cm^2			
(3)	a		b	

点

5

(1)				
(2)	(ア)		(イ)	
	(ウ)			
(3)				
(4)				

点

受験番号	得点
	※100点満点 （配点非公表）

筑紫女学園中学校入学試験 国語 解答用紙 （令和六年度）

（字数制限のある問いは、句読点・記号も一字と数えます。）

受験番号

得点

※100点満点
（配点非公表）

一

問一

a キズキ

b 節目

c 居心地

d ホンカク

e シュウショク

f オサマッ

g シンキイッテン

問二

問三

〜

問四

②

③

問五

問六

問七

1

2

3

4

問八

筑紫女学園中学校

令和６年度

入学試験

国　　語

〈 解答用紙 〉

(50分間)

受験番号
氏　名

〈この用紙の内側に解答らんがあります〉

・　かんとく者の指示があったら，表の受験番号，氏名のらんに記入してください。

・　受験番号，氏名の記入が終わったら，解答用紙を二つ折りのまま取りはずし，問題用紙をその上に重ねて，問題用紙の注意事項を読んでおいてください。

問5　下線④の「鴻臚館」について説明した次の文章を読み，後の問いに答えなさい。

○鴻臚館跡　国史跡　所在地　福岡市中央区城内

鴻臚館は古代（⑨飛鳥・奈良・平安時代）の※迎賓館《げいひんかん》に相当する施設で，中国・唐や朝鮮・新羅の外交施設や商人をもてなすとともに，日本の外交使節である遣唐使や遣新羅使の送迎《そうげい》にも使用されました。…（中略）…現在の中国で生産された大量の陶磁器や朝鮮の新羅・高麗《こうらい》産の陶器，さらには西アジアのペルシャ系ガラス器などの出土品は，交易拠点としての鴻臚館跡の性格を現《あらわ》しており，国際港湾《こうわん》都市福岡（博多）の原点がここにあると実感できます。

※迎賓館：外国からの大切な客をもてなすための施設　（「鴻臚館跡リーフレット」より一部抜粋）

(1)　文章中の下線⑨の３つの時代におこったできごととして適当なものを次のア～エから一つ選び，記号で答えなさい。

ア　西南戦争がおこる　　　　イ　応仁の乱がおこる

ウ　卑弥呼が中国に使いをおくる　　エ　大化の改新がはじまる

(2)　鴻臚館跡の出土品と同じような宝物が，東大寺の正倉院に納められている。**資料１～３**の宝物が作られた国の現在の位置として，最も適当なものを**地図１**の**Ａ～Ｅ**からそれぞれ一つ選び，記号で答えなさい。

地図１

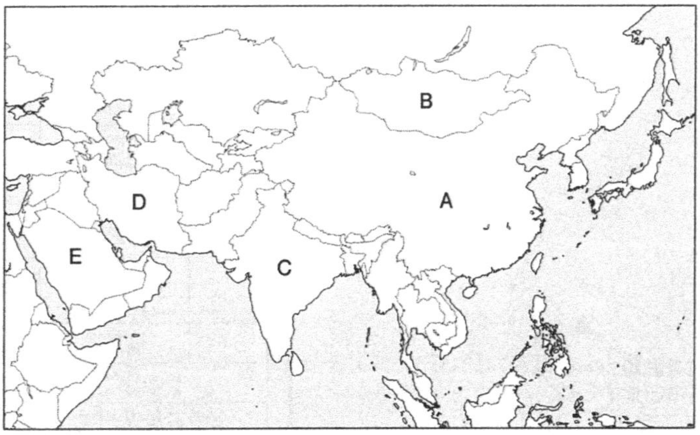

資料１

美しい模様で細工された鏡。中国でつくられたもの。

資料２

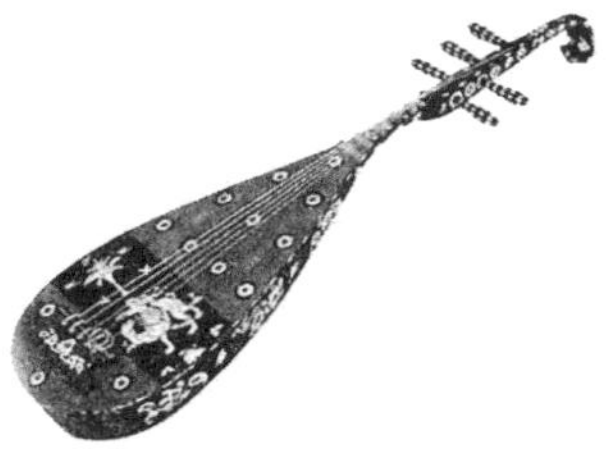

長さ約1m。５本の弦をつけた琵琶《びわ》は，インドで生まれた楽器とされている。

資料３

銀の脚が付いた紺色《こんいろ》のガラスのコップ。ガラスの部分はペルシア（今のイラン）で作られたもの。

問６　下線⑦の「官営八幡製鉄所」について，次の各問いに答えなさい。

(1)　下線⑦が操業《そうぎょう》を開始した後におこった社会のできごととして**適当でないもの**を次のア～エから一つ選び，記号で答えなさい。

ア　平塚らいてうや市川房枝らが新婦人協会を設立し，女性や母親の権利を守ることを訴えた。

イ　アメリカ軍が上陸した沖縄では，ひめゆり学徒部隊など女性たちが看護活動を行った。

ウ　日本の産業が発展すると，デパートの店員やバスの車掌《しゃしょう》など，新しい仕事につく女性が増えてきた。

エ　大日本帝国憲法の発布後，貴族院で初めて選挙が行われたが，女性には参政権がなかった。

(2)　日本で初めての近代的な製鉄所の建設候補地は，現在の呉《くれ》市（広島県）と北九州市（福岡県）にしぼられました。次の**地図２・資料４**を参考にして，官営八幡製鉄所が現在の北九州市に建設された理由について，［ A ］・［ B ］に適当な文を入れなさい。

理由
現在の北九州市は，呉市に比べ，鉄の原料である［ A（10字以内） ］，
当時の福岡県は，［ B（15字以内） ］ため。

地図２

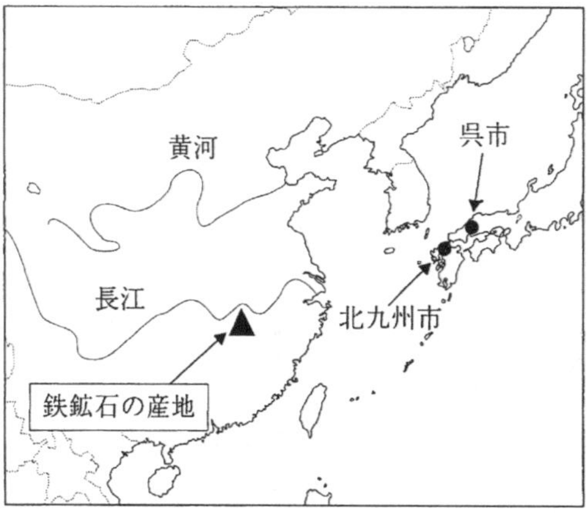

資料４

1896年の全国石炭産出高（都道府県別）

順位	都道府県名	石炭産出高
1位	福岡県	335万1504 t
2位	北海道	45万7164 t
3位	佐賀県	42万2272 t
4位	長崎県	38万4704 t
5位	山口県	19万3398 t
6位	福島県	7万8010 t
その他		9万1407 t
全国石炭産出高		497万8459 t

（「筑豊石炭礦業史年表（田川市立図書館／筑豊・田川デジタルアーカイブ）」を参考に作成）

問７　下線⑧の「石炭」などのエネルギー資源に関連して，日本の高度経済成長が終わるきっかけになった1973年におこったできごとを答えなさい。

問８　**コースＣ**で訪問する史跡は，いずれも世界遺産に関連している。日本の世界遺産について，次の各問いに答えなさい。

(1)　世界遺産に認定されている次の写真Ⅰ～Ⅳと，**地図３**中の位置Ａ～Ｄの組合せとして適当なものを**表３**中のア～カから一つ選び，記号で答えなさい。

Ⅰ　百舌鳥・古市古墳群（大仙古墳）

Ⅱ　潜伏キリシタン関連遺産（大浦天主堂）

Ⅲ　石見銀山

Ⅳ　原爆ドーム

地図３

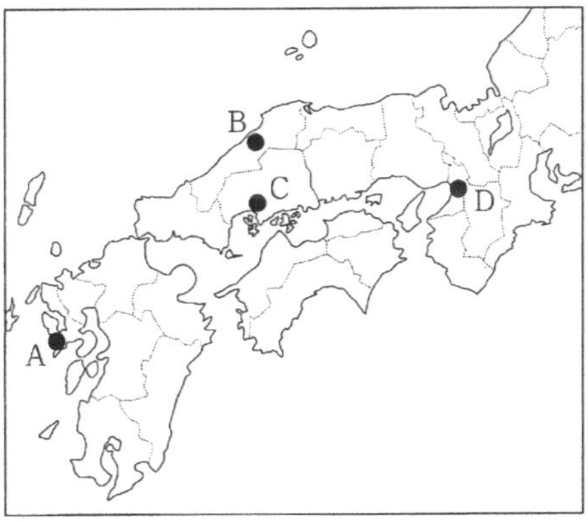

表３

	Ⅰ	Ⅱ	Ⅲ	Ⅳ
ア	D	A	B	C
イ	A	C	D	B
ウ	C	D	B	A
エ	D	A	C	B
オ	B	D	C	A
カ	C	B	A	D

(2)　世界遺産条約に基づき，文化財や自然環境を世界遺産として登録している国際機関の略称として適当なものを次のア～エから一つ選び，記号で答えなさい。

ア　ユニセフ　　イ　ＮＧＯ　　ウ　ＯＤＡ　　エ　ユネスコ

問9　**コースA**にタイトルをつけるとして，最も適当なものを次のア～エから一つ選び，記号で答えなさい。

ア　古代の外交施設・寺社探訪コース

イ　武士の時代の博多・福岡探訪コース

ウ　農耕やクニの始まり・古墳探訪コース

エ　福岡の近代産業遺産探訪コース

問10　**地図4**は，**コースA～D**のいずれかのルートを示した福岡県の地図である。**地図4**のルートとして最も適当なものを**A～D**から一つ選び，記号で答えなさい。

地図4

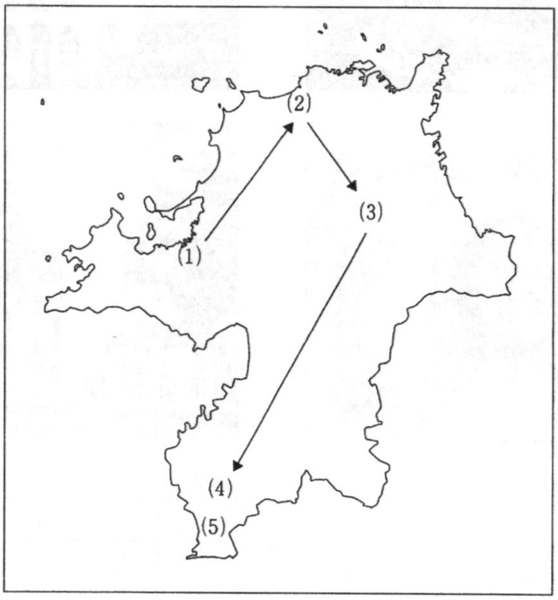

3　**次の資料１～３は，筑紫女学園中学校１年生の美咲・七海・沙織の３人が，新聞記事を見て，それぞれ仮説を立てて探究を行った学習の記録である。後の各問いに答えなさい。**

新聞記事

> **福岡市は最多増　・・・　市町村別人口**
>
> 総人口を市町村別で見ると，外国人を含む人口増加数は福岡市の１万3133人増が全国トップだった。自然減が2077人だった一方，転入が転出を上回る「社会増」が１万5210人に上った。･･･
>
> （2023年７月26日『西日本新聞』朝刊より）

資料１　美咲のまとめ

〔仮説〕福岡市は福祉が充実している街だから人口が増えているのではないだろうか？

○市民の願いが届くまで

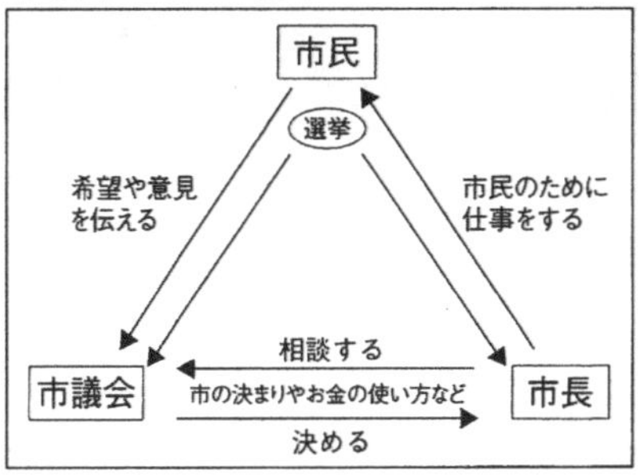

（福岡市ホームページを参考に作成）

市民の声を受けた福岡市の取組みの例

(1)　第２子以降の０～２歳児の保育料を無《む》償《しょう》化《か》

(2)　70歳以上の人を対象に交通費の一部を補《ほ》助《じょ》する高齢者乗車券を交付

⇩

より暮らしやすい街になり，人口が増える！

問１　**資料１**に関して，国と市などの政治の違いについて述べた**X**・**Y**の内容の正誤の組合せとして適当なものを**表**中のア～エから一つ選び，記号で答えなさい。

X　国会も市議会も，法律を作ることが役割の一つとして挙げられる。

Y　国会議員と内閣総理大臣は，市議会議員と市長と同じように有権者からの選挙で選ばれる。

表

	X	Y
ア	正しい	正しい
イ	正しい	誤っている
ウ	誤っている	正しい
エ	誤っている	誤っている

問２　美咲は**資料１**中の福岡市の取組みの例(1)・(2)について，その効果を考えた。２つの取組みがもたらす効果として適当な組合せを次のア～エから一つ選び，記号で答えなさい。

(1)の取組み　A　増え続ける人口を抑《おさ》えることにつながる
　　　　　　　B　将来の人口を増やすことにつながる
(2)の取組み　A　外出する機会が増え，社会参加の増加につながる
　　　　　　　B　他の都市からの観光客の増加につながる

ア　(1)－A・(2)－A　　イ　(1)－A・(2)－B
ウ　(1)－B・(2)－A　　エ　(1)－B・(2)－B

資料２　七海のまとめ

〔仮説〕福岡市は九州地方の中心都市だから人口が増えているのではないだろうか？

①内閣の出先機関が多く入る福岡合同庁舎

九州の②裁判所の中心となる福岡高等裁判所

九州の交通の中心となる博多駅

・九州の行政や③司法の中心がある。
・九州の交通の中心となる博多駅や福岡空港がある。

⇒　たくさんの人が集まる！

問３　**資料２**中の下線①に関して，内閣の仕事として適当なものを次のア～エから一つ選び，記号で答えなさい。

ア　憲法改正の発議　　イ　最高裁判所長官の指名
ウ　予算の議決　　　　エ　弾劾裁判所の設置

問４　**資料２**中の下線②に関して，現在の日本の裁判員制度について述べた文として適当なものを次のア～エから一つ選び，記号で答えなさい。

ア　裁判員に選ばれた場合，辞退することはできないと憲法に記されている。
イ　裁判員制度はすべての裁判で取り入れられている制度である。
ウ　裁判員には20歳以上の人がくじで選ばれる。
エ　裁判員制度によって，裁判に市民の感覚が取り入れられることを目的としている。

問５　**資料２**中の下線③に関して，裁判所は憲法や法律に基づいて裁判を行っている。日本の憲法に関する文として**適当でないもの**を次のア～エから一つ選び，記号で答えなさい。

ア　明治時代の憲法では，天皇は日本国の象徴とされ，政治的な権限を持たないとされていた。
イ　明治時代の憲法では，国民の権利が認められたが，その権利は法律によって制限されることがあった。
ウ　現在の憲法では，第９条によって外国との争いを武力で解決しないことが記されている。
エ　現在の憲法では，子どもに教育を受けさせる義務，働く義務，納税の義務の三大義務が記されている。

資料3　沙織のまとめ

〔仮説〕福岡市に外国人が多く移住するから人口が増えているのではないだろうか？

表　福岡市に住む外国人の数

（単位：人）

中国	11,326
ネパール	7,488
（　A　）	6,606
韓国又は朝鮮	6,077
フィリピン	1,404
アメリカ合衆国	856
その他	6,471
総数	40,228

（福岡市統計書（令和４年版）を参考に作成）

表から読み取れること

④中国やネパール，⑤韓国など（　B　）州の出身が多い。

福岡市に住む理由を，外国の方に聞いてみました！

私の出身国は（　A　）です。**写真**は私たちの国の国旗です。日本の会社が（　A　）にあり，そこで働いていましたが，今年から福岡の工場で働くことになり，来日しました。

写真

背景は赤色，中央の星は黄色

地図

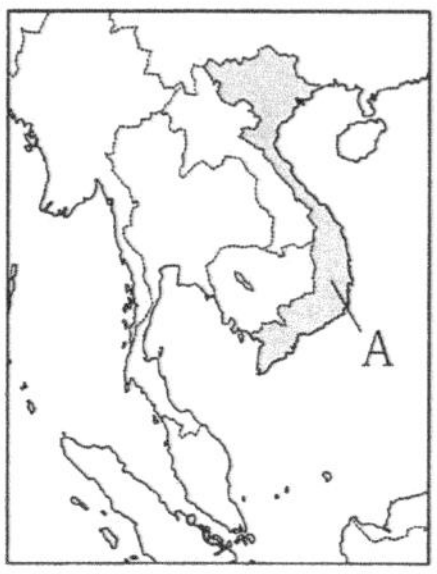

問６　**資料3**中の（　A　）・（　B　）にあてはまる語を答えなさい。

問７　**資料3**中の下線④に関して，中国が1970年代後半から2010年代にかけて行っていた人口抑制《よくせい》政策の名称を答えなさい。

問８　**資料3**中の下線⑤について述べた文として**適当でないもの**を次のア～エから一つ選び，記号で答えなさい。

ア　朝鮮戦争によって同じ民族の朝鮮民主主義人民共和国と戦った。

イ　孔子が広めた宗教である仏教の教えが深く根付いている。

ウ　首都のソウルは東京よりも北に位置している。

エ　現在は工業が発展しており，スマートフォンなどの電気機器の輸出が盛んに行われている。

筑紫女学園中学校

令和５年度

入学試験

国　　　語

〈問題用紙〉

(50分間)

〈注意〉

1　かんとく者の開始の合図があるまで，この問題用紙を開かないでください。

2　開始の合図があったら，解答用紙の内側にも受験番号を記入して，解答を始めてください。

3　問題は，１ページから７ページまであります。

4　解答は，すべて解答用紙の所定のらんに記入してください。

5　かんとく者の終了の合図で筆記用具を置き，解答用紙を広げたまま解答面を下に向け，机の上に置いてください。

6　解答用紙だけを提出し，問題用紙は持ち帰ってください。

一

次の①〜⑩の各文の――線部について、漢字は読みをひらがなで書き、カタカナは漢字に直しなさい。おくりがなの必要なものは、おくりがなも正しく書きなさい。

① どんなときもおそれずに勇気を奮う。
② 私は家族の中で最も上背がある。
③ 生半可な気持ちでは決して成功しない。
④ 水は温められるとジョウハツする。
⑤ 農作物を植えるために畑をタガヤス。
⑥ 要人が来日したので交通がキセイされる。
⑦ 語学力向上のためしばらく帰国をノバス。
⑧ 混乱して事態のシュウシュウがつかない。
⑨ 商品の確かな品質をホショウする。
⑩ ドローンを自由自在にソウジュウする。

二

次の文章を読んで、後の各問いに答えなさい。句読点・記号はすべて一字とします。（[1]〜[12]は段落番号です。）

[1] 知りあいや友人、学生、※院生の中から、人生に意味や価値があるのかどうかわからない、生きていく意味がわからない、という意見（感じ）を聞くことがある。そうですか、人生は楽しくないですか？ と聞くと、それはそれなりに楽しいいし、一生懸命《いっしょうけんめい》生きてはいるのだけれど、本質的に価値や意味があるとは思えない、ということなのだ。そこで困ったことには、①**私には、この感覚がわからない**。だから、「そうですよね」と共感して次の話をすることができないのだ。実は、私は、人生は楽しいし、世界は美しくて不思議に満ちているので、それを探究するために、ずっと生きていたいと思っているのだ。

[2] もちろん、毎日の仕事では、いやなことも悪いこともたくさんある。これまでの人生は決して※順風満帆《じゅんぷうまんぱん》ではなかった。でも、本質的に人生は生きる価値があるし、楽しいと感じている。［ 1 ］、先のような相談者には、本心で対応に困ってしまうのである。

[3] では、なぜ私が世界は美しくて不思議に満ちていると感じているかと言えば、それは、自然が美しくて不思議に満ちているからである。人間世界には、②**理《り》不《ふ》尽《じん》な**ことも美しくないことも山ほどあるが、自然は本当に美しい。そして、私がまだ実際にこの目で見て体験したことのない自然が、世界にはまだまだたくさんある。それらを見たいし、探究したい。私にとってはそれだけで、生きる意味は十分にある。生きていなければ、見られないし、探究できないからだ。

[4] こんな風に自然は美しいと感動したのは、まだほんの子どものころだった。三歳《さい》か四歳ぐらいのとき、和歌山県の紀伊田辺《きいたなべ》に住んでいたときだ。※テトラポッドなど一つもなかった田辺湾《わん》の海に生息する貝やイソギンチャク、小さな魚たち。その美しさが私をとらえた。以後、そこから始まって、貝殻《かいがら》や草花や昆虫《こんちゅう》を集めて図鑑《ずかん》で調べることが無二の喜びとなった。東京にもどってからも、この興味は尽《つ》きることがなかった。

[5] ③**小学校の二年から三年にかけての担任の先生（大野敬子先生）**が、生物学を専攻《せんこう》した方だったことは、おおいに幸いした。彼女《かのじょ》は貝類が専門で、ツメタガイという大きな巻き貝は、他の貝類の殻を溶《と》かして中を食べてしまう捕食者《ほしょくしゃ》だということを教えてくれた。高尾山《たかおさん》に遠足に行ったときには、そのときの校長先生が、ことのほか大きなミミズを捕《つか》まえ、「こんな大きなミミズは見たことがない」と④**おっしゃる**と、大野先生は、「ああ、これは普通《ふつう》のミミズではありません。オオミミズです」と言って採集瓶《びん》の中に入れた。二年生の児童にとって、それはそれは印象的な出来事であった。つまり、大野先生は、昨今《さっこん》たくさん存在するただの生物学者ではなくて、※森羅万象《しんらばんしょう》の大筋の全体を知っている、本物の博物学者だったのだ。

[6] 自然科学とは、さまざまな自然現象を論理的に理解しようとする試みである。それやこれやで、私は、ごく小さいころから自然に興味がわき、結局は生物学の研究をする学者になった。その間、ニホンザル、チンパンジー、ダマジカ、ソイシープ、クジャク、タニシなどを野生の状態で観察し、［ 2 ］、これらの

動物が食べる植物なども研究のために観察してきた。そうした揚《あ》げ句に得た結論は、生物はみな、一生懸命生きている、ということだ。【　　】

7 社会生活をする動物には、たいてい、社会的な順位がある。順位が高ければ好きなことができるが、低いとそうはできない。上の順位の個体からはいじめられるし、好きなときに好きなことをする自由がない。しかし、彼《かれ》らは決してあきらめず、自分にできる範囲《はんい》において、少しでも得になること、心地よいことをしようとする。ときには、大きなけんかも⑤**辞さない**。つまり、もう生きることを「　　」ように見える個体は一匹《いっぴき》もいないのだ。

8 それは、観察している私が、生きることは素晴らしいという価値観を持っているから、すべての生き物が一生懸命生きているように見えるだけなのだろうか？　そうではないと思う。それは、客観的な行動の観察に基づくからだ。この行動観察記録を見れば、どんな人生の価値観を持っている人でも、動物たちが一生懸命生きていることは否《いな》めないと思う。

9 私たちのからだと脳の意識下の部分は、何がなんでもからだを生き続けさせようとして働いている。その働き自体は意識に上らないので自分ではわからないが、呼吸すること、体温を維持《いじ》すること、痛みを回避《かいひ》すること、栄養とエネルギーを取り込《こ》むこと、などなどは、私たちのからだと脳が、それこそ一生懸命になって取り組んでいる、⑥**第一の業務**である。意識とは、そのてっぺんで、そういう作業全体を認識している部分だが、それは氷山の一角※に過ぎない。

10 [3]、人間の自意識は、その氷山の一角だけの部分であるにもかかわらず、「生きるとは何か？」、「生きている意味は何か？」といった「哲学的《てつがく》」疑問を生じさせる。この自意識は、からだと脳が自分を懸命に生き続けさせているからこそ、こんな疑問を（ぜいたくにも）問いかけるゆとりがあるのだという事実を知らない。

11 こんなことのすべてを私がわかるようになったのは、人間以外の動物の生き方を詳細《しょうさい》に観察したからである。そして、⑦**そのような観察をしたいと思ったそもそもの始まりは、自然界が美しいと子ども心に感じたからであった**。それには、まだ三歳だった私が実際に見て触《ふ》れてすばらしいと感じる自然があったから始まったのだ。今、身近な自然はどんどんなくなっている。それでも、見ようと思えばまだ自然はあるのだが、スマートフォンやインターネットに夢中になる時間が増えて、子どもたちが身近な自然に触れる時間が減っている。

12 ネットで見たことは「現実」ではない。ネットが提供する情報は、文字情報か、二次元的な視覚の情報だけである。現実は三次元であり、においも、温度も、動きもある。本当の現実を見るとどれほど多次元的に感動するか、それが、人生の原点なのだと思うのである。

（長谷川眞理子『世界は美しくて不思議に満ちている』による）

※　院生…………大学院の学生。
順風満帆………物事がすべて順調に進行していること。
テトラポッド……海岸などに積み上げて波を防ぐコンクリートブロック。
森羅万象…………宇宙の中に存在するすべてのもの。万物。
氷山の一角……表面に現れたものは、全体のごく一部に過ぎないことのたとえ。

問一　――線①「**私には、この感覚がわからない**」とありますが、「この感覚」とはどのような感覚ですか。**三十字以内**で書きなさい。

問二　本文中の[1]～[3]にあてはまる最も適当なものを次のア～カからそれぞれ選び、記号で答えなさい。

ア　そして　　イ　だから　　ウ　または
エ　ところが　　オ　ところで　　カ　なぜなら

問三　――線②「**理不尽な**」の本文中の意味として最も適当なものを次のア～エから選び、記号で答えなさい。

ア　真理にそむく　　イ　理解に苦しむ
ウ　理想に反する　　エ　道理に合わない

問四　――線③「**小学校の二年から三年にかけての担任の先生（大野敬子先生）**」とありますが、大野先生とはどのような先生ですか。本文中にある具体的な例を**二つ**挙げた上で説明しなさい。

問五　――線④「**おっしゃる**」は「言う」の敬語です。次のア～オの――線部について、敬語が正しく使われているものを**二つ**選び、**記号**で答えなさい。

ア　妹から、修学旅行のおみやげをいただいた。
イ　私は、遠くに住んでいる祖父母にお会いになる。
ウ　私が作った自慢《じまん》のケーキを、どうぞめし上がれ。
エ　筑紫さん、いましたら受付までおこしください。
オ　先生が、明日うかがいましょう、とおっしゃった。

問六　[6]段落中の【　】にあてはまる最も適当な一文を次のア～エから選び、**記号**で答えなさい。

ア　生きているから何か意味や価値があるのだ、意味や価値が生まれてくるからこそ生きているのである、ということである。
イ　何か意味や価値があるから生きているのだ、生きているからこそ意味や価値が生まれてくるのではない、ということである。
ウ　生きているから何か意味や価値があるのではない、意味や価値が生まれてくるからこそ生きているのだ、ということである。
エ　何か意味や価値があるから生きているのではない、生きているからこそ意味や価値が生まれてくるのだ、ということである。

問七　――線⑤「**辞さない**」とありますが、これと同じ意味で使われているものを次のア～エから**一つ**選び、**記号**で答えなさい。

ア　目標に届かない成績に終わったけれど、彼は監督《かんとく》を辞さないらしい。
イ　徹夜《てつや》も辞さないで、コンクールに出す作品をがんばって仕上げた。
ウ　訪問先をすぐに辞さないと、次の約束の時間に間に合わないだろう。
エ　今回成果は出なかったが、企画長は辞さないでよい、と言われた。

問八　[7]段落中の［　］にあてはまる最も適当なものを次のア～エから選び、**記号**で答えなさい。

ア　疑っている　　　イ　投げている
ウ　味わっている　　エ　楽しんでいる

問九　――線⑥「**第一の業務**」とは何ですか。「……という働き。」に続くように、本文中から**二十字以内**でぬき出して書きなさい。

問十　――線⑦「**そのような観察をしたいと思ったそもそもの始まりは、自然界が美しいと子ども心に感じたからであった**」とありますが、その当時のことをくわしく述べた段落を探し、その**番号**を書きなさい。

問十一　筆者の意見について述べた次の文章の［A］～［C］にあてはまる最も適当なことばを本文中からそれぞれ指定された字数でぬき出して書きなさい。ただし、［A］は[1]～[4]段落、［B］・［C］は[9]～[12]段落からそれぞれぬき出しなさい。

> 子どもたちの多くが、スマートフォンやインターネットで文字情報や二次元的な視覚情報を得ている。しかし、子どもたちにとって大切なのは、身近にある［A（**十三字**）］自然に触れることで［B（**五字**）］に出会い、心を動かされることである。そして、このような体験こそが［C（**五字**）］となるのである。

問十二　次の**【資料A】**は、自分用の携帯電話・スマートフォンを所有している子どもを対象として行ったアンケート結果で、「一日の利用時間」と積極性・協調性との関係を表したものです。また、**【資料B】**は「自然体験」と積極性・協調性との関係を表したものです。

積極性・協調性に関して、**【資料A】**・**【資料B】**からどのようなけい向が読み取れますか。それぞれ書きなさい。

【資料 A】

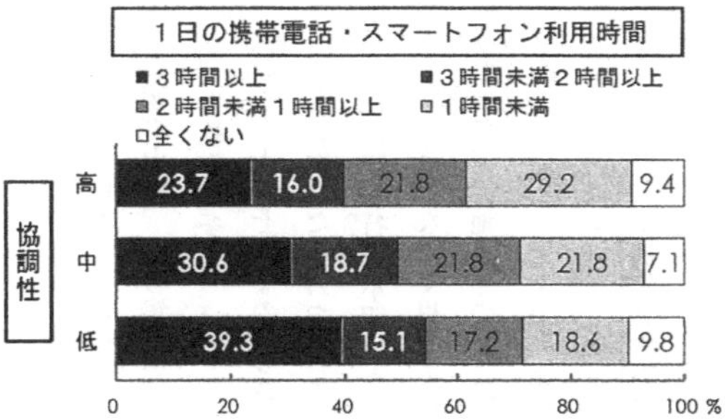

協調性と携帯電話・スマートフォンの
利用の関係（小 4～小 6、中 2、高 2）

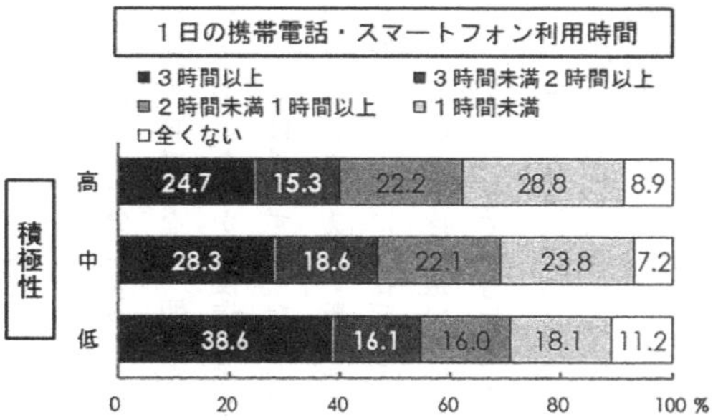

積極性と携帯電話・スマートフォンの
利用の関係（小 4～小 6、中 2、高 2）

【資料 B】

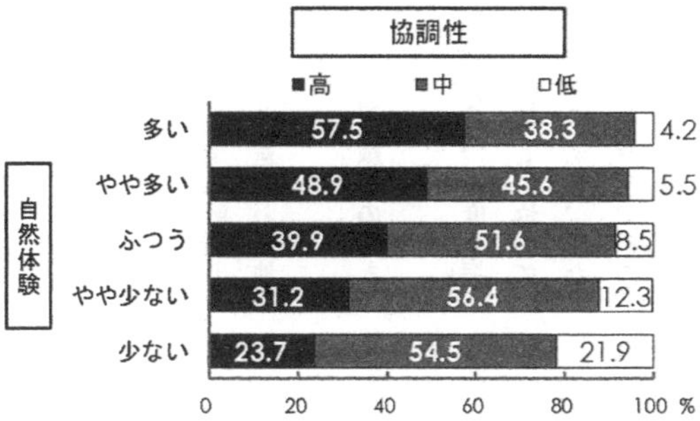

自然体験と協調性の関係
（小 4～小 6、中 2、高 2）

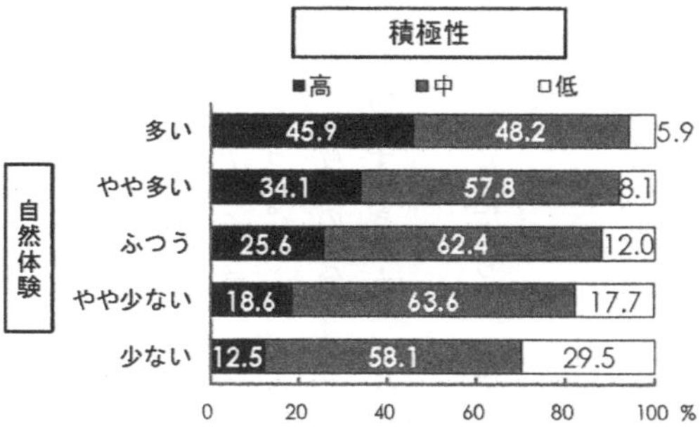

自然体験と積極性の関係
（小 4～小 6、中 2、高 2）

＜協調性＞
・困っている人がいたときに手助けをする
・友達が悪いことをしていたら、やめさせる
・相手の立場になって考える
・誰とでも協力してグループ活動をする

＜積極性＞
・困った時でも前向きに取り組む
・自分の思ったことをはっきりと言う
・人から言われなくても、自分から進んでやる
・先のことを考えて、自分の計画を立てる

独立行政法人国立青少年教育振興機構 「青少年の体験活動等に関する意識調査」(平成28年度調査)

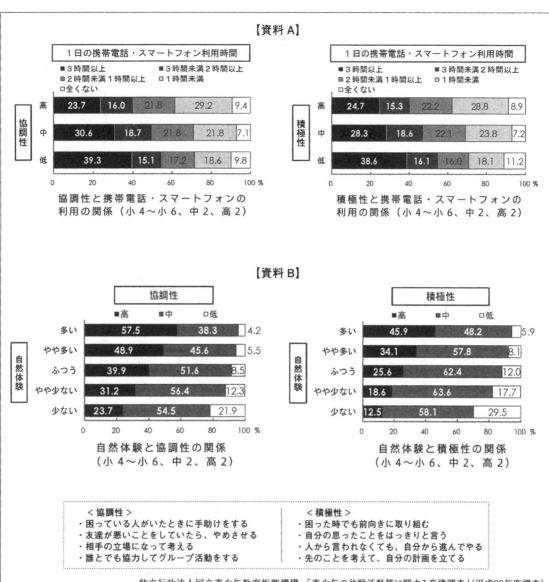

三 **次の文章を読んで、後の各問いに答えなさい。句読点・記号はすべて一字とします。**

私が①**ものごころついた**ときに住んでいた団地は、父が勤めていた銀行の社宅だった。同じ建物の中に、その銀行の家族②**ばかり**が住んでいたのである。銀行員というのはなぜか転勤が多く、ほとんどの人が二、三年でいろいろな地域に転居していく。世界中の人がそうなのだと思い込《こ》んでいた。だから自分も、新しい土地に来ても、また数年したら引っ越《こ》しをしてどこかに行くものだと。

家の中でなにか物が行方《ゆくえ》不明になっても、「まあいいや、次の引っ越しのときには見つかるだろう」なんて思っていた。

そういうわけで、土地とその家に対する愛着や執着《しゅうちゃく》はほとんどなく、何度も振《ふ》り返って別れを惜《お》しむ、ということはなかった。学校や近所の友達とも、泣いて抱《だ》き合い、行きたくないよう、と叫《さけ》んだことは一度もなかった。じゃあね、またね、手紙書くね、などと③**社交辞令的なことだけ言って**淡々《たんたん》と別れたのだが、その後手紙のやりとりが続いたためしがない。

今、去っていく場所よりも、これから行く場所の方が気になっていた。場所、というか、そこで自分がどのような存在になるのか、ということをひとしきり夢想していたのである。新しい転校先は、これまでの自分のことを全く知らない。だから、全く新しい自分になることだってできるのだ。これまでの、やや暗くて存在感のうすい私ではなく、明るくて楽しい、みんなの人気者にだってなれるかもしれない——。なぜか、友達ができなかったり、いじめられたり、といったネガティブなことは考えず、やたらと前向きな方向でしか考えていなかった。

転校生を迎《むか》え入れる方は、転校生に期待するらしい。おそらく、転校先の自分に自分が期待したように、転校生を迎えるクラスメートは、基本的にすてきな人がやってくるという期待を抱《いだ》いている。

期待で（　A　）している教室に、私が先生に続いて入る。黒板の前に立ち、顔を上げる。緊張《きんちょう》してうわずった声でなにか言う。（　B　）する。

（なんだ……）

④**あからさまな**がっかりの気配を感じる。もうこの時点で、私の「新しい私」への希望の大半が消え失《う》せている。それでも最初は、転校生である私に興味を持って、親切に話しかけてくれる数人はいる。しかしほどなく「なんだ」の落胆《らくたん》が確信に変わり、クラスメートの関心は去り、結局いつもどおり、【　　　　　】子として新しい学校に定着していくのだった。

場所が変わったからといって、私は私、別人になれるわけがないのだ。

そして数年後の転校では、⑤**今度こそ**、と思い⑥**ながら**移動する、ということをくり返した。

そういうわけで、「転校って、嫌《いや》なものでしょう」、と誘導《ゆうどう》されることがあるのだが、転校することが決まってから実際に転校先に入るまでの気分は、わりと前向きで楽しいものだ。旅に出ることが決まって、旅先でのことを思う気分に近いだろうか。

私は、小学校で二回、中学校で一回転校した。最も印象的な転校は、小学校四年生のときに、福岡市内の学校から、同じ福岡県の、糸島《いとしま》郡（現在は糸島市）の学校に転校したときである。父が突然《とつぜん》糸島の田園地帯に一軒家《いっけんや》を建て、都市部の団地（社宅）から引っ越したのだ。

学校へ行く道に、トラックでひかれた蛙《かえる》がしきつめられていたり、虫の※おけらで対戦して遊んだり、給食のおばちゃんが鶏《にわとり》の羽をむしっていたり、カルチャーショックの連続だった。それがなんだかおもしろいと思えてきたころに、父の広島勤務が決まり、たった一年でまた去ることになってしまったのだ。

印象が強い上に短期間だったので、記憶《きおく》が日常に溶《と》け込むことなく、深く刻まれたのだと思う。忘れることのできない一年になった。その日々をもとに、『いとの森の家』（ポプラ社）という小説を書いた。

その田舎《いなか》の小学校では、転校生自体がめずらしいのだが、家まで建てたのに⑦**たった一年で一家が□のようにいなくなった**ことは、さらにめずらしかったようだ。糸島を舞台《ぶたい》にした小説の書き手が、あのときの転校生だと気づいてくれた人がいて、クラスメートやご近所さんに再会することができた。

転校生としての理想像にはなれなかったが、転校がもたらす人生への影響《えいきょう》は案外長い。久しぶりに再会しても、あ、あの転校生の、と言われることも多い。

転校生の時間は、今もずっと続いているのだ。

東直子の文章による（『飛ぶ教室 第56号』光村図書出版）

※　おけら……昆虫《こんちゅう》。体長は三センチメートル前後で、前足が大きく土をほるのに適する。

問一　――線①「**ものごころついた**」・④「**あからさまな**」の本文中の意味として最も適当なものを次のア～エからそれぞれ選び、**記号**で答えなさい。

①「**ものごころついた**」
ア　世の中のありさまがわかるようになってきた
イ　周囲の人々に気配りできるようになってきた
ウ　社会の出来事に関心をもつようになってきた
エ　物事の判断を正しく下せるようになってきた

④「**あからさまな**」
ア　急にわき起こった様子の
イ　隠《かく》さずはっきりした様子の
ウ　状況《じょうきょう》が理解できない様子の
エ　まわりの期待を裏切る様子の

問二　――線②「**ばかり**」・⑥「**ながら**」の意味・働きと同じものを次のア～エからそれぞれ選び、**記号**で答えなさい。

②「**ばかり**」
ア　完成したばかりの橋をわたる。
イ　夜ふかししたばかりに遅刻《ちこく》した。
ウ　動画ばかり見ないで勉強しよう。
エ　約三十分ばかり行くと目的地に着く。

⑥「**ながら**」
ア　妹が手をふりながら走ってきた。
イ　生まれながらの悪人などいない。
ウ　昔ながらの味を大切に受けつぐ。
エ　おさないながらとても気がきく。

問三　――線③「**社交辞令的なことだけ言って**」とありますが、「社交辞令」とは、「つきあいをうまく進めるための形式的なほめことばやあいさつ」のことです。社交辞令に**あてはまらない**ものを次のア～エから**一つ**選び、**記号**で答えなさい。
ア　私はかっこいいとは思わないが、友人の好きなアイドルを「かっこいい！」とほめる。
イ　私にはその気がないのに、「また機会があったらいっしょに遊ぼうね！」と帰り際《ぎわ》に言う。
ウ　前からほしいと思っていたアクセサリーをプレゼントされて、「大切に使うね！」と答える。
エ　友人の家で口に合わない料理を出されたとき、「どう？」と聞かれて「おいしい！」と返事する。

問四　本文中の（　A　）・（　B　）にあてはまる最も適当なものを次のア～エからそれぞれ選び、**記号**で答えなさい。

A
ア　おろおろ
イ　はらはら
ウ　むんむん
エ　わなわな

B
ア　ごろごろ
イ　ざわざわ
ウ　じんじん
エ　ぶらぶら

問五　本文中の【　　　　】にあてはまることばを**これより前から十二字**でぬき出して書きなさい。

問六　――線⑤「**今度こそ**」とありますが、この後に補うのにふさわしいことばを本文中から**三十字以内**でぬき出して書きなさい。

問七　——線⑦「**たった一年で一家が□のようにいなくなった**」とありますが、□にあてはまることばを**漢字一字**で書きなさい。ただし、□には次の1〜3の慣用表現・ことわざの□と同じ漢字が入ります。

1　肩で□を切る

2　柳《やなぎ》に□と受け流す

3　□が吹けば桶《おけ》屋がもうかる

問八　この文章のタイトルとして最も適当なものを次のア〜エから選び、**記号**で答えなさい。

ア　新しい転校先　　イ　印象的な転校

ウ　転校先の自分　　エ　転校生の時間

筑紫女学園中学校

令和５年度

入学試験

算　　　　数

〈 問題用紙 〉

(50分間)

〈注意〉

1　かんとく者の開始の合図があるまで，この問題用紙を開かないでください。

2　開始の合図があったら，解答用紙の内側にも受験番号を記入して，解答を始めてください。

3　問題は，１ページから10ページまであります。

4　解答は，すべて解答用紙の所定のらんに記入してください。

5　かんとく者の終了の合図で筆記用具を置き，解答用紙を広げたまま解答面を下に向け，机の上に置いてください。

6　解答用紙だけを提出し，問題用紙は持ち帰ってください。

分数は，それ以上約分できない形で答えなさい。
円周率が必要な場合は，3.14としなさい。

1　次の各問いに答えなさい。

(1)　次の計算をしなさい。

①　$3 \div 8 \times \left(\frac{1}{2} - \frac{1}{4}\right)$

②　$3\frac{1}{3} \times 1\frac{1}{5} + 4\frac{1}{2} \div 0.75$

(2)　48と60の最小公倍数は何ですか。

(3)　2.4 kmを40分で歩く人の速さは，毎秒何mですか。

(4)　ある品物を2割引で買って，200円支払《はら》いました。もとの値段はいくらですか。
ただし，消費税は考えないものとします。

(5)　$\frac{8}{27}$ を小数で表したとき，小数第 100 位の数字は何ですか。

(6)　数字が書いてあるブロックがあります。左右横方向にとなり合う 2 つのブロックに書かれた数の和が，すぐ上のブロックに書かれています。このとき，（ア）にあてはまる数は何ですか。

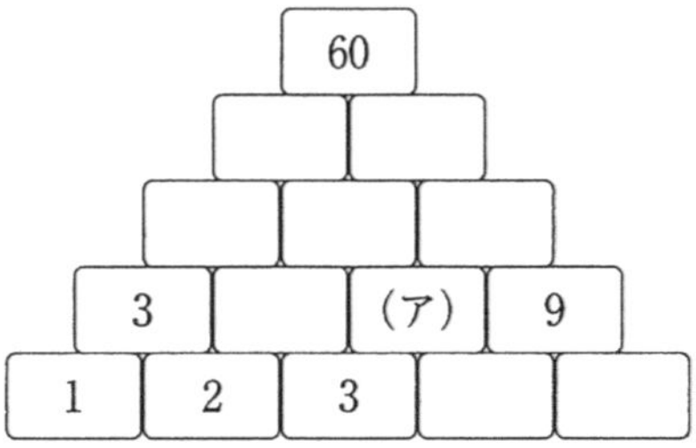

(7)　1 から 5 までの数字を書いたカード 1，2，3，4，5 が 1 枚ずつあります。この 5 枚のカードから 3 枚選んで 3 けたの整数を作るとき，345 より大きい整数は何個できますか。

2　次の各問いに答えなさい。

(1)　次の展開図を組み立ててできる立体の体積は，何 cm^3 ですか。

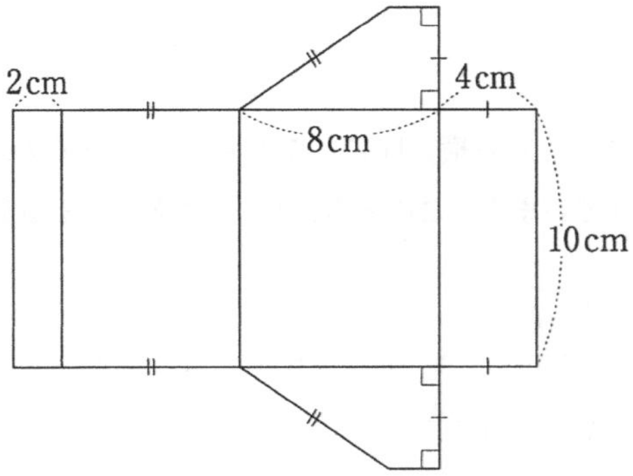

(2)　1 辺が 10 cm の正方形の内側に，円がぴったり入っています。
斜《しゃ》線部分の面積は何 cm^2 ですか。

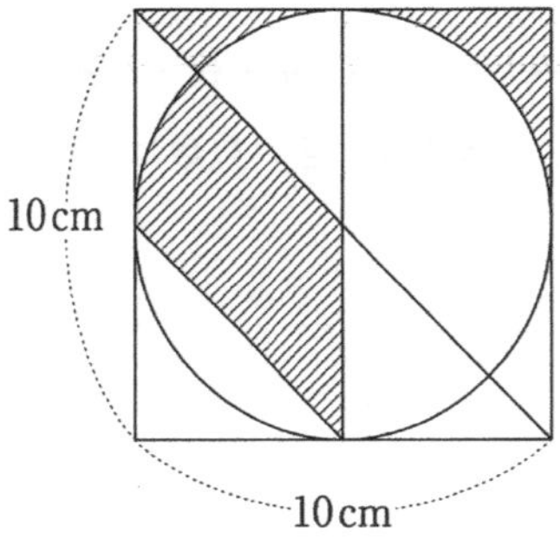

(3) 次の図の三角形 ABC は，辺 AB と辺 AC の長さが等しく，角 C が50°の二等辺三角形です。辺 AB の延長線上に点 D があり，辺 BC 上に点 E があります。また，AE，CE，DE の長さはすべて 3 cm です。角㋐の大きさは何度ですか。

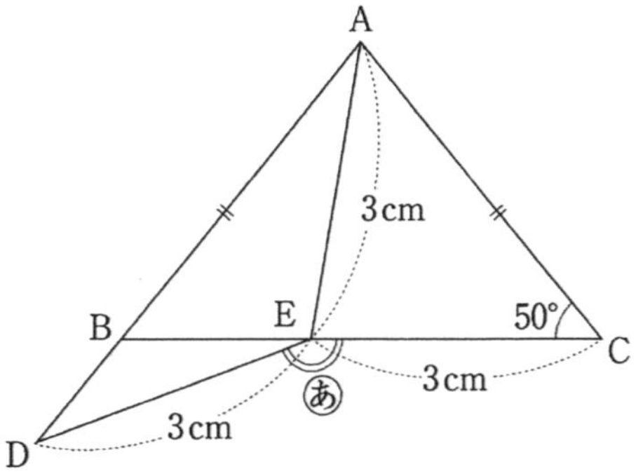

3　ある小学生 80 人に，雑煮《ぞうに》と黒豆を今年のお正月に食べたかどうかを聞いたところ，（表１）のような結果になりました。次の各問いに答えなさい。

（表１）

	雑煮	黒豆
食べた	75%	20%
食べていない	25%	80%

⑴　雑煮を食べた人は何人ですか。

（表１）をもとにして（表２）を作りました。このとき，(ア) にあてはまる人数は12人でした。

（表２）

<table>
<tr><td colspan="2" rowspan="2"></td><td colspan="2">雑煮</td><td></td></tr>
<tr><td>食べた</td><td>食べていない</td><td>合計</td></tr>
<tr><td rowspan="2">黒豆</td><td>食べた</td><td>(ア)</td><td>(イ)</td><td></td></tr>
<tr><td>食べていない</td><td>(ウ)</td><td>(エ)</td><td></td></tr>
<tr><td></td><td>合計</td><td></td><td></td><td>80 人</td></tr>
</table>

⑵　(エ) にあてはまる人数は何人ですか。

⑶　（表２）の (ア) ～ (エ) の結果を次のような円グラフにしたとき，(ウ) を表す部分の中心の角度は何度ですか。

小学生 80 人

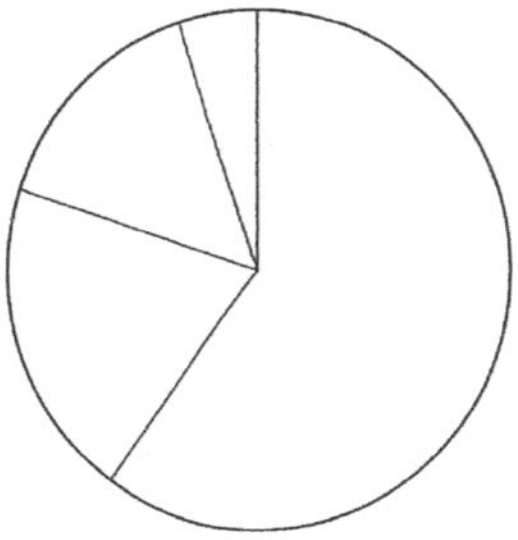

問題は次のページに続きます。

4

次の【図】のように，直方体を２つあわせた形のプールがあります。プールの幅《はば》10 m 分の長方形の床《ゆか》（ア）（黒く塗《ぬ》った部分）は可動式の床になっており，幅８m 分の長方形の床（イ）は固定式の床で排水口《はいすいこう》がついています。水は蛇口《じゃぐち》から一定の割合で出るものとし，排水口から一定の割合で抜《ぬ》けるものとします。床（ア）はOの位置とAの位置（床（イ）の高さ）の間を水平のまま上下に動かすことができます。BはOよりも 3m 高い位置にあります。また，水面の高さは，Oの位置から測るものとします。

下の【グラフ】は，床（ア）をOの位置で固定したまま，排水口を閉じた状態で，空のプールに水を入れたときの「水を入れ始めてからの時間（時間）」と「水面の高さ（m）」の関係を表したものです。ただし，水はプールの床（ア）から下にもれないものとします。また，床（ア）がOの位置にあり，水面の高さがBの位置にある状態を，状態（＊）とします。このとき，後の各問いに答えなさい。

【図】

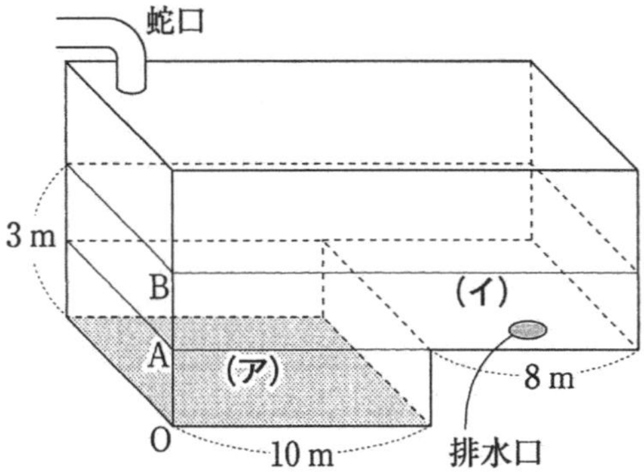

【グラフ】

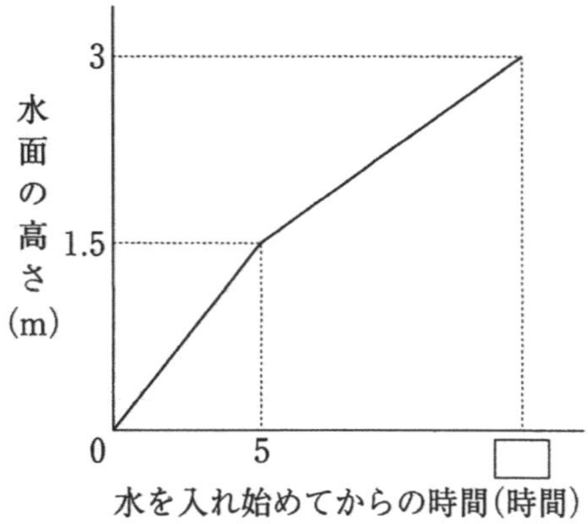

⑴ 床（ア）をOの位置で固定し，排水口は閉じた状態で空のプールに水を入れ始め，水面の高さがBの位置になったときに水を止めます。

① 水を入れ始めてから２時間後の水面の高さは，何 m ですか。

② 状態（＊）になるのは，水を入れ始めてから何時間後ですか。

(2) 状態（＊）から，床（ア）を一定の速さで5分間上げると，水面の高さはBの位置より50 cm上になりました。床（ア）の動く速さは毎分何cmですか。

(3) 状態（＊）から，水を入れると同時に排水口から水を抜くと，水面の高さがAの位置になるのは，水を抜き始めてから4時間30分後です。

状態（＊）から，水を入れずに床（ア）を上げながら排水口から水を抜いたとすると，プール全体が空になるのは，水を抜き始めてから何時間何分後ですか。ただし，床（ア）の動く速さは毎分20 cmとします。

5　**S先生，K子さんが次の問題を解こうとしています。問題に続く会話文を読んで，[ア]～[コ]にあてはまる数をそれぞれ答えなさい。**

問　題

整数 P，Q に対して，$\left\langle\!\left\langle \dfrac{P}{Q} \right\rangle\!\right\rangle$ は P を Q で割ったときの余りを表すものとします。このとき，次の各問いに答えなさい。

（問１）$\left\langle\!\left\langle \dfrac{80}{13} \right\rangle\!\right\rangle$ の値を求めなさい。

（問２）$\left\langle\!\left\langle \dfrac{A}{3} \right\rangle\!\right\rangle + \left\langle\!\left\langle \dfrac{A}{4} \right\rangle\!\right\rangle = 2$　となる２けたの整数 A のうち，最も大きいものを求めなさい。

（問３）$\left\langle\!\left\langle \dfrac{101}{B} \right\rangle\!\right\rangle + \left\langle\!\left\langle \dfrac{101}{12} \right\rangle\!\right\rangle = 16$　となる整数 B のうち，最も小さいものを求めなさい。

（問４）$\left\langle\!\left\langle \dfrac{C}{40} \right\rangle\!\right\rangle + \left\langle\!\left\langle \dfrac{11}{40} \right\rangle\!\right\rangle = \left\langle\!\left\langle \dfrac{C+11}{40} \right\rangle\!\right\rangle$　となる１以上400以下の整数 C は，全部で何個ありますか。

S 先 生：それでは，問題を解いていきましょう。まず，整数 P，Q に対する $\left\langle\!\left\langle \dfrac{P}{Q} \right\rangle\!\right\rangle$ を，具体例をもとに考えてみてください。

K子さん：例えば，$\left\langle\!\left\langle \dfrac{13}{5} \right\rangle\!\right\rangle$ は $13 \div 5$ の商は２で余りは３だから，$\left\langle\!\left\langle \dfrac{13}{5} \right\rangle\!\right\rangle = 3$ ということですか。

S 先 生：そうです。では，$\left\langle\!\left\langle \dfrac{6}{9} \right\rangle\!\right\rangle$ はどうでしょう。

K子さん：分子が分母より小さいですね。$\left\langle\!\left\langle \dfrac{6}{9} \right\rangle\!\right\rangle$ は $6 \div 9$ の商は０で余りは６だから，$\left\langle\!\left\langle \dfrac{6}{9} \right\rangle\!\right\rangle = 6$ ですか。

S 先 生：その通りです。では，$\left\langle\!\left\langle \dfrac{7}{7} \right\rangle\!\right\rangle$ はどうでしょう。

K子さん：$\left\langle\!\left\langle \dfrac{7}{7} \right\rangle\!\right\rangle$ は，$7 \div 7$ の商は１で余りは０だから，$\left\langle\!\left\langle \dfrac{7}{7} \right\rangle\!\right\rangle = 0$ ですか。

S 先 生：素晴らしい。では，それぞれの問題を見ていきましょう。まず，（問１）です。$\left\langle\!\left\langle \dfrac{80}{13} \right\rangle\!\right\rangle$ の値は何ですか。

K子さん：$80 \div 13$ の商は [ア] で余りは [イ] だから，$\left\langle\!\left\langle \dfrac{80}{13} \right\rangle\!\right\rangle =$ [ウ] です。

S 先 生：よくわかっていますね。次は，（問２）です。$\left\langle\!\left\langle \dfrac{A}{3} \right\rangle\!\right\rangle + \left\langle\!\left\langle \dfrac{A}{4} \right\rangle\!\right\rangle = 2$ となる２けたの整数 A のうち，最も大きいものを求めてみましょう。

K子さん：難しいですね。何かヒントをいただけませんか。

S 先 生：そうですね。2けたの整数のうち，大きい方から順に調べてみるといいですよ。

K子さん：まず，$A=99$ を調べます。$A=99$ のとき $\left\langle\!\left\langle \dfrac{99}{3} \right\rangle\!\right\rangle + \left\langle\!\left\langle \dfrac{99}{4} \right\rangle\!\right\rangle =$ [エ] となり，成り立ちませんね。順に調べていくと，（問2）の答えは $A=$ [オ] ですね。

S 先 生：それでは，（問3）です。$\left\langle\!\left\langle \dfrac{101}{B} \right\rangle\!\right\rangle + \left\langle\!\left\langle \dfrac{101}{12} \right\rangle\!\right\rangle = 16$ となる整数 B のうち，最も小さいものを求めてみましょう。

K子さん：まず，$\left\langle\!\left\langle \dfrac{101}{12} \right\rangle\!\right\rangle =$ [カ] ですね。ここで，和が16になるので，$\left\langle\!\left\langle \dfrac{101}{B} \right\rangle\!\right\rangle =$ [キ] ですね。

これが成り立つような B の値がいくつかあります。その中で最も大きい値は [ク] であり，その数の約数を考えていくことで，（問3）の答えは $B=$ [ケ] であることがわかりますね。

S 先 生：最後に，（問4）です。$\left\langle\!\left\langle \dfrac{C}{40} \right\rangle\!\right\rangle + \left\langle\!\left\langle \dfrac{11}{40} \right\rangle\!\right\rangle = \left\langle\!\left\langle \dfrac{C+11}{40} \right\rangle\!\right\rangle$ となる1以上400以下の整数 C は，全部で何個ありますか。

K子さん：[コ] 個です。

S 先 生：はい，その通りです。大変よくできました。

筑紫女学園中学校

令和５年度

入学試験

理　　科

〈 問題用紙 〉

(40分間)

〈注意〉

1　かんとく者の開始の合図があるまで，この問題用紙を開かないでください。

2　開始の合図があったら，解答用紙の内側にも受験番号を記入して，解答を始めてください。

3　問題は，1ページから11ページまであります。

4　解答は，すべて解答用紙の所定のらんに記入してください。

5　かんとく者の終了の合図で筆記用具を置き，解答用紙を広げたまま解答面を下に向け，机の上に置いてください。

6　解答用紙だけを提出し，問題用紙は持ち帰ってください。

1　**流れる水のはたらきに関する次の各問いに答えなさい。**

(1)　次の**写真**は，大陸から2500km以上はなれた太平洋の，深さ数千ｍの海底から採集された石です。これについて，次の各問いに答えなさい。

写真

①　**写真**のように，丸い形の小さな石は，ふつうどのような場所を流れる川でひろうことができますか。最も適当なものを次の**ア**～**ウ**から選び，記号で答えなさい。

ア　平地を流れる川　　　**イ**　平地に流れ出たところの川　　　**ウ**　山の中を流れる川

②　石は，角ばったものなど，もともといろいろな形をしていますが，どのようにして丸い形になっていきますか，**20字程度**で説明しなさい。

③　**写真**の石は重さが１kgほどあり，もとは大陸にあったものが，数十万年前に海底に沈《しず》んだと考えられています。この石は，大陸から遠くはなれた場所にどのようにして運ばれたと考えられますか。最も適当なものを次の**ア**～**オ**から選び，記号で答えなさい。

ア　わたり鳥のふんにまぎれて，落下した。
イ　深い海の底を流れる海流によって，長い年月をかけて運ばれた。
ウ　ヒトの祖先が太平洋で漁をしているときに，重りにしていた石が海底に沈んだ。
エ　陸を流れる氷河にまぎれこんだ石が，流氷の中に含まれて海を移動し，氷がとけたときに海底に沈んだ。
オ　陸の火山がふん火したときに，強い台風が発生していて，風によって運ばれた。

(2)　土地のようすは，流れる水のはたらきによって変化します。このはたらきを３つ答えなさい。

2　身近な自然のさまざまな生物の観察について，次の各問いに答えなさい。

(1)　4月のある日，校庭でセイヨウタンポポを見つけました。花の色や形を観察するために，花をつみ，虫めがねで観察しました。虫めがねの正しい使い方を次のア～エから1つ選び，記号で答えなさい。

ア　虫めがねを目からはなして持ち，見るものを虫めがねに近づけたり遠ざけたりして，観察する。

イ　虫めがねを目からはなして持ち，見るものに自分が近づいたり，遠ざかったりして，観察する。

ウ　虫めがねを目の近くに持ち，見るものを虫めがねに近づけたり遠ざけたりして，観察する。

エ　虫めがねを目の近くに持ち，見るものに自分が近づいたり，遠ざかったりして，観察する。

(2)　池や川の中にすむ小さな生物などの観察には，けんび鏡を使います。これについて，次の①～⑤の各問いに答えなさい。なお，Aのレンズの倍率は10倍を使用しているものとします。

①　**図1**のけんび鏡では，観察時にピントを合わせるために調節ねじを回すと，どこが動きますか。**図1**のA～Gから1つ選び，記号で答えなさい。

②　ごく小さな数字の「4」が書かれたプレパラートを用意し，アーム側から見たときに**図2**の向きになるように置きました。これをけんび鏡で観察すると，どのように見えますか。次の**ア～エ**から1つ選び，記号で答えなさい。

図1

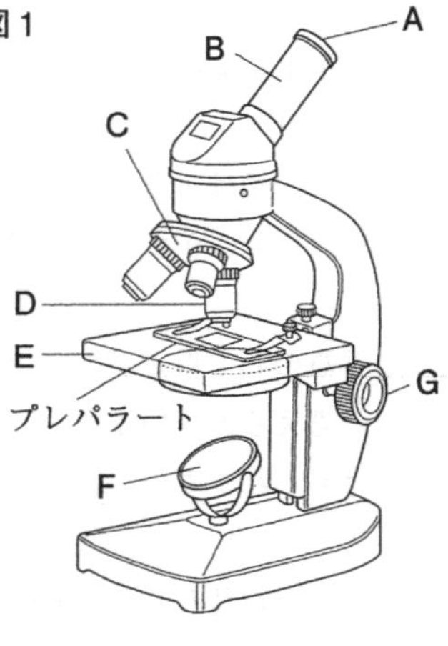

図2

ア

イ

ウ

エ

③　けんび鏡を使って，生物の大きさを調べるためには，ミクロメーターというものさしを使います。**D**のレンズの倍率が10倍のときに，ミクロメーターを使って，けんび鏡で**図３**の生物の長さを測ったところ，0.1mmでした。より拡大して観察するために，**D**のレンズの倍率だけを20倍に変更したところ，**図４**のように見えました。けんび鏡で見られる**図４**のａの長さは，何mmですか。

図３

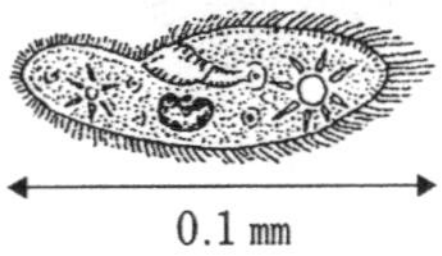

図４

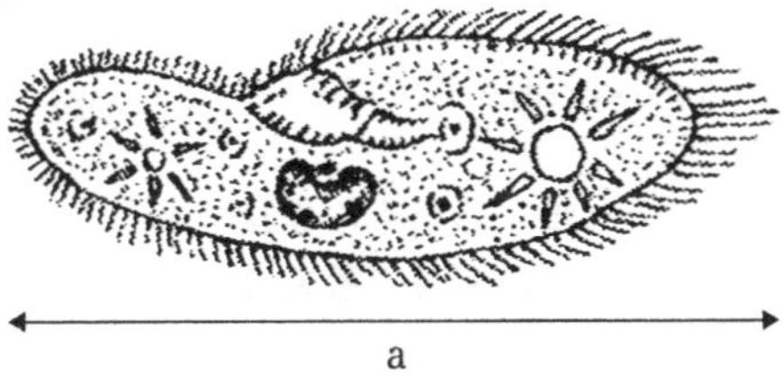

④　③の状態からさらに，**D**のレンズの倍率だけを20倍から40倍に変更して，**図３**の生物の観察を行いました。**D**のレンズの倍率が20倍だったときと比べて，視野の大きさ（見える範囲）は何倍になりましたか。次の**ア**～**カ**から１つ選び，記号で答えなさい。

ア　$\frac{1}{16}$倍　　**イ**　$\frac{1}{4}$倍　　**ウ**　$\frac{1}{2}$倍　　**エ**　２倍　　**オ**　４倍　　**カ**　16倍

⑤　つけ物の野菜からしぼり出したしるを，けんび鏡を使って600倍で観察すると，乳酸菌という小さな生物が観察できます。乳酸菌を利用した食品の具体例を，つけ物以外に１つ挙げなさい。

3 生物の体のつくりやはたらきについて，次の各問いに答えなさい。

⑴ 魚のなかまであるフナの解ぼうを行い，からだのつくりを観察しました。**図１**はそのときのスケッチを示しています。これについて，次の①・②の各問いに答えなさい。

図１

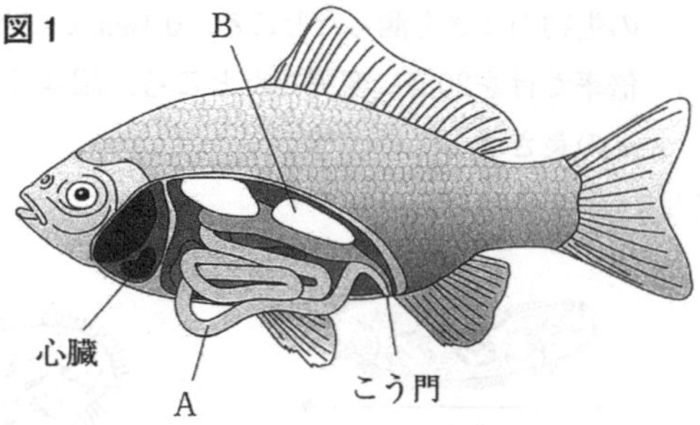

① **図１**のAの部分の名前を答えなさい。

② Bのはたらきとして正しいものを次の**ア**～**エ**から１つ選び，記号で答えなさい。

ア フナの体が水底に沈まないようにするはたらき。
イ フナの体を大きくして，おそってくる生き物を追いはらうはたらき。
ウ 速く泳ぐようにするはたらき。
エ 栄養分をたくわえて，えさが不足しても生きていけるようにするはたらき。

⑵ 次の**図２**と**図３**は，フナまたはカエルの心臓のつくりと血液の流れを示したものです。これらの図を説明した［破線枠］内の文章中の（ a ）・（ b ）および（ c ）・（ d ）に入る言葉の組み合わせはどれですか。最も適当なものを後の**ア**～**カ**および**キ**～**シ**からそれぞれ１つ選び，記号で答えなさい。

図２

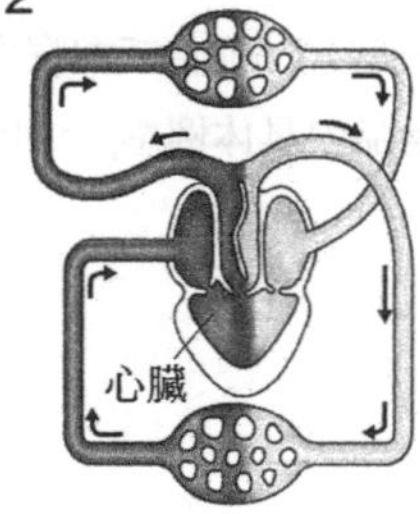

図３

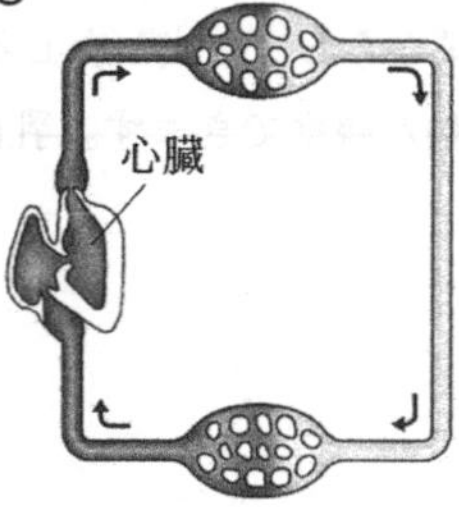

> カエルはフナと異なり，（ a ）のときには水中で生活するが，成長すると陸上でも生活するようになる。このため，カエルは陸上で空気から血液中に（ b ）を効率よく取り込むために，（ c ）で呼吸を行う。カエルの心臓のつくりと血液の流れのようすはヒトに近く，（ d ）の図であらわすことができる。

	a	b
ア	成虫	水素
イ	幼虫	酸素
ウ	幼生	水素
エ	成虫	酸素
オ	幼虫	水素
カ	幼生	酸素

	c	d
キ	えら	図2
ク	肺	図3
ケ	血管	図2
コ	えら	図3
サ	肺	図2
シ	血管	図3

(3) ヒトの体の中にあるじん臓は，血液の中から老はい物をこしだして尿《にょう》を作り，体の外に出すはたらきをしています。じん臓のはたらきについて，次の①・②の各問いに答えなさい。

① ヒトは，血液に含まれる老はい物をじん臓で水分といっしょにこし出して，1日あたり約180Lの「尿のもと」を作ります。そして，この「尿のもと」に含まれる老はい物だけを濃《こ》くして「尿」を作ります。その結果，体の外に出される「尿」は1日あたり約1.5Lになります。「尿のもと」は「尿」になるまでに何倍濃くなっていますか，計算しなさい。

② 血液からこし出される「尿のもと」と，体の外に出される「尿」との間には，178.5Lの水分量の差があります。この178.5Lの水分のゆくえについて，考えられることを**12字程度**で述べなさい。

4 次の図はある日の北極の真上から見た地球と，太陽・オリオン座からの光をそれぞれ矢印で表したものです。次の各問いに答えなさい。ただし，地球は ⟶ の向きに24時間で１回転しています。

図

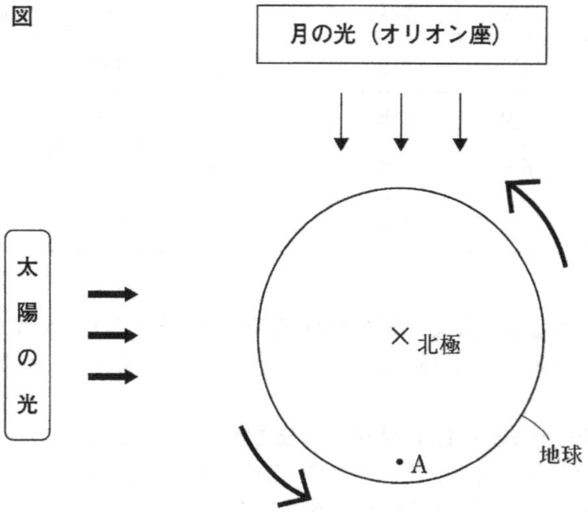

⑴ 上の図のとき，A 地点での時刻は何時頃ですか。最も適当なものを次のア～エから選び，記号で答えなさい。

ア 0時頃　　イ 6時頃　　ウ 12時頃　　エ 18時頃

⑵ この日オリオン座の近くに月が見えました。このときの，南の空での月の暗く見える部分を，次の図にならって，解答らんの○にななめの線でかきなさい。

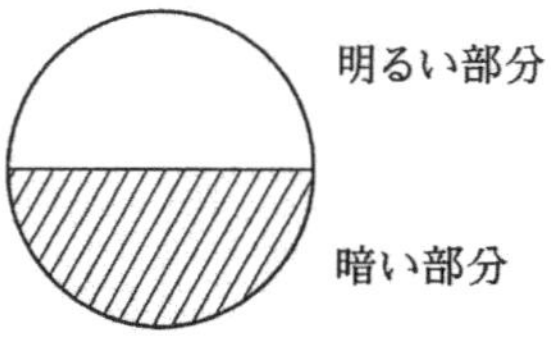

⑶ 星座をつくる星の色はさまざまですが，この色のちがいはなぜ起こると考えられますか。次のア～エから１つ選び，記号で答えなさい。

ア 星を見る場所のちがい
イ 星の表面温度のちがい
ウ 地球から星までの距離《きょり》のちがい
エ 星の大きさのちがい

⑷ 星座には，オリオン座のように季節によっては沈んで見えなくなるものと，１年を通して沈まないものがあります。福岡市で１年の間どの季節でも見ることができる星座を次のア～エから１つ選び，記号で答えなさい。

ア カシオペヤ座　　イ ふたご座　　ウ さそり座　　エ はくちょう座

5 **試験管A～Eに，砂糖水，うすい塩酸，うすい水酸化ナトリウム水よう液，炭酸水，アンモニア水のいずれかの水よう液が入っています。ただし，どの試験管にどの水よう液が入っているかは分かっていません。5つの試験管に入っている水よう液が何かを調べるために，次の4つの実験を行いました。これについて，次の各問いに答えなさい。**

【実験1】 試験管Aの水よう液を，ガラス棒を使って青色リトマス紙と赤色リトマス紙にそれぞれつけてみたところ，どちらのリトマス紙も色が変化しなかった。

【実験2】 試験管Bに石灰水を加えると，白くにごった。また，試験管Bの水よう液を，ガラス棒を使って青色リトマス紙につけると，赤色に変化した。

【実験3】 試験管C・Dに入っている水よう液のにおいをかぐと，どちらも特有のにおいがした。

【実験4】 試験管C・Eに鉄を加えると，試験管Cのみ，あわが発生した。また，試験管C・Eにアルミニウムを入れると，どちらからもあわが発生した。

(1) **【実験1】**の結果より，試験管Aの水よう液は何性と考えられますか。次のア～ウから1つ選び，記号で答えなさい。

ア　酸性　　　　イ　中性　　　　ウ　アルカリ性

(2) 試験管Bの水よう液にとけていると考えられる気体の性質として正しいものを次のア～エから1つ選び，記号で答えなさい。

ア　無色無臭で，水に少しとけて酸性を示す。
イ　無色無臭で，水に少しとける。マッチの火を近づけると，音を立てて燃える。
ウ　無色で特有のにおいがし，水にとけると酸性を示す。
エ　無色で特有のにおいがし，水にとけるとアルカリ性を示す。

(3) **【実験4】**において，試験管C内の水よう液に加えたアルミニウムがすべてとけました。とけた後の試験管C全体の重さは，アルミニウムを加える前の試験管C全体の重さと比べてどうなっていると考えられますか。次のア～エから1つ選び，記号で答えなさい。

ア　加えたアルミニウムの重さの分だけ重くなっている。
イ　発生したあわの重さの分だけ軽くなっている。
ウ　加えたアルミニウムの重さから，発生したあわの重さを引いた分だけ重くなっている。
エ　加えたアルミニウムもあわも消えてなくなったので，もとの試験管Cの重さのままである。

(4) **【実験1】**～**【実験4】**の結果から考えて，試験管D・Eに入っている水よう液は何ですか。次の**ア**～**オ**からそれぞれ1つ選び，記号で答えなさい。

ア 砂糖水　　**イ** うすい塩酸　　**ウ** うすい水酸化ナトリウム水よう液
エ 炭酸水　　**オ** アンモニア水

(5) 群馬県の湯川には，草津白根山や草津温泉から強い酸性の水が流れこんでいます。そのため，鉄やコンクリートがとけてしまうので，橋などをつくることができません。また，生物もすめない，農業用水にも使えない川でした。これらを改善するために，湯川では石灰を川の水に混ぜる取り組みを行っています。この取り組みの効果について述べた，次の文中の（ ① ）・（ ② ）にあてはまることばをそれぞれ答えなさい。

石灰をとかした水は（ ① ）性であるため，川の水を（ ② ）することができる。

6

次の文章を読んで，次の各問いに答えなさい。

> Ａさんは，調理実習の時間にカレーとサラダを作りました。調理に使う野菜を洗ったあと，水を入れたボールに野菜を入れていくと，キュウリやキャベツは浮《う》き，にんじんやじゃがいもは沈《しず》み，野菜により水に浮くものと沈むものがあることに気付きました。そこで興味をもったＡさんが他の野菜でもやってみると，ピーマン，レタスは水に浮き，さつまいも，ごぼう，ダイコンは水に沈むことが分かりました。水に浮くためには野菜を持ち上げる力が必要だと思い，調べてみると，水にはものを持ち上げる力があることが分かりました。この『水がものを持ち上げる力』について，次の各問いに答えなさい。

(1) 上の文章の下線部に関する各問いに答えなさい。

① 水に浮く野菜には空洞《どう》があるものが多く，水に沈む野菜には空洞がないものが多いというちがいにＡさんは気付きました。それ以外に，上の野菜の例から考えられる水に沈む野菜における野菜が育つときの共通の特ちょうを１つ簡単に説明しなさい。

② カボチャとレンコンの水に入れたときの浮き沈みはどうなると考えられますか。最も適当なものを次のア～エから選び，記号で答えなさい。

ア カボチャは水に沈み，レンコンは水に浮く。
イ カボチャは水に浮き，レンコンは水に沈む。
ウ カボチャもレンコンも水に浮く。
エ カボチャもレンコンも水に沈む。

図１

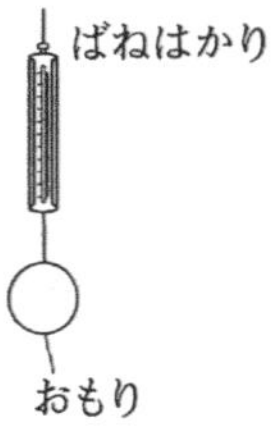

(2) 次の**【実験１】**～**【実験３】**について答えなさい。『水がものを持ち上げる力』の単位はｇで表すものとします。

【実験１】 **図１**のようにおもりをばねはかりにつるしたところ，ばねはかりは100gを指しました。

【実験２】 **図２**のように水の入った容器を台はかりにのせたところ，台はかりは500gを指しました。**図３**のように**図１**のおもりを**図２**の容器の水につけたところ，ばねはかりは60gを指しました。

図２

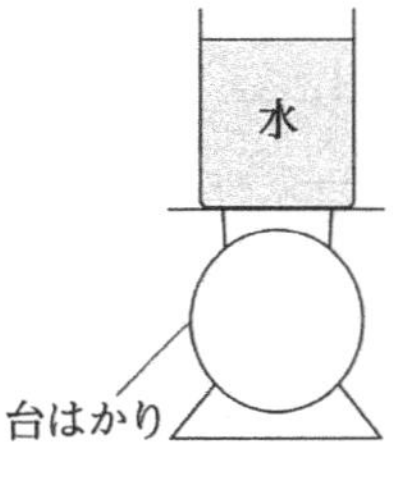

図３

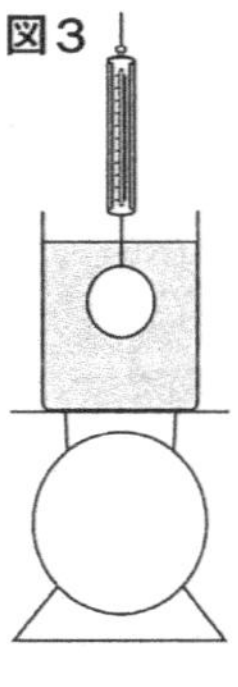

【実験３】 木片を**図２**の容器の水につけたところ，**図４**のように木片が水に浮かび，台はかりは590gを指しました。

図４

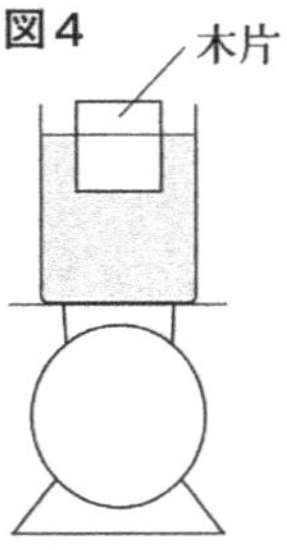

① **図３**のおもりにはたらいている『水がものを持ち上げる力』の大きさは何ｇですか。

② **図３**の台はかりは何ｇを指しますか。

③ **図４**の木片にはたらいている『水がものを持ち上げる力』の大きさは何ｇですか。

(3) **図5**は，ある直方体の物体Xをばねはかりにつるしたまま，静かに水面に沈めていくときのようすを示しています。**図6**は，このときの沈めた深さとばねはかりの示す重さとの関係を実線──で表したものです。

また，物体Xと同じ体積で形の異なる鉄Yで同様の実験を行ったときの結果は，点線----で表しています。

この実験の結果から考えられることとして，正しいものはどれですか。次のア～エから１つ選び，記号で答えなさい。

図5

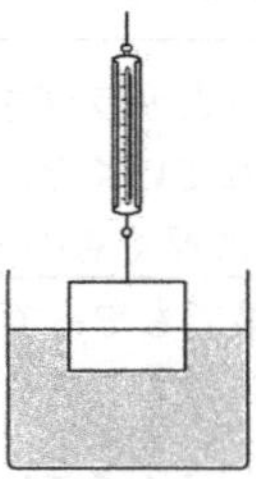

図6

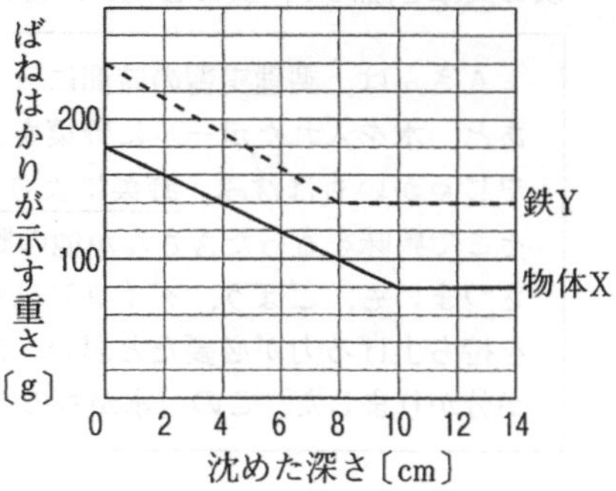

ア　物体Xは鉄Yより重い。

イ　沈めた深さが深くなればなるほど，『水がものを持ち上げる力』の大きさは大きくなり続ける。

ウ　物体Xは水に10cm沈めたときに全体が沈み，鉄Yは水に８cm沈めたときに全体が沈んだ。

エ　物体Xに加わる『水がものを持ち上げる力』の大きさは80gの力である。

7　もののとけ方について，次の各問いに答えなさい。

(1)　水よう液の特ちょうとしてまちがっているものを次のア～エから１つ選び，記号で答えなさい。

ア　ものが水にとけて，とうめいになる。
イ　ものが水にとけて，とけたものが全体に広がっている。
ウ　ものを水にとかしたとき，とけ残りができる。
エ　ものを水にとかしても，ものと水を合わせた重さは変わらない。

(2)　次の表は，いろいろな温度でホウ酸が水 100g に何 g までとけるかを表しています。
次の各問いに答えなさい。答えが割り切れないときは，小数第２位以下を四捨五入し，小数第１位まで答えなさい。

表　水 100g にとけるホウ酸の重さ〔g〕

温　度	20℃	30℃	40℃	50℃	60℃
ホウ酸	5.0	6.8	8.9	11.4	14.9

①　20℃でホウ酸をとかせるだけとかした水よう液を 420g 作りました。とかしたホウ酸は何 g ですか。

②　ホウ酸 12g を完全にとかすために 60℃の水が何 g 必要ですか。

③　40℃の水 50g にホウ酸を４g とかした水よう液を 20℃まで冷やすと，ホウ酸の結晶ができました。この結晶をろ過してとりのぞいた後，ろ過した液の水を完全に蒸発させると後に残ったホウ酸は何 g ですか。

これで，理科の問題は終わりです。

筑紫女学園中学校

令和５年度

入学試験

社　　会

〈 問題用紙 〉

(40分間)

〈注意〉

1　かんとく者の開始の合図があるまで，この問題用紙を開かないでください。

2　開始の合図があったら，解答用紙の内側にも受験番号を記入して，解答を始めてください。

3　問題は，１ページから14ページまであります。

4　解答は，すべて解答用紙の所定のらんに記入してください。

5　かんとく者の終了の合図で筆記用具を置き，解答用紙を広げたまま解答面を下に向け，机の上に置いてください。

6　解答用紙だけを提出し，問題用紙は持ち帰ってください。

1

次の新聞記事とそれに関連した資料等に関して，後の各問いに答えなさい。なお、記事中のふりがなや一部の改変は出題者によるものである。

新聞記事１

> **温暖化　農作物へ影響《えいきょう》深刻**
>
> 地球温暖化などの気候変動により、品質低下や収穫量減といった影響が出ていると都道府県がとらえている農作物が合計で70品目以上に上ることが、共同通信の全国調査で分かった。……
>
> （2022年７月18日『西日本新聞』朝刊）

資料１　自治体が気候変動の影響がある農作物として挙げた数(上位５都道府県)

都道府県	農作物の数
岐阜	28
和歌山	21
長野	18
滋賀	17
茨城	16

資料２　気候変動の影響があるとの回答が多かった農作物（上位５品目）

品名	回答した都道府県の数
コメ	43
ブドウ	31
ナシ	28
トマト	20
ミカン	20

（**資料１・２**ともに，2022年７月18日『西日本新聞』朝刊を参考に作成）

問１　**資料１**に関して，**地図１**は，2018年８月８日に41.0℃という観測史上全国２位の最高気温を記録した岐阜県美濃市のものである。次ページの文は，**地図１**を見てわかることをまとめたものである。

地図１

（国土地理院ホームページ「地理院地図」をもとに作成）

【1】**地図1**中を走る長良川鉄道は，長良川が上流から下流へ流れる方向が「上り」，逆の方向が「下り」です。梅山駅から［ A ］の列車に乗車し，進行方向を向いて座ったとします。美濃市駅に着くまでに，［ B ］側には針葉樹林におおわれたア300mを超《こ》える山が見えます。また，イ美濃市駅の手前には工場があります。一方，［ C ］側を見ると，住宅地が広がっていて，長良川鉄道をはさんで，土地の利用の仕方が異なるのがわかります。

【2】**地図1**で，住宅地の方を見てみると，ウ市役所と図書館が隣り合っています。また，エ長良川の右岸には田んぼが広がっています。オ**地図1**からわかる最も標高の低いところは，最も標高が高いところの３分の１の高さであり，**地図1**全体は傾斜《けいしゃ》がある地形だということが分かります。

（1） 文中の［ A ］～［ C ］にあてはまる語の組み合わせとして適当なものを次の**表**中のア～エから一つ選び，記号で答えなさい。

表

	A	B	C
ア	上り	右	左
イ	上り	左	右
ウ	下り	右	左
エ	下り	左	右

（2） 文中の波線**ア～オ**のうち，内容として適当なものを一つ選び，記号で答えなさい。

問２ **資料1**に関して，岐阜県美濃市における2020年と1991年の月平均気温ならびに月降水量を比較した。次の**資料3・4**は，2020年を基準としたときの1991年との差を示したものである。そして，次ページの文章は，**資料3・4**を見て考えられることをまとめたものである。後の各問いに答えなさい。

資料3 美濃市の月平均気温の差（単位；℃）

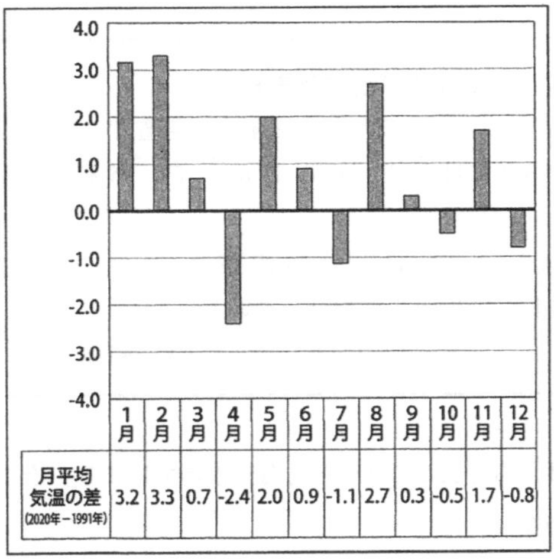

	1月	2月	3月	4月	5月	6月	7月	8月	9月	10月	11月	12月
月平均気温の差（2020年－1991年）	3.2	3.3	0.7	-2.4	2.0	0.9	-1.1	2.7	0.3	-0.5	1.7	-0.8

資料4 美濃市の月降水量の差（単位；mm）

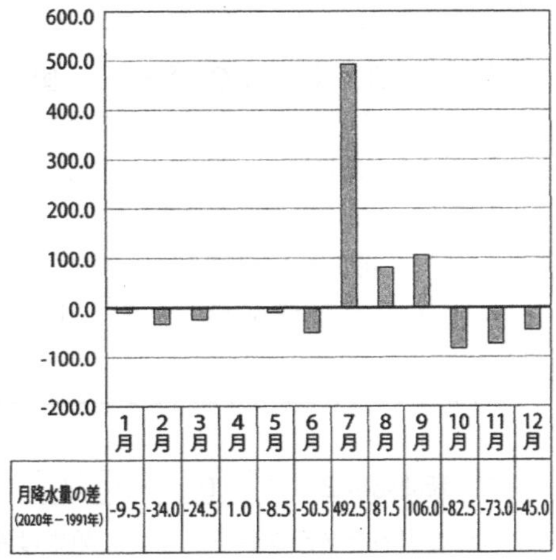

	1月	2月	3月	4月	5月	6月	7月	8月	9月	10月	11月	12月
月降水量の差（2020年－1991年）	-9.5	-34.0	-24.5	1.0	-8.5	-50.5	492.5	81.5	106.0	-82.5	-73.0	-45.0

（気象庁ホームページを参考に作成）

岐阜県は，日本海側の気候，太平洋側の気候，さらには中央高地の気候という３つの気候区の特徴が見られるところです。
資料３・４から，美濃市において，［　　　　］という気象の変化が起きていると考えることができます。そこで，コメ作りにおいて［ D ］ことが，対策の一つとして考えられています。

(1)　文中の［　　　　］にあてはまる気象の変化について述べた内容を次の二つの語を必ず用いて，**15字以上25字以内**で答えなさい。

「　気温　」・「　降水量　」

(2)　文中の［ D ］にあてはまる語句として適当なものを次のア～エから一つ選び，記号で答えなさい。

ア　地産地消の取り組みを進める　　イ　国が生産調整を行う
ウ　冷害に強い品種の改良を進める　　エ　高温に強い品種の改良を進める

問３　**資料２**に関して，**資料５**はそれらの農作物の各都道府県における生産量の割合を示している。**資料５**中の**ア～エ**は，岐阜県・和歌山県・長野県・茨城県のいずれかを示す。長野県を示すものとして適当なものを，**資料５**中の**ア～エ**から一つ選び，記号で答えなさい。

資料５　全国の生産量に占める各都道府県の生産量の割合

品目＼県名	ア	イ	ウ	エ	滋賀県
コメ（2021年）	2.51%	0.40%	1.36%	4.56%	2.07%
ブドウ	19.77%	0.81%	0.16%	1.08%	0.27%
ナシ	8.04%	0.33%	1.10%	7.92%	0.30%
トマト	1.88%	0.50%	3.34%	5.91%	0.46%
ミカン	非公開	21.82%	0.18%	0.01%	非公開

（『日本がわかるデータブック　日本国勢図会　2022/23』を参考に作成）
（コメを除き，すべての品目は2020年の生産量の割合である）

新聞記事２

世界人口、年内80億人　**国連報告　コロナで平均寿命低下**

国連は11日、世界人口デーに合わせて発表した世界の人口に関する報告書で、今年11月半ばまでに世界人口が80億人に達し、2023年には［ E ］の人口が［ F ］を超えて世界最多になるとの見通しを明らかにした。
……現在、［ G ］の人口は14億2600万人、［ H ］は14億1200万人で、50年には［ I ］が16億6800万人、［ J ］が13億1700万人と推計《すいけい》している。……

（2022年7月13日『西日本新聞』朝刊）

問４　**新聞記事２**中の［ E ］～［ J ］には，ある二つの国のどちらかがあてはまる。その二つの国名を答えなさい。なお，順番は問わない。

問5　**資料6・7**は，問4で解答した二つの国と日本との輸出入の関係（2020年）を示している。**新聞記事2**中の［　E　］の国にあたるものとして適当なものを**資料6・7**中の**ア～エ**から二つ選び，記号で答えなさい。

資料6　3か国の輸出の関係と輸出額

（単位；100万ドル）

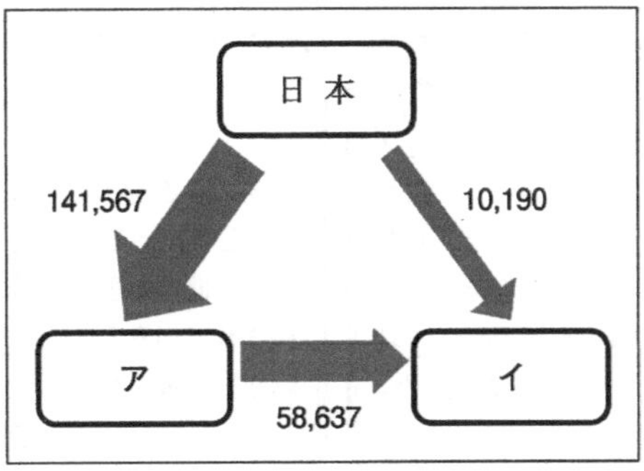

資料7　3か国の輸入の関係と輸入額

（単位；100万ドル）

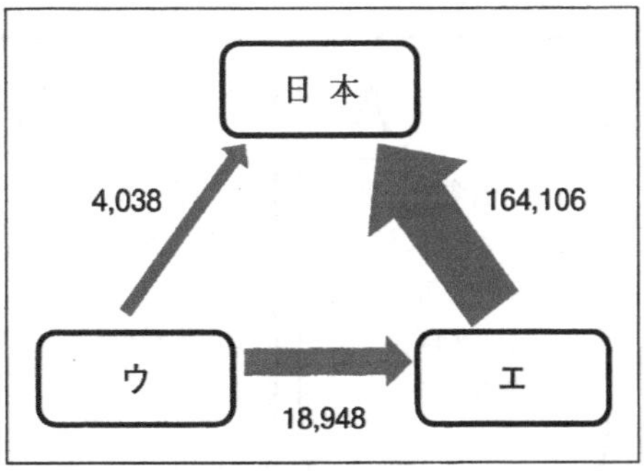

（**資料6・7**ともに，日本貿易振興機構［ジェトロ］ホームページを参考に作成）

問6　**資料6**に関して，日本が二つの国に輸出している品目の一つに，鉄鋼がある。**地図2**中の•は，日本の主な製鉄所を示している（2018年）。また，**地図2**中の　部分は，温室効果ガスの合計排出量が多い上位10都道府県を示している（2018年）。**地図2**からわかることとして**適当でないもの**を次のア～エから一つ選び，記号で答えなさい。

地図2

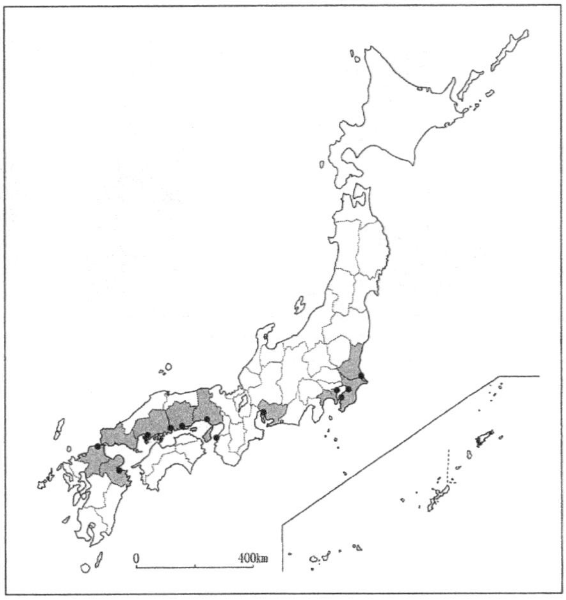

（『日本がわかるデータブック　日本国勢図会　2022/23』および環境省ホームページを参考に作成）

ア　主な製鉄所があるところは，日本における鉄鉱石の産地である。

イ　主な製鉄所のほとんどが，いわゆる「太平洋ベルト」の内《うち》にある。

ウ　主な製鉄所のあるところの一つに，自動車生産がさかんな愛知県がある。

エ　主な製鉄所のある都道府県の多くは，他県に比べて温室効果ガスの排出量が多い。

2　次の各問いに答えなさい。

【1】 次のA～Dは，日本における各時代（古代から近代）の歴史に登場する人物をカルタの読み札にしたものである。これらの歴史人物カルタを見て，後の各問いに答えなさい。

歴史人物カルタの読み札

A	B	C	D
6才で岩倉使節団とともに欧米に渡る。11年間アメリカに留学する。帰国後，女子英学塾をつくる。	小浜藩（福井県）の医者。オランダ語の医学書を翻訳する。『解体新書』を出版した。	幕府を開いて，武家政権を始めた。しかし，この幕府は①元軍（モンゴル）の襲来によって衰退した。	天皇のきさきの教育係として仕える。現在でも世界の国々で読まれている『源氏物語』を書いた。

問１　次のア～エは，**歴史人物カルタの取り札**である。上の**歴史人物カルタの読み札B**の取り札として適当なものを次のア～エから一つ選び，記号で答えなさい。

歴史人物カルタの取り札

ア

イ

ウ

エ

問２　下線①に関して，現在も福岡県にある遺跡として適当なものを次ページのア～エから一つ選び，記号で答えなさい。

2023(R5) 筑紫女学園中
教英出版

ア

イ

ウ

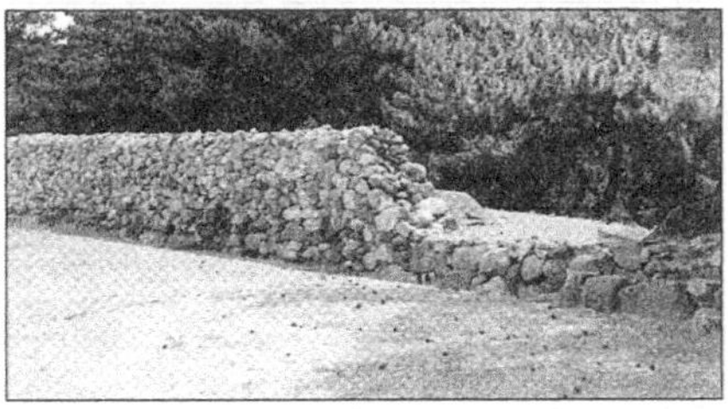

エ

問３　**歴史人物カルタの読み札Ｄ**の人物が生きた時代の説明として適当なものを次のア～エから一つ選び，記号で答えなさい。

ア　大仏をつくる詔《みことのり》が出され，大仏が全国の国分寺の中心である東大寺に置かれた。

イ　茶を飲む習慣が広まり，書院造の床の間をかざる生け花もさかんになった。

ウ　江戸には各藩のやしきが置かれ，武士や町人などが集まり，人口が100万人になった。

エ　束帯とよばれる男性の服装や十二単とよばれる女性の服装が生み出された。

問４　**歴史人物カルタの読み札Ａ～Ｃ**に登場する三つの国について，後の各問いに答えなさい。

(1)　**資料１**は，これらの三つの国の面積と人口密度を示したものである（2021年）。**資料１**のａ～ｃにあてはまる国の組み合わせとして適当なものを**表**中のア～エから一つ選び，記号で答えなさい。

資料１

国	面積（2021年）	人口密度（2021年）
a	154.6万km^2	2人／km^2
b	4.2万km^2	412人／km^2
c	983.4万km^2	34人／km^2

（『データブック・オブ・ザ・ワールド2021』を参考に作成）

表

	a	b	c
ア	アメリカ	オランダ	モンゴル
イ	オランダ	モンゴル	アメリカ
ウ	モンゴル	オランダ	アメリカ
エ	オランダ	アメリカ	モンゴル

(2) これらの三つの国が含まれる地図として適当なものを次のア～エからそれぞれ一つ選び，記号で答えなさい。

ア

イ

ウ

エ

問５　**歴史人物カルタの読み札Ａ～Ｄ**を古い順に並べた場合，古い方から３番目にあたるものとして適当なものを**読み札Ａ～Ｄ**から一つ選び，記号で答えなさい。

問６　**歴史人物カルタの取り札**(す)・(つ)・(み)・(む)の人物と，活躍した時代と，歴史に与えた影響の組み合わせとして適当なものを**表**中のア～エから一つ選び，記号で答えなさい。

表

記号	取り札	時代	歴史に与えた影響
ア	(す)	江戸時代	日本の近代的な医学のさきがけとなった。
イ	(つ)	室町時代	女子の教育や地位の向上に力をつくした。
ウ	(み)	飛鳥時代	日本風の文化（国風文化）が生まれた。
エ	(む)	鎌倉時代	南北朝に分かれていた天皇家が統一されるきっかけとなった。

【２】　社会科の調べ学習において，あるクラスではテーマにそってスライドを作成し，お互いにプレゼンテーションをすることになった。次の**スライドⅠ～Ⅲ**を見て，後の各問いに答えなさい。

スライドⅠ：「江戸時代の北海道はどのような状況だったのか？」

・江戸時代，北海道は蝦夷地とよばれ，アイヌの人々が狩りや漁で得たものを，松前藩や中国の商人と交易をしていた。
・17 世紀半ば，［ 1 ］に率いられたアイヌの人々が，不正な取り引きを行った松前藩と戦った。
・18 世紀ごろから，ロシアの船が蝦夷地にあらわれるようになった。幕府は，蝦夷地や千島列島，樺太の調査を行った。
・［ 2 ］は，蝦夷地の測量《そくりょう》を行った。
・1855 年，日本とロシアは条約を結び，択捉島とウルップ島の間を両国の国境と定めた。

資料２

資料３

という働き。

問十
段落

問十一
A
B
C

問十二
【資料A】
【資料B】

三

問一
①
④

問二
②
⑥

問三

問四
A
B

問五

問六

問七

問八

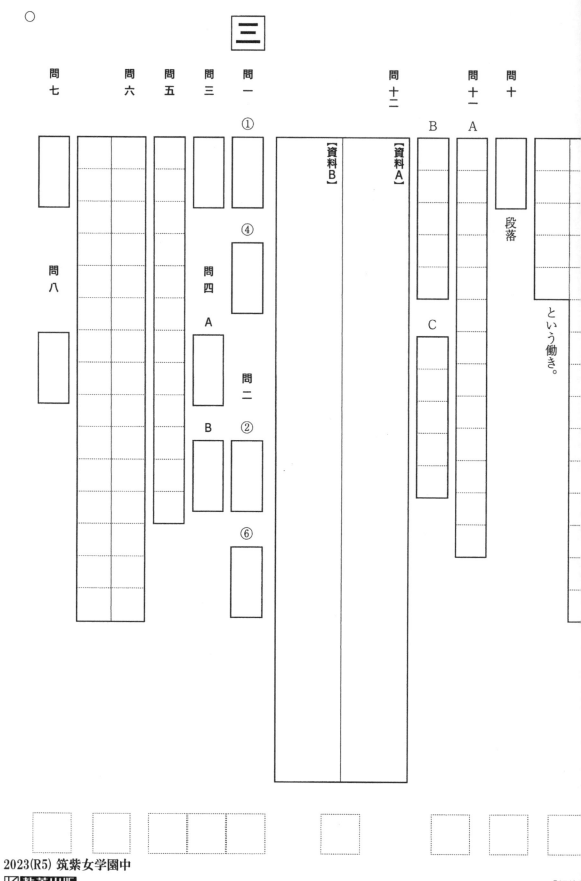

筑紫女学園中学校

令和５年度

入学試験

算　　数

〈解答用紙〉

(50分間)

受験番号
氏　名

〈この用紙の内側に解答らんがあります〉

・　かんとく者の指示があったら，表の受験番号，氏名のらんに記入してください。

・　受験番号，氏名の記入が終わったら，解答用紙を二つ折りのまま取りはずし，問題用紙をその上に重ねて，問題用紙の注意事項を読んでおいてください。

○

令和５年度 筑紫

算 数

1

(1)	①	
	②	
(2)		
(3)	毎秒　　　　m	
(4)	円	
(5)		
(6)		
(7)	個	

点

2

(1)	cm^3
(2)	cm^2
(3)	度

3

(1)	人
(2)	人
(3)	度

点

筑紫女学園中学校

令和５年度

入学試験

理　　科

〈解答用紙〉

(40分間)

受験番号
氏　名

〈この用紙の内側に解答らんがあります〉

・　かんとく者の指示があったら，表の受験番号，氏名のらんに記入してください。

・　受験番号，氏名の記入が終わったら，解答用紙を二つ折りのまま取りはずし，問題用紙をその上に重ねて，問題用紙の注意事項を読んでおいてください。

○

令和５年度 筑紫

理 科

1

(1)	①	
	②	20
	③	
(2)		

点

2

(1)		
(2)	①	
	②	
	③	mm
	④	
	⑤	

点

5

(1)		
(2)		
(3)		
(4)	D	E
(5)	①	性
	②	

点

6

(1)	①	
	②	
(2)	①	g
	②	g
	③	g
(3)		

点

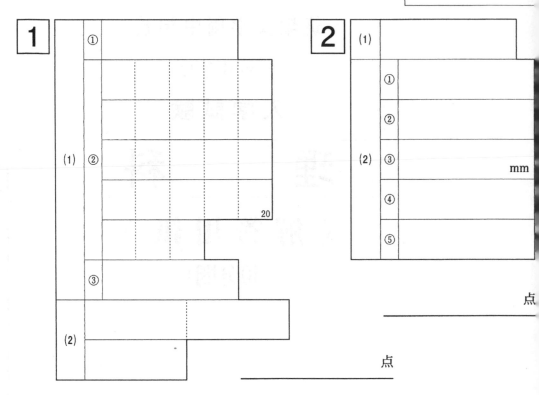

筑紫女学園中学校

令和５年度

入学試験

社　　　会

〈 解答用紙 〉

(40分間)

受験番号
氏　名

〈この用紙の内側に解答らんがあります〉
・　かんとく者の指示があったら，表の受験番号，氏名のらんに記入してください。
・　受験番号，氏名の記入が終わったら，解答用紙を二つ折りのまま取りはずし，問題用紙をその上に重ねて，問題用紙の注意事項を読んでおいてください。

令和５年度 筑紫

社 会

1

問１ (1)	問１ (2)

問２ (1)

25

問２ (2)	問３	問４

問５	問６

2

問１	問２	問３	問４ (1)	問４ (2) 読み札A	問４ (2) 読み札B	問４ (2) 読み札C

問５	問６	問７ 1	問７ 2	問８

問９	問10	問11	問12
		年	

園中学校 入学試験

答 用 紙

3

問1	問2	問3	問4	問5
				第　　　条

問6	問7	問8

点

点

点

点

点

点

点

点

点

点

受験番号	得　点
	※75点満点 （配点非公表）

園中学校　入学試験

答用紙

3

(1)	①		
	②		
(2)		a・b	c・d
(3)	①	倍	
	②	12	

点

4

(1)	
(2)	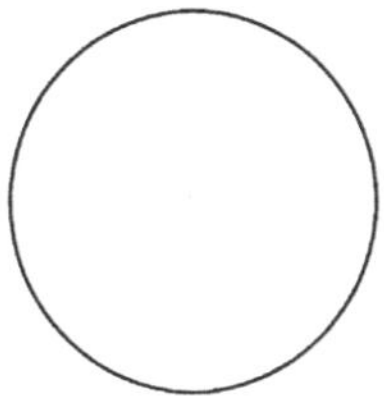
(3)	
(4)	

点

7

(1)		
(2)	①	g
	②	g
	③	g

点

受験番号	得　　点
	※75点満点 （配点非公表）

園中学校 入学試験

答 用 紙

4

(1)	①	m
	②	時間後
(2)	毎分	cm
(3)	時間	分後

5

ア		イ	
ウ		エ	
オ		カ	
キ		ク	
ケ		コ	

点

点

受験番号	得　点
	※100点満点 （配点非公表）

令和5年度 筑紫女学園中学校 入学試験

国語解答用紙

受験番号

得点

※100点満点
（配点非公表）

一

① 奮う　う

② 上背

③ 生半可

④ ジョウハツ

⑤ タガヤス

⑥ キセイ

⑦ ノバス

⑧ シュウシュウ

⑨ ホショウ

⑩ ソウジュウ

二

問一

問二

1

2

3

問三

問四

問五

問六

問七

問八

筑紫女学園中学校

令和５年度

入学試験

国　　　語

〈解答用紙〉

(50分間)

受験番号
氏　名

〈この用紙の内側に解答らんがあります〉

・　かんとく者の指示があったら，表の受験番号，氏名のらんに記入してください。

・　受験番号，氏名の記入が終わったら，解答用紙を二つ折りのまま取りはずし，問題用紙をその上に重ねて，問題用紙の注意事項を読んでおいてください。

問7　**スライドⅠ**の［ 1 ］・［ 2 ］は，それぞれ**資料2・3**の人物である。［ 1 ］・［ 2 ］にあてはまる人物名を答えなさい。

スライドⅡ：「日清・日露戦争はどのような戦争だったのか？」

・1894年，朝鮮に内乱が起こり，日本と清は軍隊を送り，日清戦争が始まった。
・日清戦争に勝利した日本に対して，ロシアは日本が獲得《かくとく》した領土の一部を清に返すよう要求した。
・満州に進出しようとしていたロシアと日本が対立し，1904年，日露戦争が起こった。
・日露戦争では多くの戦死者が出るとともに，多大な戦費を使うことになった。
・戦争に勝利した日本は，樺太の南半分，千島列島や満州の鉄道などの権利を得た。

資料4

資料5

問8　**スライドⅡ**の**資料4**は，日露戦争で大激戦となったリュイシュン（旅順）の戦いの様子である。リュイシュン（旅順）の場所として適当なものを次の**地図**中の**ア**～**エ**から一つ選び，記号で答えなさい。

地図

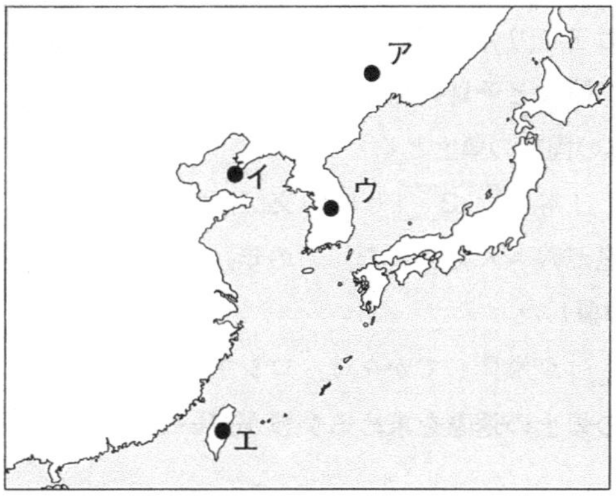

問9　**スライドⅡ**中の**資料5**として適当なものを次のア～エから一つ選び，記号で答えなさい。

ア

イ

満州事変がおこる

↓

満州国がつくられる

↓

日本，国際連盟を脱退する

ウ

エ

	1894年の戦争	1904年の戦争
死傷者	1万7000人	11万8000人
軍費	2億47万円	15億2321万円

（『近代日本総合年表』を参考に作成）

スライドⅢ：「北方領土問題とは何か？」

・1945年8月8日，［3］が，日本とは互いに戦わないという条約を破り，満州，樺太や千島列島に攻めこんできた。

・1951年，日本はアメリカで開かれた講和会議で平和条約を結び，樺太と千島列島を放棄したが，択捉島以南は日本の固有の領土としている。

・［4］年に，日本と［3］との国交が回復したが，領土問題が残された。また，この年，日本は国際連合に加盟した。

・1991年に［3］が解体してからは，ロシア連邦との間で日本の領土の返還を求める交渉が続いている。

資料6

資料7

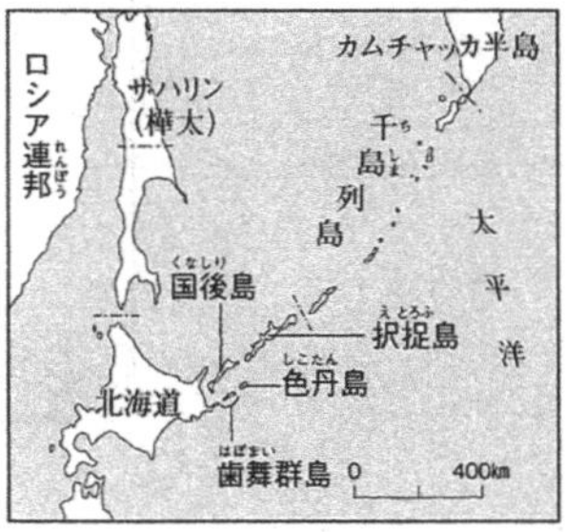

問10　**スライドⅢ**の［3］にあてはまる国名を答えなさい。

問11　**スライドⅢ**の［4］にあてはまる年を答えなさい。

問12　この授業の調べ学習のテーマとして最も適当なものを次のア～エから一つ選び，記号で答えなさい。

ア　日本と中国との戦争はどのようにして始まったのだろうか？

イ　産業の発展によって，社会はどのように変化したのだろうか？

ウ　日本とロシアの関係はどのような歴史をたどってきたのだろうか？

エ　戦争中，人々はどのような生活をしていたのだろうか？

問題は次のページに続きます。

3　次のさくらとひかりの会話文を読んで，後の各問いに答えなさい。

さくら　2021年に①衆議院議員総選挙があって，2022年には②参議院議員通常選挙が行われたよね。これらの選挙で当選した人が国会議員として国会で働くんだよね。

ひかり　そうだね。この前，学校の授業で，「国会の一番大切な仕事は③法律を定めることである」と習ったよ。他にも，④税金の使い道を決めること，国民に⑤憲法改正の提案をすること，⑥裁判所の裁判官を辞めさせることなど，多くの働きがあるんだって。

さくら　私たちの生活にも大きく関わってくることばかりだね。そういえば，私の兄も投票に行っていたよ。⑦ロシアのウクライナ侵攻を受けて，平和についてとても意識して投票したと言っていたよ。

ひかり　そうなんだね。私の姉は今，大学生なんだけど，環境問題について学んでいるから，⑧エネルギー問題への対策をしっかり考えてくれる人に投票したいと言っていたよ。

さくら　選挙は，私たち国民の代表者として政治を行う人々を選ぶ，大切な権利ということなんだね。私も18歳になったら選挙に行かなくちゃ。

資料1　福岡県における衆議院議員総選挙 年齢階層別の投票率

	18歳・19歳	20歳代	30歳代	40歳代	50歳代	60歳代	70歳代	80歳以上
第48回総選挙（2017年10月22日）	42.6%	31.6%	41.8%	50.5%	61.5%	71.3%	74.1%	48.5%
第49回総選挙（2021年10月31日）	38.7%	30.1%	40.6%	49.4%	56.8%	65.8%	67.9%	45.3%

（福岡県ホームページを参考に作成）

問1　下線①について，**資料1**から読み取れることとして適当なものを次のア～エから一つ選び，記号で答えなさい。

ア　第49回総選挙の際の投票率が最も低いのは，20歳代である。

イ　第49回総選挙の際の投票率は，全ての年代において第48回総選挙を上回っている。

ウ　第48回・第49回総選挙とも，年齢階層が上がるにつれて，投票率が上昇している。

エ　第48回総選挙において投票率が最も高いのは60歳代で，2番目に高いのが70歳代である。

問2　下線②に関して，参議院の選挙の説明として適当なものを次のア～エから一つ選び，記号で答えなさい。

ア　次回の参議院議員通常選挙は2026年に行われる予定である。

イ　2021年7月10日時点で，参議院議員の定数は465人である。

ウ　参議院は予算案の審議を衆議院より先に行う。

エ　満30歳以上でなければ，参議院議員に立候補ができない。

問3　下線③について，「民法の一部を改正する法律」が2022年4月1日に施行された。**資料2**は，この法律の施行にともなって改正された民法の条文である。これについて述べた**X**・**Y**の内容の正誤について適当なものを**表**中のア～エから一つ選び，記号で答えなさい。

資料2

第4条
(改正前) 年齢二十歳をもって、成年とする。
(改正後) 年齢十八歳をもって、成年とする。

第731条
(改正前) 男は、十八歳に、女は、十六歳にならなければ、婚姻をすることができない。
(改正後) 婚姻は、十八歳にならなければ、することができない。

X　民法第4条の改正によって，満18歳以上の日本国民は選挙権を有するようになった。
Y　民法第731条の改正によって，未成年者の婚姻はできないようになった。

表

	X	Y
ア	正しい	正しい
イ	正しい	誤っている
ウ	誤っている	正しい
エ	誤っている	誤っている

問４　下線④に関して，**資料３～５**を参考に，消費税について述べた**Ｘ・Ｙ**の正誤について適当なものを**表**中のア～エから一つ選び，記号で答えなさい。

資料３　消費税の税収の推移

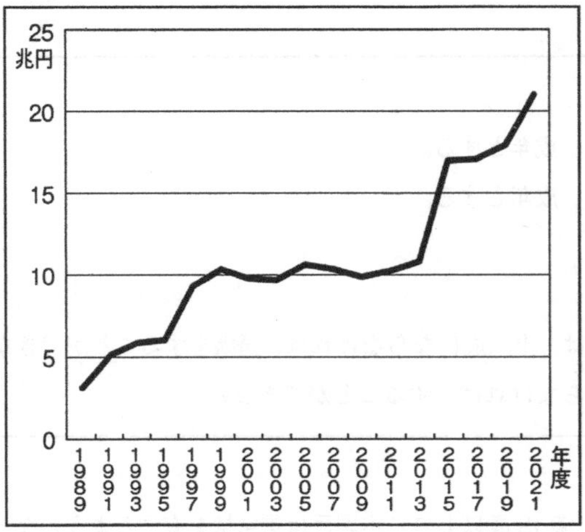

資料４　消費税の税率の推移

1989年４月～1997年３月	３％
1997年４月～2014年３月	５％
2014年４月～2019年９月	８％
2020年10月～	10％

資料５　消費税の負担割合

年収200万円未満	8.9％
年収300～400万円	5.4％
年収500～600万円	4.3％
年収900～1000万円	3.4％
年収1500万円以上	2.0％

（**資料３～５**は，いずれも財務省ホームページを参考に作成）

Ｘ　2021年度は導入時に比べ，税率が上がり，税収は５倍以上になっている。

Ｙ　消費税は収入が多いほど負担が重くなるので，貧富の差を広げる性質がある。

表

	Ｘ	**Ｙ**
ア	正しい	正しい
イ	正しい	誤っている
ウ	誤っている	正しい
エ	誤っている	誤っている

問５　下線⑤に関して，「健康で文化的な最低限度の生活を営む権利」と記しているのは，日本国憲法の第何条か，**数字**で答えなさい。

問６　下線⑥に関して，裁判所について述べた文として適当なものを次のア～エから一つ選び，記号で答えなさい。

ア　同じ事件について，異なる裁判所で２回まで裁判を受けることができる。

イ　裁判所は，法律が憲法に違反していないかを審査する権限を持っている。

ウ　すべての裁判所の裁判官は，内閣総理大臣によって任命される。

エ　裁判員制度では有罪か無罪かのみを判断し，有罪の場合，刑の判断は行わない。

問７　下線⑦に関して，紛争や政治的理由などから，迫害《はくがい》のおそれがある場合に，住んでいた土地から国外に逃れた人々を何というか，**漢字二字**で答えなさい。

問８　下線⑧に関して，次のア～エは，アメリカ・ロシア・フランス・日本のいずれかの国のエネルギー供給の構成比と供給量をグラフで表したものである（2018年）。日本を示しているグラフとして適当なものをア～エから一つ選び，記号で答えなさい。

ア

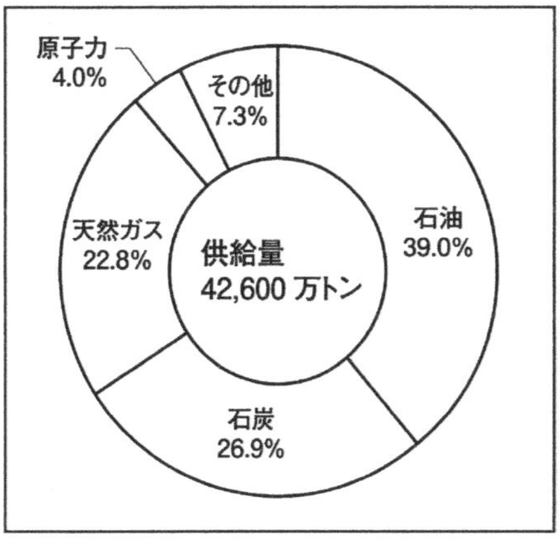

イ

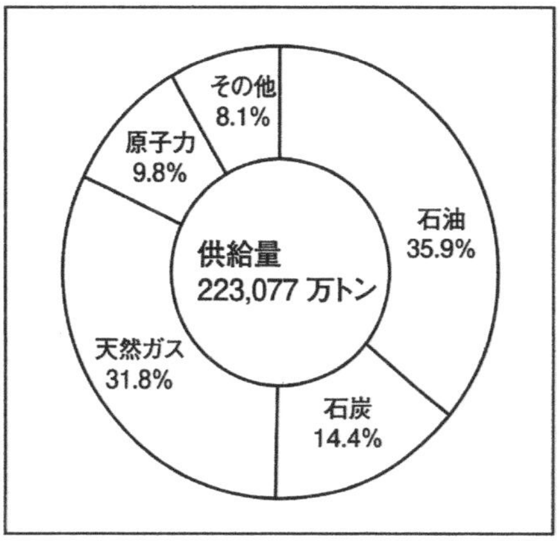

ウ

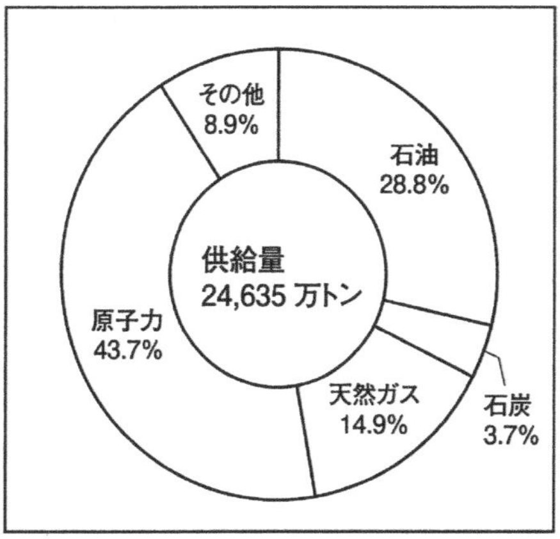

エ

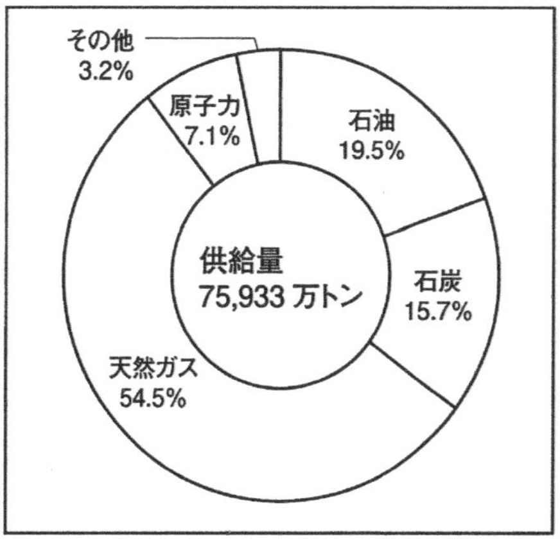

※グラフ中の「供給量」は，すべてのエネルギー量を石油に換算《かんさん》したものである。

（ア～エは，いずれも『世界がわかるデータブック　世界国勢図会2021/2022』を参考に作成）

筑紫女学園中学校

令和４年度

入学試験

国語

〈問題用紙〉

(50分間)

〈注意〉

1　かんとく者の開始の合図があるまで，この問題用紙を開かないでください。

2　開始の合図があったら，解答用紙の内側にも受験番号を記入して，解答を始めてください。

3　問題は，１ページから６ページまであります。

4　解答は，すべて解答用紙の所定のらんに記入してください。

5　かんとく者の終了の合図で筆記用具を置き，解答用紙を広げたまま解答面を下に向け，机の上に置いてください。

6　解答用紙だけを提出し，問題用紙は持ち帰ってください。

一　**次の①～⑩の各文の――線部について、漢字は読みをひらがなで書き、カタカナは漢字に直しなさい。おくりがなの必要なものは、おくりがなも正しく書きなさい。**

① デザインが類似している。
② 均一な値段がつく。
③ 運命に身を委ねる。
④ 研究の骨子を説明する。
⑤ 争いごとを公平にサバク。
⑥ セイイをつくして説得する。
⑦ メンミツな計画を立てる。
⑧ 岩にぶつかりラジコンカーがタイハした。
⑨ シュウシン時間は午後十時だ。
⑩ コウテツのレールが長く続いている。

二　**次の文章を読んで、後の問いに答えなさい。句読点・記号はすべて一字とします。**

①**この数年、毎年何びきかのカブト虫を拾うようになった。**東京の夜道を歩いていると、②**息もたえだえになって**アスファルトの上にたおれているカブト虫をみつけるのである。

そういうときは家に連れて帰って、まず頭から水をふきかけてみる。そうするとカブト虫はけっこう元気を取りもどす。それから食事をあたえる。僕《ぼく》の推理によればアスファルトの上にたおれているカブト虫は、何日もの間水もエサももらえずに飼われていたのである。

最近、今年の夏デパートの昆虫《こんちゅう》売り場で働いていたという人と知り合いになった。彼《かれ》の売り場には足のもげたカブト虫などを持った子供たちが訪れてくる。その子供たちはたいていこういうのだそうである。「カブト虫がこわれちゃったので修理してください」。

「カブト虫は生き物だからね……」。彼は仕方なく説明をはじめる。物は修理できても生き物を「修理」することはできない。ところがデパートにカブト虫の「修理」をたのみに来る子供たちは、不思議なほど③**このこと**が理解でき**ない**A。たぶん生き物という言葉の意味がわかっていれば、あるいは親が生き物の飼い方を教えていれば、そもそもデパートにカブト虫の「修理」を【　　　　】と彼は言っていた。

彼は長い時間をかけて生き物の意味を教えるようにしていた。ところがそのために上司から注意を受けなければならなかった。デパートとしては売り上げに※寄与《きよ》しない仕事をされたのでは人件費の無駄《むだ》使いである。それから彼の職場には新しい制度ができた。④**彼の仕事はこんなふうに変わった。**

「カブト虫を修理してください」と言って子供たちが来る。彼は「ハイ、わかりました」と言いながらカブト虫を受け取り、カーテンで仕切られた奥《おく》の部屋に持って行く。売り場にもどって子供たちに言う。「いま修理していますからね。もう少し待っていてください」。しばらくすると彼はまた奥の部屋に行く。そうして、はじめから用意されていた別のカブト虫を持ってあらわれる。「ハイ、直りましたよ」と言ってわたす。

もちろん「修理」代はカブト虫一ぴきの値段と同じである。これならデパートとしてはちゃんと売り上げになっている。足のもげたカブト虫はゴミとして捨てられるとしても、こうして彼は子供たちのために「無料」の説明をする必要はなくなった。

「なんという労働をしていたのだろうね」。⑤**彼は笑っていた。**「こんな話は笑いながらするしかないのだろうね」と言った。

生き物を物としてあつかうこと、それは自分が生き物であることを投げ捨てることでもあったのである。たぶん彼は、生き物を物としてあつかうしかない制度や管理ができ上がっている自分の職場のことを、そうしてこの制度に従うしかない自分の労働のことを言いたかったのだろう。だが生き物を商売に使うことは、⑥**必ずこういう問題を生み出してしまうのだろうか。**

　僕は以前にノミのサーカスを見に行ったことがある。入場料をはらうとせまいカーテンのなかに案内され、客は手わたされた虫メガネを片手に、白い布のかけられたテーブルの周りに陣《じん》取るのである。箱が開けられると数ひきのノミが出てきて、整列をしたり、小さな小さな※御所車《ごしょぐるま》をひいたり、輪の間を跳《と》んでみせたりする。

　※座長氏に教えてもらったのだけれど、ノミに芸を教えるコツは食事に自分の血をあたえることなのだそうである。食事の時間になるとノミたちは彼のうでに乗って血を吸う。［1］なれてしまっているからカユく（B）ないのだとか。そのうち一ぴきだけ芸を覚えるノミが出てきて、そうすると他のノミもまねをするようになる。

　ノミのサーカスも生き物を商売に使っていた。しかしあのデパートの昆虫売り場の話とはどこかがちがっている。座長氏とノミは同じ生き物として一緒《いっしょ》に生きていた。

　ある日、［2］僕は夜道で一ぴきのカブト虫を拾った。いつものように家に連れ帰り水をふきかけた。それからスイカの皮の上に置いた。翌朝眼《め》をさますとカブト虫はまだスイカの皮の上にいた。その周りには広い面積にわたってカブト虫の食べたあとが残っていた。［3］おなかがすいていたのだろう。

「空に帰るかい」。僕はそう言って手を差し出した。そうしたらカブト虫は僕の手の上に乗ってきた。カブト虫と一緒に近くの大学の構内の林のようになっている一画に行った。そこで椎《しい》の大木にカブト虫をつかまらせた。

　カサカサ、カサカサと音をたてながら、カブト虫が木を登りはじめた。自分を商品としてあつかったこの社会には何の【　　】もないとでもいうように、どこまでも休むことなく登りつづけ、まるで大空のなかに消え去るようにカブト虫は僕の視界からみえなくなった。

（内山節『自然と労働』による）

※　寄与……社会や人などのために役に立つこと。
　御所車……昔、身分の高い人が使った乗り物。
　座長氏……ここでは、ノミのサーカスの団長さん、という意味。

問一　――線①「**この数年、毎年何びきかのカブト虫を拾うようになった**」とありますが、拾ったカブト虫に対して筆者は何をしますか。順を追って**三つ**、それぞれ**十字程度の文**で書きなさい。

問二　――線②「**息もたえだえになって**」とありますが、「たえだえ」はある動作を表すことばが重なってできたものです。何ということばが重なってできていますか。例にならい、**漢字**を用いて書きなさい。

（例）　民家が**とびとび**に建っている。　→　（答え）　飛ぶ

問三　――線③「**このこと**」とはどういうことを指していますか。それが書かれている**一文**を探し、**初めの四字**を本文中からぬき出して書きなさい。

問四　次の1～3の各文の「ない」と同じ意味・働きのものは、本文中の══線A・B「**ない**」のどちらですか。それぞれ選び、**記号**で答えなさい。ただし、A・Bどちらでもない場合は**×**を書きなさい。

1　卒業をひかえ、友達や先生との別れがせつない。
2　暖房が入っているので、この部屋は寒くはない。
3　冬になったというのに、ちっとも雪が降らない。

問五　本文中の【　　　　】にあてはまることばを、**同じ段落**のことばを用いて書きなさい。

問六 ——線④「**彼の仕事はこんなふうに変わった**」とありますが、彼の仕事はどのようなものからどのようなものに変わったのですか。本文中のことばを用いてわかりやすく説明しなさい。

問七 ——線⑤「**彼は笑っていた**」とありますが、ここから読み取れるのはどのような気持ちですか。次のア〜カから適当なものを**二つ**選び、**記号**で答えなさい。

ア 自分自身の心の苦しさをまぎらす気持ち。
イ 子供たちのあまりの幼さにあきれる気持ち。
ウ デパートの売り上げがのびてうれしい気持ち。
エ 真実を見失っているおろかさをなげく気持ち。
オ 難しい仕事をやりとげたことに満足する気持ち。
カ 上司から注意されたはずかしさをごまかす気持ち。

問八 ——線⑥「**必ずこういう問題を生み出してしまうのだろうか**」とありますが、

(1) 「こういう問題」とはどういう問題ですか。「……という問題。」に続くように、本文中からぬき出して書きなさい。

(2) ——線⑥の後に続くことばとして最も適当なものを次のア〜オから選び、**記号**で答えなさい。

ア やはり、仕方がないことだろう。
イ もっと、真剣《しんけん》に考えるべきだろう。
ウ さぞかし、これは困ったことだろう。
エ いや、決してそうとは限らないだろう。
オ たしかに、そんな疑問も生じるだろう。

問九 本文中の[1]〜[3]にあてはまる最も適当なものを次のア〜カからそれぞれ選び、**記号**で答えなさい。

ア もう　イ ついに　ウ やはり　エ よほど
オ さっぱり　カ ひときわ

問十 本文中の[　]にあてはまる最も適当なものを次のア〜オから選び、**記号**で答えなさい。

ア 遠慮《えんりょ》　イ 変化　ウ 未練　エ 無理　オ 利益

問十一 筆者は、デパートの昆虫売り場の「カブト虫」とノミのサーカスの「ノミ」とはどのような点で違うと考えていますか。本文中にある具体的な例を挙げながら、その違いを説明しなさい。

問題は次のページに続きます。

三 **次の文章を読んで、後の問いに答えなさい。句読点・記号はすべて一字とします。**

「ひとりの人を理解するまでには、すくなくも、一トンの塩をいっしょになめなければだめなのよ」

ミラノで結婚《けっこん》してまもないころ、これといった深い考えもなく夫と知人のうわさをしていた私にむかって、姑《しゅうとめ》がいきなりこんなことをいった。とっさにたとえの意味がわからなくてきょとんとした私に、姑は、自分も若いころ姑から聞いたのだといって、①**こう説明してくれた**。

一トンの塩をいっしょになめるっていうのはね、うれしいことや、かなしいことを、いろいろといっしょに経験するという意味なのよ。塩なんてたくさん使うものではないから、一トンというのはたいへんな量でしょう。それをなめつくすには、長い長い時間がかかる。まあいってみれば、気が遠くなるほど長いことつきあっても、人間はなかなか理解しつくせないものだって、そんなことをいうのではないかしら。

②**他愛《たわい》ない**うわさ話のさいちゅうに、姑がまじめな顔をしてこんなたとえを持ち出したものだから、新婚の日々をうわの空で暮らしていた私たちのことを、人生って、そんな生易《なまやさ》しいものじゃないんだよ、とやんわりくぎをさされたのかと、そのときはひやりとしたが、月日がたつうちに、彼女がこのたとえを、③**折にふれ**、ときには微妙《びみょう》にニュアンスをずらせて用いることに気づいた。塩をいっしょになめる、というのが、苦労をともにする、という意味で「塩」が強調されることもあり、はじめて聞いたときのように、「一トンの」という塩の量が、たとえのポイントになったりした。

文学で古典といわれる作品を読んでいて、ふと、いまでもこの塩の話を思い出すことがある。この場合、相手は書物で、人間ではないのだから、「塩をいっしょになめる」というのもちょっとおかしいのだけれど、すみからすみまで理解しつくすことの難しさにおいてなら、本、とくに古典とのつきあいは、人間どうしの関係に似ているかもしれない。読むたびに、それまで気がつかなかった、あたらしい面がそういった本にはかくされていて、ああこんなことが書いてあったのか、と新せんなおどろきに出会いつづける。

長いことつきあっている人でも、なにかのひょうしに、あっと思うようなことがあって衝撃《しょうげき》をうけるように、古典には、目に見えない無数のひだがかくされていて、読み返すたびに、それまで見えなかったひだがふいに見えてくることがある。しかも、一トンの塩とおなじで、そのひだは、相手を□したいと思いつづける人間にだけ、ほんの少しずつ、開かれる。イタリアの作家カルヴィーノは、こんなふうに書いている。

「古典とは、その本についてあまりいろいろ人から聞いたので、すっかり知っているつもりになっていながら、いざ自分で読んでみると、これこそは、あたらしい、予想を上まわる、かつてだれも書いたことのない作品と思える、そんな書物のことだ」

「自分で読んでみる」という、私たちの側からの積極的な行為《こうい》を、書物はだまって待っている。現代社会に暮らす私たちは、本についての情報に接する機会にはあきれるほどめぐまれていて、だれにも「あの本のことなら知っている」と思う本が何冊かあるだろう。ところが、ある本「についての」知識を、いつのまにか「じっさいに読んだ」経験とすりかえて、私たちは、その本を読むことよりも、「それについての知識」をてっとり早く入手することで、お茶をにごしすぎているのではないか。ときには、部分の抜粋《ばっすい》だけを読んで、全体を読んだ気になってしまうこともあって、④**「本」は、ないがしろにされたままだ**。相手を直接知らないことには、恋《こい》がはじまらないように、本はまず、⑤**そのもの自体を読まなければ、なにもはじまらない**。

（須賀敦子『こころの旅』による）

問一 ――線①「**こう説明してくれた**」とありますが、「こう」の指す内容を本文中から探し、**初めと終わりの六字ずつ**をぬき出して書きなさい。

問二 ――線②「**他愛ない**」・③「**折にふれ**」の意味として最も適当なものを、それぞれ次のア～オから選び、**記号**で答えなさい。

②「**他愛ない**」

ア　根きょのない
イ　思いやりのない
ウ　おもしろみのない
エ　うそいつわりのない
オ　たいして価値のない

③「**折にふれ**」

ア　以前から
イ　機会あるたび
ウ　重要な場面で
エ　場合によっては
オ　ちょうどよい時に

問三 [　　] にあてはまる最も適当なことばを、本文中から**二字**でぬき出して書きなさい。

問四 ――線④「**『本』は、ないがしろにされたままだ**」とありますが、これについて説明した次の文章の [1] ～ [4] にあてはまる最も適当なことばを、本文中からそれぞれ指定された字数でぬき出して書きなさい。

> 現代社会では、[1 **（八字）**] が簡単に手に入り、人々は、本、とくに古典をじっさいに読んでいない場合でも、それについてわかった気になったり、一部だけを読むことで本の [2 **（二字）**] を読んだつもりになったりすることがある。このように、自ら本そのものを読むという [3 **（六字）**] をしないでいると、本を読むたびに得られる [4 **（八字）**] を感じることができないだろう、と筆者は考えている。

問五 ――線⑤「**そのもの自体を読まなければ、なにもはじまらない**」とありますが、これを否定のことばを用いない表現で同じ意味となるように書きかえなさい。

筑紫女学園中学校

令和４年度

入学試験

算　　数

〈 問題用紙 〉

(50分間)

〈注意〉

1　かんとく者の開始の合図があるまで，この問題用紙を開かないでください。

2　開始の合図があったら，解答用紙の内側にも受験番号を記入して，解答を始めてください。

3　問題は，１ページから10ページまであります。

4　解答は，すべて解答用紙の所定のらんに記入してください。

5　かんとく者の終了の合図で筆記用具を置き，解答用紙を広げたまま解答面を下に向け，机の上に置いてください。

6　解答用紙だけを提出し，問題用紙は持ち帰ってください。

分数は，それ以上約分できない形で答えなさい。
円周率が必要な場合は，3.14 としなさい。

1 **次の各問いに答えなさい。**

(1) $3+2\times 8-6\div 2$ を計算しなさい。

(2) $2.8\times\left\{2\frac{1}{7}-\left(0.25+1\frac{1}{3}\right)\div 3\frac{1}{6}\right\}$ を計算しなさい。

(3) 1から2022までの数のうち，3の倍数は何個ありますか。

(4) $\frac{21}{4}$，$\frac{49}{6}$，$\frac{56}{9}$ のそれぞれに同じ分数をかけたとき，どの積も0でない整数になります。このような分数のうち，最も小さい数を求めなさい。

(5) ビーカーに 11％の食塩水が 1000 g あります。最初に何 g かをくみ出して，同じ量の水を入れると，ビーカーの食塩水は 8.8％になりました。くみ出した食塩水は何 g ですか。

(6) 850 cm の毛糸を $\frac{5}{8}$ m ずつ切ってあやとりのひもを作るとき，あやとりのひもは何本できますか。また，毛糸は何 m あまりますか。

(7) 以下のようにかけ算の筆算をしました。□には，0 から 9 までの数字が入ります。ただし，アには同じ数字が入り，左端の□には 0 は入りません。

	2	ア
×	□	6
□	ア	ア
□	2	
□	□	ア

① アに入る数字を書きなさい。

② かけ算の答えを求めなさい。

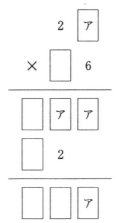

2　次の各問いに答えなさい。

(1) 【図１】の三角柱の体積と，【図２】の直方体の体積が等しいとき，【図２】の直方体の高さを求めなさい。

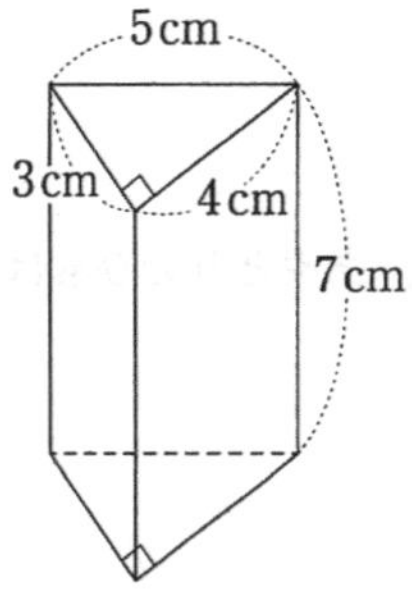

【図１】

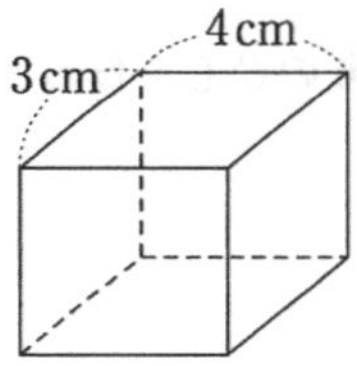

【図２】

(2) 【図３】は面積が 6 cm^2 の正六角形です。斜線《しゃせん》部分の面積を求めなさい。

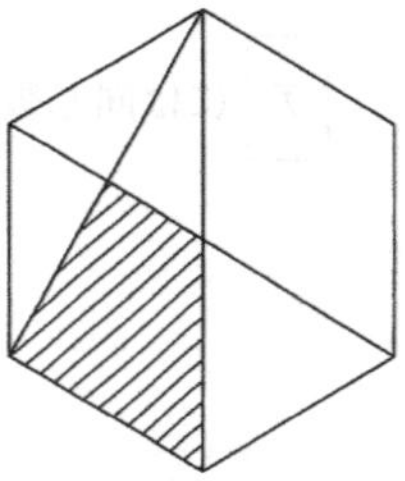
【図３】

(3) 【図４】は１辺の長さが 6 cm の正方形の内側に，半径 6 cm，中心角 90° のおうぎ形を２つかいたものです。

① 角㋐の大きさを求めなさい。

② 斜線部分の面積を求めなさい。

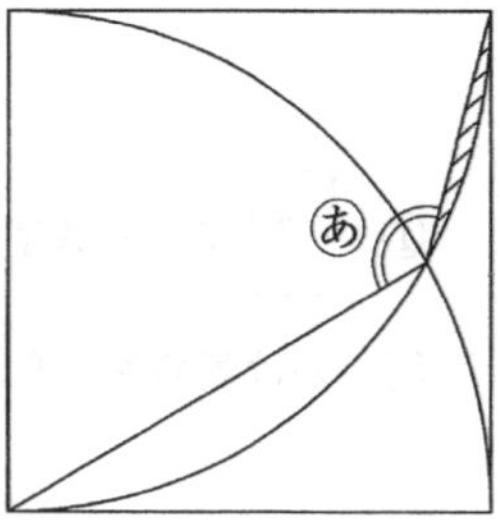

【図４】

(4)　底面積が 30 cm^2 の円柱形のコップに氷をたくさん入れ，冷たい水を氷の体積の $\dfrac{2}{3}$ が水につかるように注いだところ，水の深さは 7 cm になりました。しばらくして氷がとけはじめて，すべてとけると水の深さは 8.5 cm になりました。ただし，水が氷になるとき，氷の体積は水の体積の $\dfrac{12}{11}$ 倍になることがわかっています。

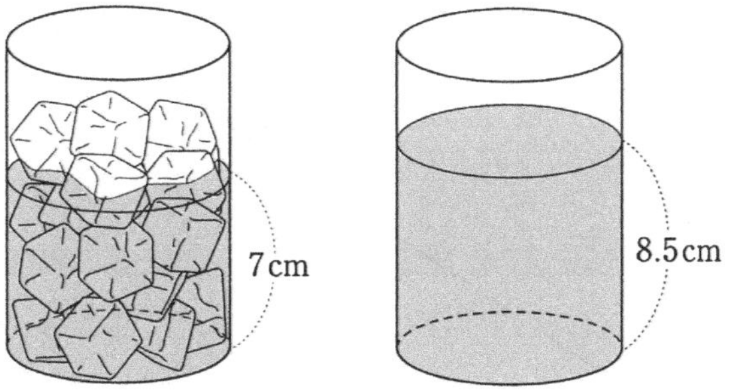

①　氷が水になるとき，水の体積は氷の体積の何倍になりますか。

②　はじめにコップに入れた氷の体積を求めなさい。

3

1周800 m の円形のジョギングコースがあります。K子さんは9時ちょうどにスタート地点から，反時計回りに歩き始めました。1周目は12分かけて歩き，2周目は4分，3周目は3分かけて走り終わりました。グラフは，K子さんの進んでいるようすを表したもので，縦《たて》の軸《じく》が1周ごとの進んだ道のり，横の軸が時刻を表しています。

次の各問いに答えなさい。

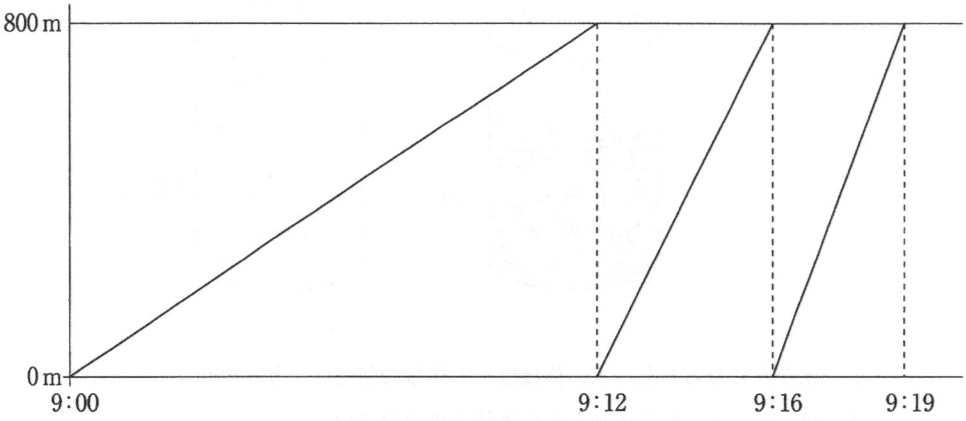

(1)　3周目のK子さんの速さは，時速何 km ですか。

A子さんとB子さんはスタート地点から，A子さんは反時計回りに，B子さんは時計回りに同じ時刻に出発し，時速8 km の速さで走り続けるものとします。

(2)　A子さんとB子さんが出発した後，初めて二人が出会うのは何分後ですか。

(3)　3人が同時に(2)の出会った地点にいる場合，A子さん，B子さんの出発時刻は9時何分ですか。すべて求めなさい。ただし，2人が出発した時刻は，9時から9時10分の間であるとします。

問題は次のページに続きます。

4　19時に閉店するケーキ屋で1個500円のケーキを売っています。17時の段階で70個のケーキが売れ残っています。このまま定価で売ると10分間で3個ずつ売れますが，半額にすると5個ずつ売れます。半額にするかは，17時以降10分おきに判断し，値段の変更は一度だけとします。下の表の通り，ケーキが売れ残ると，個数によって損失《そんしつ》が出ることが分かっています。

次の各問いに答えなさい。

売れ残った個数	損失額
1個以上10個未満	1500円
10個以上20個未満	3000円
20個以上30個未満	4500円
30個以上40個未満	6000円
40個以上50個未満	7500円
50個以上60個未満	9000円
60個以上70個未満	10500円

(1)　半額にしたときに，10分間の売上金額はいくらになりますか。

(2)　閉店まで定価で売るとき，17時以降に売れたケーキは何個ですか。

(3)　18時半に売れ残っているケーキを半額にしたとき，17時以降の売上金額はいくらですか。

(4)　17時以降の売上金額から損失額を引いた金額を最も大きくするためには，何時何分に半額にすると判断すればよいですか。

問題は次のページに続きます。

5　先生，しおんさん，花子さんの会話を読んで，次の各問いに答えなさい。

先　生　次の問題をみんなで解いていきましょう。

【問題】 縦《たて》AB＝2 m，横 AD＝8 m の長方形 ABCD のわくがあり，AB から 1 m ごとに縦のラインが引いてあります。このわくの内側を，縦 2 m，横 1 m の長方形の板でしきつめていきます。AB から a m のラインまでを長方形の板でしきつめる方法が何通りあるかを「#(a) 通り」と表します。長方形 ABCD をしきつめる方法は何通りありますか。

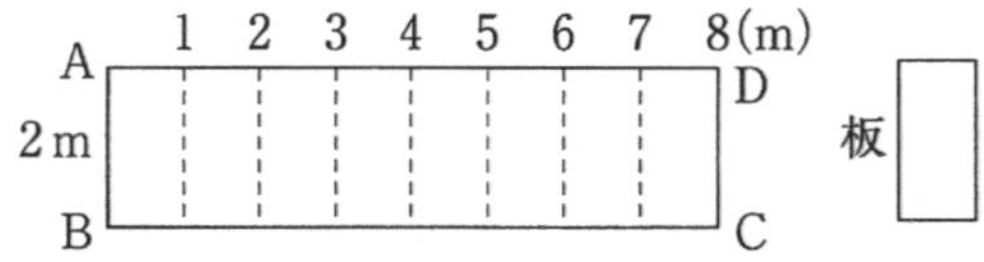

花　子　つまり，この問題は#(①)を求めるわけですね。

先　生　その通りです。それでは，少しずつ考えてみましょう。1mのところまでは，何通りですか。

しおん　1枚の板を縦に入れればいいので，#(1)＝1通りです。

先　生　2mのところまでは，何通りですか。

花　子　2枚の板を入れます。次の図のように，#(2)＝2通りです。

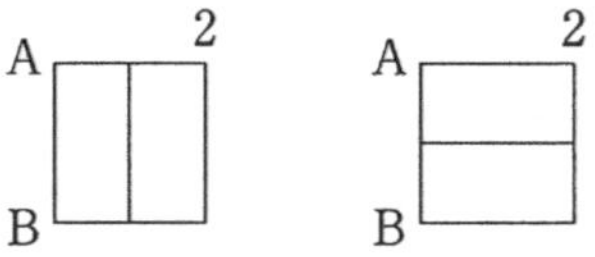

先　生　3mのところまでは，どうなりますか。

しおん　②図をかいて考えてみます…。答えは，#(3)＝3通りです。

先　生　正解です。では，4mのところまでは何通りかを考えますが，はじめからすべての図をかいていくのではなく，次の2つの場合に分けて，2人で考えてみてください。

［その1］3mのところまでしきつめて，最後の1枚を入れる。

［その2］2mのところまでしきつめて，最後の2枚を入れる。

花　子　では［その1］から考えよう。3mのところまでしきつめたら，最後の1枚は縦に入れるしかないから，［その1］の場合のしきつめ方は#(③)通りになるね。

しおん　そうね。じゃあ，［その2］の場合は，あと2枚入れればいいのね。そうすると，次の図のようになるね。

(ア)
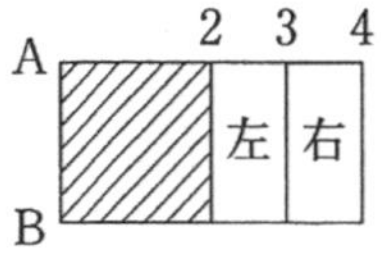

(イ)
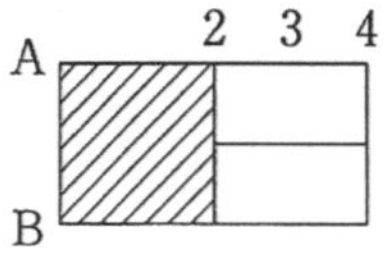

花　子　ちょっと待って，しおんさん。(ア) の図で左を入れたら，3 m までしきつめることになるから，これは［その 1］の中に入るんじゃないかな。

しおん　確かにそうね。(ア) は考えずに (イ) だけ考えればいいね。そうすると，［その 2］の場合のしきつめ方は＃(［④］) 通りになるね。

花　子　だから，4 m のところまでをしきつめる方法は，［その 1］の場合と［その 2］の場合を足せばいいので，＃(4)＝＃(［③］)＋＃(［④］)ということがいえるね。

先　生　2 人ともよくできました。では，この式を参考にして，＃(4)，＃(5)，＃(6),…を順番に計算して，長方形 ABCD をしきつめる方法が何通りあるかを求めてみましょう。

(1)　［①］にあてはまる数を書きなさい。

(2)　下線部②について，このときの板をしきつめた図を 3 通りすべてかきなさい。

(3)　［③］と［④］にあてはまる数をそれぞれ書きなさい。

(4)　長方形 ABCD をしきつめる方法は何通りありますか。

筑紫女学園中学校

令和４年度

入学試験

理　　　科

〈 問題用紙 〉

(40分間)

〈注意〉

1　かんとく者の開始の合図があるまで，この問題用紙を開かないでください。

2　開始の合図があったら，解答用紙の内側にも受験番号を記入して，解答を始めてください。

3　問題は，１ページから10ページまであります。

4　解答は，すべて解答用紙の所定のらんに記入してください。

5　かんとく者の終了の合図で筆記用具を置き，解答用紙を広げたまま解答面を下に向け，机の上に置いてください。

6　解答用紙だけを提出し，問題用紙は持ち帰ってください。

1　**地球は，空気に包まれ，豊富な水のある環境です。この地球環境は，生物に大きな影響を与え，また，その環境にすむ生物もそれぞれがたがいに関わり合いながら生活しています。生物と地球環境の関わりについて，次の各問いに答えなさい。**

(1)　生物のからだの大部分は，水でできています。動物においてこの水は，からだ中に養分を運んだり，不要なものを出したりするはたらきがあります。下の文の（　　　　）に当てはまる例を１つ答えなさい。

（　　　　）として体外に出す。

(2)　からだ中の水が常に出ていくため，動物は体内の水を補っていく必要があります。地球環境にある豊富な水を直接飲む以外に，動物は生きるために必要な水の約半分を何から取り入れていますか，答えなさい。

(3)　空気中の酸素は，生物が呼吸をしたり，人がものを燃やしたりすることに使われています。植物はそのとき生じた気体と光のエネルギーを利用して，地球環境に再び酸素をもたらしています。植物が酸素やデンプンなどをつくるために行っているこの反応を何といいますか，答えなさい。

(4)　地球上の生物は，水や空気などの地球環境と密接な関わりをもって生活していますが，同時に生物どうしも「食べる・食べられる」という食物連鎖の関係でつながっています。池や川の中にすむ次のア～エの生物を，食物連鎖の順に記号で並べなさい。ただし，「矢印の左側の生物が矢印の右側の生物に食べられる」ことを意味するものとします。

ア　ミジンコ
イ　アメリカザリガニ
ウ　イカダモなどの小さな生き物
エ　メダカ

(5)　生物は地球環境の中で生活しているため，人の行いが，結果的に多くの生物に影響を与えるのではないかと心配されています。地球温暖化はそのひとつの例になりますが，その原因はどのようなものですか。次のア～オから**２つ選び**，記号で答えなさい。

ア　生活排水や工業廃《はい》水によって湖の水がよごれた。
イ　石炭や石油などを大量に燃やした。
ウ　土地利用の拡大にともなって，干潟がうめ立てられた。
エ　ばっ採などによって，森林が減少した。
オ　有害な物質が，食物連鎖をとおして，より大型の生物のからだに残った。

2 **筑紫女学園中学校にはいろいろな木々や草花があり，それらを生活の場所としている多種多様な昆虫や小動物が見られます。植物の四季の移り変わりや，生物の生活について，次の各問いに答えなさい。**

(1) 3月下旬になると校庭のサクラが満開となりました。花が咲く前には，植物のからだの中で花芽（葉の根元のところにある，成長すると花になる部分）がつくられます。サクラの花芽がつくられるのは何月頃ですか。次のア～ウから1つ選び，記号で答えなさい。

ア　花が咲く前の1～2月頃
イ　花が咲く前の3月のはじめ頃
ウ　前年の7～8月頃

(2) サクラが開花する頃，中庭でオオカマキリの卵のうを見つけました。触ってみるとまだ固く，卵はふ化していないようだったので，観察を続けたところ，ふ化してたくさんの幼虫が出てきました。これについて，次の各問いに答えなさい。

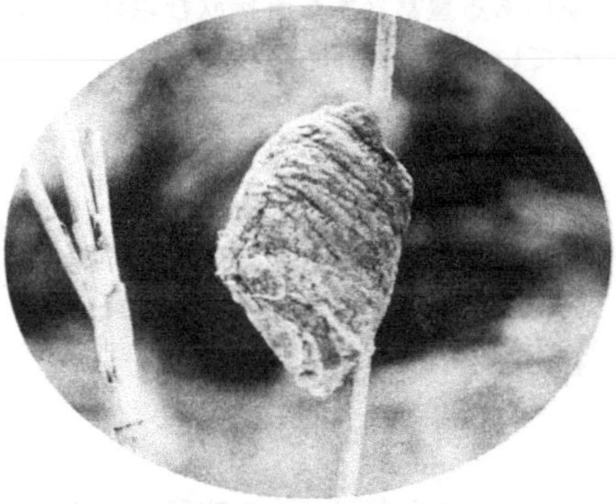

オオカマキリの卵のう

① 卵のうから出てきたばかりの幼虫の様子を正しく表しているものを，次のア～ウから1つ選び，記号で答えなさい。

ア　そのまま歩いて植物の葉のかげなどに移動する。
イ　すぐに飛び立ち植物の葉のかげなどに移動する。
ウ　卵のうにぶらさがったまま一回目の脱皮をする。

② カマキリには多くの種類がありますが，ほとんどが周囲の環境にとけこむような体色をしています。これはどのような点で役立っていると考えられますか。**15字以内**で説明しなさい。

(3)　夏になると校庭や中庭の草や木はどれも葉を大きく広げ青々としげります。また，実をつけ，種ができているものもあります。おもに夏に実をつけるものを次の**ア**～**エ**から１つ選び，記号で答えなさい。

ア　ユズ　　　　**イ**　ミニトマト
ウ　キンカン　　**エ**　イチゴ

(4)　11月下旬のある日，学校近くの公園で落ち葉の中にもぐるヒキガエルを見つけました。近年，ヒキガエルなどのカエルの数は減ってきており，絶滅の恐れがあると心配されています。その原因として，カエルが環境の変化に弱い生物であることが挙げられます。このようなカエルの数の減少とは直接結びつかない理由を次の**ア**～**エ**から１つ選び，記号で答えなさい。

ア　池や沼，湿地などオタマジャクシが成長する場所が減少しているため。
イ　湿度や気温に敏感《びんかん》なひふをもつので，水田などの農地の水質汚染の影響を受けやすいため。
ウ　乾燥に弱く，気温が上がりすぎると，体温調整が難しいため。
エ　外界の気温が下がる冬には，自らの体温も下がり冬眠するため。

(5)　冬になり，校庭の木々も葉を落とすものが多く観察されるようになりました。冬でも緑色の葉をつけているものはどれですか。次の**ア**～**カ**から**２つ選び**，記号で答えなさい。

ア　マツ　　　**イ**　イチョウ　　**ウ**　ウメ
エ　ケヤキ　　**オ**　ツツジ　　　**カ**　カエデ

3　次の文章を読み，次の各問いに答えなさい。

晴子さんは，異常気象によって起こる，ごう雨災害のニュースを見て，家族や自分の身を守るために防災意識を高めておく必要があると考えるようになりました。

そこで晴子さんは，まず川の流れについて調べてみたくなったので，図のように土で坂をつくり，流れの溝《みぞ》をつけて，そこに水を流しました。その結果，流れる水のはたらきによって，図のア～ウのそれぞれの地点で，そのようすに違いがあることを知りました。

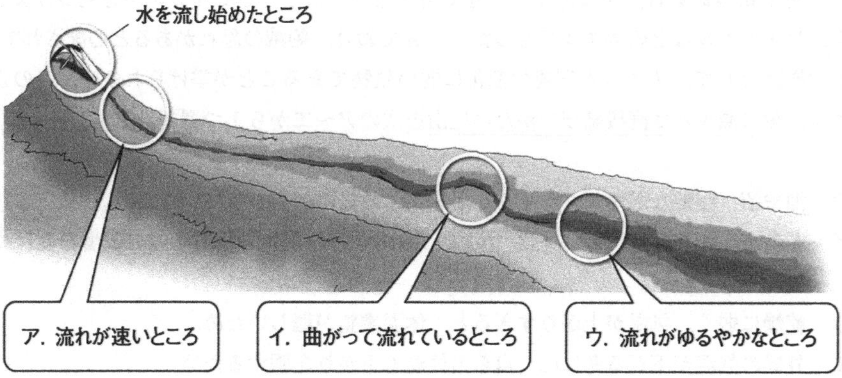

水の量を増やして，同様の観察実験をしてみたところ，坂の「　A　」の地点付近に強い浸食《しんしょく》や運ぱん作用があること，坂の「　B　」の地点付近に最も堆《たい》積作用があることを知りました。

お父さんに「日本は，海の近くまで山がせまっているところが多いんだよ」と聞いたことがあった晴子さんは，「山の斜面が急な日本では，川の水が観察実験よりももっと勢いよく流れているんだろうな」と思いました。そして，川の上流により近いところで雨がたくさん降ると，その水が勢いよく流れることから，土砂くずれや洪《こう》水が起こりやすく，雨の降った場所よりも川の下流に近いところで，水の災害が発生しやすいのかなと考えました。

晴子さんは，集中ごう雨や洪水による水の災害に備えるための工夫について調べてみて，「　C　」などが建設されていることを知りました。

(1) 文章中の「　A　」と「　B　」には，図のア～ウのいずれかが入ります。最も適するものを図のア～ウからそれぞれ1つ選び，記号で答えなさい。

(2) 下線部について，川の堆《たい》積作用が特に強い場所において見られる，長い年月によって姿をかえた土地のようすを何といいますか。次のア～エから1つ選び，記号で答えなさい。

ア　V字谷　　イ　河岸段丘　　ウ　三角州　　エ　海岸段丘

(3) 文章中の「　C　」に当てはまる具体例を，1つ答えなさい。

(4) 昨年の夏休み，晴子さんはお父さんと山の中腹にある河原でキャンプをする予定でしたが，そのキャンプはお父さんの判断で，中止になりました。前日の天気予報で，当日のキャンプ場の天気は晴れだと言っていました。しかし，お父さんがキャンプ場周辺の前日の天気を確認して，中止の判断をしました。このことを，晴子さんは，とても不思議に思いました。

晴子さんは今回調べたことから，お父さんが昨年のキャンプを中止にした理由は「　①　」ではないかと考えました。

上の文の「　①　」にあてはまるものとして最も適するものを，ア～エから1つ選び，記号で答えなさい。

ア　キャンプ場よりも川の上流で，前日に雨が降っていたから
イ　キャンプ場周辺で，前日に小雨が降っていたから
ウ　キャンプ場周辺の天気が，前日はくもりだったから
エ　キャンプ場よりも川の下流で，前日に雨が降っていたから

4 **2021年12月の日ぼつ後，図１のように南西の空に金星・土星・木星が並んで見えました。これについて，次の各問いに答えなさい。**

図１

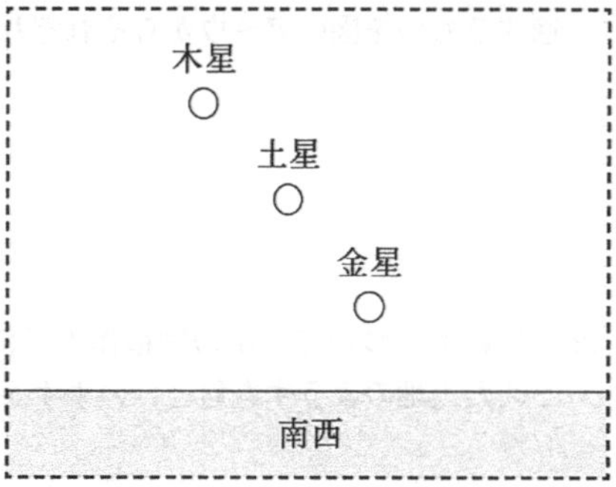

(1) 方角（方位）を調べるときには方位磁石を用います。下の**図２**において，□に当てはまる方位を漢字２字で答えなさい。

図２

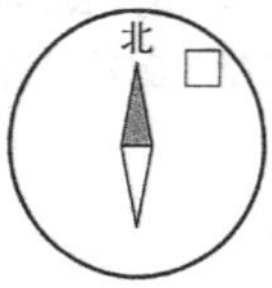

(2) 12月12日には，上弦の月が見られました。上弦の月はどれですか。次の**ア**～**オ**から１つ選び，記号で答えなさい。

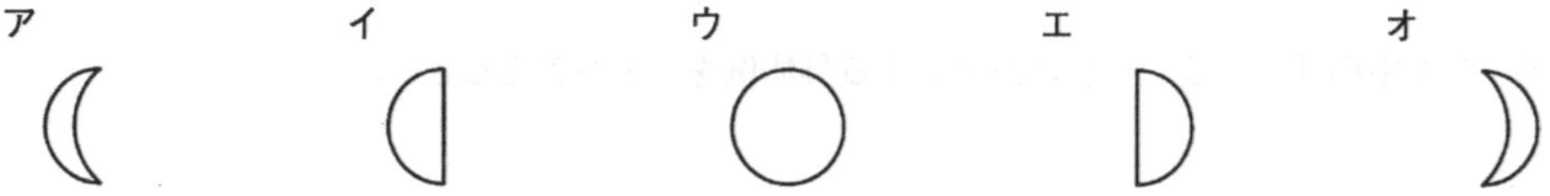

(3) 金星，土星，木星は太陽の周りを回る惑星と呼ばれる天体のひとつです。これら３つの惑星のうち，地球から最も近くにある惑星はどれですか，答えなさい。

(4) 月の大きさは直径およそ3500km，太陽の大きさは直径およそ140万kmであり，太陽の大きさは月の大きさに比べてはるかに大きいです。しかし地球から見ると，太陽も月もほぼ同じ大きさに見えます。このことから考えると，地球から太陽までのおよその距離はどのくらいになりますか。最も適するものを次の**ア**～**エ**から１つ選び，記号で答えなさい。ただし，地球から月までの距離を38万kmとします。

ア 38万km　**イ** 3800万km　**ウ** 1億5000万km　**エ** 15億km

(5) 木星と土星が，現在，右の**図３**のような位置にあるとします。次に，太陽から見て木星と土星が一直線上に並ぶのは何年後になるか，整数で答えなさい。

ただし，太陽の周りを一周回るのにかかる時間（公転周期という）は木星は12年，土星は30年とし，太陽・木星・土星は同じ平面上を動いているものとします。

図３

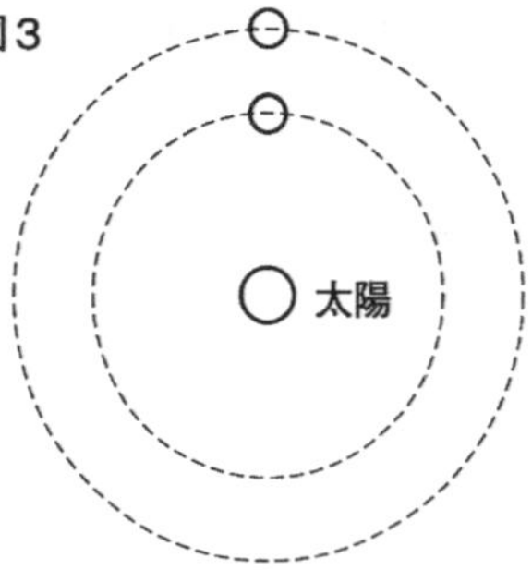

○は木星，土星のいずれかを表している。

5 次の各問いに答えなさい。

(1) 図1は豆電球の構造を示したものです。ソケットを使わずに，豆電球に乾電池から直接導線をつなげて，あかりをつけるつなぎ方として正しいものを次のア～カから1つ選び，記号で答えなさい。

図1

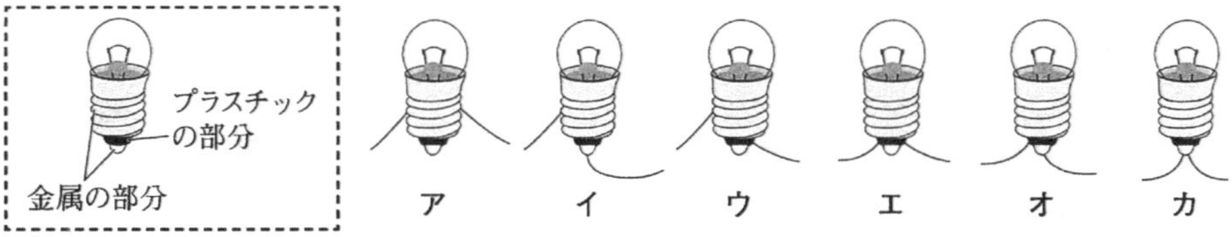

(2) 電池2個と電球2個を導線でつないで，電球2個とも最も明るくつくようにするとき，どのようなつなぎ方になりますか。解答らんに導線を書き入れなさい。

(3) 現在多くの信号機が，電球を使っているものから発光ダイオードを使っているものに変わってきています。これは，同じ電気量では電球よりも発光ダイオードのほうが長時間点灯するからです。同じ電気の量を用意して、このことを確認するためには「手回し発電機」と何が必要ですか，最も適するものを次のア～エから1つ選び，記号で答えなさい。

ア　乾電池　　イ　光電池　　ウ　簡易検流計　　エ　コンデンサー

(4) 雪が多くふる地域では，発光ダイオードではなく，電球を使っている信号機のところもあります。その理由を「雪」という言葉を用いて，15字程度で説明しなさい。

(5) 図2の回路について，次の問いに答えなさい。

図2

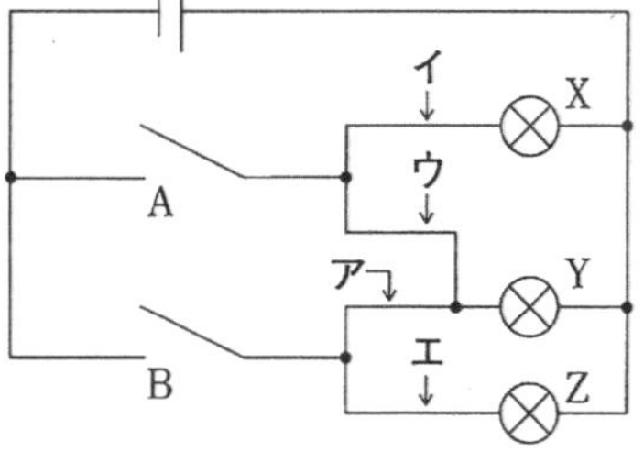

① Aのスイッチを入れたとき，どの豆電球がつきますか。X～Zからすべて選び，記号で答えなさい。

② 発光ダイオードとは，ある決まった方向にしか電流を流さないものです。図3は，(a)の方向から流れてくる電流は流さないが，(b)の方向から流れてくる電流は流すことを表しています。

図3

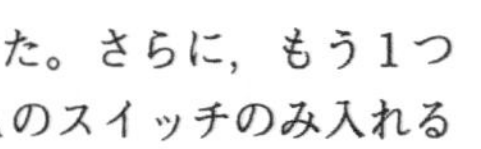

図2のアに発光ダイオードを図3と同じ向きに入れて，Aのスイッチのみ入れたとき，XとYの豆電球がつきました。さらに，もう1つの発光ダイオードをイ～エのいずれかにどちらかの向きで入れ，Aのスイッチのみ入れるとXとYの豆電球がつきました。またBのスイッチのみ入れると，YとZの豆電球がつきました。2個目の発光ダイオードを入れる場所をイ～エから1つ選び，記号で答えなさい。また，発光ダイオードを入れるとき，図3と同じ向きで入れるなら○，逆の向きで入れるなら×で答えなさい。

6　もののあたたまり方やその変化を調べるために，【実験１】【実験２】を行いました。これについて，次の各問いに答えなさい。

【実験１】　右の図１のような，同じ金属でできた金属球とリングがあります。リングに金属球を通したとき，すきまなく通りぬけました。

次に，金属球をガスバーナーで加熱し，再びリングを通そうとすると，通りぬけませんでした。

図１

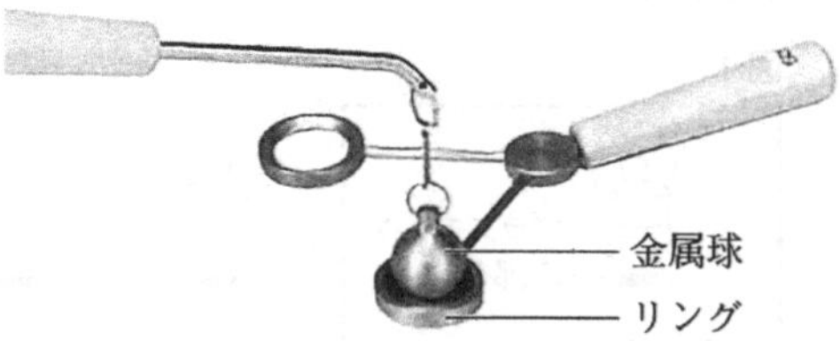

(1)　加熱後に金属球がリングを通りぬけられなかった理由として正しいものを，次のア～エから１つ選び，記号で答えなさい。

ア　金属は温度が上がると重さがへるから。
イ　金属は温度が上がると重さがふえるから。
ウ　金属は温度が上がると体積がへるから。
エ　金属は温度が上がると体積がふえるから。

(2)　加熱した金属球を放置して熱する前の温度にもどし，次にリングをガスバーナーで加熱しました。もとの温度になった金属球を，加熱したリングに通そうとすると，どのようになると考えられますか。次のア～ウから１つ選び，記号で答えなさい。

ア　通りぬけられない。
イ　最初よりもよゆうをもって通りぬけられる。
ウ　最初と同じですきまなく通りぬけられる。

【実験２】　図２のように，ビーカーに10℃の水300gを入れて，100℃に熱した金属球をしずめました。下の表はこの実験での時間と温度の関係を調べた結果です。なお，金属球はビーカーの底面の真ん中部分に置くものとします。

図２

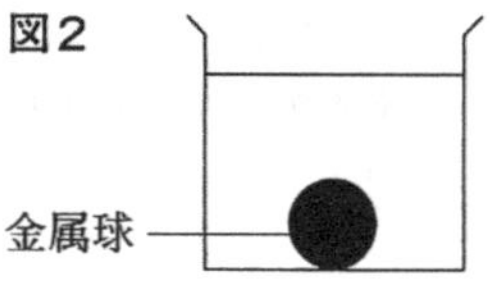

表

金属球をしずめてからの時間（分）	0	2	4	6	8	10	12	14	20
水温（℃）	10.0	11.5	12.7	13.6	14.3	14.7	14.9	15.0	15.0
金属球（℃）	100	74.5	54.2	38.9	27.0	20.2	16.8	15.0	15.0

(3)　金属球を入れた後の，ビーカー内の水の動きを正しく表している図を，次の**ア～カ**から１つ選び，記号で答えなさい。

ア
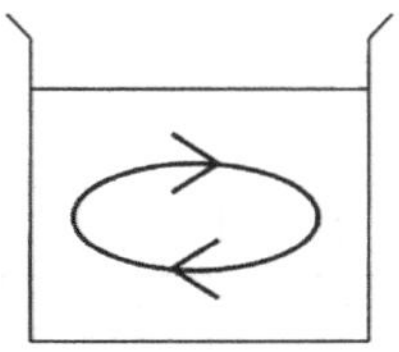
イ
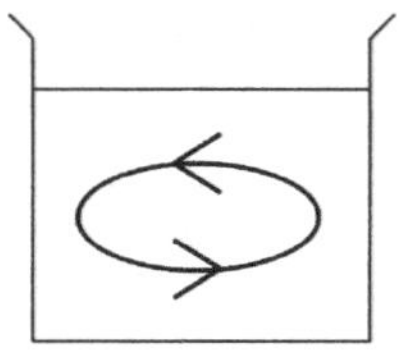
ウ
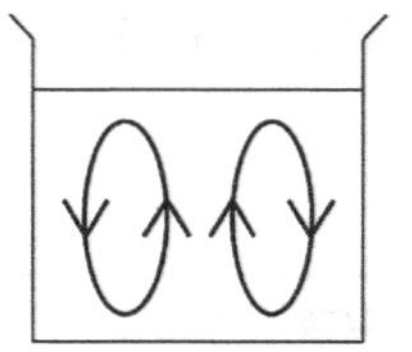
エ
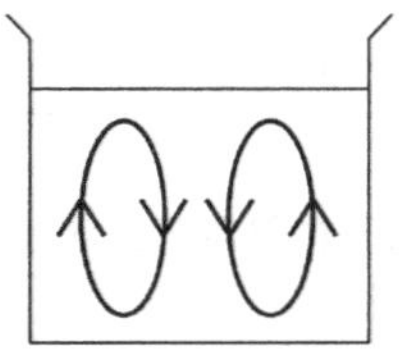
オ
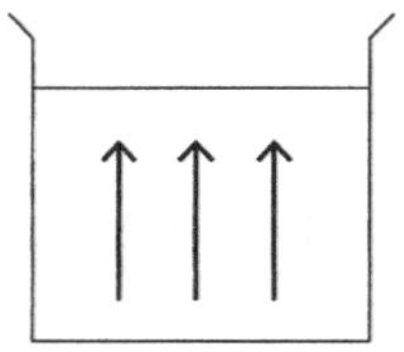
カ
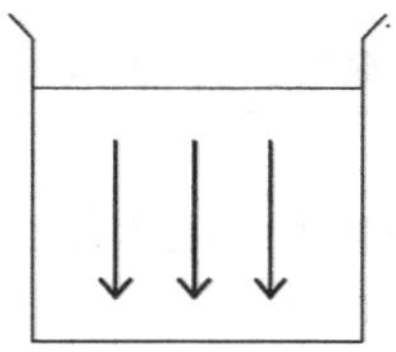

(4)　実験結果の**表**を見て，加熱を始めてからの時間と水温の変化のグラフを，解答らんに書きなさい。ただし，測定した値も点（・）で書くこと。

(5)　**【実験２】**を，水の量を400gに変えて行いました。金属球の温度が変わらなくなったときの温度はどうなっていますか。次の**ア～ウ**から１つ選び，記号で答えなさい。

ア　15.0℃より低い
イ　15.0℃
ウ　15.0℃より高い

(6)　**【実験１】**に関係があるものと**【実験２】**に関係があるものを，次の**ア～エ**からそれぞれ１つ選び，記号で答えなさい。

ア　アルコールを手につけると冷たく感じる。
イ　夏になると，鉄道のレールとレールのつなぎめのすき間がせまくなる。
ウ　たき火に近づくとあたたかく感じる。
エ　部屋の冷房を使うとき，ふき出し口は上に向ける。

7 **ある濃《こ》さのうすい塩酸Xとうすい水酸化ナトリウム水溶《よう》液Yを下の表のA～Eのような体積の割合で混ぜ合わせました。混ぜ合わせたあと，その中にアルミニウムの金属片をそれぞれ0.3gずつ加えたときに発生した気体の体積を測定しました。ただし，Eのときのみ，0.3gのアルミニウムはすべて反応しました。次の各問いに答えなさい。**

表

	A	B	C	D	E
塩酸X〔cm^3〕	0	50	75	100	150
水酸化ナトリウム水溶液Y〔cm^3〕	100	100	100	100	100
発生した気体〔cm^3〕	300	100	0	120	360

(1) 塩酸は，塩化水素という気体がとけた水溶液です。塩酸のように気体がとけている水溶液の例を１つ挙げなさい。

(2) A～Dにおいて，反応せずに残っているアルミニウムが最も少ないものをA～Dから１つ選び，記号で答えなさい。

(3) **塩酸X**100cm^3にとかせるだけアルミニウムを加えたとき，発生する気体は何cm^3ですか。

(4) **水酸化ナトリウム水溶液Y**と，濃《こ》さの異なる**水酸化ナトリウム水溶液Z**を用いて，それぞれの水溶液にアルミニウムをとけるだけとかしたとき，発生する気体の体積を測定した結果を右の図に示しました。

図

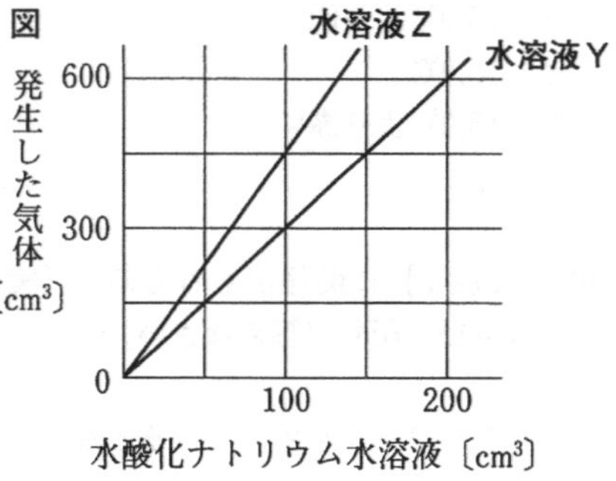

① 同じ重さのアルミニウムを完全にとかすのに必要な**水酸化ナトリウム水溶液Y**と**水酸化ナトリウム水溶液Z**の体積の比を，もっとも簡単な整数の比で表しなさい。

② **水酸化ナトリウム水溶液Z**200cm^3を中性にするためには，**塩酸X**が何cm^3必要ですか。

筑紫女学園中学校

令和４年度

入学試験

社　　　会

〈問題用紙〉

(40分間)

〈注意〉

1　かんとく者の開始の合図があるまで，この問題用紙を開かないでください。

2　開始の合図があったら，解答用紙の内側にも受験番号を記入して，解答を始めてください。

3　問題は，１ページから12ページまであります。

4　解答は，すべて解答用紙の所定のらんに記入してください。

5　かんとく者の終了の合図で筆記用具を置き，解答用紙を広げたまま解答面を下に向け，机の上に置いてください。

6　解答用紙だけを提出し，問題用紙は持ち帰ってください。

1　福岡県に住む筑紫花子さんは，地図を用いた調べ学習に取り組んでいる。次の地図と会話文を読んで，あとの各問いに答えなさい。

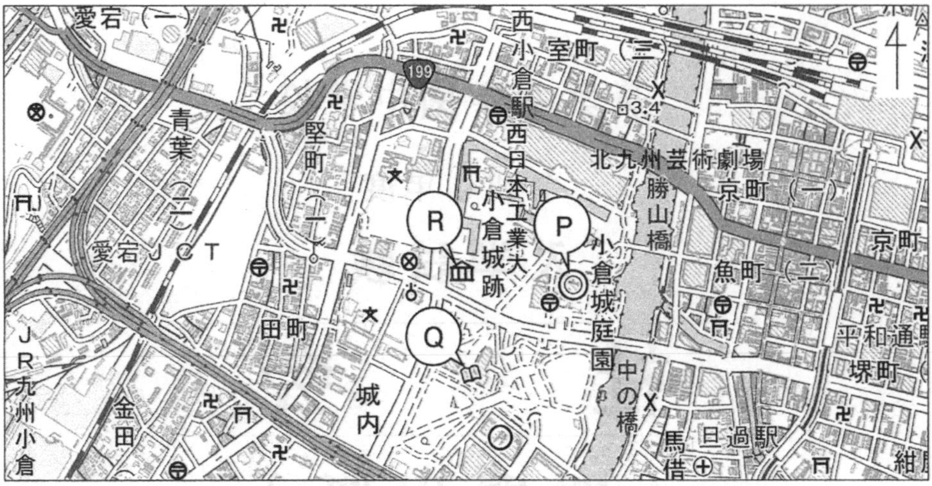

（国土地理院ホームページ「地理院地図」をもとに作成）

先生　みなさん，福岡県の特徴《とくちょう》について調べていきましょう。おや，花子さんは①北九州市の地図を使っていますね。何を調べているのかな。

花子　北九州市役所周辺の地図をみて，どのような施設があるか調べています。地図中のＰのところが市役所です。

先生　②地図記号をみると，学校や公共施設があるね。市役所から［　1　］方向にある地図中のＱは，図書館ですよね。

花子　はい，そうですね。また私が注目している点は，土地の高低です。この地図をみると，［　2　］ｍという標高が確認できます。河川のはんらんによる浸水被害が心配です。

先生　たしかにそうですね。福岡県の③気候はおだやかで災害が少ないと，昔は言われていましたが，近年は豪《ごう》雨《う》による災害が起きていますね。災害時に素早《すばや》く避難《ひなん》できるよう，日頃から避難経路《けいろ》や避難場所を，［　3　］マップをみて確認しておきたいですね。

花子　必ず確認しようと思います。またこの地図では④福岡県の農業や工業といった産業については分からないので，他の資料でもっとくわしく調べようと思います。

問１　会話文中の［　1　］～［　3　］にあてはまる語を漢字または数字で答えなさい。ただし，［　1　］は八方位で答えること。

問２　下線①について，かつて北九州市は工業が発展する一方で，大気汚染による公害が発生した。これと同じ公害が発生した都市や地域として適当なものを，次のア～エから一つ選び，記号で答えなさい。

ア　熊本県水俣市　　　　イ　富山県神通川流域

ウ　三重県四日市市　　　エ　新潟県阿賀野川流域

問３　下線②について，地図中の**R**が示す地図記号の意味を答えなさい。

問４　下線③に関して，次のア～エは，福岡市・宮崎市・富山市・釧路市の「月別平均気温と降水量」のグラフである。福岡市のグラフとして適当なものを，次のア～エから一つ選び，記号で答えなさい。

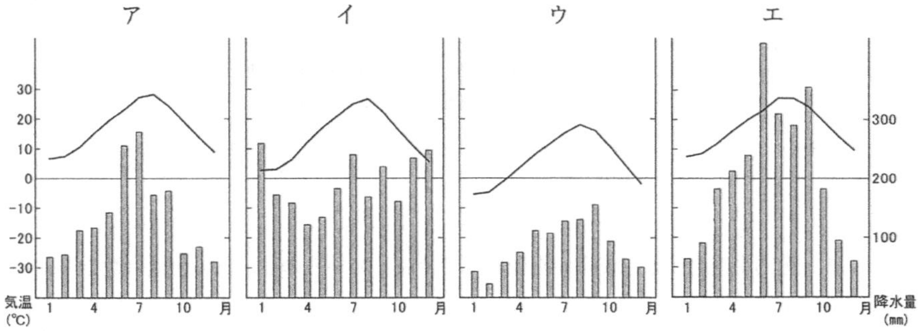

（『地理統計要覧2021年版』を参考に作成）

問５　下線④について，次の**資料１**の**A**～**C**は，福岡県が全国で生産量上位となっている三つの農作物のグラフである。**A**～**C**の農作物名の組み合わせとして適当なものを，下の表中のア～カから一つ選び，記号で答えなさい。

資料１

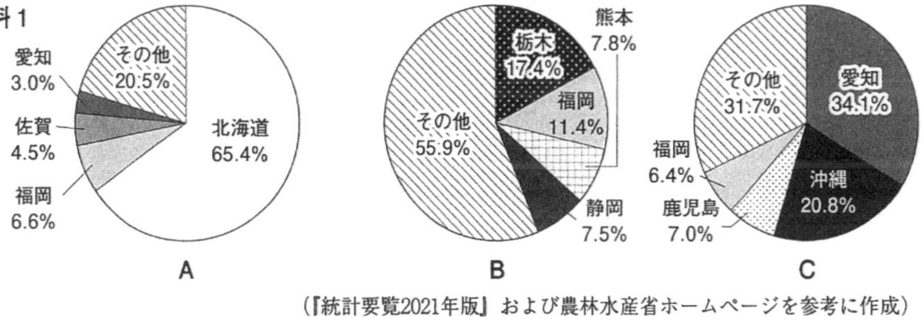

（『統計要覧2021年版』および農林水産省ホームページを参考に作成）

表

	A	B	C
ア	小麦	きく	いちご
イ	小麦	いちご	きく
ウ	きく	小麦	いちご
エ	きく	いちご	小麦
オ	いちご	小麦	きく
カ	いちご	きく	小麦

問6　下線④について，福岡県は自動車生産がさかんである。次の**資料2**は，日本の国内生産台数・輸出台数・輸入台数・海外生産台数の変化をあらわしたものである。日本の自動車生産に関する説明として**適当でないもの**を，下のア～エから一つ選び，記号で答えなさい。

資料2

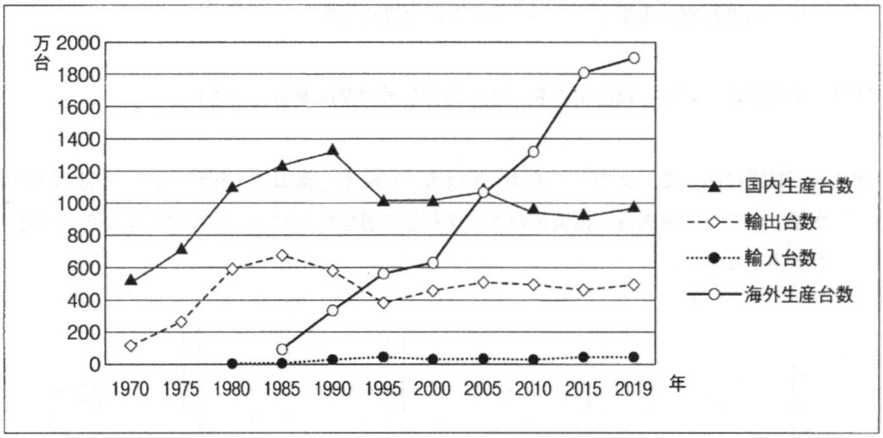

（日本自動車工業会ホームページを参考に作成）

ア　国内生産台数が1990年から現在まで半減《はんげん》しているのは，海外生産台数を増やしたためである。

イ　日本の自動車会社が海外生産を年々増やしているのは，関税や輸送にかかる費用を安く抑《おさ》えるためである。

ウ　輸出台数が1985年から1995年まで減っているのは，日本から輸出される自動車が増えすぎて，外国から批判されたためである。

エ　1980年以降，日本における自動車の輸入台数が輸出台数を上回る年はない。

2　次の各問いに答えなさい。

【1】 次の表Ⅰは，日本における各時代（原始から近世）の歴史をまとめたものである。あとの各問いに答えなさい。

表Ⅰ

時代	主なできごと	人びとの生活	世界とのつながり	文化
原始	A	①縄目《なわめ》の文様がある土器を使ってくらしていた。	H	L
古代	B	E	I	M
中世	C	F	J	N
近世	D	G	K	O

※時代区分や時代名については，ここでは次のようにする。

原始：縄文時代～弥生時代　　古代：古墳時代～平安時代

中世：鎌倉時代～戦国時代　　近世：安土桃山時代～江戸時代

問１　表ⅠのA・Bについて，この時代の「主なできごと」を説明した文として適当なものを，次のア～エから一つ選び，記号で答えなさい。

ア　藤原氏が，むすめを天皇のきさきにして天皇家とのつながりを強め，力を伸ばしていった。藤原道長のころには，天皇に代わって政治を動かすほどの権力をもつようになった。

イ　卑弥呼という邪馬台国の女王が，占いによって国を治めていた。江戸時代に志賀島で発見された金印は，卑弥呼が中国の皇帝からさずけられたものとされている。

ウ　米づくりが伝わったことによって，人口が増加していった。米づくりを指導する支配者も現れたため，土地や水をめぐる争いはほとんどなくなり，身分や貧富の差もなくなっていった。

エ　蘇我氏が天皇をしのぐほどの勢力をもつようになったため，中大兄皇子と中臣鎌足は，蘇我氏を滅ぼした。その後，中大兄皇子たちは近江（滋賀県）に最初の本格的な都である藤原京をつくった。

問２　下線①について，この土器を使っていた時代の「人びとの生活」ともっとも関係があるものを，次のア～エから一つ選び，記号で答えなさい。

ア

イ

ウ

エ

14世紀の前半に，北条氏がたおれたあと，［　1　］が征夷大将軍となり，京都に幕府を開いた。この幕府は約240年間続いたが，ア 8代将軍のころには，力がしだいに弱まり，京都では将軍のあとつぎなどをめぐって，応仁の乱が起こった。

15世紀の後半から，全国各地で戦国大名とよばれる武将たちが争う時代が続いた。イ 1575年に起こった長篠の戦いは，織田信長が徳川家康とともに鉄砲を用いて，武田軍に勝利した戦いとして有名である。

織田信長の死後，家来であった豊臣秀吉が，全国の大名を従え，一向宗の勢力もおさえて，全国を統一した。さらに秀吉は，百姓への支配を固めるために，各地で検地や刀狩を行った。ウ検地によって，百姓たちは，土地を耕《たがや》す権利を認められたかわりに，決められた年貢を納《おさ》める義務を負った。また，エ刀狩によって，百姓が持つ刀や鉄砲を取り上げ，農業などに専念《せんねん》させるとともに，武士と百姓との身分の差をなくした。

豊臣秀吉の死後，徳川家康が力を強めていった。1603年，家康は征夷大将軍となり，江戸に幕府を開いた。オ家康は，「学問や武芸に熱心に取り組むこと。大名は毎年4月に江戸に参勤すること。新しい城をつくってはならない」などといった武家諸法度を定め，大名を厳《きび》しく支配した。3代将軍徳川家光のころには，幕府のしくみが整い，安定した支配が確立していった。

19世紀の中ごろ，大きなききんが起こり，農村では百姓一揆が急増し，都市でも打ちこわしが起こった。こうした中，大阪では，幕府のもと役人であった［　2　］が，役人や商人がききんで苦しんでいる人びとを救おうとしないことに抗議《こうぎ》して兵をあげた。この反乱は，1日でおさえられたが，幕府を大いにおどろかせた。

問3　上の文章は**表ⅠのC・D**の「主なできごと」に関するものである。

(1)　文章中の［　1　］・［　2　］にあてはまる語を漢字で答えなさい。

(2)　文章中の 〰〰 線**ア～オ**について，**適当でないもの**を**すべて**選び，記号で答えなさい。

問4　**表ⅠのE・F・G**について，この時代の「人びとの生活」にあてはまるものを，次のア～エから**三つ**選び，それを**古い順**に並べなさい。

ア　年貢を納められない者や罪を犯す者が出ると，五人組が共同で責任を負った。

イ　土地の価格に応じた地租という税金を納《おさ》めさせる地租改正を行った。

ウ　租・調・庸といった税を納めるとともに，都や九州の守りについたりする人もいた。

エ　地頭の厳しい年貢の取り立てに対し，団結して訴訟《そしょう》をおこす者もいた。

問5　次のア～エは，**表ⅠのH～K**の「世界とのつながり」に関する文である。**K**の内容として適当なものを，次のア～エから一つ選び，記号で答えなさい。

ア　ペリー率《ひき》いるアメリカ合衆国の軍艦4せきが，浦賀（神奈川県）に現れ，開国を求めてきた。

イ　倭の各地の王は，中国に使いを送り，進んだ文化や技術を積極的に取り入れようとした。

ウ　聖徳太子は，隋に小野妹子たちを使者として送り，対等な国の交わりを結ぼうとした。

エ　足利義満は，明に僧侶や博多商人を使者として送り，国交を開いて貿易を開始した。

問6　次のア～エは，**表Ⅰ**の**L**～**O**の「文化」に関する説明である。次の**資料1**～**4**を参考に，それぞれの時代の説明として適当なものを，次のア～エから一つ選び，記号で答えなさい。

ア　**L**：**資料1**の鉄器は主に祭りに使われた道具で，脱穀《だっこく》や狩りの様子が描かれている。こうした米づくりにかかわる文化が，大陸や朝鮮半島からやってきた人びとによってもたらされた。

イ　**M**：**資料2**の正倉院には，仏教の力で社会の不安をしずめて国を治めようとした桓武天皇の持ち物や宝物《ほうもつ》が納められていた。こうした仏教文化は，日本最初のものであった。

ウ　**N**：**資料3**の枯山水が発達し，庭づくりには当時差別された人びとが，高い技術力をもって参加した。その他，能や茶の湯など現在ともつながりの深い文化が栄えた。

エ　**O**：京都・大阪や江戸を中心に町人文化が栄えた。教育への関心も高まり，町や村には**資料4**の寺子屋がつくられ，読み書きやそろばんが教えられた。

資料1

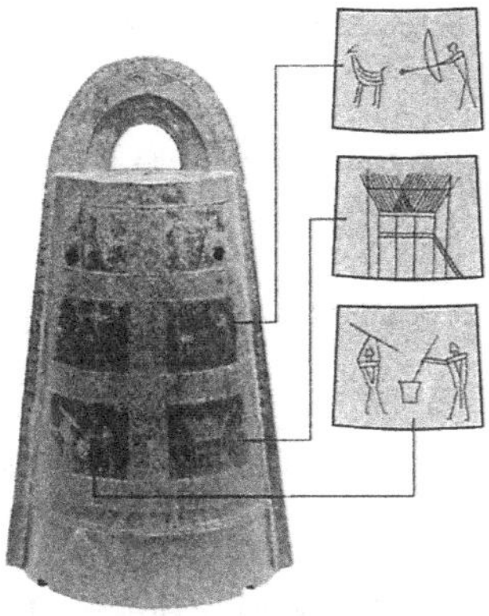

資料2

資料3

資料4

【2】 次の**表Ⅱ**は，日本における近代以降の歴史をまとめたものである。あとの各問いに答えなさい。

表Ⅱ

時代	主なできごと
明治	**P**
大正	大正デモクラシーの広まりとともに，②社会のさまざまな問題を改善《かいぜん》しようとする運動がさかんになる。
昭和	1931年9月：［3］(中国東北部）にいた日本軍が，鉄道の線路を爆破《ばくは》し，これを中国軍のしわざとして攻撃をはじめる。 1937年7月：③日中戦争がはじまる。 1941年12月：日本軍が真珠湾にあるアメリカの海軍基地を攻撃し，ほぼ同時に，イギリス領のマレー半島にも上陸する。中国との戦争が終わらないまま［4］戦争がはじまる。
平成	**Q**

問7　**表Ⅱ**の**P**について，この時代の「主なできごと」を説明した文として適当なものを，次のア～エから一つ選び，記号で答えなさい。

ア　1871年，すべての藩を廃止して県を置く版籍奉還を行い，各県には政府の役人を派《は》遣《けん》した。

イ　1874年，西郷隆盛らが政府に国会の開設を求める意見書を提出し，自由民権運動がはじまった。

ウ　1880年代には，製糸業と紡績《ぼうせき》業がさかんになり，工女とよばれた人たちが長時間働いた。

エ　日露戦争後，日本は台湾に対する支配を強め，1910年に併合して植民地とした。

問8　下線②について，当時の社会運動はどのようなものであったか，その内容を**20字以上30字以内**で説明しなさい。ただし，その運動に関わる**人物名**，あるいは**組織・団体名**を**必ず使用**すること。

問9　**表Ⅱ**の［3］・［4］にあてはまる語を答えなさい。

問六

問七

問八
(1)
という問題。
(2)

問九
1
2
3

問十

問十一

三

問一
〜

問二
②
③

問三

問四
1
2
3
4

問五

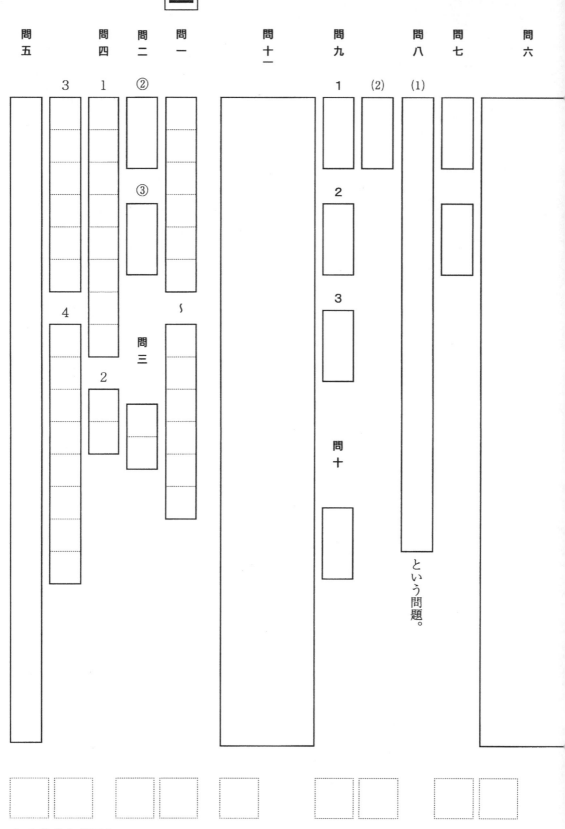

筑紫女学園中学校

令和４年度

入学試験

算　　　　数

〈解答用紙〉

(50分間)

受験番号
氏　名

〈この用紙の内側に解答らんがあります〉

・　かんとく者の指示があったら，表の受験番号，氏名のらんに記入してください。

・　受験番号，氏名の記入が終わったら，解答用紙を二つ折りのまま取りはずし，問題用紙をその上に重ねて，問題用紙の注意事項を読んでおいてください。

【解答

3

(1)	時速　　　　km	(2)	分後	(3)	

4

(1)	円	(2)	個
(3)	円	(4)	時　　　分

点

5

(1)	＃(　　　)		(2)	A 3 B	A 3 B	A 3 B	
(3)	③	＃(　　　)	④	＃(　　　)	(4)	通り	

点

受験番号	得　点

※100点満点
（配点非公表）

筑紫女学園中学校

令和４年度

入学試験

理　　科

〈 解答用紙 〉

(40分間)

受験番号
氏　名

〈この用紙の内側に解答らんがあります〉

・　かんとく者の指示があったら，表の受験番号，氏名のらんに記入してください。

・　受験番号，氏名の記入が終わったら，解答用紙を二つ折りのまま取りはずし，問題用紙をその上に重ねて，問題用紙の注意事項を読んでおいてください。

令和４年度 筑紫

理 科

1

(1)	
(2)	
(3)	
(4)	→ → →
(5)	

点

2

(1)	
(2)	①
	②
(3)	
(4)	
(5)	

5

(1)	
(2)	電池 電池 電球 電球
(3)	
(4)	
(5)	① ②場所 向き

6

(1)	
(2)	
(3)	
(5)	
(6)	実験１ 実験２
(4)	

点

筑紫女学園中学校

令和４年度

入学試験

社　　　会

〈 解答用紙 〉

(40分間)

受験番号
氏　名

〈この用紙の内側に解答らんがあります〉

・　かんとく者の指示があったら，表の受験番号，氏名のらんに記入してください。

・　受験番号，氏名の記入が終わったら，解答用紙を二つ折りのまま取りはずし，問題用紙をその上に重ねて，問題用紙の注意事項を読んでおいてください。

【解答

										10				
					20									30

点

問9		問10	問11
3	4		

点

3

問1	問2	問3	問4

問5	問6	問7	問8	問9

点

点

受験番号	得　点

※75点満点
（配点非公表）

令和４年度 筑紫女学園中学校 入学試験

社 会 解 答 用 紙

1

問1		
1	2	3

問2	問3	問4	問5	問6

点
点

2

問1	問2	問3		
		(1)　1	(1)　2	(2)

問4	問5	問6	問7
→ →			

点
点

園中学校 入学試験

用 紙

3

(1)	A	B
(2)		
(3)		
(4)		

点

4

(1)	
(2)	
(3)	
(4)	
(5)	年後

点

点

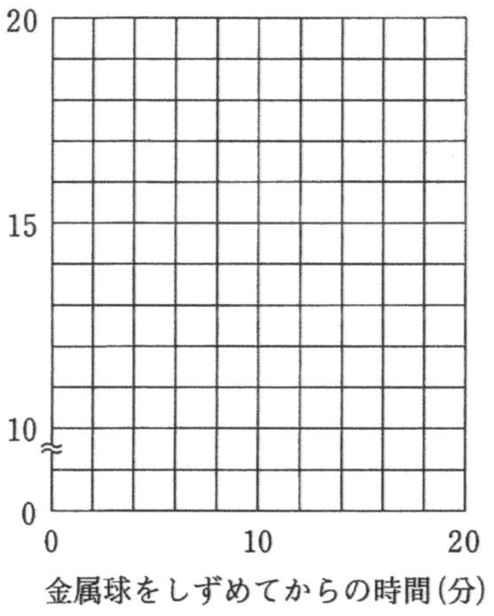

点

7

(1)	
(2)	
(3)	cm³
(4)	① 水溶液Y：水溶液Z＝　　　：
	② cm³

点

受験番号	得　点

※75点満点
（配点非公表）

令和4年度 筑紫女学園中学校 入学試験

算数解答用紙

1

(1)		(2)	
(3)	個	(4)	
(5)	g	(6)	ひも　本 / あまり　m
(7)	①	②	

点

2

(1)	cm	(2)	cm^2	(3) ①	度 / ② cm^2
(4) ①	倍	②	cm^3		

令和4年度 筑紫女学園中学校 入学試験

国語解答用紙

受験番号

得点

※100点満点
（配点非公表）

一

① 類似

② 均一

③ 委ねる　ねる

④ 骨子

⑤ サバク

⑥ セイイ

⑦ メンミツ

⑧ タイハ

⑨ シュウシン

⑩ コウテツ

二

問一

問二

問三

問四

1

2

3

問五

筑紫女学園中学校

令和４年度

入学試験

国　　語

〈解答用紙〉

(50分間)

受験番号
氏　名

〈この用紙の内側に解答らんがあります〉

・　かんとく者の指示があったら，表の受験番号，氏名のらんに記入してください。

・　受験番号，氏名の記入が終わったら，解答用紙を二つ折りのまま取りはずし，問題用紙をその上に重ねて，問題用紙の注意事項を読んでおいてください。

問10　下線③に関して，日中戦争がはじまると，当時の学校生活にもさまざまな影響を及ぼすようになった。**資料5～8**は日中戦争以降の学校生活に関するものである。**資料5～8**について述べた文として**適当でないもの**を，次のア～エから一つ選び，記号で答えなさい。

ア　**資料5**は，労働力不足をおぎなうために，女学生が兵器工場で働いている勤労動員の様子である。

イ　**資料6**は，空襲の被害から逃《のが》れるために，都市部の小学児童らが集団で疎開し，食事をしている様子である。

ウ　**資料7**からわかるように，当時の女学生は，戦勝祈願のために神社に参拝したり，負《ふ》傷《しょう》兵への見舞いに行ったりしていた。

エ　**資料8**からわかるように，当時の小学児童は，日本が民主主義の国として世界でもっとも自由であると学んでいた。

資料5

資料6

資料7　「学校だより」（1937年）

十二月十一日（土）　一、南京陥落につき戦勝報告武運長久祈願の爲全校職員生徒警固神社に參拜

十二月十八日（土）□先生引率研究科生徒三名は本校を代表し福岡衛戍病院に傷病兵を見舞ふ（手製菓子持參）

→

十二月十一日（土）　一、南京陥落《かんらく》につき戦勝報告武運長久《ぶうんちょうきゅう》祈願《きがん》の為《ため》全校職員生徒警固神社に参拝

十二月十八日（土）　□　先生引率研究科生徒三名は本校を代表し福岡衛戍《えいじゅ》病院に傷病《しょうびょう》兵を見舞ふ（手製菓子持参）

※筑紫高等女学校（本校の前身）の学校誌である『筑紫』第27号（1938年刊）より一部引用。
出題の都合上，□の部分の文字を削除した。

資料8　「ヨイコドモ」（1941年刊）

二十　ヨイ　子ドモ

私タチハ、今度　ミンナ　ソロッテ、三年生ニ　ナリマス。

私タチハ、コノ　學校ヘ　ハイッテカラ、ヨク　ベンキャウヲ　シマシタ。カラダヲ　ヂャウブニ　シマシタ。先生ヤ、オトウサン　オカアサンノ　イヒツケヲ　ヨク　守ッテ、ヨイ　子ドモニ　ナラウト　心ガケテキマシタ。

私タチハ、先生カラ　イロイロナ　オ話ヲ　聞キマシタ。天皇陛下ノ　アリガタイ　コトガ　ワカリマシタ。天皇陛下ヲ　イタダク　日本ノ　國ハ、世界中デ　一番　タフトイ　國デ　アル

※国民学校（現在の小学校）の教科書

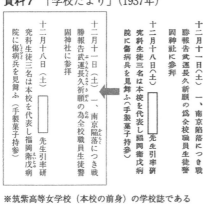

問11　**表Ⅱ**の**Q**について，この時代の「主なできごと」を説明した文として適当なものを，次のア～エから一つ選び，記号で答えなさい。

ア　日米安全保障条約が結ばれ，アメリカ軍が沖縄からすべて撤退《てったい》した。

イ　中華人民共和国との国交が正常化し，日中平和友好条約が結ばれた。

ウ　国会で「アイヌ民族を先住民族とすることを求める決議」が採択《さいたく》された。

エ　高度経済成長がはじまり，技術革新が進んだため，世界第１位の工業国となった。

3 次の文章を読み，あとの各問いに答えなさい。

日本の国会には，議員でない立場の人から意見をきく【　　　】というしくみがあります。また，①愛知県犬山市にも，②市民が市議会の壇上《だんじょう》に立ち，市の政治や市議会への意見や提案を述べることができるしくみがあります。「フリースピーチ制度」とよばれる制度です。

2019年，小学4年生の女子児童がこのしくみを利用しました。③保護者である母親といっしょに，中学校の制服について，「④性別に関係なく着られて違和感《いわかん》の無いような制服があればみんなが安心すると思う」と述べたのです。この意見を受けて，じっさいに⑤市議会でも話し合いが行われました。その結果，2021年4月から，市内のすべての中学校で，女子生徒はブレザーとスカート，もしくはブレザーとスラックスの組み合わせを選べるようにもなりました。

犬山市のこうしたとりくみは，⑥私たち市民と市議会や市の政治との関わりを考えるうえで，とても重要です。この「フリースピーチ制度」の導入に深く関わったのは，⑦アメリカ・ニューヨーク市出身の男性議長でした。犬山市議会ではその後，女性の議長が誕生するなど，議会改革を進めています。

国会においても，⑧2021年6月に「政治分野における男女共同参画の推進に関する法律」が改正され，男女の格差を減らすとりくみが強化されています。

問1 【　　　】にあてはまる語として適当なものを，次のア～エから一つ選び，記号で答えなさい。

ア　委員会　　イ　本会議　　ウ　公聴会　　エ　総会

問2 下線①について，**資料1**は，「愛知県における外国人住民数の国籍（出身地）別内訳《うちわけ》」である。**A**～**D**の国や地域の説明として適当なものを，下のア～エから一つ選び，記号で答えなさい。

資料1

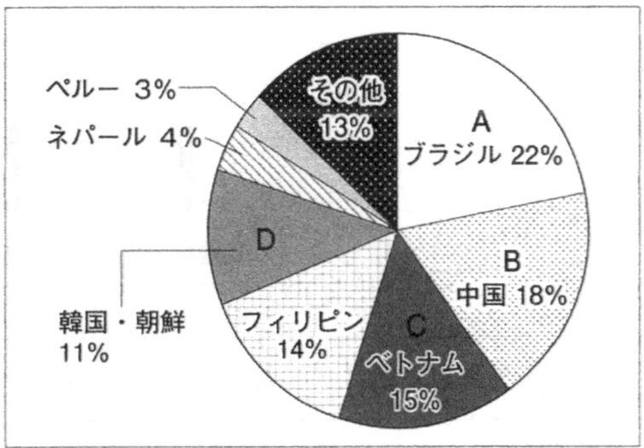

（2020年，法務省『在留外国人統計』などを参考に作成）

ア　**A**：首都において，オリンピック・パラリンピックが開かれた。

イ　**B**：国内には，50をこえる民族がくらしている。

ウ　**C**：日本にとって，最大の貿易相手国である。

エ　**D**：経済特区が設けられ，多くの外国企業が進出している。

問３　下線②について，このしくみは日本国憲法の基本原則の一つにもとづいている。この原則とは何か，漢字４字で答えなさい。

問４　下線③について，日本国憲法に，「その保護する子女に普通教育を受けさせる義務を負ふ」（第26条第２項）とある。その他，日本国憲法に定められた国民の義務として適当なものを，次のア～エから**すべて**選び，記号で答えなさい。

ア　仕事に就《つ》いて働く　　　イ　政治に参加する

ウ　裁判を受ける　　　　　　エ　税金を納《おさ》める

資料２

問５　下線④に関して，国際連合が2017年に示した「持続可能な開発目標（SDGs）」には，右の**資料２**のように目標が掲《かか》げられている。［　　　］にあてはまる語をカタカナで答えなさい。

問６　下線⑤について，市議会など地方議会では，その地方公共団体のみで通用するきまりを制定，または改正・廃止することができる。このきまりを何というか，答えなさい。

問７　下線⑥について，「市民」，「市議会」，「市長」の関係を表した図として適当なものを，次のア～エから一つ選び，記号で答えなさい。

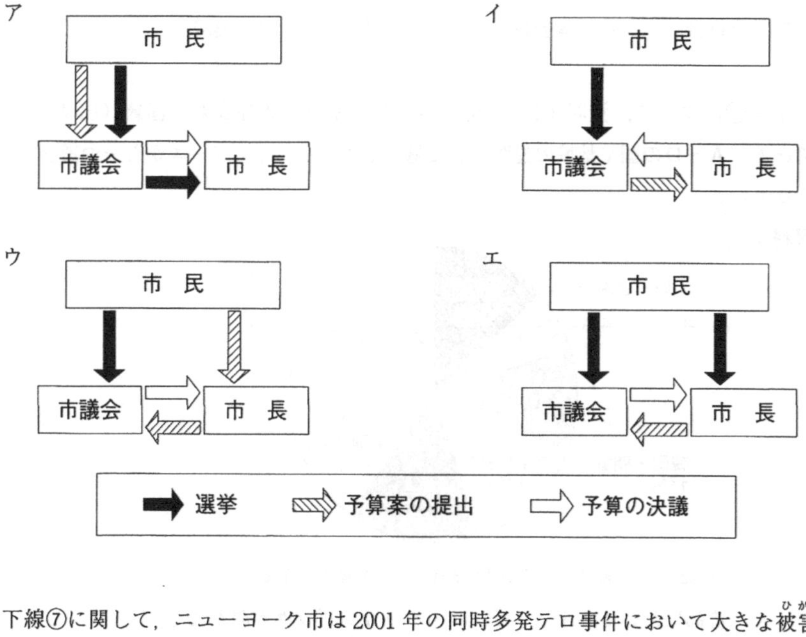

問８　下線⑦に関して，ニューヨーク市は2001年の同時多発テロ事件において大きな被害《ひがい》を受けた。事件を受けて，アメリカは「ある国」へ軍隊を長らく派遣《はけん》していたが，2021年８月に撤退した。「ある国」として適当なものを，次のア～エから一つ選び，記号で答えなさい。

ア　南スーダン　　　イ　アフガニスタン　　　ウ　イラン　　　エ　イラク

問９　下線⑧に関して，日本では女性議員の少なさが指摘《してき》されている。このことを示した次の**資料３～５**について，３人の生徒たちが意見を交わしている。それぞれの述べている内容の正誤《せいご》について適当なものを，下のア～オから一つ選び，記号で答えなさい。

資料３　各議院における議員の男女比
（2021年２月）

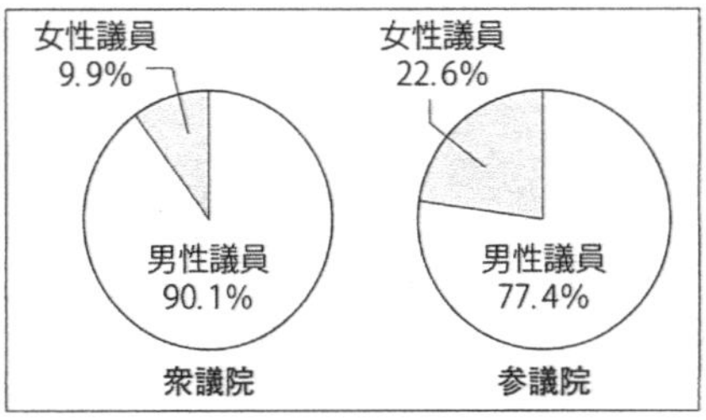

資料４　地方議会における女性議員の割合
（2019年）

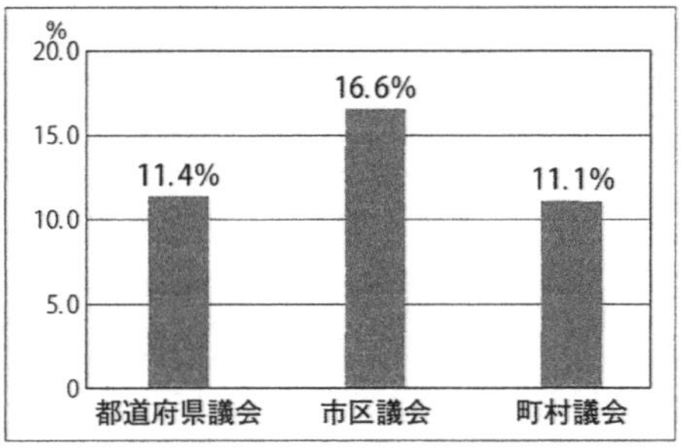

資料５　全議員に占める女性議員の比率の推移《すいい》（衆議院）

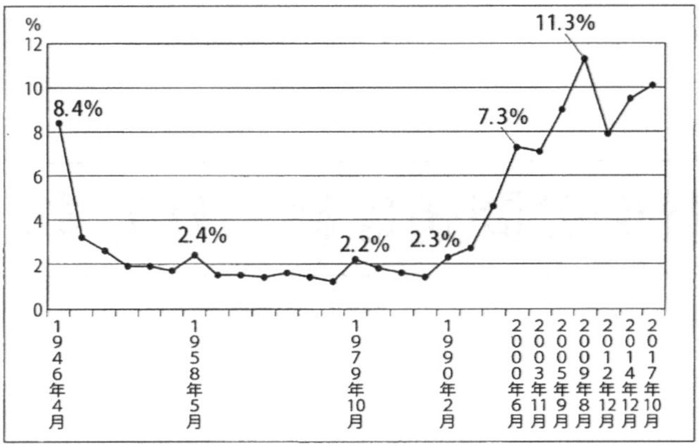

（**資料３～５**は，いずれも内閣府の資料を参考に作成）

生徒Ａ　国会だと，衆議院に比べ，参議院のほうが女性議員の比率が高いです。参議院は，任期が短く，解散があるからだと思います。

生徒Ｂ　地方議会になると，市区議会の女性議員の比率がもっとも高いです。市区議会議員の選挙に立候補できる年齢が18歳以上に引き下げられたことが関係していると思います。

生徒Ｃ　衆議院の女性議員の比率の推移を見てみると，1946年４月の女性議員の割合がとっても高いです。日本国憲法があらたに公布されて，初めて実施された男女平等の普通選挙だったからだと思います。

ア　**生徒Ａ**のみ正しい　　イ　**生徒Ｂ**のみ正しい　　ウ　**生徒Ｃ**のみ正しい
エ　３人とも正しい　　オ　３人とも誤っている

これで，社会の問題は終わりです。

筑紫女学園中学校

令和３年度

入学試験

国　語

〈問題用紙〉

(50分間)

〈注意〉

１　かんとく者の開始の合図があるまで，この問題用紙を開かないでください。

２　開始の合図があったら，解答用紙の内側にも受験番号を記入して，解答を始めてください。

３　問題は，１ページから６ページまであります。

４　解答は，すべて解答用紙の所定のらんに記入してください。

５　かんとく者の終了の合図で筆記用具を置き，解答用紙を広げたまま解答面を下に向け，机の上に置いてください。

６　解答用紙だけを提出し，問題用紙は持ち帰ってください。

一

次の①〜⑩の各文の――線部について、漢字は読みをひらがなで書き、カタカナは漢字に直しなさい。おくりがなの必要なものは、おくりがなも正しく書きなさい。

① 妹はいつも私に逆らう。
② 牛を放牧する。
③ 書物の巻頭をかざる。
④ 雪の重みで枝先がタレル。
⑤ 代表に選ばれるのはコウエイだ。
⑥ 機械がコショウする。
⑦ 食料をチョゾウする。
⑧ すぐれたコウセキを残す。
⑨ 体を後ろにソラス。
⑩ 祖母からコヅツミが届く。

二

次の文章を読んで、後の問いに答えなさい。句読点・記号はすべて一字とします。（1〜14は段落番号です。）

1 心ってなんだろう。

2 このような問いは、だれでも考えたことがあると思います。心をもった人間が、心について考える。これはある意味で、とても不思議な現象です。①**自分自身について考えることと、ほとんど同義とさえいえるでしょう**。私自身の一〇代をふりかえってみても、内向的な性格からか、頭の片隅《かたすみ》で、いつもこのようなことを考えていたきおくがあります。

3 心についての不思議は、日常生活にあふれています。

（中略）

4 友人に携帯《けいたい》電話でメールを送ったとします。ところが、すぐに返事が返ってこないと、「何をしているのかなあ」と心配になりますね。しばらくして、まだ来ないとなると、ついイライラしてしまうものです。「何か事情があるのだろう」と、頭ではわかっているのですが。

5 私たちは、おたがいの心を想像しながら生活しています。相手に期待し、相手からの期待にこたえようとします。ときには、そこにズレが生じます。これが悩《なや》みのひとつの種になることも多いでしょう。ここで大切なことは、そもそも人が心に［1］をもたなければ、［2］は生まれない、ということです。あたりまえといわれれば、それまでですが。

6 他者の心を推測し、自分の心をふりかえる。これは、ある意味で、とても人間らしい行動といえるでしょう。その過程の中で、悩みが生じるとすれば、悩みも人間らしさの一部といえるかもしれません。そして、このような「心への関心」は、ある年れいにぐんと発達することがわかってきたのです。〈 A 〉

7 ここで、自分の成長を思い出してください。はじめて心に関心をもったのは、いったい何歳《なんさい》ぐらいでしょうか。

8 現在の心理学者たちは、四歳前後というひとつの目安を提唱しています。この時期を境に、他者の心を推測する力がのびてくるのです。たとえば、「友だちがほしがっているから、自分も使いたいけど、おもちゃを貸してあげよう」とか、「こんなプレゼントをあげると、お母さんがよろこぶだろうな」というふうに。「［3］」「［4］」というのではなく、他者への配慮《はいりょ》、共感、思いやりがはっきりとあらわれ、それにあわせて自分の行動もコントロールできるというわけです。心とのはじめての出会いは四歳、といってもいいでしょう。〈 B 〉

（中略）

9 もうひとつ大切なことは、②**四歳ぐらいから、うそを（うそと自覚して）つきはじめる**、ということです。みなさんはすぐに、「うそはよくない」と思うかもしれませんね。しかし、心理学的にいえば、うそはじつに高度なコミュニケーションなのです。考えてみれば、うそというのは、相手の裏をかく行動。ですから、相手が何を考えているのか、その心を想像できなければなりません。そのうえで、「意地悪してやろう」「困らせてやろう」「おどろかせてやろう」というわけですから、複雑な思考が必要です。子どもたちは、「うそっこ」と「ほんとう」のあいだを、あんがい自在に楽しんでいるのかもしれませんよ。〈 C 〉

10 本書のタイトルは、『悩みとつきあおう』です。悩みを「あれこれ思いわずらうこと」と定義するなら、人生の最初の悩みは、まさにこのころに訪れます。人の心に関心をもち、それに③**□□される**ようになるわけですから、とうぜんといえばそうですね。

11 自然に④**屈託《くったく》なく**遊んでいるように見えて、どこか暗い顔が見えかくれする。この時期の子どもたちの人間観察は、ある意味でとてもするどいものがあります。「子どもはいつ大人になるの」「人間はしゃべるのに、犬はどうして話せないの」といった質問は、まさに小さな［ 5 ］。そういえば、私たちの人生最初のきおくも、このころです。一般《いっぱん》的にいう「物心《ものごころ》つく」のは、どうやら四歳ぐらいとみてよさそうです。〈 D 〉

12 四歳が他者の心に関心をもつ年れいだとすれば、自分の心について深く考えはじめるのは、いつごろなのでしょうか。これについては、はっきりした年れいをあげることは、むずかしい。ただ、一〇歳前後は、ひとつの節目といえそうです。もちろん個人差は大きいのですが。⑤**このことは、つぎのような子どもの詩を読むとよくわかります。**

13 彼女は、自分の心の中に、さまざまな表情があることに気づいています。人の心に、本音と建前《たてまえ》、表と裏があることも自覚しています。そのようすを「※□」のようだ、と表現します。思わずハッとさせられる表現です。思い返してみれば、私たちもそう感じていたはずなのですが、子どもたちは、じつに豊かで繊細《せんさい》な感受性をもっているものです。

14 こうなると、他者の心をもっと深く読みとることも可能になります。たとえば、ものごとの善悪を判断する場合も、その結末ではなく、動機を加味して判断するようになります。つぎのような二つの短いお話（エピソード）を小学生に聞かせ、「太郎と次郎は、どちらが悪い？」と問うと、※一目瞭然《いちもくりょうぜん》。⑥**低学年と高学年では、明らかにちがう答えが返ってくるのです。**

> エピソード1
> 太郎くんは、お母さんの大好きなパンケーキを焼いてあげようと思いました。台所で料理をしているあいだに、誤って大切なお皿を三枚も割ってしまいました。
> エピソード2
> 次郎くんは、自分の大好きなパンケーキの粉があるのを見つけました。台所でこっそり焼いているあいだに、誤って大切なお皿を一枚だけ割ってしまいました。

（串崎真志『悩みとつきあおう』岩波ジュニア新書による）

※ □……問題の都合上、空らんにしています。
一目瞭然……ひと目見ただけでまちがいなく分かること。

問一　――線①「**自分自身について考えることと、ほとんど同義とさえいえるでしょう**」とありますが、何が「自分自身について考えること」と「ほとんど同義」だといえるのですか。「こと」に続くように本文中から**一文**で探し、**初めの五字**をぬき出して書きなさい。

問二　本文中の[1]・[2]にあてはまる最も適当なことばを、[6]〜[8]**段落**から、それぞれぬき出して書きなさい。

問三　本文中の[3]・[4]にあてはまる適当なものを次のア〜カから**二つ選び**、**記号**で答えなさい。ただし、解答の順序は問いません。

ア　気の毒だから
イ　決まりだから
ウ　助けたいから
エ　おこられるから
オ　はげましたいから
カ　みんなのためだから

問四　――線②「**四歳ぐらいから、うそを（うそと自覚して）つきはじめる**」について説明した次の文章の[1]〜[4]にあてはまる最も適当なことばを、本文中の[7]〜[9]**段落**から、指定された字数でぬき出して書きなさい。

> うそを（うそと自覚して）つくというのは、[1（**十字**）]を働かせたうえで[2（**七字**）]行いだといえる。したがって、うそというのは[3（**五字**）]がないとつけないものであり、[4（**十二字**）]であるといえる。そして、これは四歳ぐらいから見受けられる。

問五　――線③「**□□される**」とありますが、「**□□される**」が「えいきょうされる」という意味になるように、たがいに反対の意味を持つ漢字二字を使って、「**□□**」にあてはまる**熟語**を書きなさい。

問六　――線④「**屈託なく**」の意味として最も適当なものを、次のア〜エから選び、**記号**で答えなさい。

ア　何も心配することなく
イ　少しも気が散ることなく
ウ　全くたいくつすることなく
エ　だれにも合わせることなく

問七　本文中の[5]にあてはまるものを、（　　）内の説明を参考にして次のア〜エから**一つ**選び、**記号**で答えなさい。

ア　評論家
　（ものごとの善悪・価値などについて評価して意見を述べる人）
イ　哲《てつ》学者
　（世界・人間・事物などのおおもとの真理を理解しようとする人）
ウ　教育者
　（社会生活に必要な知識・教養などが身につくように教え育てる人）
エ　芸術家
　（心に感じたことや考えを、絵や文字などの方法で美的に表現する人）

問八　次の一文は本文中からぬき出したものです。〈Ａ〉〜〈Ｄ〉のどこにあったと考えるのが最も適当ですか、その**記号**を書きなさい。

> 大人としては、その成長ぶりをよろこぶよゆうもほしいところです。

問九　――線⑤「**このことは、つぎのような子どもの詩を読むとよくわかります**」とありますが、本文中の[　]には、筆者が『こどもの詩』（川崎洋編）という本から引用した詩が入ります。最もふさわしい詩を次のア〜エから選び、**記号**で答えなさい。

ア　わたしのからだのけらい

※著作権上の都合により省略いたします
教英出版編集部

イ　私のレディー

※著作権上の都合により省略いたします
教英出版編集部

ウ　顔

※著作権上の都合により省略いたします
教英出版編集部

エ　雪かき

※著作権上の都合により省略いたします
教英出版編集部

問十　——線⑥「**低学年と高学年では、明らかにちがう答えが返ってくるのです**」とありますが、低学年と高学年では、太郎と次郎のどちらが悪いという答えが返ってくると推測できますか。本文の内容をふまえ、それぞれ理由もふくめて説明しなさい。

三

次の文章を読んで、後の問いに答えなさい。句読点・記号はすべて一字とします。

ある年の梅雨《つゆ》、私は通勤途中《とちゅう》に信号が変わるのを待っていた。頭上の傘《かさ》に大つぶの①**雨**が降り注いでいる。あんまりうるさく落ちてくるので、②**ふと、傘の天井《てんじょう》あたりに内側から手のひらをあててみた。**形からいうと、手で傘を支えたような格好である。そんなことをしたところで雨が食いとめられるはずもない。ところがそのとき、私は何か、とても不思議な感触《かんしょく》を覚えた。手のひらに大きな丸いものがひっきりなしに落ちてくる。まるで小人が手のひらの上でおどっているかのようだった。あるいは、妖精《ようせい》たちが宝石をばらまいているとでもいったほうがいいかもしれない。

「雨つぶだ」

そのいっしゅん前まで、重苦しい音の圧力となって私の頭にのしかかっていた雨が、とつぜん、むじゃきでかわいらしいつぶつぶに姿を変えて、手のひらの上で楽しそうに飛びはねている。それはまさに、空が魔法《まほう》の箱となって、おそろしい雨をえもいわれぬ滴《しずく》の精に変身させたしゅん間だった。

そういえば、雨や雪のつぶをじかにさわることはなかなかできない。もちろん、手を差しのべれば雨そのものにさわることはできるけれど、それは雨つぶではない。雨自体は手に触れたしゅん間、もうつぶではなくなってしまうからである。さわっている私にとって、それはもはやただの水のかけら、手をぬらす少量の水滴《すいてき》でしかない。

ところが傘ごしの雨は、なぜだか丸いままさわっている気がする。傘の外で真っ平らな手のひらに直接あたるのと違い、傾斜《けいしゃ》した傘にあたった雨つぶは、すぐにくだけないのかもしれない。そのつぶが手のずい所に（　A　）あたる感じは、まるでさまざまな大きさの丸い生き物が、空から私の傘に次々と遊びに降りてきているかのようだった。その感触をより正確にいうのなら、クッキーなどについている空気の入ったパッキングをつぶすときのような、細かいが質量のある快感といった感じであろうか。

それから何年かして、私は傘ごしの雨を楽しめるのは、梅雨時に限られることに気づいた。たとえば夏の［1］では勢いが強すぎて、傘に手をあてて遊んでいるよゆうはない。また、風がふいていると傘にまっすぐ雨つぶが落ちてこないので、雨の手ざわりを楽しむというわけにはいかない。［2］は細く静かで、ほとんど傘にあたる感触がないし、秋や冬の雨は風にあおられて、直接あたる確率は少ない。

ところでこうして雨を好きになり始めると、梅雨時のまっすぐな雨が、さらにいろいろなことを語っていることに気づいたのだ。③**雨は私に、晴れやくもりの日にはけっしてわからなかった街の様子を、細やかに伝えてくれていたのである。**

あれは、住宅地に降り注ぐ雨の真っただ中に④**たたずんで**いたときのことだった。私の耳に急にたくさんの音が飛び込んできた。トタンの屋根、雨ざらしの自転車、転がっている空き缶《かん》、車にかけたシート、大きな門、そんな街の景色に、雨があたっていたのである。※どれも、いつもは私がぶつかるまで自分の存在を教えてはくれないものばかりだ。

梅雨の雨は、その無愛想なものたちの存在を優しく音に訳して、私の耳に伝えていたのだった。トタン屋根にあたって短い余韻《よいん》を残す平たい雨、門柱に落ちてカアンと小気味よく散る雨、路肩《ろかた》に転がった空き缶に見事に命中して（　B　）歌う雨……。足もとのアスファルトにも一面に雨滴《うてき》が降り注ぎ、ひびきのない不思議な広さの音をたてていた。まるで地面がうき上がっているかのようだ。さらにあたりの空間に耳をかたむければ、さまざまな高さのものにあたる雨の音がいくつもの層となって聞こえ、空気の中に満ちている。

自分から音をたてないために、ふだんは私にとってほとんど無に等しい存在である街並み。それが、雨の日にだけ世界にたった一つしかない楽器に生まれ変わり、次々と音を⑤**つむぎ出して**は私の鼓膜《こまく》にぼんやりと輪郭《りんかく》を表してくれる。その輪郭を物語る音が空中で混じり合うのを聞いていると、それまで想像もできなかった、⑥**雨の日だけの特別な景色を楽しむことができる**のだった。

（三宮麻由子『そっと耳を澄ませば』による）

※　どれも、いつもは私がぶつかるまで自分の存在を教えてはくれないものばかりだ。……筆者は、幼いころに視力を失っている。

問一　——線①「**雨**」とありますが、筆者は「雨」を何かにたとえています。何にたとえていますか。——線①と同じ段落の中から、**二字**のことばを**二つ**探し、ぬき出して書きなさい。

問二　——線②「**ふと、傘の天井あたりに内側から手のひらをあててみた**」とありますが、この動作の前後における筆者の雨に対する感じ方について、たとえを用いて述べた**連続している二文**を探し、**初めの五字**をぬき出して書きなさい。

問三　本文中の（　A　）・（　B　）にあてはまる最も適当なものを次のア～カからそれぞれ選び、**記号**で答えなさい。

ア　キーンと　　イ　ザーザーと　　ウ　しーんと
エ　しとしとと　　オ　ポツポツと　　カ　ゴーンと

問四　本文中の［1］・［2］にあてはまる最も適当なものを次のア～オからそれぞれ選び、**記号**で答えなさい。

ア　時雨《しぐれ》　　イ　春雨《はるさめ》　　ウ　五月雨《さみだれ》　　エ　みぞれ　　オ　夕立《ゆうだち》

問五　——線③とありますが、これをかんたんにした「**雨は私に街の様子を伝えた**」という文を、たとえを用いずに「**私は**」を主語にして書きかえなさい。

問六　——線④「**たたずんで**」・⑤「**つむぎ出して**」ということばの使い方として正しいものを、それぞれ後のア～エから選び、**記号**で答えなさい。

④「**たたずんで**」

ア　森の泉からこんこんと水がたたずんでいた。
イ　宇宙空間に衛星がゆっくりとたたずんでいた。
ウ　兄はねぼうして、必死に学校へたたずんでいた。
エ　私は波を見ながらずっと浜辺にたたずんでいた。

⑤「**つむぎ出して**」

ア　AIが技術をつむぎ出して社会が発展する。
イ　クラスの全員が力をつむぎ出して達成する。
ウ　作家がことばをつむぎ出して物語を作った。
エ　祖母が成人式の着物をつむぎ出してくれた。

問七　——線⑥「**雨の日だけの特別な景色を楽しむことができる**」について説明した次の文章の［1］・［2］にあてはまる最も適当なことばを、本文中から指定された字数でぬき出して書きなさい。

> 視覚では街の景色をとらえることが難しい「私」にとって、街の景色はふだんは、［1（**八字**）］の集まりのようなものである。しかし、雨の日には、［2（**十四字**）］となって音をたてるので、「私」は街の景色を感じとることができるということ。

筑紫女学園中学校

令和３年度

入学試験

算　　数

〈問題用紙〉

(50分間)

〈注意〉

1　かんとく者の開始の合図があるまで，この問題用紙を開かないでください。

2　開始の合図があったら，解答用紙の内側にも受験番号を記入して，解答を始めてください。

3　問題は，１ページから12ページまであります。

4　解答は，すべて解答用紙の所定のらんに記入してください。

5　かんとく者の終了の合図で筆記用具を置き，解答用紙を広げたまま解答面を下に向け，机の上に置いてください。

6　解答用紙だけを提出し，問題用紙は持ち帰ってください。

分数は，それ以上約分できない形で答えなさい。
円周率が必要な場合は，3.14 としなさい。

1 次の各問いに答えなさい。

(1) $\left(\frac{7}{6}-\frac{9}{8}\right)\div\frac{1}{6}$ を計算しなさい。

(2) $1.4+\left\{1+2\times 3-\left(1-\frac{3}{5}\right)\right\}$ を計算しなさい。

(3) 1 Lは 何m^3 ですか。

(4) 6 %の食塩水 200 g と 15%の食塩水 300 g を混《ま》ぜたとき，何%の食塩水ができますか。

(5) 原価 1,000 円の品物に 1 割の利益を見《み》込《こ》んで定価をつけました。

① この品物を定価で売ったとき，利益は何円ですか。

② この品物が売れなかったので，定価の 1 割引きで売ることになりました。売値は何円ですか。

(6)　1辺の長さが10 cmの立方体があります。この立体のおよそ半分の体積になる立方体は，1辺が何cmですか。最も近い値を次の㋐～㋔から選び，記号で答えなさい。

㋐　5 cm　　㋑　6 cm　　㋒　7 cm　　㋓　8 cm　　㋔　9 cm

(7)　お菓子を子供たちに配ります。4個ずつ配ると70個不足し，2個ずつ配っても10個不足します。お菓子は全部で何個ありますか。

(8)　6 kmの山道を，行きは時速3 km，帰りは時速6 kmの速さで歩いて往復するとき，平均の速さは時速何kmですか。

(9)　時刻が1時20分のとき，長針と短針のつくる角のうち，小さい方の角の大きさは何度ですか。

2　次の各問いに答えなさい。

(1) **【図1】**は正五角形です。角㋐は何度ですか。

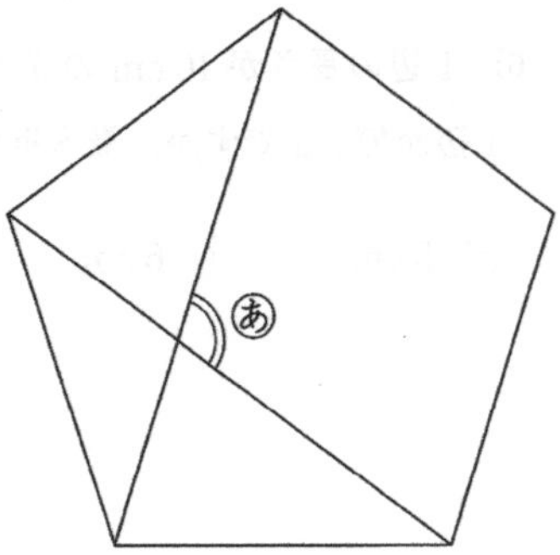

【図1】

(2) **【図2】**は，1辺が12 cmの正方形の内側に，半径3 cmの円を4つかいたものです。斜線《しゃせん》部分の面積は何cm^2ですか。

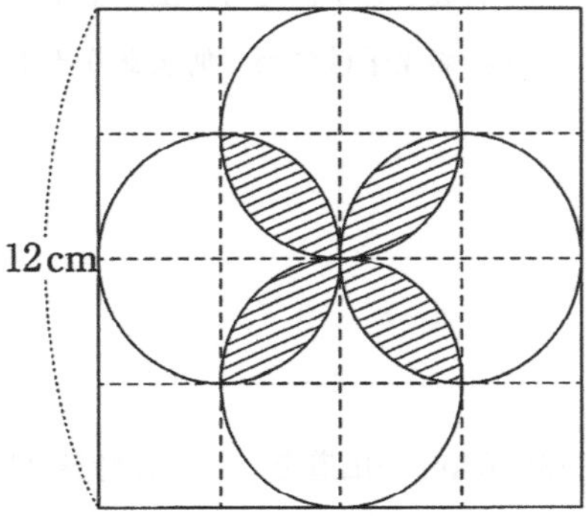

【図2】

(3) **【図3】**は，底面の半径が3cmの円柱から，底面の半径が2cmの円柱をくりぬいた立体です。この立体を，3点A，B，Cを通る面で切断して，**【図4】**の立体を作ります。
【図4】の立体の体積は何cm^3ですか。

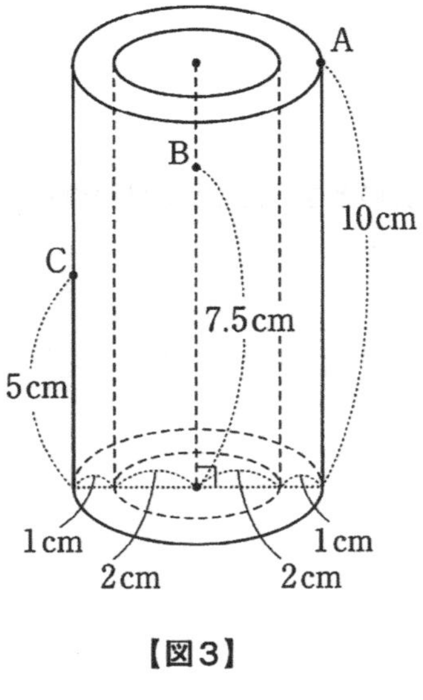

【図3】

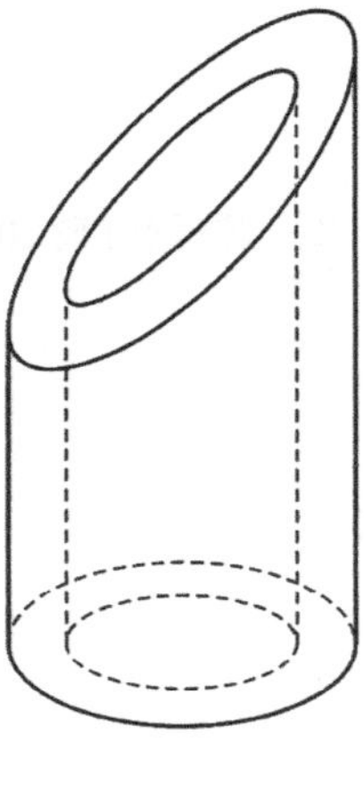

【図4】

(4)　立方体の展開図でないものはどれですか。次の㋐～㋕から１つ選び，記号で答えなさい。

㋐

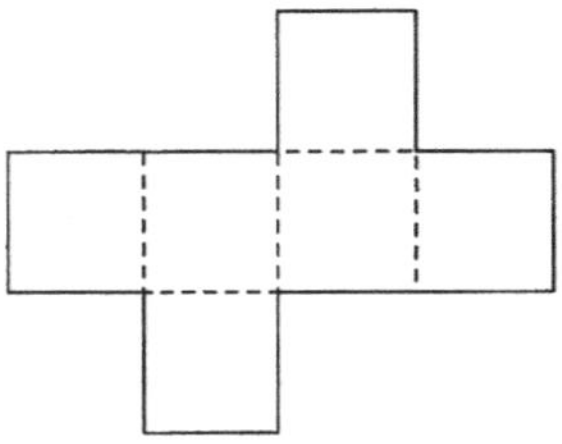

㋑

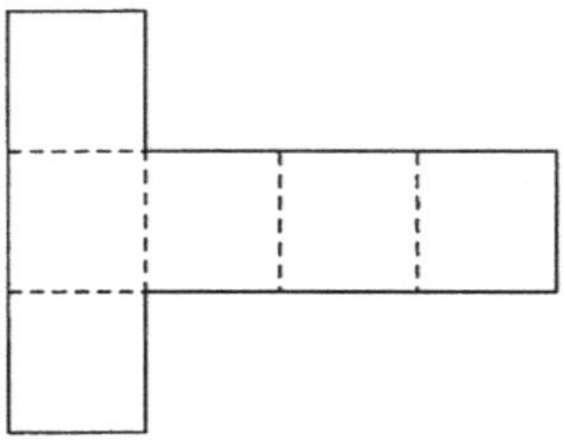

㋒

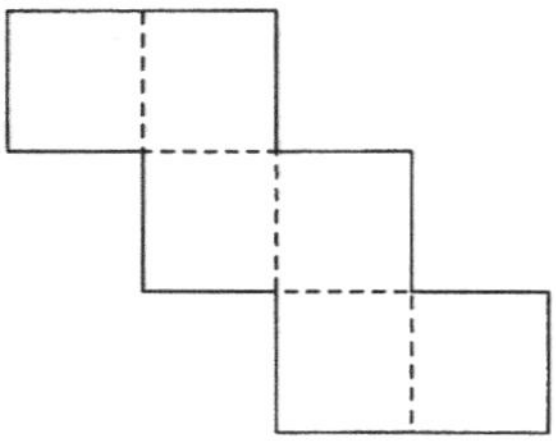

㋓

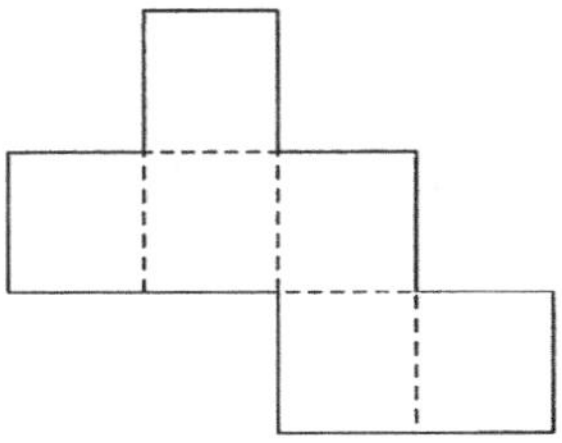

㋔

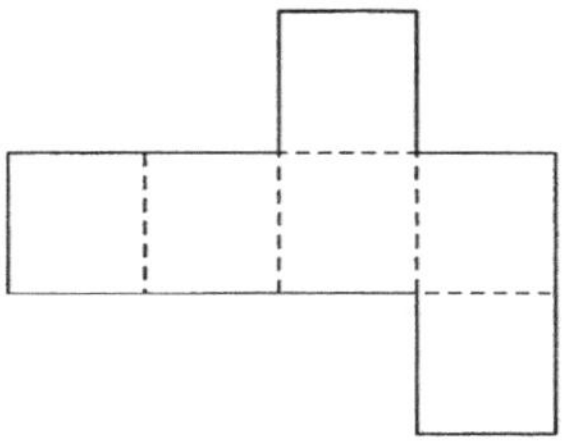

㋕

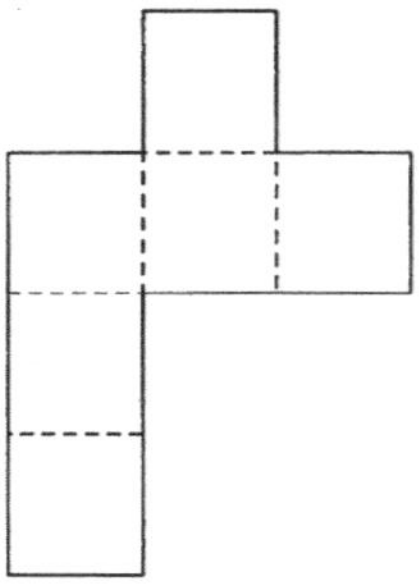

3　1 辺が 12 cm の正方形の紙を，【図１】⇨【図２】⇨【図３】⇨【図４】のように，太線を折り目として３回折りたたみます。次に，【図４】の状態から【図５】のように，斜線部分（a），（b）を切り取って除きます。ただし，【図５】の（a）は点Ｅを中心とする半径 1 cm の半円を表すものとします。

次の各問いに答えなさい。

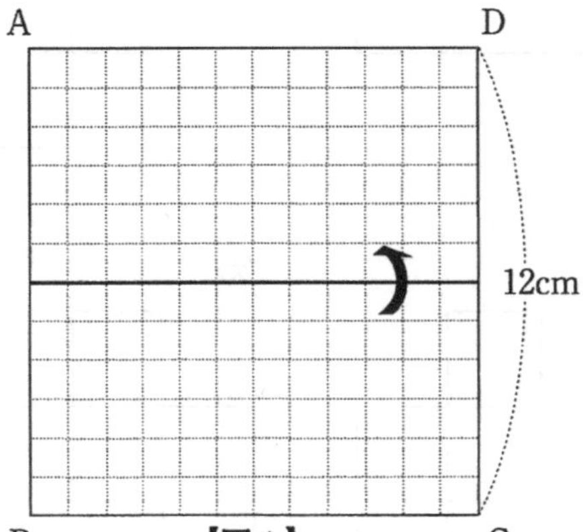

【図１】

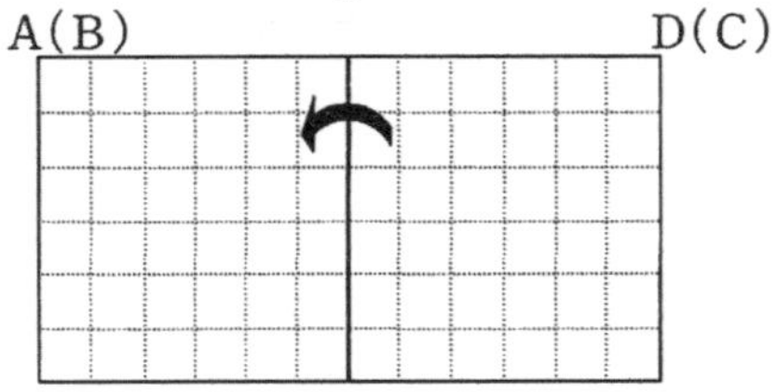

【図２】

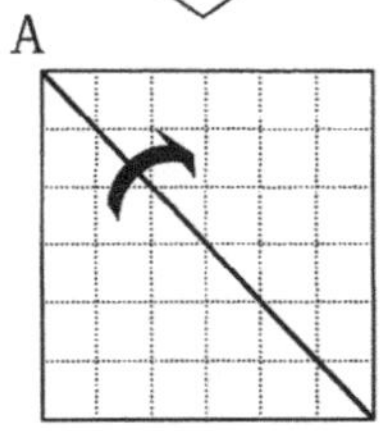

【図３】

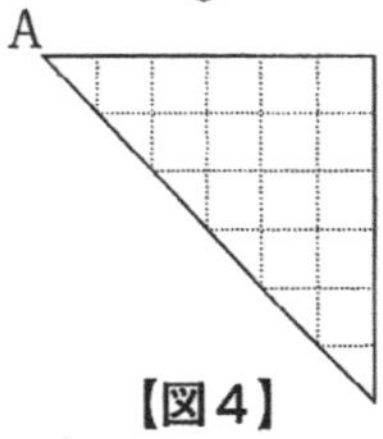

【図４】

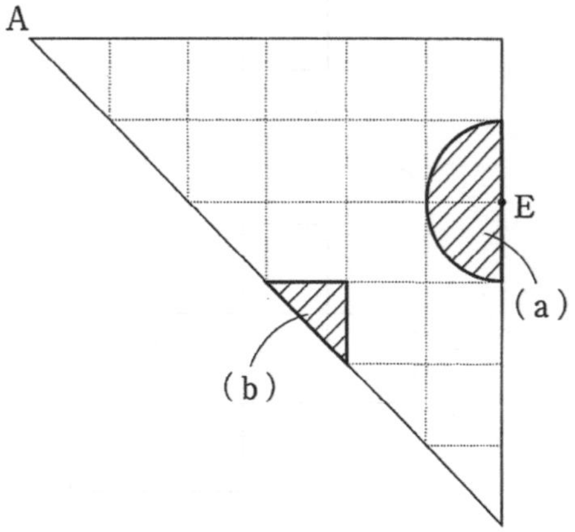

【図５】

(1) **【図5】**の紙を広げたとき，どのようになっていますか。折り目を参考にして，切り取って除かれた部分を**【図5】**のように斜線で表しなさい。

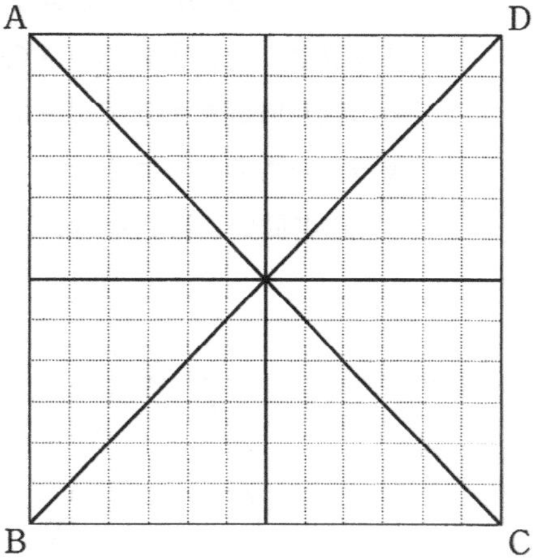

(2) (1)の紙の面積は何 cm^2 ですか。

4　28 km はなれたA町，B町を1台のバスが往復して運行しています。始発のバスはA町を午前8時に出発し，35分かけてB町へ行きます。B町で15分停《てい》車した後，またA町へ35分かけて戻《もど》ります。これをくり返して毎日8往復しています。下のグラフは，そのときのバスの動きを途中《とちゅう》まで表したもので，縦《たて》の軸《じく》がバスの位置，横の軸が時間を示しています。バスは一定の速さで走るものとし，遅れることなく運行したものとします。

次の各問いに答えなさい。

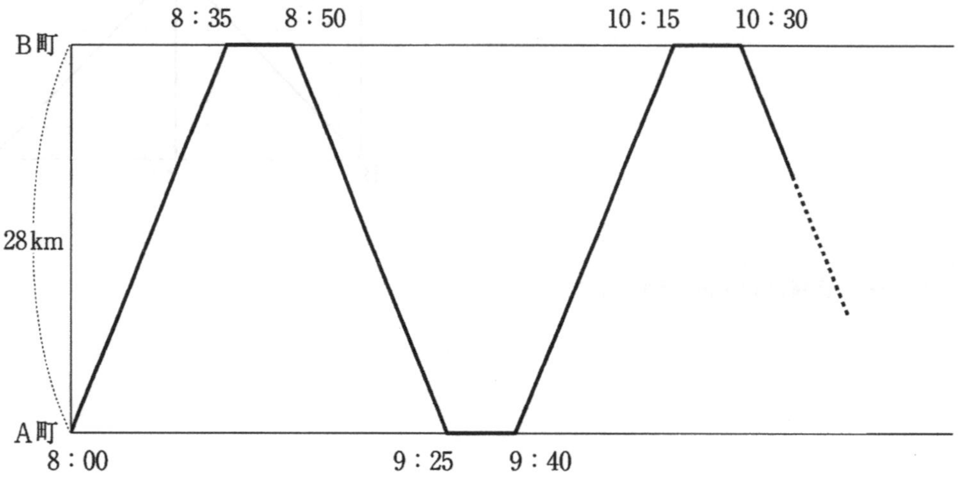

(1)　このバスの走る速さは，時速何kmですか。

(2)　この日の最終便がA町に到着するのは，午後何時何分ですか。

(3)　りょうこさんは，午後3時30分にA町を歩いて出発して，時速6kmでB町に向かいました。りょうこさんが，B町から来るバスと2回目に出会うのは，午後何時何分ですか。

5　**S先生とK子さんの会話文を読み，次の各問いに答えなさい。**

S 先 生：「今日は5と7だけの和で表せる数について考えてみましょう。たとえば $10 = 5 + 5$，$14 = 7 + 7$，$17 = 5 + 5 + 7$ となるので，10，14，17は5と7だけの和で表せる数です。では，26についてはどうでしょう。」

K子さん：「26＝　（あ）　となるので，26は5と7だけの和で表せます。」

S 先 生：「その通りですね。では，31についてはどうでしょう。1から50を並べた【表】を参考に考えてみましょう。」

K子さん：「31＝　（あ）　＋5となります。つまりある数が5と7だけの和で表せたとすると，それより5大きな数は必ず5と7だけの和で表せるのですね。1から50までの数の中で考えてみると，たとえば31があてはまるので36，41，46も5と7だけの和で表せるのですね。」

S 先 生：「よく気がつきましたね。そうすると，5と7だけの和で表せない数というのは限られてきます。では，その数の中で最大の数は何でしょう。」

K子さん：「答えは（い）ですか。」

S 先 生：「その通りですね。」

K子さん：「5と7の2つの数しか使っていないのに，ほとんどの数を表せるのですね。」

S 先 生：「次に，その和の表し方が何通りあるかについて考えていきましょう。
27は $27 = 5 + 5 + 5 + 5 + 7$ の1通りでしか表せませんね。ところが，35は
$35 = 5 + 5 + 5 + 5 + 5 + 5 + 5$ と
$35 = 7 + 7 + 7 + 7 + 7$ の2通りで表せます。
そのように考えていくと，2021という数は何通りで表せますか。」

K子さん：「（う）通りです。」

S 先 生：「そうですね。」

K子さん：「1つの数でもたくさんの表し方ができるのですね。数の世界っておもしろいですね。」

【表】

1	2	3	4	5
6	7	8	9	10
11	12	13	14	15
16	17	18	19	20
21	22	23	24	25
26	27	28	29	30
31	32	33	34	35
36	37	38	39	40
41	42	43	44	45
46	47	48	49	50

(1) [(あ)] にあてはまる式を書きなさい。

(2) [(い)] にあてはまる数を書きなさい。

(3) [(う)] にあてはまる数を書きなさい。

6

【図1】のような25枚のパネルと，①～⑩までの10個のボタンがあります。最初は，パネルにはすべて1が表示されています。ボタン①～⑤はそれぞれ縦5枚のパネルに対応し，ボタン⑥～⑩はそれぞれ横5枚のパネルに対応しています。

各パネルは，対応するボタンが押されるたびに，数字が1→2→3→1→2→3→1…とくり返し変化していきます。例えば，ボタン①を押すと【図2】のようになり，次にボタン⑥を押すと【図3】，さらにボタン①を押すと【図4】のようになります。

次の各問いに答えなさい。

	①	②	③	④	⑤
⑥	1	1	1	1	1
⑦	1	1	1	1	1
⑧	1	1	1	1	1
⑨	1	1	1	1	1
⑩	1	1	1	1	1

【図1】

	①	②	③	④	⑤
⑥	2	1	1	1	1
⑦	2	1	1	1	1
⑧	2	1	1	1	1
⑨	2	1	1	1	1
⑩	2	1	1	1	1

【図2】

	①	②	③	④	⑤
⑥	3	2	2	2	2
⑦	2	1	1	1	1
⑧	2	1	1	1	1
⑨	2	1	1	1	1
⑩	2	1	1	1	1

【図3】

	①	②	③	④	⑤
⑥	1	2	2	2	2
⑦	3	1	1	1	1
⑧	3	1	1	1	1
⑨	3	1	1	1	1
⑩	3	1	1	1	1

【図4】

(1) 最初の状態から，ボタン①を2回，ボタン②を2回，ボタン⑥を2回押したとき，パネルに表示されている数字はどのようになっていますか。解答らんに書き入れなさい。

(2) 最初の状態から，いずれかのボタンを３回押したとき，パネルに表示されている数字の合計が37になりました。１回目に①のボタンを押したとすると，２回目，３回目のボタンの押し方は何通りありますか。

(3) 最初の状態から，いずれかのボタンを４回押したとき，パネルに表示されている数字の合計を，小さいものから順にすべて書きなさい。

これで，算数の問題は終わりです。

筑紫女学園中学校

令和３年度

入学試験

理　　　科

〈問題用紙〉

(40分間)

〈注意〉

1　かんとく者の開始の合図があるまで，この問題用紙を開かないでください。

2　開始の合図があったら，解答用紙の内側にも受験番号を記入して，解答を始めてください。

3　問題は，１ページから11ページまであります。

4　解答は，すべて解答用紙の所定のらんに記入してください。

5　かんとく者の終了の合図で筆記用具を置き，解答用紙を広げたまま解答面を下に向け，机の上に置いてください。

6　解答用紙だけを提出し，問題用紙は持ち帰ってください。

1 **水，酸素，二酸化炭素は，さまざまなものにすがたを変えながら，地球上や生物のからだの中をめぐっています。次の各問いに答えなさい。**

(1) 雨が降った後にできる水たまりが，時間がたつにつれてなくなっていくのは，なぜですか。この理由を説明した次の文中の（ ① ），（ ② ）にあてはまることばをそれぞれ答えなさい。

水たまりの表面から水が（ ① ）し，（ ② ）へとすがたを変えたから。

(2) 海や川などの水面や，地面などにあった水は，やがて空気中にふくまれるようになります。この空気中の水は上空に運ばれて雲になり，雨や雪となって地上にもどります。次の文で説明される雲はどれですか。次のア～エから１つ選び，記号で答えなさい。

低い空に広がる厚い「灰色」または「黒色」の雲で，雨雲とも呼ばれている。

ア　積雲　　イ　乱層雲　　ウ　積乱雲　　エ　巻雲

(3) 植物は，雨などによってもたらされた土の中の水と空気中の二酸化炭素から，太陽の光を利用してでんぷんをつくることができます。これを光合成といいますが，このとき大気中に出される気体について説明する文として正しいものを，次のア～エから１つ選び，記号で答えなさい。

ア　色はなく，つんとするにおいのある気体。水にとかすとアルカリ性を示す。
イ　水に少しとけて，その水よう液は酸性を示す。地球温暖化の原因となる温室効果ガスの１つである。
ウ　ものを燃やすはたらきがある。ヒトなどの動物が呼吸をするときに，からだの中に取り入れている。
エ　空気中の約78％をしめている気体。この気体が集まった場所に生物を入れるとちっ息して死んでしまうことが，名前の由来になっている。

(4) 植物がつくったでんぷんなどの養分は，「食べる・食べられる」の関係で草食動物から肉食動物へと受けわたされていきます。この関係を何といいますか，答えなさい。

2　次は「動物」ということばに興味を持ったAさんとY先生の会話の一部です。あとの各問いに答えなさい。

Aさん：Y先生，理科の授業で習ったことで気になったことがあります。ふだんよく使う動物ということばなのですが，動物って，イヌやネコ，ニワトリ，フナなどの生物を指すことばですよね？　その中にはヒトもふくまれるのですか？

Y先生：そうですよ。ヒトも動物ですが，生物の分類に興味がありますか？

Aさん：ぜひ教えてください。

Y先生：動物は背骨の有無で分けることができるんですよ。背骨は，別の言い方でせきついというので，背骨がある動物を**せきつい動物**，背骨がない動物を**無せきつい動物**と呼んでいます。ウサギはどちらに分けられると思いますか？

Aさん：**せきつい動物**だと思います。フナなどは（　　a　　）に分類されていると知っているのですが，水の中にすんでいるイカやタコも，フナと同じなかまですか？

Y先生：イカやタコには背骨がないので，**無せきつい動物**です。背骨について授業で学習したときに，骨と骨のつなぎ目の話をしましたが，つなぎ目を何というか，覚えていますか？

Aさん：（　　b　　）だと思います。

Y先生：その通りです。（ b ）でつながった複数の骨やなん骨によってつくられる構造を，骨格といいます。イカやタコにはその骨格がなく，無せきつい動物の中の**なん体動物**に分類されます。ちなみに，貝のなかまも**なん体動物**にあてはまります。

Aさん：こん虫は，どう分類されるのですか？

Y先生：背骨がないので，こん虫は**無せきつい動物**です。もう少し細かく分類すると，（ b ）と似たようなしくみをもっているため，**節足動物**です。

Aさん：なるほど！　よく分かりました。ありがとうございました。

(1) 会話文中の（　　a　　）にあてはまることばとして適当なものを，次のア～オから1つ選び，記号で答えなさい。

ア　魚類　　**イ**　は虫類　　**ウ**　両生類　　**エ**　鳥類　　**オ**　ほ乳類

(2) 会話文中の（　　b　　）にあてはまることばを答えなさい。

(3) 次の**表**は「フナ」「イモリ」「トカゲ」「ニワトリ」「ウサギ」の特ちょうをまとめたものです。表中の（ **あ** ）と（ **い** ）に入ることばを答えなさい。ただし，同じ記号には同じことばが入るものとします。

表

	フナ	イモリ	トカゲ	ニワトリ	ウサギ
生活している場所	水中	水中と陸上	陸上	陸上	陸上
呼吸の仕方	（ **あ** ）	（ **あ** ）と肺	肺	肺	肺
生まれ方	卵	卵	卵	（ **い** ）	子
からだの表面の様子	うろこでおおわれている	皮ふがしめっている	かたいうろこにおおわれている	羽毛	毛

(4) クモはこん虫と同じく節足動物に分類されますが，ある特ちょうのちがいから，こん虫とは区別されています。クモの特ちょうを示しているのは，次の**ア**～**カ**のどれですか。記号で3つ答えなさい。

ア　からだが頭，胸，腹の3つに分かれている。
イ　からだが頭胸部と腹部の2つに分かれている。
ウ　しょっ角がない。
エ　しょっ角がある。
オ　6本のあしがある。
カ　8本のあしがある。

(5) Y先生と会話した後，さまざまなことに興味を持ったAさんは，いろいろ調べていくうちに「生物と生物でないものの中間的な存在」がいることを知りました。インフルエンザの原因にもなっているこの存在を何といいますか。**カタカナ4字**で答えなさい。

3 **冷暖ぼうの効率と，部屋のかん気について考えます。次の各問いに答えなさい。**

(1) **図1**のように，かべの近くに置いたストーブを使って部屋を暖めるとき，最初に暖かくなるのは，**ア**～**ウ**のどの位置ですか。１つ選び，記号で答えなさい。ただし，**ア**はストーブの真上の天井に近い位置，**イ**は部屋の中央の天井に近い位置，**ウ**はストーブの向かいのかべ近くの，ストーブと同じ高さの位置です。

図1

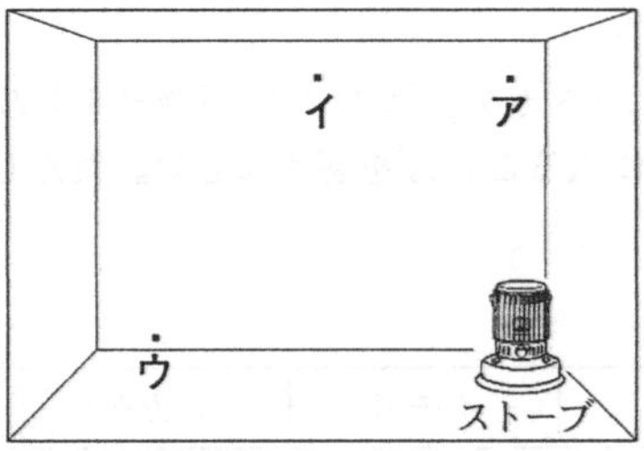

(2) ある寒い冬の日，閉められた大きな窓がある部屋を，ストーブを使って暖めようと思います。**図ア**のようにストーブを窓の近くに置く場合と，**図イ**のようにストーブを窓の向かいのかべ近くに置く場合では，どちらが部屋全体をまんべんなく暖められますか。**ア**，**イ**の記号で答えなさい。

図ア

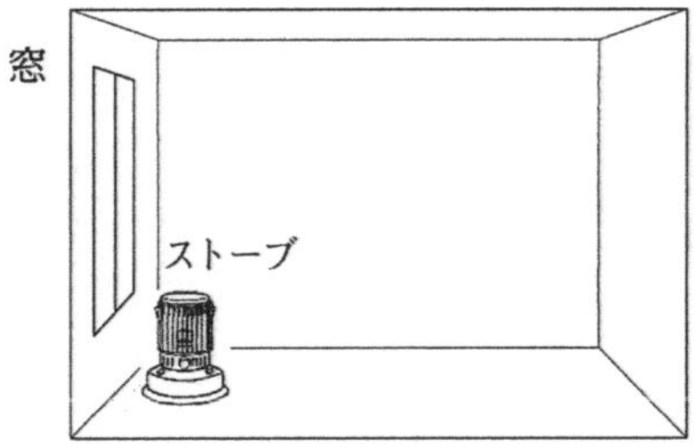

図イ

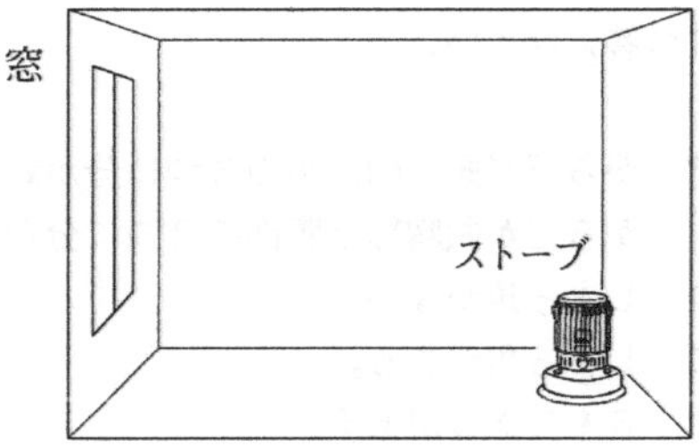

(3)　ある寒い冬の日，**図２**の位置にあるエアコンと送風機を組み合わせて使い，部屋全体を暖めます。最も効率が良い使い方を，次の**ア**～**エ**から１つ選び，記号で答えなさい。

ア　エアコンから風を水平に出し，送風機で風を真上に送る。
イ　エアコンから風を水平に出し，送風機で風を水平に送る。
ウ　エアコンから風を下向きに出し，送風機で風を真上に送る。
エ　エアコンから風を下向きに出し，送風機で風を水平に送る。

図２

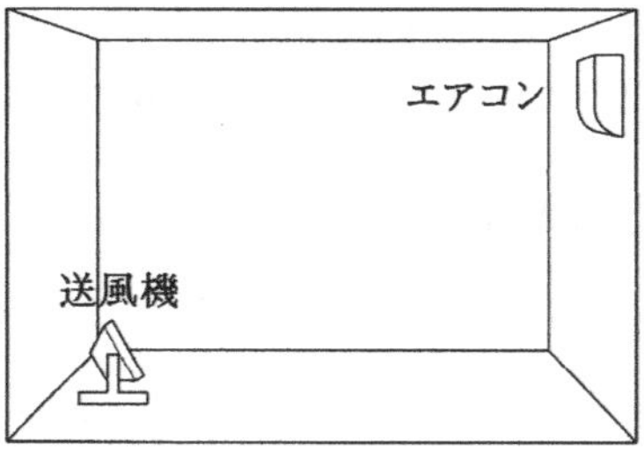

(4)　夏に，外出してから帰ったときに，部屋がとても暑くなっている場合は，冷ぼうを使う前に，部屋の空気をすべて入れかえることが効果的です。下の**図３**は，部屋を真上から見た図です。窓を２ヵ所開けて空気を入れかえるとき，最もはやく入れかえられるのは，窓ａとどの窓を開けたときですか。窓ｂ～窓ｄから１つ選び，記号で答えなさい。ただし，窓はどれも同じ高さで，同じ大きさです。

図３

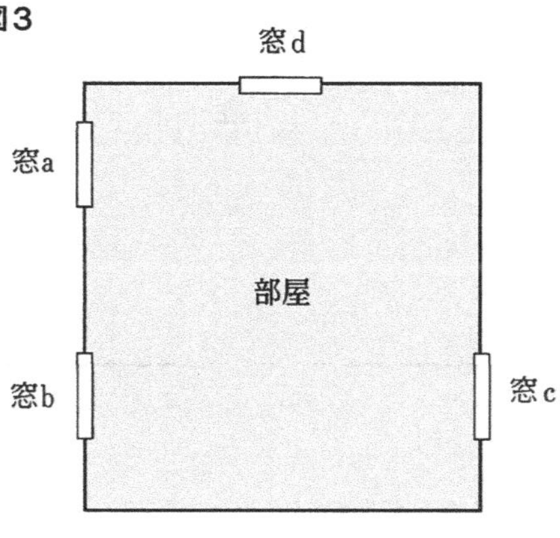

4

図1は，北半球から見たオリオン座が真南の空にあるときのようすです。オリオン座のベテルギウスという星は，地球から光の速さでも640年かかるほど遠くにある年をとった大きな赤い星です。暗くなったり，明るくなったりをくり返しているので，そのうちばく発が観測されるのではないかと考えられています。

次の各問いに答えなさい。

図1

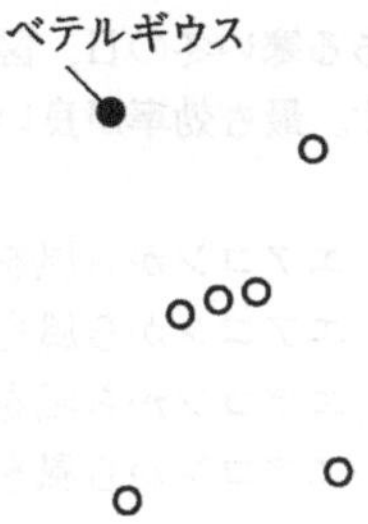

(1) ベテルギウスは赤色ですが，オリオン座のリゲルという星は白色です。下の文は，色からわかる，2つの星の違いを述べたものです。[　　] 内にあてはまる適当な言葉を入れなさい。

ベテルギウスの方が，リゲルより [　　　　　　　　　　　　　　]。

(2) 北半球から見たオリオン座は，西の空にしずむとき，どのように見えますか。次のア～エから1つ選び，記号で答えなさい。

ア

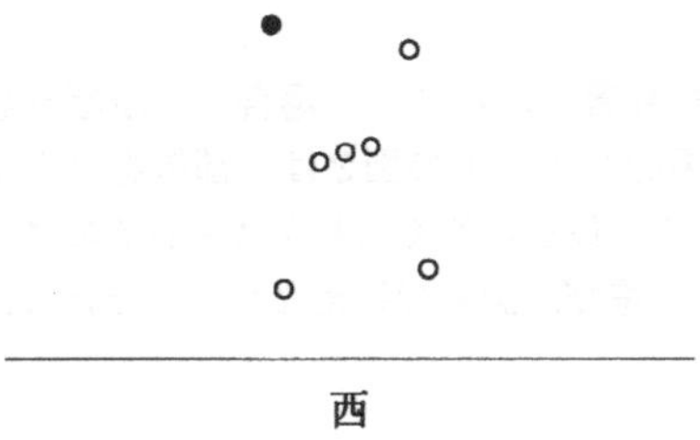

イ

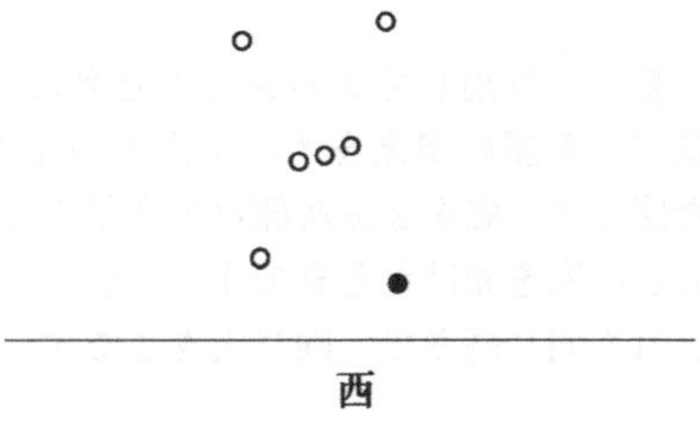

ウ

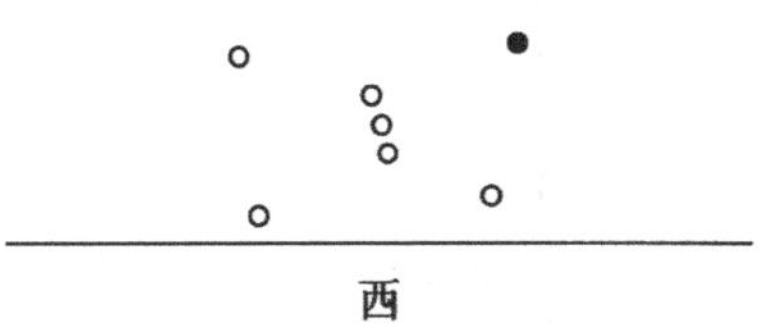

エ

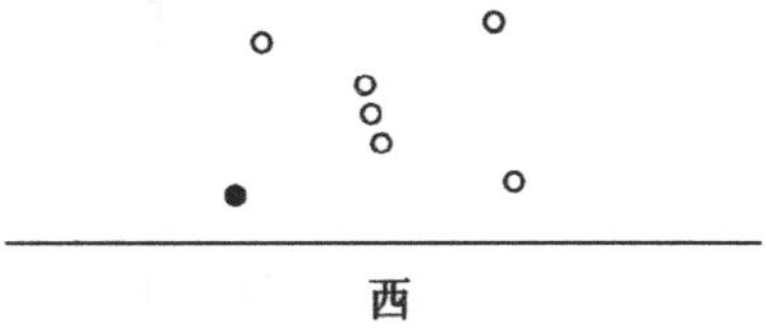

2021(R3) 筑紫女学園中
K 教英出版

(3) **図2**は，宇宙から見たオリオン座と地球の位置の関係を簡単に表したものです。実際には，オリオン座の星々は地球からとても遠くにあります。南半球の人が真北の空のオリオン座を見ると，どのようなすがたに見えますか。次の**ア**～**エ**から1つ選び，記号で答えなさい。

図2

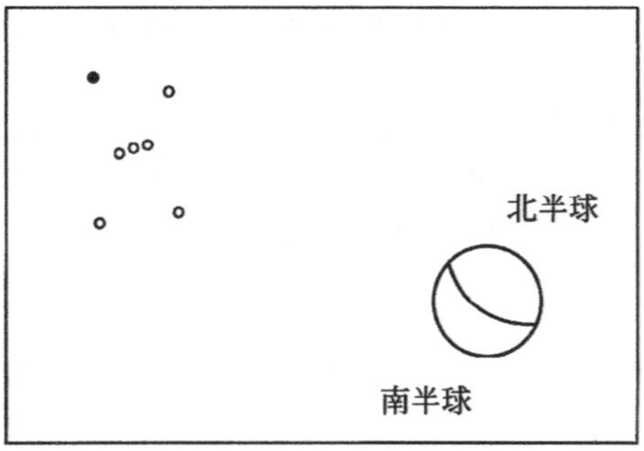

ア

イ

ウ

エ

(4) ベテルギウスのばく発が起きた場合，起きてから100年後のオリオン座の形はどうなりますか。正しいものを次の**ア**～**ウ**から1つ選び，記号で答えなさい。

ア　ほとんど変わらない。
イ　オリオン座のすべての星が，ベテルギウスのあった位置を中心として近づきあう。
ウ　オリオン座のすべての星が，ベテルギウスのあった位置を中心として遠ざかりあう。

(5) ベテルギウスの重さは太陽の20倍ほどですが，太陽の30倍以上の重さの星がばく発すると，その後に，光すらぬけ出せないほどの強い引力をもつ，とても密度が高い天体ができるとされています。2019年には，その天体の写真が初めてさつ影されたと話題になりました。この天体を何といいますか，答えなさい。

5 **インゲンマメの種子のつくりと発芽について，次の各問いに答えなさい。**

図1

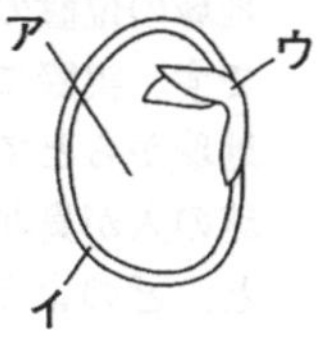

(1) **図1**は，インゲンマメの種子を半分に切ったものです。その切り口にヨウ素液をつけたとき，紫色に変化する部分はどこですか。図の**ア**～**ウ**から１つ選び，記号で答えなさい。

(2) インゲンマメの種子の発芽に必要な条件を調べるために，次のような**A**～**F**の実験を行いました。その結果，**A**，**C**，**E**は発芽しました。

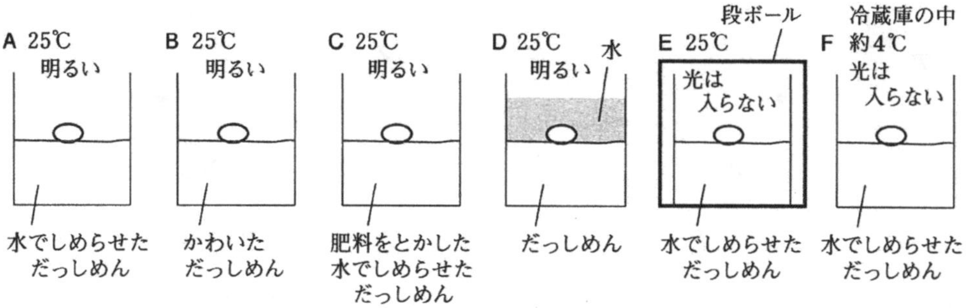

① 発芽に光が必要かどうかを調べるには，**A**～**F**のどれとどれを比べると分かりますか。その組み合わせを記号で答えなさい。

② **D**と**F**の実験で，発芽に必要な条件のうち，足りなかったものは何ですか，それぞれ答えなさい。

(3) インゲンマメの種子が発芽するときの様子を，スケッチしたものです。正しく示しているものを，次の**ア**～**エ**から１つ選び，記号で答えなさい。

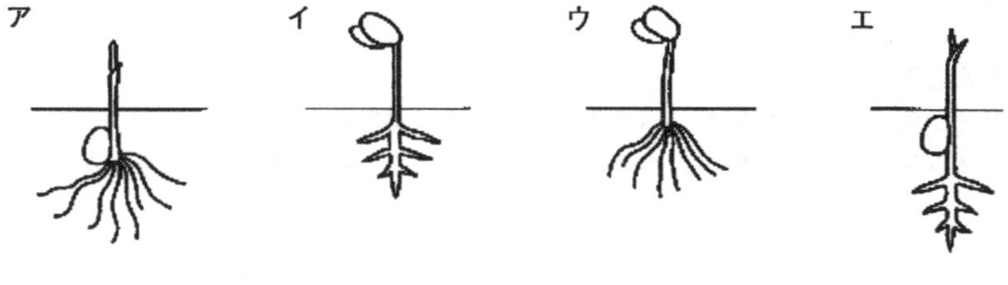

(4) (1)の発芽前に紫色に変化した部分と同じ部分を，発芽２週間後のインゲンマメから切りとり，ヨウ素液をつけると，ほとんど紫色になりませんでした。このことから，種子の中のでんぷんは，どのように使われたと考えられますか，**15字以内**で答えなさい。

(5) インゲンマメを成長させていくときに日光が不足すると，くきが長くのびて，葉の緑色がうすくなります。日光をあてずに成長させて，白っぽい色に育ててから収かくする作物の例を１つ答えなさい。

6　**ある濃《こ》さの塩酸Xを用いて，下の実験を行いました。次の各問いに答えなさい。**

【実験１】 1.0gの鉄を４つのビーカーA～Dにそれぞれ入れ，いろいろな体積の**塩酸X**を加えたところ，気体が発生しました。**表**はこの実験の結果をまとめたものです。

表

ビーカー	A	B	C	D
加えた**塩酸X**［cm^3］	20	40	60	80
発生した気体の体積［cm^3］	80	160	200	200

(1) **【実験１】**で発生した気体と同じ気体が発生する組み合わせを，次の**ア**～**エ**から**２つ**選び，記号で答えなさい。

ア　うすい水酸化ナトリウム水よう液とアルミニウム
イ　オキシドールと二酸化マンガン
ウ　うすい硫《りゅう》酸とマグネシウム
エ　うすい塩酸と石灰石

(2) **表**の結果をグラフにかきなさい。ただし，縦軸《じく》に「発生した気体の体積（cm^3）」，横軸《じく》に「加えた**塩酸X**の体積（cm^3）」をとり，**塩酸X**を0cm^3～80cm^3加えたところまでをかきなさい。

(3) 鉄1.0gがすべてとけるのは，**塩酸X**を何cm^3以上加えたときですか，答えなさい。

(4) ビーカーに入れた鉄1.0gに**塩酸X** 40cm^3を加えたとき，鉄の一部が反応せずに残っていました。このビーカー内のすべてをろ過した後，ろ液の中に入っているものとして，最も適当なものを次の**ア**～**ウ**から１つ選び，記号で答えなさい。

ア　反応しなかった鉄
イ　反応して水にとけた鉄
ウ　反応しなかった塩酸

【実験２】 **塩酸X** 120cm^3とある濃《こ》さの**水酸化ナトリウム水よう液Y** 160cm^3を混ぜたところ，中性の水よう液になりました。この水よう液に鉄を加えても，気体は発生しませんでした。

(5) **塩酸X** 300cm^3と**水酸化ナトリウム水よう液Y** 300cm^3を混合した**水よう液A**と**B**を２つ作りました。

① **水よう液A**を中性にするためには，**X**と**Y**のどちらの水よう液を何cm^3加えればよいですか，答えなさい。

② **水よう液B**に2.0gの鉄を加えると，発生する気体の体積は何cm^3ですか，答えなさい。

7 図1のように糸におもりをつるしてふりこをつくり，おもりの重さ，糸の長さ，ふりこのふれはばをいろいろ変えて，10往復する時間をはかりました。下の表1はその結果です。次の各問いに答えなさい。

〈表1〉

ふりこ	ふりこA	ふりこB	ふりこC	ふりこD	ふりこE
おもりの重さ	10g	10g	10g	20g	20g
糸の長さ	25cm	50cm	50cm	25cm	50cm
ふれはば	10cm	10cm	20cm	10cm	20cm
10往復する時間	10秒	14秒	14秒	10秒	14秒

図1

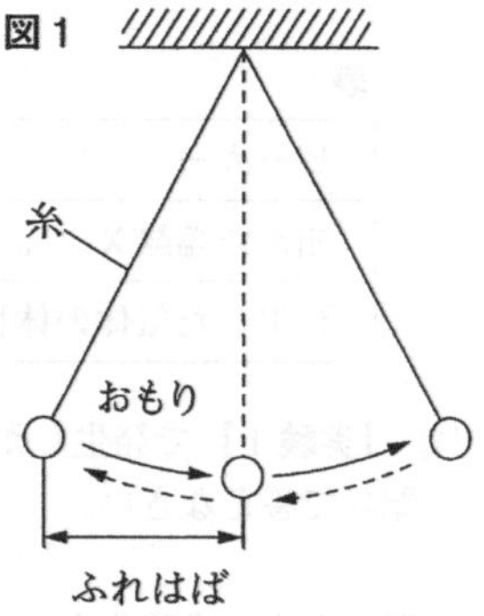

(1) ふりこの1往復する時間（周期という）について説明した文として，正しいものはどれですか。ア～カからすべて選び，記号で答えなさい。

ア 周期は，おもりの重さが重いほど長い。
イ 周期は，おもりの重さに関係しない。
ウ 周期は，ふれはばが長いほど長い。
エ 周期は，ふれはばに関係しない。
オ 周期は，糸の長さが長いほど長い。
カ 周期は，糸の長さに関係しない。

(2) ふりこBを使って，図2のようにふれはばを10cmにしたとき（これをPとする）と20cmにしたとき（これをQとする）の ① 周期 と ② 最下点（支点の真下）での速さ について調べました。その結果として，正しいものの組み合わせを，下の表2のア～オから1つ選び，記号で答えなさい。

〈表2〉

	① 周期	② 最下点での速さ
ア	Pの方が長い	Qの方が速い
イ	Qの方が長い	Pの方が速い
ウ	PとQどちらも同じ	PとQどちらも同じ
エ	PとQどちらも同じ	Qの方が速い
オ	PとQどちらも同じ	Pの方が速い

図2

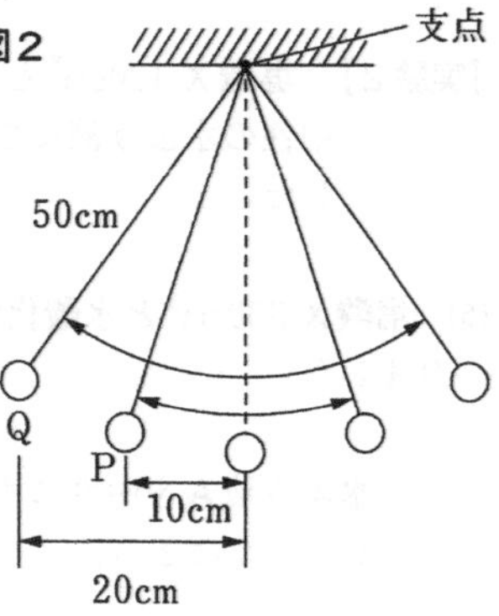

(3) ふりこCを使って，**図3**のように途中でくぎにひっかかり長さが変わるふりこをつくりました。10往復する時間は何秒ですか，答えなさい。ただし，天井からくぎの長さまでを25cmとします。

図3

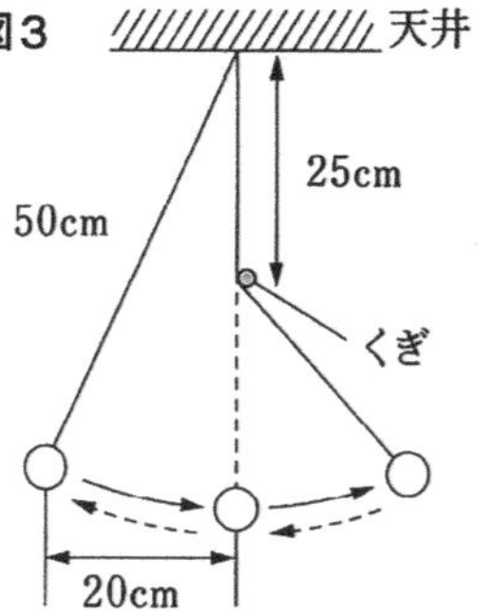

(4) ふりこDとふりこEを使って，それぞれを**図4**のように板の上に置いた木切れに同じ高さからしょうとつさせたところ，木切れは，ふりこDとふりこEのどちらも同じ距離をすべって止まりました。

図4

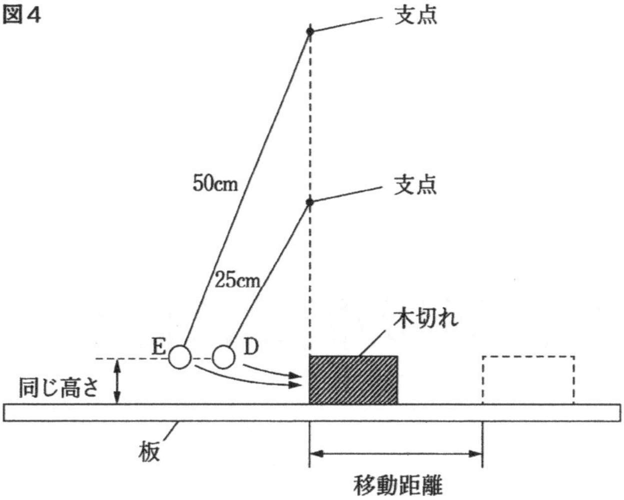

① ふりこEのおもりが木切れにしょうとつするまでの時間は，ふりこDのおもりが木切れにしょうとつするまでの時間の何倍ですか，答えなさい。

② ふりこDのおもりが木切れにしょうとつする速さと，ふりこEのおもりが木切れにしょうとつする速さにはどのような関係がありますか。正しいものを，次の**ア**～**ウ**から1つ選び，記号で答えなさい。

ア　ふりこDのおもりの方がふりこEのおもりより速い。
イ　ふりこEのおもりの方がふりこDのおもりより速い。
ウ　どちらも同じ速さである。

これで，理科の問題は終わりです。

筑紫女学園中学校

令和３年度

入学試験

社　　　会

〈 問題用紙 〉

(40分間)

〈注意〉

1　かんとく者の開始の合図があるまで，この問題用紙を開かないでください。

2　開始の合図があったら，解答用紙の内側にも受験番号を記入して，解答を始めてください。

3　問題は，１ページから10ページまであります。

4　解答は，すべて解答用紙の所定のらんに記入してください。

5　かんとく者の終了の合図で筆記用具を置き，解答用紙を広げたまま解答面を下に向け，机の上に置いてください。

6　解答用紙だけを提出し，問題用紙は持ち帰ってください。

1　次の図Ⅰ～Ⅳとそれぞれの図に関する右の文章を読んで，あとの問いに答えなさい。

Ⅰ

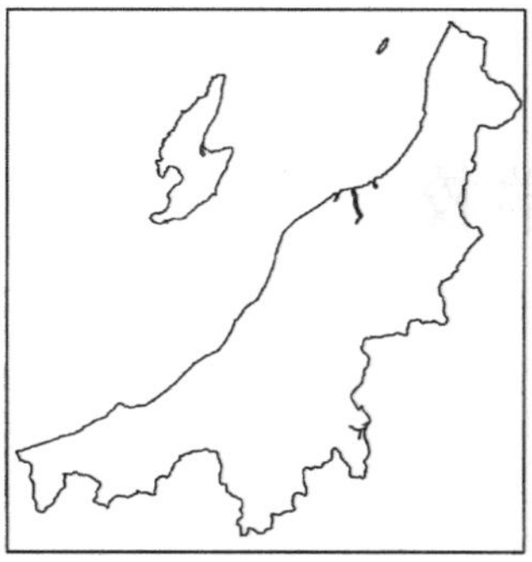

日本海に面する都道府県である。日本最長の河川である信濃川《しなのがわ》が流れる。

農業については稲作がさかんで，日本有数の穀倉《こくそう》地帯である。しかし，冬の①気候が厳しく，冬のあいだは農業ができないため，副業として伝統工芸品の生産が行われた。

そのほか，産出量は多くないが，石油を産出する都道府県である。

Ⅱ

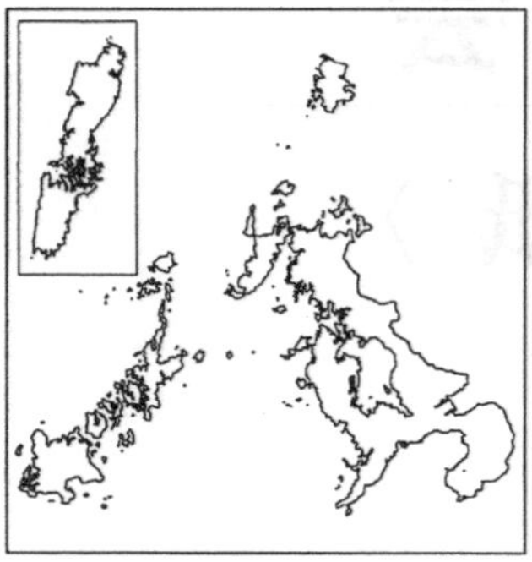

対馬海峡に面する都道府県である。海岸線が入りくんだリアス海岸がみられる。平地はわずかで山地が多い。

平地が少ないため②農業がさかんとはいえないが，リアス海岸があり，よい漁港に恵まれているため漁業がさかんである。

そのほか，江戸時代にオランダや中国と交流があったことから，それらの文化を伝える史跡が多い。

Ⅲ

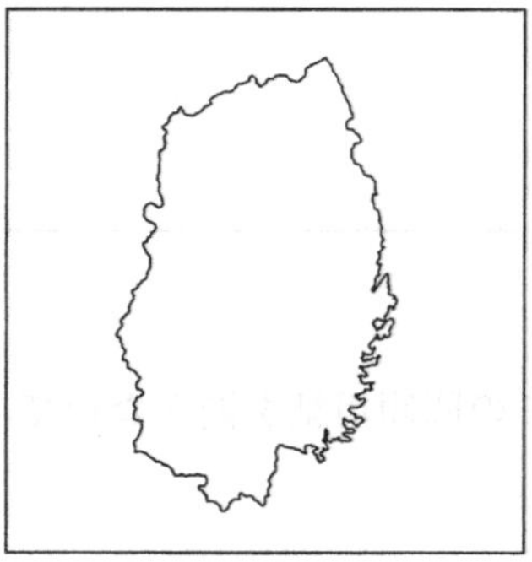

太平洋に面する都道府県である。

図Ⅱの都道府県と同じくリアス海岸がみられること，また暖流と寒流が出会う潮目《しおめ》があることから，この都道府県の沿岸にはよい漁場があり，漁業がさかんである。

そのほか，③世界遺産《せかいいさん》に登録されている平泉は，観光地としても有名である。

Ⅳ

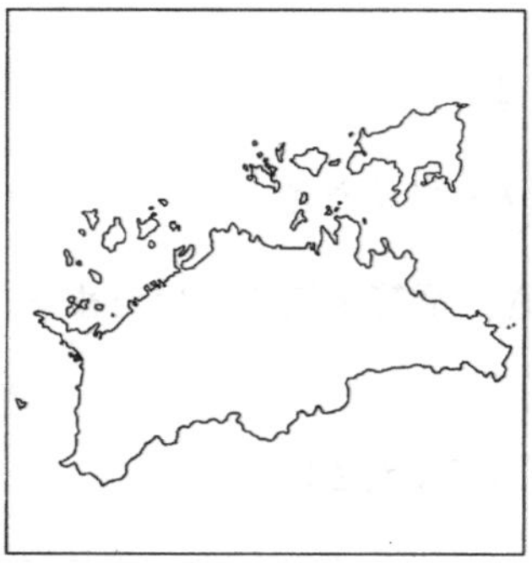

瀬戸内海に面する都道府県である。南側に山脈が位置し，海側には平野が広がっている。

平野に大きな河川がなく，また雨も少ない気候であることから，昔から農業用のため池が多く，水不足にそなえている。

そのほか，小麦を原料とするうどんを観光資源として売り出し，キャンペーンを展開している。

問１　図Ⅰ～Ⅳが示す都道府県名を漢字で答えなさい。

問２　下線①について，次のア～エは，図Ⅰ～Ⅳの県庁所在地の「月別平均気温と降水量」のグラフである。図Ⅱにあてはまるものを，次のア～エから一つ選び，記号で答えなさい。

ア

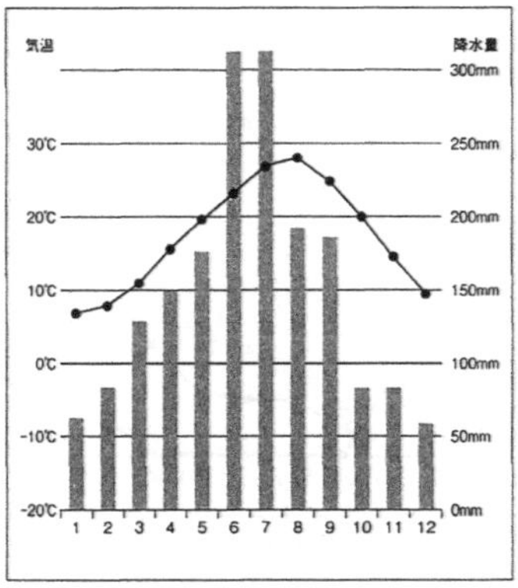

イ

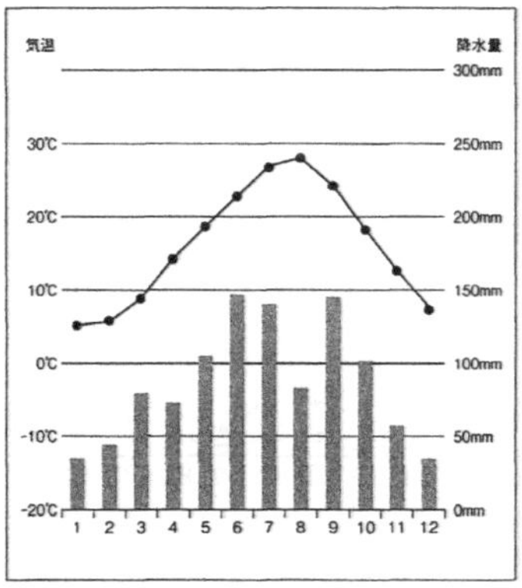

ウ

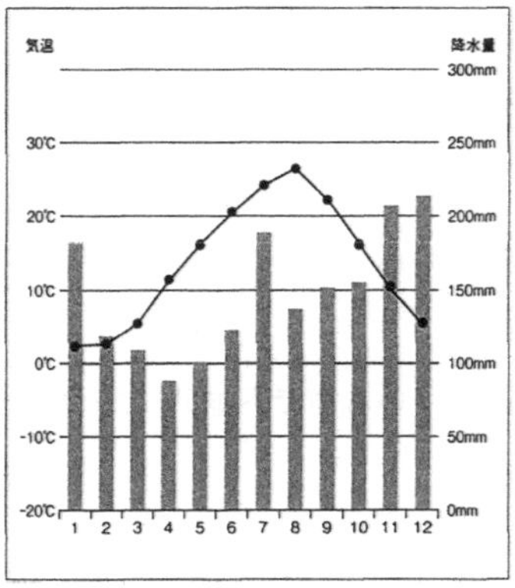

エ

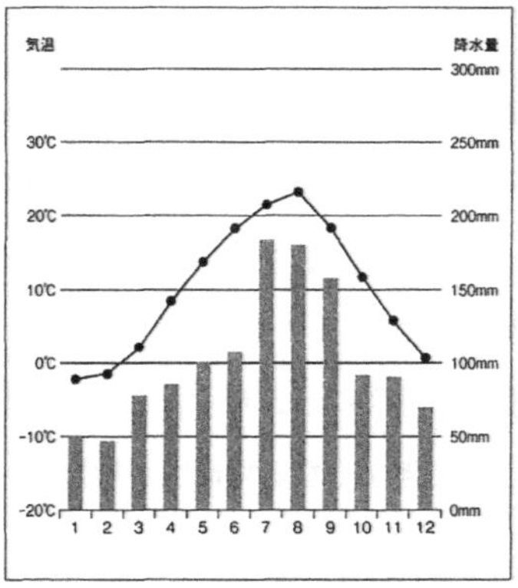

降水量　気温

（気象庁のホームページをもとに作成）

問３　下線②について，次の**資料１**は「日本のおもな食料の自給率」を，**資料２**は「食料品目別の輸入量の変化」を示すグラフである。これらのグラフから考えられることとして**適当でないもの**を，あとのア～エから一つ選び，記号で答えなさい。

資料１　　　　　　　　　　**資料２**

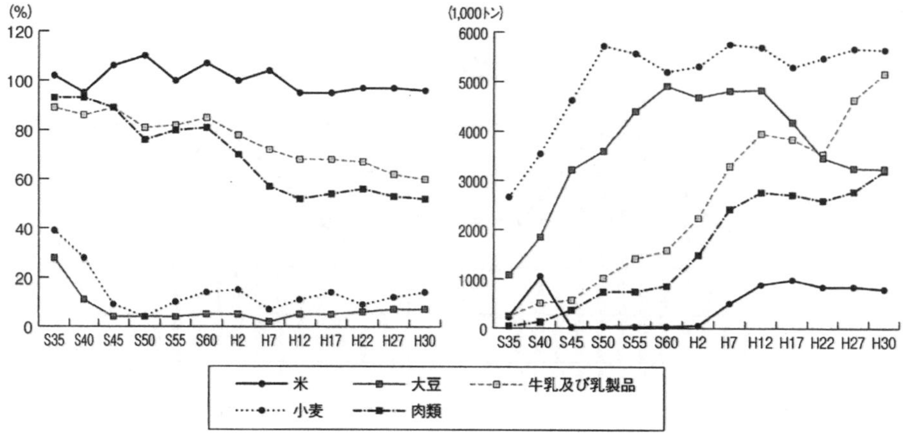

(『日本国勢図会2020/21』および「平成30年度食料需給表」を参考に作成)

ア　米の自給率が高い理由は，米が昔から主食として食べられてきたからである。

イ　肉類の自給率が急激に下がった理由は，海外から安い肉類が入ってきたからである。

ウ　近年和食が見直され，日本の伝統的な調味料のみそやしょう油の原料である大豆の輸入が増加した。

エ　食料を輸入にたよりすぎると，日本へ輸出している国で不作がおこったとき，日本が輸入ができなくなる可能性が指摘されている。

問４　下線③について，日本の世界自然遺産として**適当でないもの**を，次のア～エから一つ選び，記号で答えなさい。

ア　屋久島　　イ　小笠原諸島　　ウ　白神山地　　エ　鳥取砂丘

問５　次のア～エは，図Ⅰ～Ⅳが示す都道府県で発生した自然災害の被害状況である。これについて**適当でないもの**を，次のア～エから一つ選び，記号で答えなさい。

ア　図Ⅰの都道府県では2004年に直下型地震が発生し，建物が倒壊《とうかい》するなど甚大《じんだい》な被害が発生した。

イ　図Ⅱの都道府県では1990年に火山の大規模な噴火《ふんか》が発生し，火砕流《かさいりゅう》に巻き込まれるなど人的被害が発生した。

ウ　図Ⅲの都道府県では2011年に太平洋の海底で発生した地震とこれにともなう津波により，建物が流されるなど甚大な被害が発生した。

エ　図Ⅳの都道府県では2006年に記録的な豪雨にみまわれ，川が氾濫《はんらん》して建物が流されるなどの被害が発生した。

2 社会科の調べ学習において，ある班は日本における感染症の歴史について調べました。次の発表の内容を読んで，あとの問いに答えなさい。

Aさん　私は a 奈良時代における天然痘《てんねんとう》の流行について調べました。その原因は大陸の文化を学ぶために中国に [1] を派遣するなど，①東アジア地域との交流が活発化したことによるものといわれています。この天然痘による日本人の死者は，総人口の25～35%であったといわれています。天然痘が流行した８世紀中ごろの日本では，ききんや貴族の反乱も起こって世の中が混乱しました。聖武天皇は仏教の力で社会の不安をしずめて，国をおさめようとしました。そこで741年には全国に [2] を建てることを命じ，②743年には大仏をつくる詔《みことのり》を出しました。

Bさん　私は b 江戸時代末期におけるコレラの流行について調べました。日本でコレラが初めて発生したのは，1822年であるといわれています。1858年にも大流行し，多数の死者が出ました。この時のコレラで③浮世絵師の歌川広重も命を落としました。これは相次ぐ外国船の来航が原因であるといわれています。実際，コレラが流行した1858年には [3] が結ばれ，外国との貿易が始まりました。その後，④15代将軍の徳川慶喜が政権を朝廷に返上して c 明治時代になると，⑤医学などの分野で日本の学者による伝染病の研究が進められ，国際的に認められるようになりました。

Cさん　私は今から100年前の d 大正時代に起こったスペイン風邪《かぜ》について調べました。この病気は1914年から起こった [4] で戦った兵士が感染したことにより流行したもので，日本では都市部を中心として1918年に１回目，1919年に２回目，1920年に３回目の流行が起こりました。このスペイン風邪には，当時の日本の人口の約半数が感染したといわれています。しかし，多数の死者を出したにも関わらず，この感染症は，これまであまり注目されませんでした。その理由としては，⑥明治から大正時代に生じた様々な社会問題に対する民衆運動が起こり，⑦国民の考えを政治に生かそうとする民主主義への意識が高まったこと，そして1923年に [5] が発生して，東京・横浜などで多数の死者を出すなど激動の時代であったことが挙げられます。

問１　文中の [1] ～ [5] にあてはまる語を漢字で答えなさい。

問２　下線①について，その内容として適当なものを，次のア～エから一つ選び，記号で答えなさい。

ア　ふすまや掛《か》け軸《じく》に描かれる水墨画の技法が伝えられた。

イ　鉄砲が伝えられ，日本国内で大量に生産されるようになった。

ウ　インドや西アジアで作られた宝物が，中国を通じて日本に伝えられた。

エ　中国から朝鮮半島をへて，米づくりや鉄器･青銅器が伝えられた。

問八

問九

問十

三

問一

問二

問三
A

B

問四
1

2

問五
私は

。

問六
④

⑤

問七
1

2

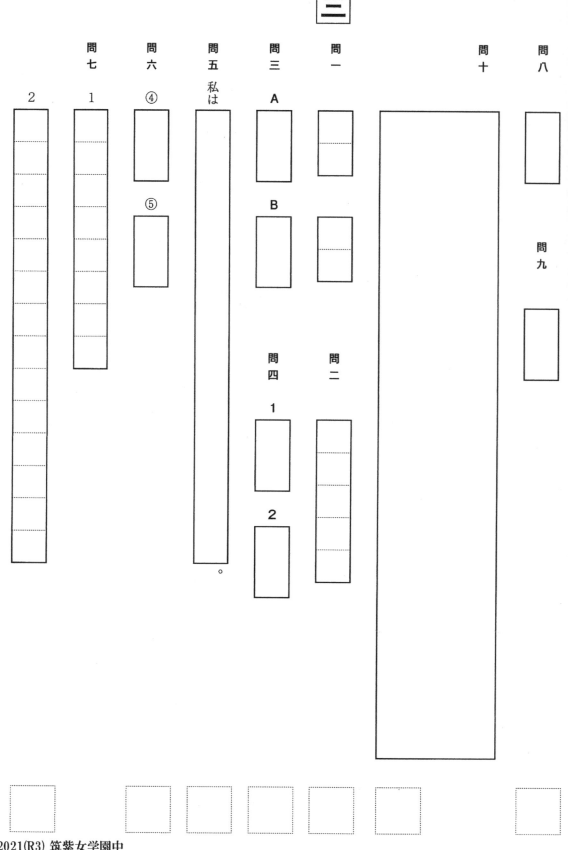

筑紫女学園中学校

令和３年度

入学試験

算　　数

〈 解答用紙 〉

(50分間)

受験番号
氏　名

〈この用紙の内側に解答らんがあります〉

・　かんとく者の指示があったら，表の受験番号，氏名のらんに記入してください。

・　受験番号，氏名の記入が終わったら，解答用紙を二つ折りのまま取りはずし，問題用紙をその上に重ねて，問題用紙の注意事項を読んでおいてください。

令和３年度 筑紫女学園中学校 入学試験

算 数 解 答 用 紙

点

1

(1)		(2)		(3)	m^3	(4)	%
(5)	① 円	②	円	(6)		(7)	個
(8)	時速 km			(9)	度		

2

(1)	度	(2)	cm^2	(3)	cm^3	(4)	

3

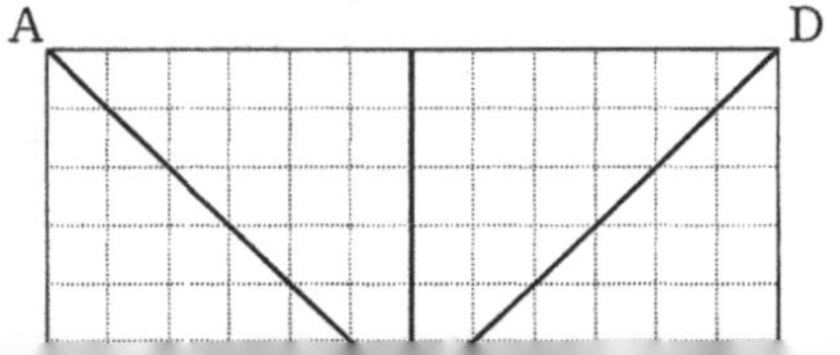

(2)	cm^2

筑紫女学園中学校

令和３年度

入学試験

理　　　科

〈解答用紙〉

(40分間)

受験番号
氏　名

〈この用紙の内側に解答らんがあります〉

・　かんとく者の指示があったら，表の受験番号，氏名のらんに記入してください。

・　受験番号，氏名の記入が終わったら，解答用紙を二つ折りのまま取りはずし，問題用紙をその上に重ねて，問題用紙の注意事項を読んでおいてください。

令和３年度 筑紫女

理 科 解

1

(1)	①	
	②	
(2)		
(3)		
(4)		

点

2

(1)				
(2)				
(3)	あ	い		
(4)				
(5)				

点

5

(1)						
(2)	①	と				
	② D					
	F					
(3)						
(4)					5	
					10	
					15	
(5)						

点

6

(1)			(2)
(3)	cm³		
(4)			
(5)	①	cm³	
	② cm³		

発生した気体の体積 [cm³]

【解答用

筑紫女学園中学校

令和３年度

入学試験

社　　　会

〈 解答用紙 〉

(40分間)

受験番号
氏　名

〈この用紙の内側に解答らんがあります〉

・　かんとく者の指示があったら，表の受験番号，氏名のらんに記入してください。

・　受験番号，氏名の記入が終わったら，解答用紙を二つ折りのまま取りはずし，問題用紙をその上に重ねて，問題用紙の注意事項を読んでおいてください。

令和３年度 筑紫女学園中学校 入学試験

社 会 解 答 用 紙

1

問1			
図Ⅰ	図Ⅱ	図Ⅲ	図Ⅳ

問2	問3	問4	問5

点
点

2

問1		
1	2	3

4	5

点
点

【解答用

点

3

問1	
1	2

問2	問3	問4	問5	問6	問7	問8

問9

				5					10					15
				20										

点

点

点

受験番号	得　　点
	※75点満点 (配点非公表)

園中学校 入学試験

用 紙

3

(1)	
(2)	
(3)	
(4)	窓 (　　　　　　　)

点

4

(1)	
(2)	
(3)	
(4)	
(5)	

点

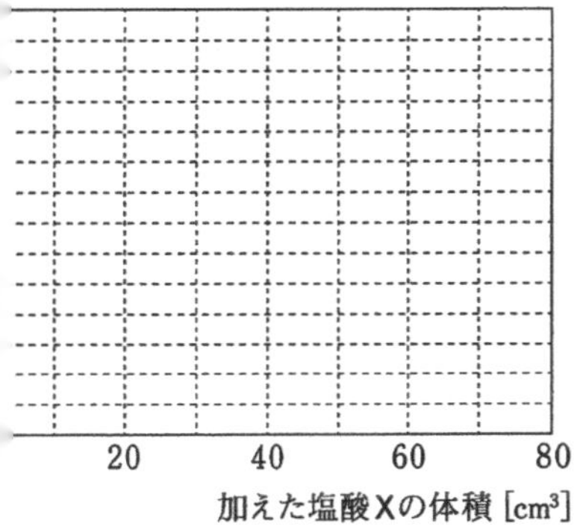

点

7

(1)		
(2)		
(3)		秒
(4)	①	倍
	②	

点

受 験 番 号	得　　点
	※75点満点 (配点非公表)

点

4

(1)	時速　　　　km	(2)	午後　　時　　分	(3)	午後　　時　　分

5

(1)		(2)		(3)	

点

6

(1)

	①	②	③	④	⑤
⑥					
⑦					
⑧					
⑨					
⑩					

(2)	通り
(3)	

点

受験番号	得　点
	※100点満点 (配点非公表)

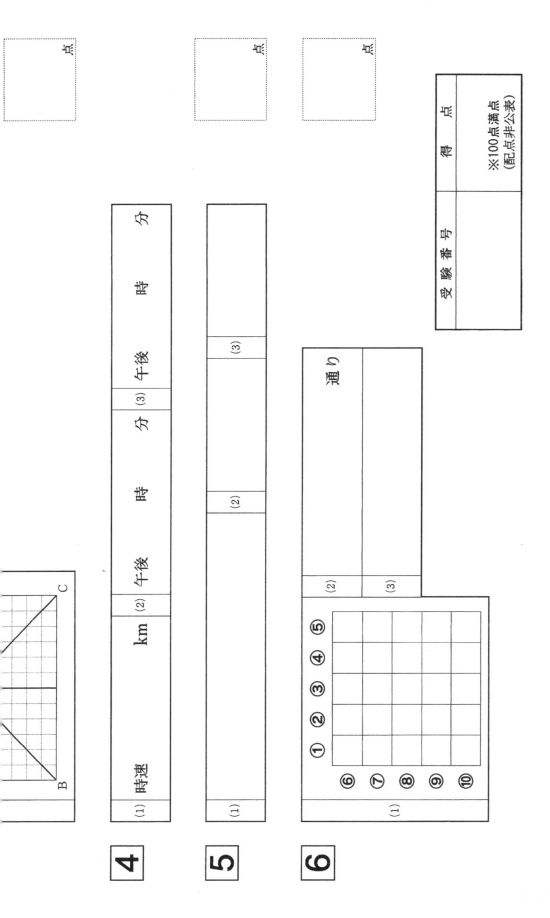

令和3年度 筑紫女学園中学校 入学試験

国語解答用紙

一

① 逆らう　らう

② 放牧

③ 巻頭

④ タレル

⑤ コウエイ

⑥ コショウ

⑦ チョゾウ

⑧ コウセキ

⑨ ソラス

⑩ コヅツミ

二

問一

問二

1

2

問三

問四

1

2

3

4

受験番号

得点

※100点満点
(配点非公表)

筑紫女学園中学校

令和３年度

入学試験

国　　語

〈 解答用紙 〉

(50分間)

受験番号
氏　名

〈この用紙の内側に解答らんがあります〉

・　かんとく者の指示があったら，表の受験番号，氏名のらんに記入してください。

・　受験番号，氏名の記入が終わったら，解答用紙を二つ折りのまま取りはずし，問題用紙をその上に重ねて，問題用紙の注意事項を読んでおいてください。

問３　下線②について，大仏づくりに関わった人物として適当なものを，次のア～エから一つ選び，記号で答えなさい。

ア

イ

ウ

エ

問４　下線③について，歌川広重の作品として適当なものを，次のア～エから一つ選び，記号で答えなさい。

ア

イ

ウ

エ

問５　下線④について，徳川慶喜が朝廷に政権を返上した年として適当なものを，次のア～エから一つ選び，記号で答えなさい。

ア　1854 年　　イ　1867 年　　ウ　1868 年　　エ　1877 年

問６　下線⑤について，医学の発展につくした人物について述べた文として**適当でないものを**，次のア～エから一つ選び，記号で答えなさい。

ア　北里柴三郎は伝染病研究所をつくり，多くの医師を育てた。

イ　湯川秀樹は破傷風《はしょうふう》という感染症の治療法を発見した。

ウ　志賀潔は赤痢菌《せきりきん》を発見し，その治療薬を作った。

エ　野口英世は南米やアフリカで黄熱病《おうねつびょう》の調査研究に取り組んだ。

問７　下線⑥について，明治時代の中ごろ足尾銅山で起こった公害問題に取り組んだ人物として適当なものを，次のア～エから一つ選び，記号で答えなさい。

ア　田中正造　　イ　東郷平八郎　　ウ　小村寿太郎　　エ　陸奥宗光

問８　下線⑦について，この時代の民主主義の高まりを示す出来事を説明した文として適当なものを，次のア～エから一つ選び，記号で答えなさい。

ア　樋口一葉らは女性の自由と権利の拡大をめざす女性運動をはじめた。

イ　新渡戸稲造は全国水平社をつくり差別をなくす運動をはじめた。

ウ　政治や社会のしくみをかえようとする運動・思想を，厳しく取り締まる治安維持法がつくられた。

エ　政党を中心とする政府ができ，20歳以上の男女に選挙権を与える普通選挙法がつくられた。

問９　**資料１**は **2** の問題文中（５ページ）の**二重下線ａ～ｄ**のどの時代に描かれたものか，適当なものを，次のア～エから一つ選び，記号で答えなさい。

資料１

ア　**二重下線ａ**　　イ　**二重下線ｂ**　　ウ　**二重下線ｃ**　　エ　**二重下線ｄ**

3 次の父と娘の会話文を読んで，あとの問いに答えなさい。

娘　去年の10月，天皇の即位を国内外に示す儀式が行われて，本格的に「令和」が始まったと実感できたね。

父　うん，そうだね。現在の天皇は，日本国憲法で日本の国や国民の［ 1 ］であり，国の政治に関する権限はもたず，内閣の助言と承認にもとづいて，①憲法で定められた仕事をすることになっているね。知ってるかな？

娘　知ってるよ。確か，明治にできた憲法では天皇に権力が集中していたけど，日本国憲法では天皇についての決まりが大きく変わったんだよね。その一つが，［ 1 ］天皇制なんでしょ。国会と②内閣とａ裁判所についても，権力が集中しないようにしたんでしょ。

父　よく知っているね。日本国憲法では，過去の反省に立って③国民主権・基本的人権の尊重・平和主義の三つの柱が示されているよね。そして，政府は日本国憲法にしたがって，④日本に住む人々の権利の保障や生活環境の整備につとめているよ。

娘　権利の保障かあ。この間，ニュースで「被災地の方々の人権の保障」や「生活の再建」が必要だって言ってた。最近，地震とか豪雨などの自然災害が次々に起きていて，⑤被災した地域の厳しい生活状況が報道されているよね。そのたびに私たちにできることって何だろうって考えるけど，なかなか思いつかなくて･･･。

父　被災した地域での自衛隊の救助活動を見ると，とても頼もしく感じるね。でも，自衛隊の活動は災害救助だけでなく，本来の防衛の任務や⑥国際連合の［ 2 ］(PKO)に協力して海外で活動したりするんだよ。2015年には，安全保障関連法が⑦国会での審議をへて成立して，海外での自衛隊の活動の幅が広がったんだ。今後の自衛隊の活動を見守っていきたいね。

問１　文中の［ 1 ］・［ 2 ］にあてはまる語を漢字で答えなさい。ただし，［ 2 ］は漢字６字で答えなさい。

問２　下線①について，天皇のおもな仕事として**適当でないもの**を，次のア～エから一つ選び，記号で答えなさい。

　ア　国会を召集する。　　　　イ　勲章《くんしょう》などを授与する。

　ウ　衆議院を解散する。　　　エ　国務大臣を任命する。

問３　下線②について，下の写真は内閣総理大臣が開く閣議の様子である。閣議について説明した文として適当なものを，次のア～エから一つ選び，記号で答えなさい。

ア　法律が憲法に違反していないか審査している。

イ　全員一致で政策を決定している。

ウ　外国と結んだ条約の承認を行っている。

エ　裁判官を辞めさせるかどうかを審議している。

問４　下線③について，国民主権を示すものとして直接選挙を行って国会議員を選ぶことがあげられる。下の**資料１**は「衆議院議員総選挙における投票率の推移」を，**資料２**は「衆議院議員総選挙における年代別投票率の推移」を示している。**資料１**と**資料２**について述べた文として適当なものを，次のア～エから一つ選び，記号で答えなさい。

資料１

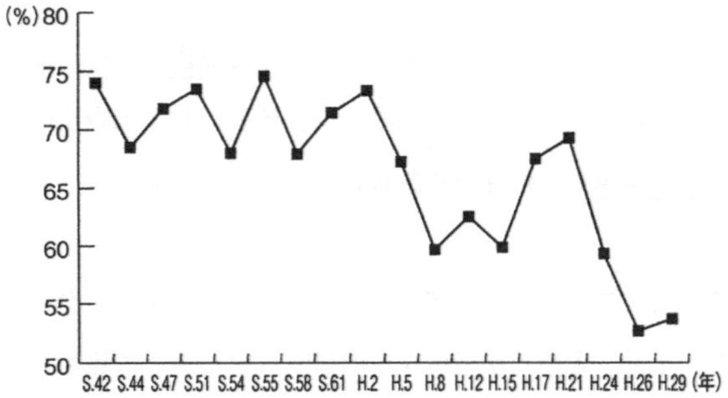

資料２

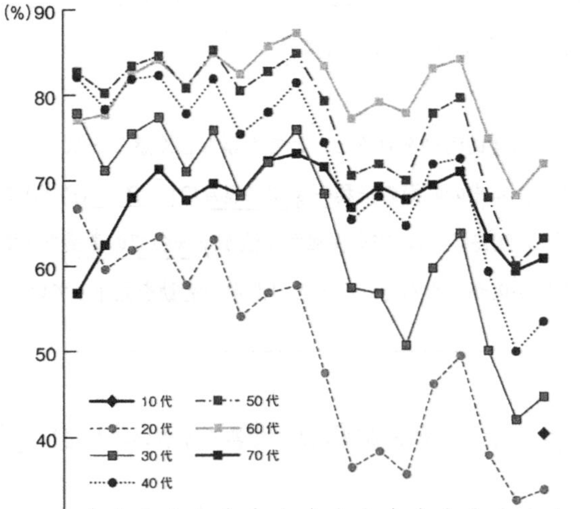

（『総務省HP』をもとに作成）

ア　衆議院議員総選挙は，４年に１回行われている。

イ　衆議院議員総選挙において，常に20歳代の投票率が最低である。

ウ　H.21年以降の衆議院議員総選挙において，年々投票率は下がり続けている。

エ　H.29年の衆議院議員総選挙では，18歳以上に選挙権が与えられた。

問５　下線④について，2019年７月の参議院議員選挙で重度の障がいがある議員が当選した。これにより障がいのある人々に対する権利の保障についての議論が高まった。高齢者や障がいがある人々のために，障壁《しょうへき》となるものを取り除くことを何というか，次のア～エから一つ選び，記号で答えなさい。

ア　ユニバーサルデザイン　　イ　ピクトグラム

ウ　バリアフリー　　エ　セーフティネット

問６　下線⑤について，災害発生後の自治体（都道府県・市町村）の動きとして**適当でないもの**を，次のア～エから一つ選び，記号で答えなさい。

ア　市町村は，国に被害報告を行う。

イ　市町村は，警察や消防に連絡・調整を行う。

ウ　都道府県は，自衛隊に派遣要請を行う。

エ　都道府県は，国に支援要請を行う。

問７　下線⑥について，国際連合とその活動について述べた文として**適当でないもの**を，次のア～エから一つ選び，記号で答えなさい。

ア　日本が国際連合に加盟したのは，1956年である。

イ　ユニセフによる世界遺産の保護活動が行われている。

ウ　地球温暖化対策の国際会議が毎年開かれている。

エ　2015年に持続可能な開発目標が採択された。

問８　下線⑦について，国会での法律案の審議と成立の過程《かてい》について述べた文として**適当でないもの**を，次のア～エから一つ選び，記号で答えなさい。

ア　法律案は国会議員や内閣から出される。

イ　衆議院と参議院の二つの議院で審議される。

ウ　各議院で委員会と本会議が開かれる。

エ　成立した法律案は内閣総理大臣が国民に公布する。

問９　**二重下線ａ**について，2009年から一般の国民が裁判に参加する裁判員制度が始まったが，この制度を取り入れた目的を**15字以上20字以内**で答えなさい。

これで，社会の問題は終わりです。

筑紫女学園中学校

令和２年度

入学試験

国　　　語

〈 問題用紙 〉

(50分間)

〈注意〉

1　かんとく者の開始の合図があるまで，この問題用紙を開かないでください。

2　開始の合図があったら，解答用紙の内側にも受験番号を記入して，解答を始めてください。

3　問題は，１ページから６ページまであります。

4　解答は，すべて解答用紙の所定のらんに記入してください。

5　かんとく者の終了の合図で筆記用具を置き，解答用紙を広げたまま解答面を下に向け，机の上に置いてください。

6　解答用紙だけを提出し，問題用紙は持ち帰ってください。

一　次の文章を読んで、後の問いに答えなさい。句読点・記号はすべて一字とします。

最近、日本語の「語い」がとても減ってきているのだそうだ。

もともと日本語というのは語いが豊富な言語で、同じ意味のことでも、さまざまな言葉や言い回しがあり、その中のどれを使うかによって、いろいろなことが想像できるような仕組みになっている。たとえば「自分自身」を指す言葉ひとつとっても［　］とさまざまである。

そして、相手がどのように自分を言うかによって、性別や年齢《れい》、生活環《かん》境などが何となくわかる。私たちは無意識の中で、そのような多様な言葉を見聞きしながら、実は言葉のニュアンス※1を感じて、言葉以上のものを推理したり想像したりしているわけである。

ところが冒《ぼう》頭で述べたように、最近は①**この特徴《ちょう》的だった日本語の語いの豊かさ**が、うすれはじめているというのである。

例をa**アゲ**てみる。「おこられる」という言葉がある。この言葉に類するものには「叱《しか》られる」「［1］を落とされる」「［2］を食らう」「［3］を言われる」「諭《さと》される」「いましめられる」「いさめられる」などがある。

けれどもこの、「人さまから叱責《しっせき》される」ことを指すさまざまな語いの中で、今、現実の会話の中に残っているのは、ほとんど「おこられる」という言い回しだけである。

言葉としては、「いましめられる」も「［3］を言われる」も残ってはいるだろうが、現実的にはほとんど使われない。つまりそれらは死語になりつつあるのだ。

ていねいに言い回しを比べてみると、それぞれにはやはりちがったニュアンスがある。「［3］」と「諭」は明らかに説教内容がちがうだろうし、「［2］を食らう」のと「いさめられる」のでは説教の重さがちがうし、「おこられた」のと「叱られた」のでは②**非の度合い**がちがうだろう。けれども、それらのニュアンスの異なる言い回しはほとんど、「おこられる」一つに統一されてしまった。

つまり言葉を使う側も、言葉を受け止める側も、③**ニュアンスの差**を考慮《こうりょ》することがなくなってしまったのである。

これはほんの一つの例だが、豊富な語いが一つ二つの言い回しに統一される現象は、多くの言葉に見られることなのである。

④**それがどうした、大した問題ではないだろう……とお思いかもしれないが、実はそうでもない**。語いの減少は、感受性のどん化につながっているからである。

先日、若い人と映画を見た。終わってからお茶を飲み、見てきたばかりの映画の話になったのだが、若者が「よかったですね」と言ったので、私は別に深い意味はなく、「どこがよかった?」とたずねてみた。すると若者はおどろいた顔をして「どこがって……」と⑤**口ごもる**のである。⑥**かろうじて**「映像がきれいでー」とか「音楽がよくってー」という感想は述べてくれたが、それ以上の感想はない。しまいには「そんな、責めないでくださいよおー」とふきげんな顔で言い返されてしまった。

単に表面的に「よかった」とするだけで、どこがどんなふうによかったか、心のおく深くで感じることなく、また感じたとしても言語化することができないようなのだ。

これは若者に限ったことではない。四十代の私の友人も、私から借りていった本を返してくれたとき、「よかったわあ」と言ったので、「どこがよかった?」と聞いてみた。すると彼女《かのじょ》も「どこがって……」と口ごもるのだ。それでも私がしつこくたずねると、最後には、「泣けたのよ。とにかくよかったの! いいじゃないの、よかったんだから……」とおこり出すb**シマツ**。私は苦笑して、そして考えこんだ。

他人事ではない。自分のこととして考えてみても、何かの本を読んだ後、映画を見た後、しばいを見た後、音楽を聴《き》いた後、私はその感動を深くほり下げて感じ、言語化しているだろうか。やはり映画をいっしょに見た若者のように、あるいは本を貸した友人のように、単に「よかった!」で終わらせてしまっていないだろうか。

⑦**急におそろしくなった**。「よかった」「面白かった」で、すべてを片づけ、そ

れ以上のほり下げをしない……というのは、説教の種類を何でもかんでも「おこられた」で済ませてしまうのと似ている。

私たちはつまり、日々おし寄せるぼう大な量の新しい情報の波をかぶり、それらを[c]**ショリ**することのみに追われながら、人間の感性や思考を[d]**育む**部分では、大はばな手ぬきをして生活しているのである。確かに情報には強い人間になるかもしれない。けれども、一人の人間としての感受性や思考能力は、どんどんおとろえてゆきはしないだろうか。日本語の語いが減少してきているという事実は、私たちの感性がいかににぶくなってきたかを表している。

⑧**心の時代とか、心の豊かさという言葉をよく耳にするが、それらは社会があたえてくれるものではなく、結局、私たち自身が心の中に手をつっこんで、※2ぬかどこをかき回すようにして自分をきたえない限り、手に入らないし身につかないものだと私は思う。**

（神津《こうづ》十月《かんな》『あなたの弱さは幸せの力になる』による）

※1　ニュアンス……語句・表現などのびみょうな意味合い。
※2　ぬかどこ……野菜などをつけ、つけものを作るのに用いるぬかみそ。

問一　══線a～dについて、漢字は読みを**ひらがな**で書き、カタカナは**漢字**に直しなさい。ただし、送り仮名が必要なものは正しく送りなさい。

問二　本文中の［　　］には、「わたし（私）」などの自分自身を指すことばが入ります。そのことばを**三つ**考えて書きなさい。

問三　――線①「**この特徴的だった日本語の語いの豊かさ**」とありますが、日本語の特徴について説明した一文を探し、**初めの四字**をぬき出して書きなさい。

問四　本文中の［1］～［3］にあてはまる最も適当なことばを次のア～カからそれぞれ選び、**記号**で答えなさい。

ア　あわ　　イ　小言　　ウ　大目玉　　エ　かげ口
オ　なみだ　　カ　かみなり

問五　――線②「**非の度合い**」とありますが、この「非」と同じ意味を含む熟語を次のア～エから**一つ**選び、**記号**で答えなさい。

ア　非力　　イ　非情　　ウ　非常　　エ　非行

問六　――線③「**ニュアンスの差**」とありますが、一つのことばでもちがったニュアンスが感じられることがあります。次の(1)・(2)のA・Bについて、それぞれの〰〰線の動作のニュアンスを最も良く言い表したことばを後の［　］のア～エからそれぞれ選び、**記号**で答えなさい。

(1)「笑う」

A　先生にみんなの前でほめられ、照れくさくて笑う。
B　犬とたわむれている園児の姿を見かけ、にっこり笑う。

ア　あざわらう　　イ　はにかむ
ウ　ほくそえむ　　エ　ほほえむ

(2)「歩く」

A　優勝がかかった試合に負けてしまい、しずんだ気持ちで歩く。
B　五分後に出発するバスに乗るために、急いで歩く。

ア　すたすた歩く　　イ　のしのし歩く
ウ　とぼとぼ歩く　　エ　よちよち歩く

問七 ――線④「**それがどうした、～実はそうでもない**」とありますが、筆者は、どのようなことが問題だと考えているのですか。それを説明した次の文の［1］・［2］にあてはまる最も適当なことばを、――線④より前の本文中から指定された字数でぬき出して書きなさい。

> もともと私たちは多様な言葉を使っていたのに、最近それが［1（十五字）］ようになってしまい、これまでできていた、言葉のちょっとしたちがいに気づいて、その言葉の意味するものを理解すると同時に、その背後にあるものを［2（十字）］することができなくなっていること。

問八 ――線⑤「**口ごもる**」・⑥「**かろうじて**」の意味として最も適当なものを次のア～エから選び、**記号**で答えなさい。

⑤「**口ごもる**」

ア　乱暴で言いかたに品がない
イ　いいかげんで根きょがない
ウ　ことばで伝える努力をしない
エ　ためらってはっきり言わない

⑥「**かろうじて**」

ア　言いにくそうに
イ　めいわくそうに
ウ　やっとのことで
エ　困りはてた様子で

問九 ――線⑦「**急におそろしくなった**」とありますが、どういうことがきっかけでおそろしくなったのですか。最も適当なものを次のア～エから選び、**記号**で答えなさい。

ア　どんな人と話しても、ものごとに対しておきまりの感想しか聞けず、それ以上を聞き出そうとして相手をおこらせてしまったこと。
イ　若者や友人たちがおちいっている問題を他人事としてながめていたが、それが自分にも起こりうる身近な問題としてせまってきたこと。
ウ　個々の意味の判断をめんどうに思って、ことばのやりとりをする際に多様な言葉を使うのをさけ、一つのことばで済ませてしまったこと。
エ　まわりの人たちを個性がないと批判的に見ていたが、かれらと同じようにしか感じとれない自分も、結局は個性がないのだと気づいたこと。

問十 ――線⑧「**心の時代とか、心の豊かさという言葉をよく耳にするが、～と私は思う**」と筆者は述べていますが、「心」が「豊か」であるとはどういう状態のことだと言っていますか。また、それはどのようにして身につくものであると考えているのですか。まとめて書きなさい。

二　次の文章を読んで、後の問いに答えなさい。句読点・記号はすべて一字とします。

「うちわは無いんだって、もうこのごろは使わないんだって」

①**そう言えば**、クーラーを入れてからこの方、わが家でうちわを見たことは無い気がする。

「うちわは無くても良いよ。さ、行こう」

ぼくは②**ほの温かい**子供の手をひいて、橋をわたると、川向うにひらけているたんぼのあぜ道に向かった。

水をたたえ③**た**田にはかえるが鳴いていて、その声が近付いて来て、あぜをふんで行く我々の足音におどろくのか、時折り、足元に、かえるが飛びこ④**むらしい**水音がした。

田の上には、星明かりにすかして、うすいもやがかかっていて、しかし、蛍《ほたる》は見えなかった。

「居ないのね」

「もう少し上のたんぼに行って見よう」

ぼくたちはあぜをたどって上の田に出た。そこにぼくたちは（　1　）a**待望**の蛍の群れを見つけた。どういうわけか、そこに、何も植えて無い、b**半ば**ぬまのようになったほうり出された一枚の田があって、そのぬまのようなあれた田のすみのあたりに、明滅《めつ》しながら高く低く飛び交っている小さい光のつぶつぶをぼくたちは見たのである。

「きれいだね、きれいだね、パパちゃん！」

子供は感動した。そして、これ程までに美しいとは思っていなかっただけに、ぼくもぼうぜんとしてこの光の息づかいを見ていた。

一ぴきがぐうぜん子供のかたわらを飛んであぜの草に落ちた。子供はそれをつかまえて、

「あちちち、あちちち」とさけんでいる。

蛍の火は熱くないんだよとぼくが笑いながら説明しても、子供はなかなかc**ナットク**しなかった。

「放してやろうね、こんなきれいなものをつかまえてはかわいそうだ」

懐中《かいちゅう》d**デントウ**をつけて、あぜの草の上でつかまえた蛍を調べていた子供は、やはり平家蛍だった、蛍はにおいがするね、と言いながら、

「さあ、飛んで行け、飛んで行け」とその一ぴきを投げた。光のつぶは、弧《こ》をえがき、明滅しながらもやの中に消えた。

ぼくたちは、しばらく、⑤**小さく息づかいする光の群れ**をながめてから、橋をわたって帰って来た。

橋の上で、いっしょになったとなりのおひゃくしょうさんが言った。

「⑥**そうですかね**。蛍は農薬をまくようになってから減ってしまってね、（　2　）居なくなりましたなあ。昔は、この辺のたんぼは蛍の火の海だったもんだがなあ」

農薬のために蛍が居なくなる。⑦**米という現実、蛍という情緒《じょうちょ》、その両者は併存《へいそん》することは難しかろう。**

しかし、クーラーでうちわが消え、農薬で蛍が絶えることを考えるだけでも、日本人の情感と日本の芸術の基調を成していた〝季節感〟というものが、我々のe**シュウイ**から消えて行きつつあることを考えさせられる。

温室さいばいと遠かく地からのf**ユソウ**が可能になったことから、すでに花々にさえ季が失われ、昔、夏の季に入れられていた香水も、今はクリスマスのころが最も売上げが多いという。蛍消え、うちわ消え、花や香水もが季を失う時代。

⑧**我々の心の中の※歳時記《さいじき》はどうなって行くのだろう。**

（團伊玖磨《だんいくま》『蛍』による）

※　歳時記……一年のうち、そのおりおりの自然・人事のことを記した書。

問一 ══線a～fについて、漢字は読みを**ひらがな**で書き、カタカナは**漢字**に直しなさい。ただし、送り仮名が必要なものは正しく送りなさい。

問二 ──線①「**そう言えば**」は、どのことばにかかりますか。次の〰〰線ア～カから**一つ**選び、**記号**で答えなさい。

そう言えば、ア クーラーを イ 入れてから この方、ウ わが家で エ うちわを オ 見たことは カ 無い気がする。

問三 ──線②「**ほの温かい**」とありますが、「ほの」とは、「ほのかに、かすかに」という意味を付け加えることばです。同じように、次の1～3が下の（　）の意味になるように、□にあてはまることばを後の□の中からそれぞれ選んで書きなさい。

1 □まじめ　（とてもまじめなこと）
2 □細い　（いかにも細くてたよりない感じ）
3 □苦い　（わずかに苦みがあるさま）

うち　か　き　ど　ふ　ほろ　ま　もの

問四 ──線③「**た**」・④「**らしい**」の意味・働きと同じものを次のア～エからそれぞれ選び、**記号**で答えなさい。

③「**た**」
- ア　ご飯を食べたばかりでおなかがいっぱいだ。
- イ　昨日は雨が降ったので遠足は中止になった。
- ウ　庭の倉庫で、さびた自転車の手入れをする。
- エ　東京への出発はたしか明日の朝でしたね。

④「**らしい**」
- ア　一日中勉強している姿は、いかにも受験生らしい。
- イ　この絵画のタッチは、だいたんであらあらしい。
- ウ　わが町から有名な選手が出て、大変ほこらしい。
- エ　風が冷たいので、もうすぐ冬が来るらしい。

問五 （　**1**　）・（　**2**　）にあてはまる最も適当なことばを次のア～オからそれぞれ選び、**記号**で答えなさい。

ア　そろそろ　　イ　つくづく　　ウ　ほとんど
エ　とうとう　　オ　しきりに

問六 ──線⑤「**小さく息づかいする光の群れ**」とありますが、これは何のどのような様子をいったものですか。それを説明した次の文の□1□・□2□にあてはまる最も適当なことばを、本文中からそれぞれ指定された字数でぬき出して書きなさい。

□1（**四字**）□の□2（**十七字**）□様子。

問七 ──線⑥「**そうですかね**」とありますが、こう答えたのは、「ぼく」がどのようなことばを投げかけたからだと考えられますか。「ぼく」が投げかけたことばを**十五字程度**で考えて書きなさい。

問八 ――線⑦「**米という現実、蛍という情緒、その両者は併存することは難しかろう**」とありますが、次の会話文の〰〰線ア～カから、ここに書かれている内容を正しく理解したうえでの発言を**二つ**選び、**記号**で答えなさい。

筑紫さん　「最近、農薬を使うことで自然環境がこわされていることが問題になっているようね。」
桜坂さん　「この作品でも蛍の数が減ってしまったことがえがかれているわ。」
筑紫さん　「でも、アお米に虫がつかないようにするためには農薬を使わないといけないのかもしれないわね。」
赤坂さん　「そういえば、イ農薬をあまり使わなかった時代は、夏になると蛍がたくさん飛んで、夏を実感できていたみたいよ。」
薬院さん　「そうね、ウ自分の目で見ないと蛍の美しさにはなかなか気づけないから、みんな見に行くべきよ。」
赤坂さん　「だったら、エ蛍を増やすために自然を守らなければならないわね。」
薬院さん　「オ人間のことだけを考えていては蛍がかわいそうよ。」
桜坂さん　「蛍と人間が共存する道はないのかしら。」
赤坂さん　「カ筆者は、悲しいことにその道を探ることをもうあきらめてしまっているね。」

問九 ――線⑧「**我々の心の中の歳時記はどうなって行くのだろう**」とありますが、筆者は、どのような気持ちからこう述べているのですか。解答欄《らん》の「我々の心の中から」に続けて**三十五字以内**で書きなさい。

[illegible]

問七 ――線部[illegible]

[illegible]

問八 ――線部[illegible]

筑紫女学園中学校

令和２年度

入学試験

算　　　数

〈 問題用紙 〉

(50分間)

〈注意〉

1　かんとく者の開始の合図があるまで，この問題用紙を開かないでください。

2　開始の合図があったら，解答用紙の内側にも受験番号を記入して，解答を始めてください。

3　問題は，１ページから10ページまであります。

4　解答は，すべて解答用紙の所定のらんに記入してください。

5　かんとく者の終了の合図で筆記用具を置き，解答用紙を広げたまま解答面を下に向け，机の上に置いてください。

6　解答用紙だけを提出し，問題用紙は持ち帰ってください。

1 次の問いに答えなさい。

(1) $\left(\frac{2}{3}+\frac{3}{5}-\frac{1}{4}\right)\times 60$ を計算しなさい。

(2) $4\frac{1}{3}-(1-0.65)\div\frac{21}{20}$ を計算しなさい。

(3) ある品物が400円で売っています。この値段は定価の2割引きです。この品物の定価は何円ですか。

(4) 下の表はA，B，C，D，Eの5人の算数のテストの点数を表したものです。5人の点数の平均は72点でした。Cの点数は何点ですか。

	A	B	C	D	E
点数	43	72		88	66

(5) 姉と妹が，1周 2000 m の池のまわりに沿《そ》って歩きます。姉の歩く速さは分速 120 m，妹の歩く速さは分速 80 m です。姉と妹が同じ地点から同じ向きに同時に歩き始めたとき，姉が妹を追いぬくのは，歩き始めてから何分後ですか。

(6) 下の正方形のます目には，数が1つずつ入っています。たて，横，ななめに並んだ3つの数の和はすべて等しくなっています。㋑に当てはまる数は何ですか。

8	㋐	㋑
㋒	6	11
9	㋓	㋔

(7) バナナが1本，りんごが1個，みかんが1個あります。
バナナ1本とりんご1個の重さの合計は 500 g です。
りんご1個とみかん1個の重さの合計は 440 g です。
みかん1個とバナナ1本の重さの合計は 320 g です。
バナナ1本とりんご1個とみかん1個の重さの合計は何 g ですか。

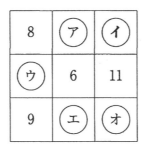

2　次の問いに答えなさい。円周率が必要な場合は，3.14 として計算しなさい。

(1) **（図１）**の四角形 ABCD は正方形で，
AB と AE の長さは同じです。
角㋐の大きさは何度ですか。

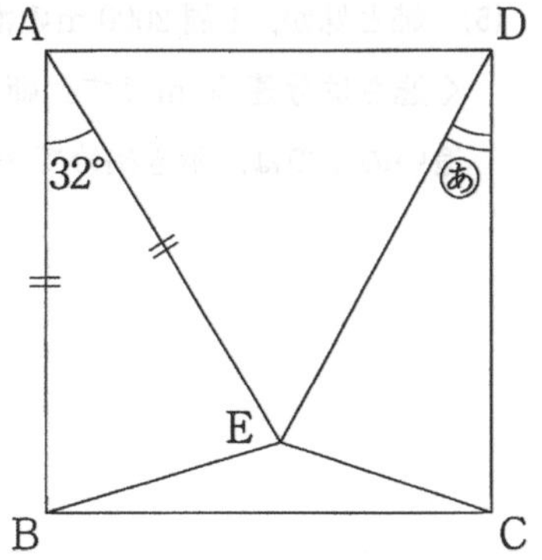

（図１）

(2) **（図２）**の立体は，1 辺が 8 cm の立方体から同じ形の三角柱を 2 つ取りのぞいた立体です。

① この立体の表面積は何 cm^2 ですか。

② この立体の体積は何 cm^3 ですか。

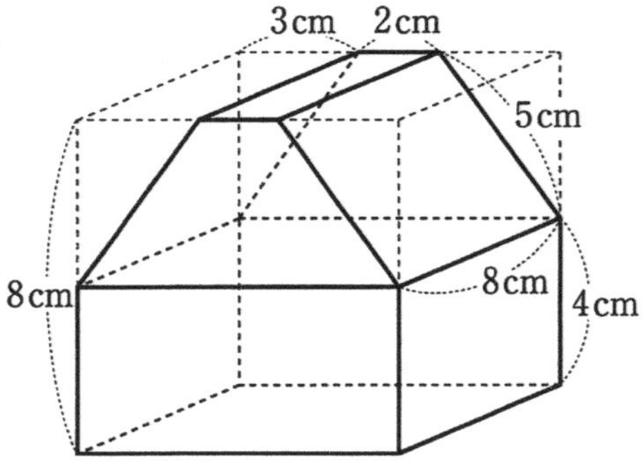

（図２）

(3) **（図３）**は，1 辺が 12 cm の正方形の内側に，
半径 3 cm の円やおうぎ形をかいたものです。
斜線《しゃせん》部分の面積は何 cm^2 ですか。

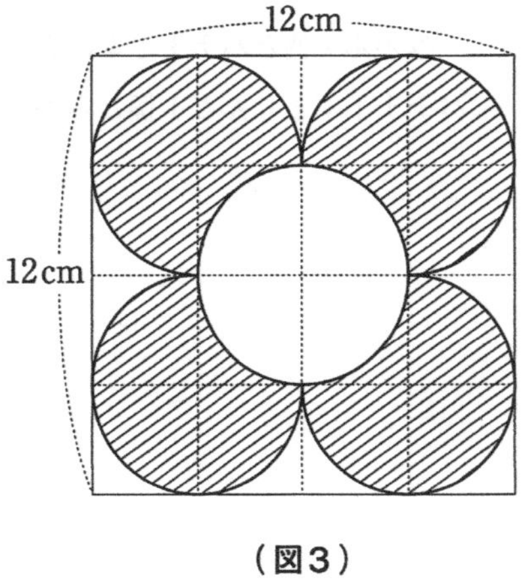

（図３）

(4) 1辺が4 cm の正六角形と，点Oを中心とする半径1 cm の円があります。
（図4） のように，円が正六角形の外側を辺に沿って1周するとき，
点Oが動いたあとにできる線の長さは何 cm ですか。

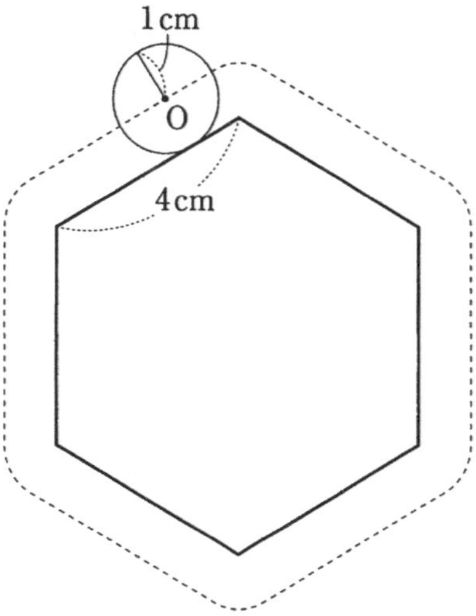

（図4）

(5) 下の **(ア)～(エ)** の展開図を組み立てて，**（図5）** のような立方体を作ります。

始めに  のマークが上の面になるように置き， の矢印の向きに立方体をたおします。そして，次に上にきた面の矢印の向きに，立方体をたおします。このように，上にきた面の矢印の向きに立方体をたおしていったときに，6つすべての面が上にくるのはどの立方体ですか。
次の **(ア)～(エ)** の中から選び，記号で答えなさい。

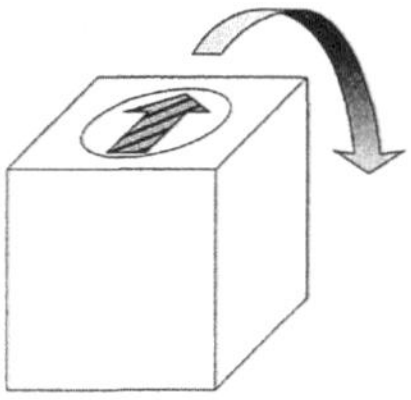

（図5）

(ア)

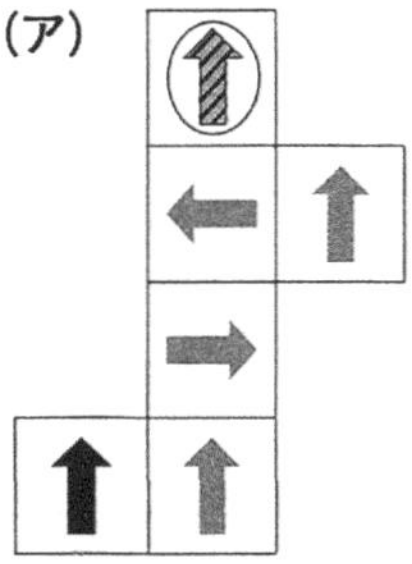

(イ)

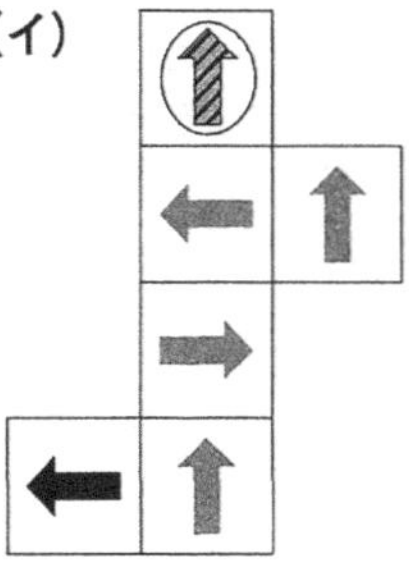

(ウ)

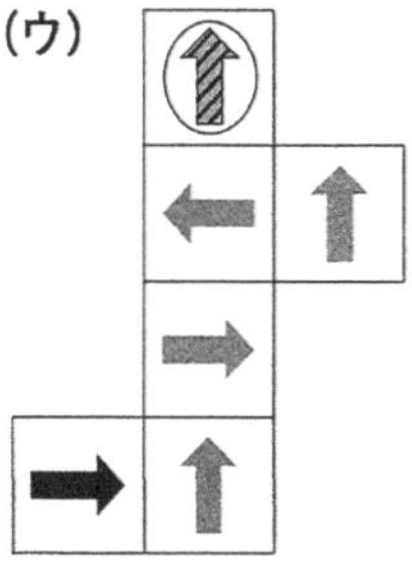

(エ)

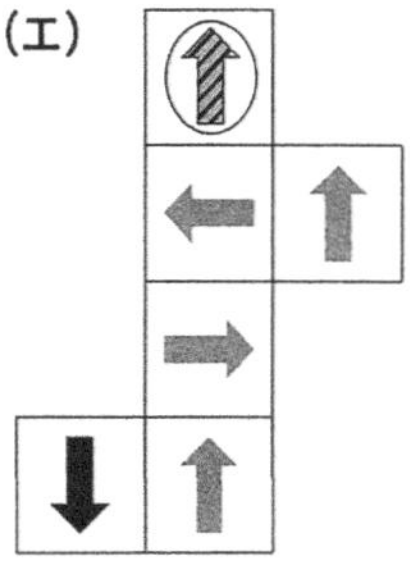

3　図のような直方体の容器に 8.4 L の水が入っています。
この容器に石をしずめたら，水の深さが 16 cm になりました。
次の問いに答えなさい。

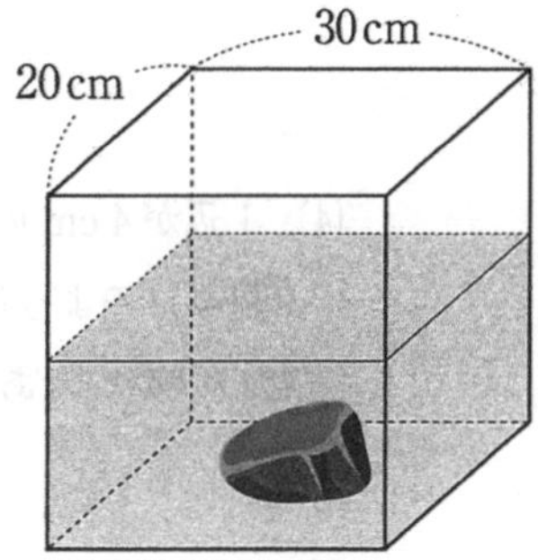

(1)　8.4 L は何 cm^3 ですか。

(2)　石の体積は何 cm^3 ですか。

(3)　石をしずめた後のこの容器に，さらに一定の割合で水を加えます。
1分後に容器の中の水の量は 14.4 L になりました。
容器の中の水の量が 16.8 L になるのは，水を加え始めてから何分何秒後ですか。

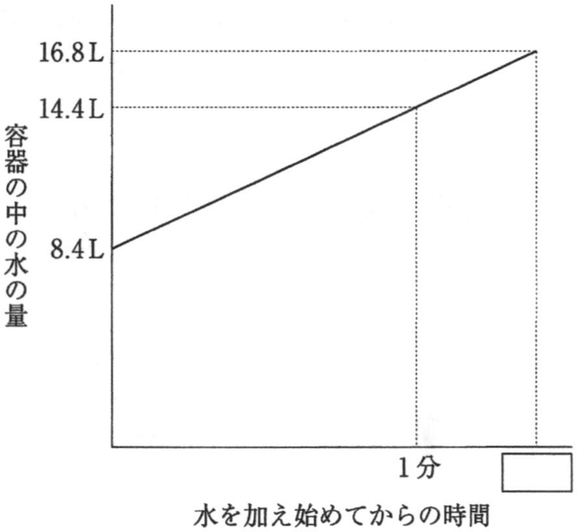

4 右下の表は，４人分のホットケーキの材料表です。
この材料表をもとに，材料の重さの割合を円グラフと帯グラフにしました。
次の問いに答えなさい。

ホットケーキの材料表（4 人分）

材料	重さ（g）
小　麦　粉	200
牛　　　乳	160
砂　　　糖	55
卵	50
バ　タ　ー	25
ベーキングパウダー	10

(1) 下の円グラフについて，小麦粉を表す部分の角㋐の大きさは何度ですか。

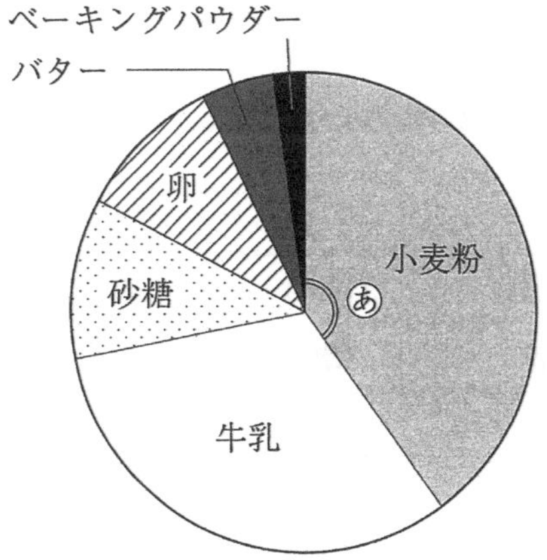

(2) この材料表を参考にして，5 人分のホットケーキを作ろうと思います。必要な卵の重さは何 g ですか。

(3) 下の帯グラフについて，牛乳を表す部分の長さを A cm，砂糖を表す部分の長さを B cm とします。A と B の差が 5.25 cm のとき，帯グラフ全体の長さは何 cm ですか。

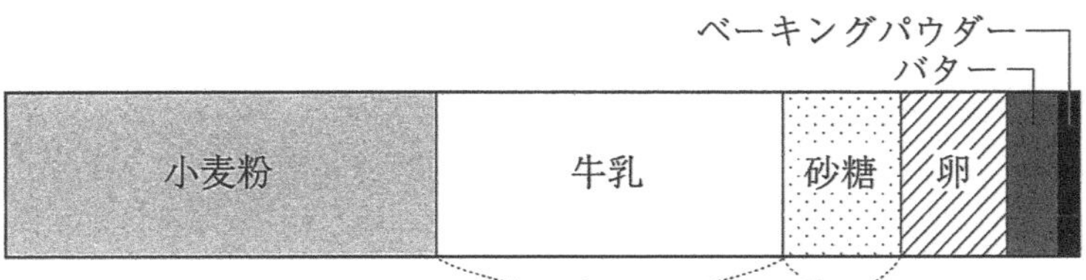

5　下のように，黒の碁石《ごいし》と白の碁石《ごいし》を左から「●●○●○」をくり返して並べていきます。

● ● ○ ● ○ ● ● ○ ● ○ ● ● ○ ……

1番目　2番目　3番目　…

次の問いに答えなさい。

(1)　左から数えて20番目と53番目の碁石の色の組み合わせとして正しいものを，次の(ア)～(エ)の中から選び，記号で答えなさい。

	20番目	53番目
(ア)	●	●
(イ)	●	○
(ウ)	○	●
(エ)	○	○

(2)　左から数えて1番目から72番目までの碁石をみたとき，その中にある黒の碁石と白の碁石の個数の比を，もっとも簡単な整数の比で答えなさい。

(3)　1 個目の白の碁石は左から数えて 3 番目です。2 個目の白の碁石は左から数えて 5 番目です。
31 個目の白の碁石は，左から数えて何番目ですか。

6　(図１)のような道があります。この道をシオンちゃんが歩きます。

シオンちゃんは，はじめはＳの位置にいて，東を向いています。

シオンちゃんは，下の指示《しじ》①～③にしたがって歩きます。

指示①　１区画だけ前進して左を向いて止まる。
指示②　２区画だけ前進して左を向いて止まる。
指示③　３区画だけ前進して左を向いて止まる。

指示①は１分かかり，指示②は２分かかり，指示③は３分かかります。

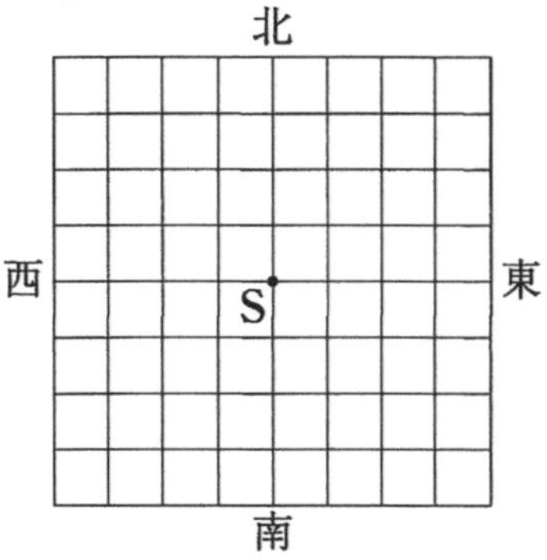

(図１)

「①②③」は，①→②→③の順に指示にしたがうことを表すものとします。
たとえば，「①②③」の指示にしたがうと，シオンちゃんは(図２)のＲの位置まで歩きます。このとき，かかった時間は６分です。

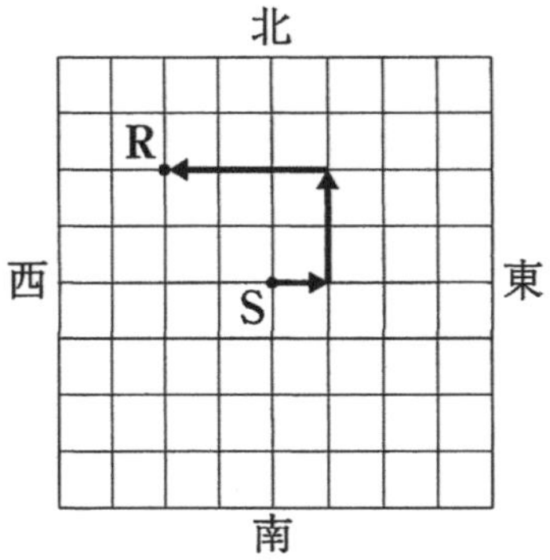

シオンちゃん

(図２)

「①②③」の指示を４回くり返すと，「①②③①②③①②③①②③」の指示にしたがうことになるので，シオンちゃんの歩いた跡《あと》は(図３)のようになります。

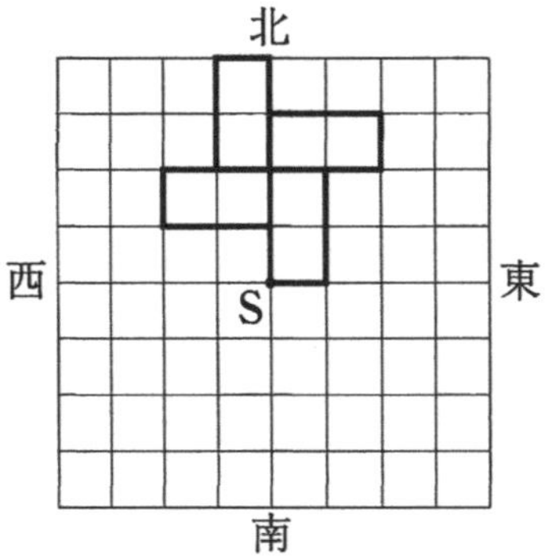

(図３)

次の問いに答えなさい。

(1) 「②③①」の指示を何回かくり返します。シオンちゃんがSの位置から歩き始めて，次にSの位置に止まるまでに，何分かかりますか。

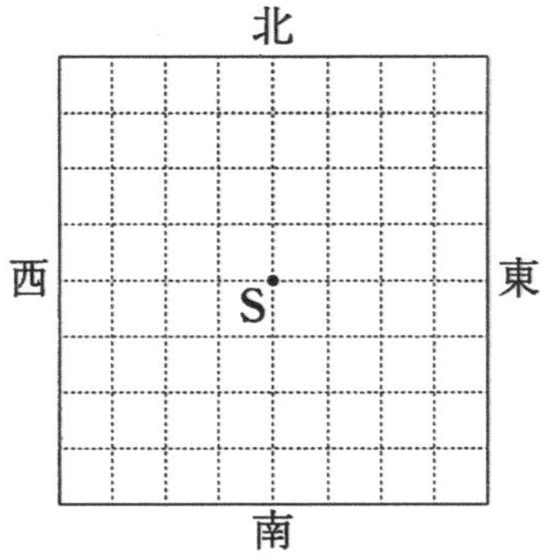

(2) 「①②③②①」の指示を4回くり返したとき，シオンちゃんが歩いた跡を，解答用紙の図の中に描きなさい。

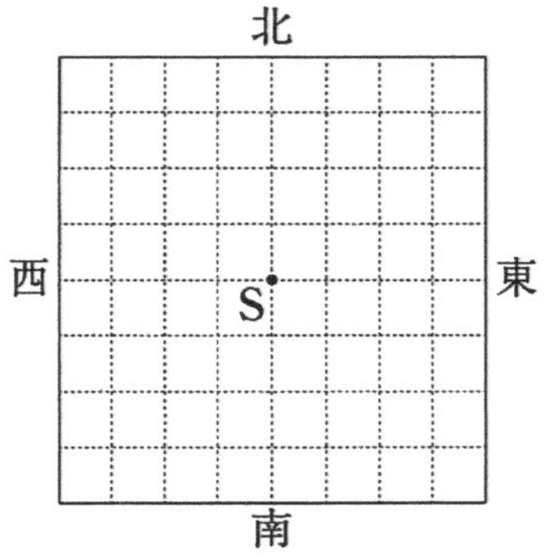

(3) 「○○○」の指示を4回くり返すと，シオンちゃんの歩いた跡は，（図4）のような図形になりました。このとき，それぞれの○にあてはまる指示の番号を，解答用紙に書き入れなさい。

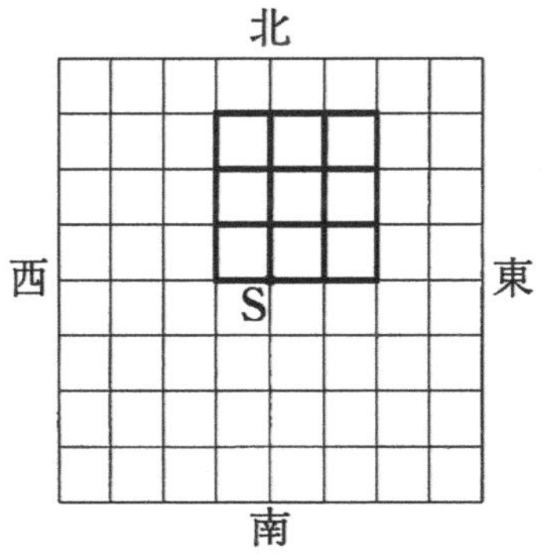

（図4）

筑紫女学園中学校

令和２年度

入学試験

理　　科

〈 問題用紙 〉

(40分間)

〈注意〉

1　かんとく者の開始の合図があるまで，この問題用紙を開かないでください。

2　開始の合図があったら，解答用紙の内側にも受験番号を記入して，解答を始めてください。

3　問題は，１ページから10ページまであります。

4　解答は，すべて解答用紙の所定のらんに記入してください。

5　かんとく者の終了の合図で筆記用具を置き，解答用紙を広げたまま解答面を下に向け，机の上に置いてください。

6　解答用紙だけを提出し，問題用紙は持ち帰ってください。

1

ある夏の日，リカさんは家族で山へキャンプに行きました。キャンプ場は標高の高いところにあったので，日中でも日かげはとてもすずしく感じられました。また，たくさんの木がしげり，セミやトンボ，クモ，ミミズなど多くの生物が見られました。そこで，夏休みの自由研究として，生物の観察を行いました。下のA～Hは，キャンプ場で見つけた生物です。これについて，次の問いに答えなさい。

A　セミ	B　トンボ	C　チョウ	D　ダンゴムシ
E　バッタ	F　ミミズ	G　クモ	H　ハチ

(1) 上のB～Hの生物の中で，「からだの分かれ方とあしの数」がAのセミと同じである生物の組み合わせとして正しいものを，次のア～エから1つ選び，記号で答えなさい。

ア．B・C・D・H　　イ．B・C・E・H
ウ．C・E・F・G　　エ．C・E・G・H

(2) (1)で選んだ生物のはねやあしは，からだの何という部分から出ていますか。

リカさんは，山の木々を見上げながら，「葉は秋になったら紅葉して散るものもあるけれど，山が落ち葉でいっぱいになることはないのかな」と不思議に思い，お姉さんに聞いてみました。次の文は，そのときの二人の会話文です。

リカ「お姉ちゃん，山は落ち葉でいっぱいにならないのかな」
姉　「理科の授業で勉強したのだけど，動物の中には落ち葉やふん，動物の死がいなどを食べ物にしているものもいるんだって。（ ア ）や（ イ ）は落ち葉を食べているのよ」
リカ「え～！落ち葉を食べる動物がいるの。お姉ちゃん，私，見てみたいわ」
姉　「いいわよ。じゃあ，この箱の中に，落ち葉と，しめらせたキッチンペーパー，（ ア ）を10匹入れて，明日まで日かげに置いておこうね。（ ア ）は，触れるとすぐに丸くなるわね。新聞紙もかぶせておこう」
リカ「楽しみだな。お姉ちゃん，ありがとう」

翌日，箱の中を見ると落ち葉にはたくさんの穴が開いていて，（ ア ）が落ち葉を食べたことがわかりました。そのとき，リカさんはお姉さんから，（ ア ）や（ イ ）よりも小さな生物が，さらに落ち葉を細かくすることでくさりやすくなり，空気や水を通しやすい土を作っていることを教えてもらいました。これについて，次の問いに答えなさい。

(3) 文中の（ ア ），（ イ ）にあてはまる生物を，上の［　］内のA～Hからそれぞれ選び，記号で答えなさい。

(4) 上の下線部のような土は，草木にとってどのような役割をしていますか。

(5) 冬の間，動物たちはさまざまなすがたで過ごしています。トンボは，どのように冬ごしをしていますか。次のア～エから1つ選び，記号で答えなさい。

ア．木の枝でさなぎとして過ごす。　　イ．土の中で幼虫として過ごす。
ウ．落ち葉の中で卵として過ごす。　　エ．水の中で幼虫として過ごす。

2　ヘチマとアサガオを育てました。これについて，次の問いに答えなさい。

(1)　次のア～ウからヘチマの種を，エ～カからアサガオの発芽の様子を表したものをそれぞれ１つずつ選び，記号で答えなさい。

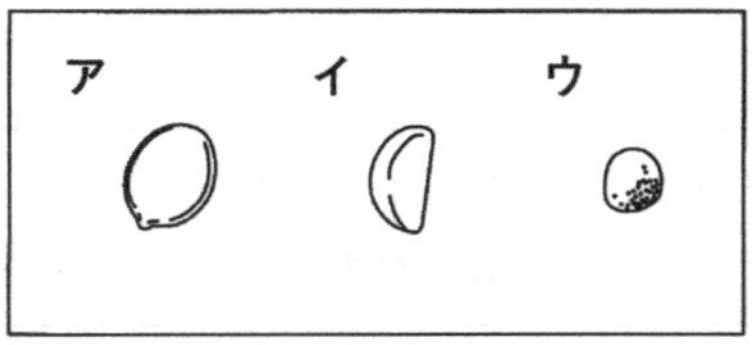

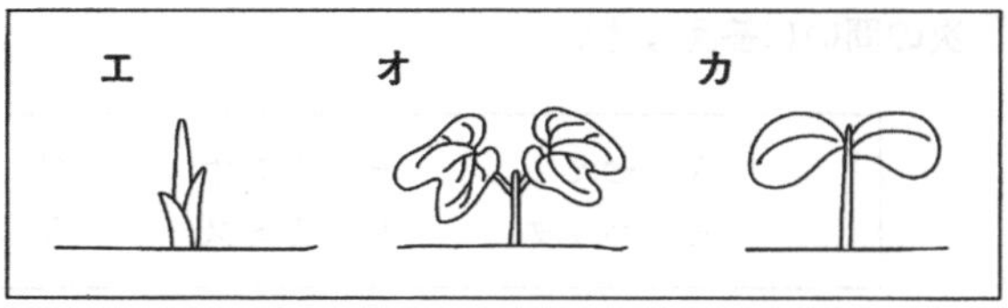

(2)　ヘチマの種をまく時期として最も適しているものを，次のア～エから１つ選び，記号で答えなさい。

ア．ツバキの花がさくころ。
イ．ダイコンの花が満開になっているころ。
ウ．キュウリがしゅうかくされるころ。
エ．サツマイモがしゅうかくされるころ。

(3)　アサガオの花びらは１枚につながっています。同じようなつくりの花を，次のア～オから２つ選び，記号で答えなさい。

ア．サクラ　　イ．ツツジ　　ウ．イネ　　エ．キキョウ　　オ．エンドウ

(4)　もうすぐ花がさきそうなヘチマのめばなを２つ用意し，めばなＡ，めばなＢとしました。それぞれにふくろをかけ，花がさいたら，めばなＡだけふくろを取って，めしべの先におばなの花粉をつけ，再びふくろをかけました。さらに，両方の花がしぼんだら，ふくろを取って，その後の成長を観察したところ，めばなＡでは実をつけ，めばなＢでは実をつけませんでした。

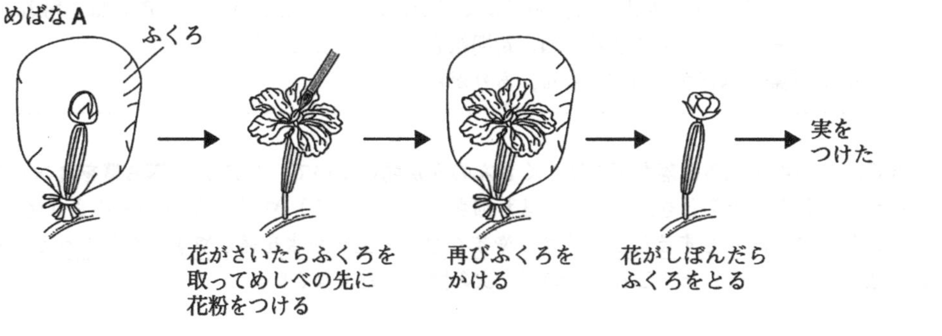

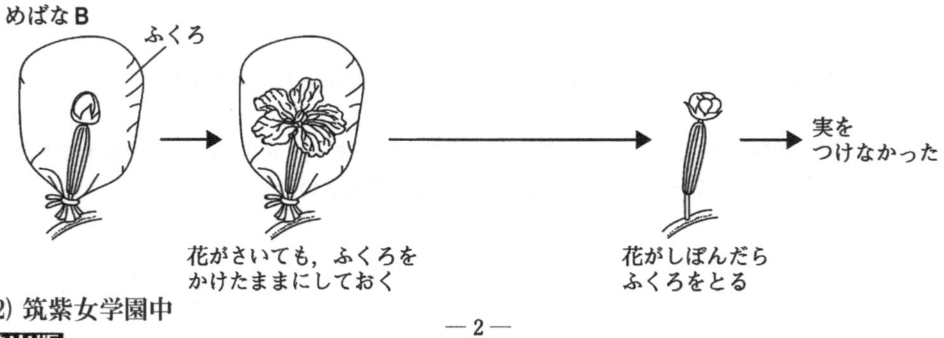

① 花がしぼむまでふくろをかけたのは何のためですか。次のア～エから１つ選び，記号で答えなさい。

ア．花に雨がかからないようにするため。
イ．水分がぬけて花がかんそうしないようにするため。
ウ．花に虫が近づかないようにするため。
エ．温度を一定に保つため。

② 下の文は，この観察をまとめたレポートの一部です。まちがっている部分を２カ所ぬき出し，正しい言葉に書き直しなさい。

おばなの花粉がめばなの先につくことを受精という。その後，めしべの先がふくらんで実になる。さらに，その中にはたくさんの種子ができる。

3 ものの燃え方を調べるために【実験１】～【実験３】を行いました。これについて，次の問いに答えなさい。

【実験１】 図１のように，空気を入れたビンの中に，火のついたろうそくを入れてふたをすると，しばらくして，ろうそくの火は消えた。

図１

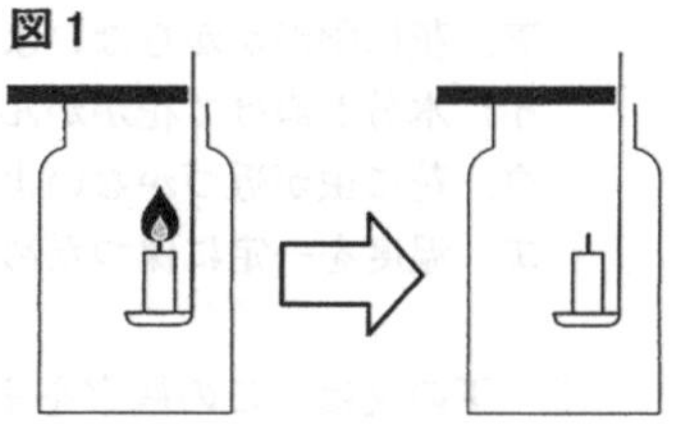

【実験２】 気体Ｘで満たしたビンの中に，火のついたろうそくを入れてふたをすると，ろうそくは【実験１】のときより激しく燃えた。

(1) 図２は，空気中にふくまれる気体の体積の割合を示したものです。Ａ～Ｃは，「酸素」，「ちっ素」，「二酸化炭素など」のどれかです。

図２

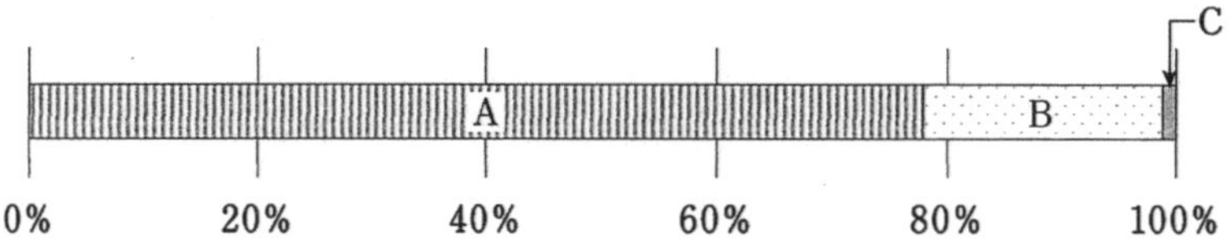

① 図２のＢにあてはまるものを，次のア～ウから選び，記号で答えなさい。

ア．酸素　　イ．ちっ素　　ウ．二酸化炭素など

② 【実験１】で火のついたろうそくが消えた後，ビンの中にふくまれる「酸素」，「ちっ素」，「二酸化炭素など」の気体の体積の割合を表した図として正しいものを，次のア～エから１つ選び，記号で答えなさい。

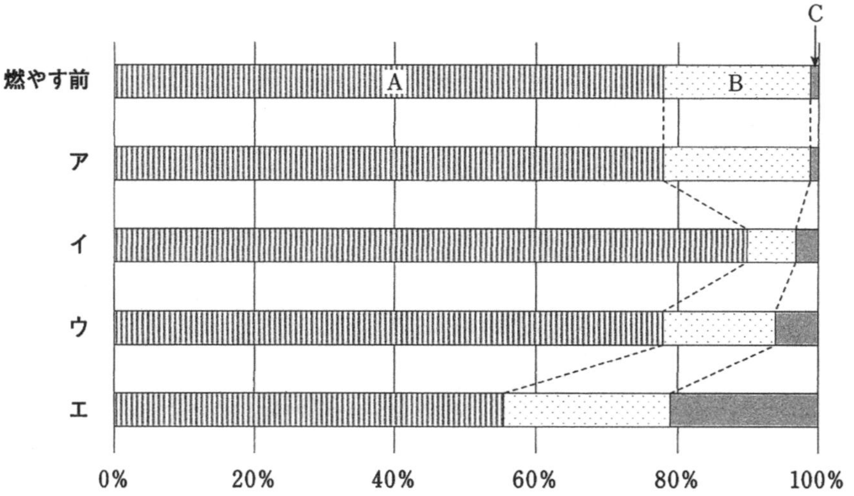

(2) **【実験２】**で使った気体Xを発生させるために必要なものを，次の**ア**～**カ**から２つ選び，記号で答えなさい。

ア．塩酸　　　**イ**．水酸化ナトリウム水よう液　　　**ウ**．オキシドール（過酸化水素水）
エ．石灰石　　**オ**．二酸化マンガン　　　　　　　**カ**．アルミニウム

【実験３】　ガラスのつつとガラスのふたを用意して，**図３**の実験装置**ア**～**エ**を作った。ビンの中のろうそくに同時に火をつけたところ，１つのろうそくだけ長く燃え続けていた。

図３

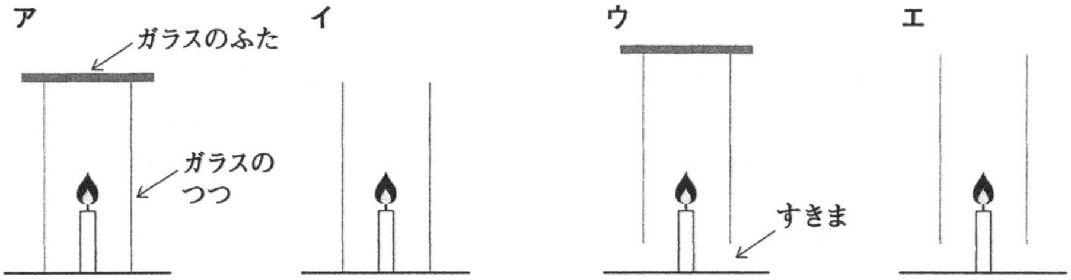

(3) **【実験３】**で，ろうそくが最も長く燃え続けたものを，**図３**の**ア**～**エ**から１つ選び，記号で答えなさい。ただし，ろうそくの長さと太さはすべて同じである。

(4) ろうそくが燃え続けたときの空気の流れについて説明した次の文中の（ ① ），（ ② ）にあてはまる言葉をそれぞれ答えなさい。

> ろうそくを燃やすと，炎のまわりの空気が温められる。この温められた空気はまわりの冷たい空気より（ ① ）くなり，（ ② ）の方へ動くので，炎のまわりに新しい空気が入りこむ。

4　気温や地面の温度について，次の問いに答えなさい。

(1)　気温は地面からおよそ何ｍの位置で測りますか。正しいものを，次のア～エから１つ選び，記号で答えなさい。

ア．0.2 ～ 0.5m　　イ．0.6 ～ 0.9m　　ウ．1.2 ～ 1.5m　　エ．1.6 ～ 1.9m

(2)　５月の晴れた日が続いているとき，福岡市で１日の気温が最も低くなる時間はいつですか。次のア～エから１つ選び，記号で答えなさい。

ア．23 時ごろ　　イ．１時ごろ　　ウ．３時ごろ　　エ．５時ごろ

(3)　図１のように，ペットボトルを支えにして温度計を置き，日なたの地面の温度を測る装置を作ります。最初に，地面を少しくぼませて，温度計の液だめの部分を入れました。次に行う手順として正しいものを，次のア～エから１つ選び，記号で答えなさい。

ア．液だめの部分にカバーをせず，液だめ以外の温度計部分に厚紙でカバーをする。
イ．液だめの部分に厚紙でカバーをし，液だめ以外の温度計部分にカバーをしない。
ウ．液だめの部分に土をかけ，液だめ以外の温度計部分に厚紙でカバーをする。
エ．液だめの部分に土をかけ，液だめをふくむ温度計全体に厚紙でカバーをする。

図１

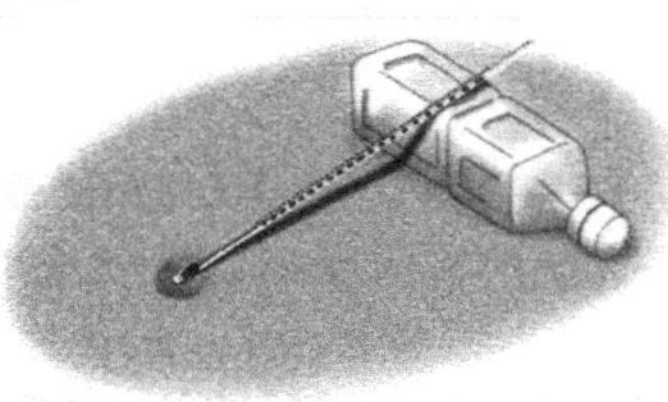

(4)　福岡では，夏と比べると冬の地面の温度はあまり上がりません。この理由として，夏と冬の地面への日光の当たり方のちがいがあげられます。昼の長さのちがい，晴れの日の多さなど天気のちがい以外に，どのようなちがいがありますか。１つ答えなさい。

(5)　図２のように，太陽からのエネルギーは常に地球へ届き，一部は反射され，残りは吸収されて地球を暖めています。しかし，地球の温度が上がり続けていかないのは，吸収したエネルギーを，地球が常に少しずつ宇宙へ出し続けているからです。太陽から地球に届くエネルギーの量を 100 と表すと，そのうち，地表や海に吸収される量は 49，雲や大気中の水蒸気に吸収される量は 20，雲で反射される量は 22，地表の雪や氷などに反射される量は９です。地球から宇宙へ少しずつ出されるエネルギーの量に最も近いものを，次のア～エから１つ選び，記号で答えなさい。

図２

ア．29　　イ．38　　ウ．49　　エ．69

5　次の文章を読み，下のA～Fの発電方法について答えなさい。

　エネルギーは，水や食料と同じく，わたしたちの生活になくてはならないものです。特に，電気は，照明以外に通信，輸送，交通手段などはば広く使用されています。しかし，電気をつくり出すのに必要な石油，石炭，天然ガスなどのエネルギー資源は量に限界があり，また，発電の際，はい出《しゅつ》される気体が地球温暖化を引き起こしています。そのような中，再生可能エネルギーは，これからの新しいエネルギーとして注目されています。

　再生可能エネルギーとは，自然界に常に存在するエネルギーのことで，環境にやさしく，資源がなくなる心配がないエネルギーのことです。しかし，日本で発電されるエネルギーに対する再生可能エネルギーの割合は全体のわずか７％です。この理由は，再生可能エネルギーの作り方やその利用にはまだまだ課題が多いからです。再生可能エネルギーのそれぞれのよい点をうまく組み合わせていけば，日本のエネルギー自給率も上がり，暮らしやすい社会になると考えられます。

【発電方法】

A　太陽光発電	B　火力発電	C　波力発電
D　原子力発電	E　風力発電	F　地《ち》熱《ねつ》発電

(1)　A～Fの発電方法のうち，再生可能なエネルギー資源を利用していないものが２つあります。A～Fから選び，記号で答えなさい。

(2)　Aの太陽光発電の短所を15文字以内で答えなさい。

(3)　下の図は，A～Fの発電方法の一例です。

熱で水蒸気が発生する　→　タービン（羽根車）がまわる　→　Xが電気をつくる

①　Xにあてはまる装置を**漢字３文字**で答えなさい。

②　この図にあてはまらない発電方法を，B～Fからすべて選び，記号で答えなさい。

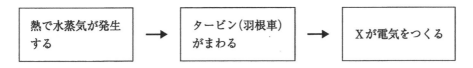

6 次の □ 内の性質をもつ電熱線を使って，【実験１】～【実験３】を行いました。これについて，次の問いに答えなさい。

> 電熱線を流れる電流の強さは，同じ数のかん電池につないだとき，電熱線の太さに比例し，長さに反比例します。

【実験１】 図１のような装置をつくり，電熱線ＰまたはＱに流れる電流の強さを調べました。電源装置から流れる電流の強さは，直列つなぎのかん電池１個分～４個分にしました。その結果が下のグラフです。

> 電熱線Ｐ：長さ　10cm,　太さ　$2mm^2$
> 電熱線Ｑ：長さ　10cm,　太さ　$4mm^2$

図１

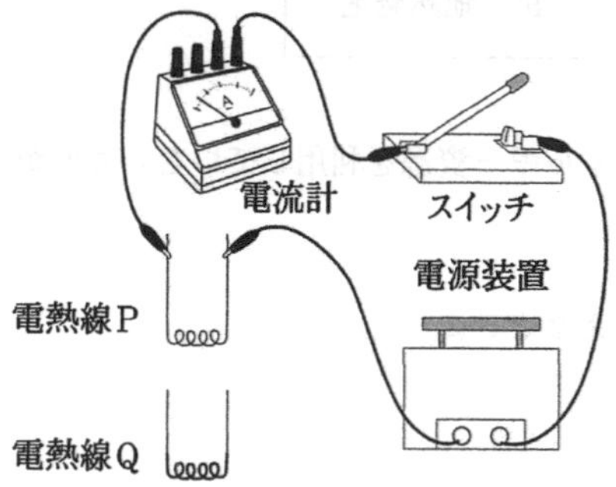

グラフ

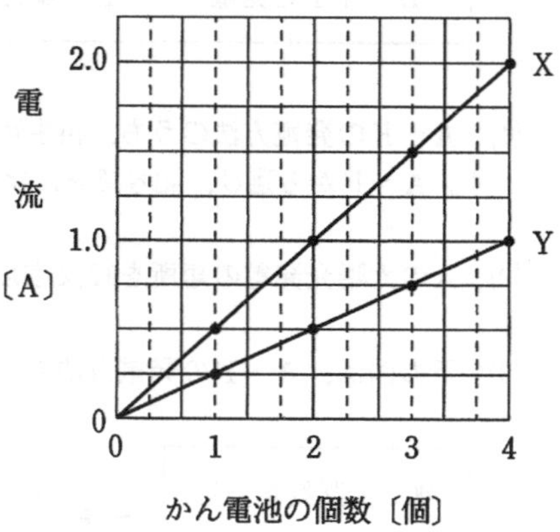

【実験２】 図２のように，【実験１】で用いた電熱線Ｐ，Ｑを電源装置につなぎ，かん電池４個分の電流を流して，水の温度がどれだけ上がるかを調べました。その結果が下の表１です。ただし，水の量は同じで，電熱線から出る熱は水の温度上昇にしか使われないものとします。

図２

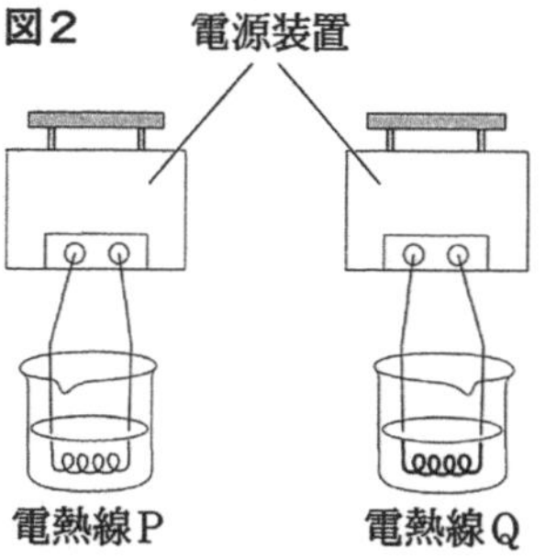

表１

	時間変化にともなう水温変化（℃）					
時間（分）	0	2	4	6	8	10
ア	15	17	19	21	23	25
イ	15	19	23	27	31	35

【実験３】 太さが同じで，長さがちがう電熱線A（10cm），B（5cm），C（2.5cm）を用意して，**図３**のようにそれぞれ電源装置につなぎました。かん電池４個分の電流を，10分間流し水の温度上昇を調べました。その結果が下の**表２**です。ただし，水の量はすべて同じで，初めの水温は15℃，電熱線から出る熱は水の温度上昇にしか使われないものとします。

図３

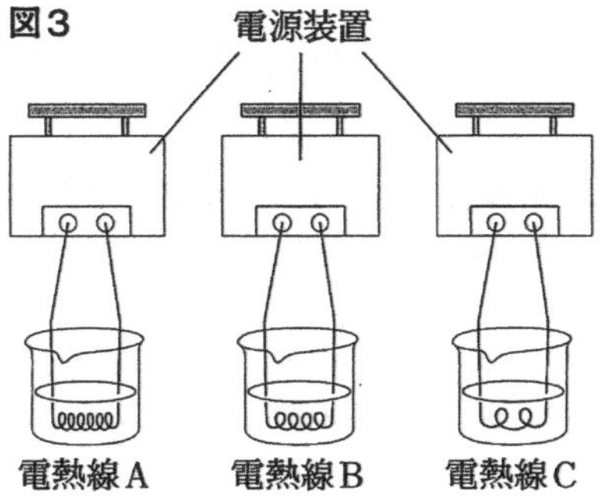

表２

電熱線	水の温度上昇（℃）
A（10cm）	15 → 25
B（ 5cm）	15 → 35
C（2.5cm）	15 → 55

⑴ 家庭用の電気器具の中には，アイロンや電気ストーブなど電気によって温める器具があります。このような器具の中には，電流が流れると熱を出す電熱線が使われています。アイロンや電気ストーブ以外で電熱線が使われている電気器具を１つ答えなさい。

⑵ **【実験１】**で，電熱線Qの電圧と電流の関係を表しているのは，グラフのX，Yのどちらですか。記号で答えなさい。

⑶ **【実験２】**で，**表１**の**ア**のような水温の変化をした電熱線はP，Qのどちらですか。記号で答えなさい。

⑷ 次の文は，**【実験３】**の結果からわかることをまとめたものです。（ **ア** ）～（ **ウ** ）にあてはまる数または言葉をそれぞれ答えなさい。

① 流れている電流の強さは，電熱線Aは電熱線Cの（ **ア** ）倍である。

② 水温の変化より，電熱線Bから発生する熱の量は，電熱線Aから発生する熱の量の（ **イ** ）倍であるといえる。

③ 電熱線から発生する熱の量と電熱線の長さとは（ **ウ** ）の関係にある。

7　表は，ホウ酸と食塩が0～80℃の水100gに，とかすことができる量をそれぞれ表したものです。これについて，次の問いに答えなさい。

表

水の温度	0℃	10℃	20℃	30℃	40℃	50℃	60℃	70℃	80℃
ホウ酸（g）	2.8	3.7	4.9	6.8	8.9	11.4	14.9	18.7	23.5
食塩（g）	35.6	35.7	35.8	36.1	36.3	36.7	37.1	37.5	38.0

(1)　0℃の水200gに，ホウ酸を20g入れました。水の量は変えずに，かき混ぜながら温度を上げていくとき，ホウ酸が完全にとける温度は，次のア～クのどれですか。記号で答えなさい。

ア．0 ～ 10℃の間　イ．10 ～ 20℃の間　ウ．20 ～ 30℃の間　エ．30 ～ 40℃の間
オ．40 ～ 50℃の間　カ．50 ～ 60℃の間　キ．60 ～ 70℃の間　ク．70 ～ 80℃の間

(2)　20℃の水50gに，食塩10gをとかすと，すべての食塩がとけました。この20℃の水に，あと何gの食塩をとかすことができますか。

(3)　ホウ酸と食塩が混ざった粉末Xが70gあります。この粉末Xを使って，**【実験1】**～**【実験3】**を行いました。ただし，ホウ酸と食塩を同じ水にとかしても，それぞれがとける量には影響はないとします。

【実験1】　この粉末X70gを80℃の水100gに入れて，よくかきまぜると，食塩だけがとけきれずに残った。

【実験2】　**【実験1】**の水よう液をろ過して，とけきれずに残った食塩を完全に取り除いた。このとき，とけきれずに残った食塩の重さは24.5gだった。

【実験3】　**【実験2】**でろ過して残った水よう液を加熱し，水を50g蒸発させた。この水よう液を30℃までゆっくり冷やした。

①　**【実験1】**で，80℃の水100gにとけた食塩は何gですか。

②　粉末X70g中にふくまれていたホウ酸は何gですか。

③　**【実験3】**で，とけきれずに出てくるホウ酸は何gと考えられますか。

筑紫女学園中学校

令和２年度

入学試験

社　　　会

〈 問題用紙 〉

(40分間)

〈注意〉

1　かんとく者の開始の合図があるまで，この問題用紙を開かないでください。

2　開始の合図があったら，解答用紙の内側にも受験番号を記入して，解答を始めてください。

3　問題は，１ページから12ページまであります。

4　解答は，すべて解答用紙の所定のらんに記入してください。

5　かんとく者の終了の合図で筆記用具を置き，解答用紙を広げたまま解答面を下に向け，机の上に置いてください。

6　解答用紙だけを提出し，問題用紙は持ち帰ってください。

1 **次のⅠ～Ⅲの文章を読んで，あとの問いに答えなさい。**

Ⅰ　日本は，太平洋や日本海などに囲まれた島国で，①北海道・本州・四国・九州の四つの大きな島を中心に，大小6800もの島々からなりたっています。日本の島々は，北のはしから南のはしまでは約3000kmもあり，北東から南西の方向に弓のようなかたちにならんでいます。現在，②日本は周辺諸国とのあいだで領土をめぐる問題をかかえており，平和的な解決にむけて交渉していく必要があります。

Ⅱ　日本は，国土の約４分の３が山地という山がちな地形であり，平野がせまくなっています。日本のほぼ中央には飛驒山脈・［　1　］山脈・赤石山脈という日本アルプスと呼ばれる山々が連《つら》なっており，このほかにも本州全体に背骨のように山脈がはしっています。日本は国土が南北に長く，また［　2　］が吹きつけることによって，気候は山脈をさかいに日本海側・太平洋側で異なっており，③地域ごとにさまざまな気候のようすがみられます。

Ⅲ　日本には，さまざまな産業がみられます。農業に関しては，地形や気候などの自然環境をいかし，④各都道府県でさまざまな農産物を生産しています。また島国である日本は古くから⑤漁業がさかんで，銚子《ちょうし》や焼津《やいづ》などでは多くの水あげ量をほこります。しかし現在では漁業の担い手不足などが原因で衰《おとろ》えてきていることが課題です。そして日本は天然資源に乏《とぼ》しく，おもなエネルギーは外国からの輸入にたよっています。たとえば石油は［　3　］という専用の船で運ばれます。日本は，輸入された天然資源などの原料を加工し，工業製品をつくって輸出することで発展しました。このように日本は活発に⑥貿易を行っており，国の経済を支えています。

問１　文中の［　1　］～［　3　］にあてはまる語句を答えなさい。

問２　下線①について，北海道などで暮らす先住の人々を答えなさい。

問3　下線②について，日本がかかえる領土問題を説明した文として**適当でないもの**を次のア〜エから一つ選び，記号で答えなさい。

ア　北海道の北東に位置する北方領土は，70年ほど前，ソビエト連邦により占領され，現在はロシア連邦が不法に占拠《せんきょ》している。

イ　西のはしに位置する与那国島《よなぐにじま》は現在，台湾と領土問題をかかえている。

ウ　日本海上にある竹島は，日本固有の領土だが，現在は韓国が不法に占拠している。

エ　東シナ海にある尖閣諸島《せんかくしょとう》は，日本固有の領土だが，現在は中国がその領有を主張している。

問4　下線③について，下の**A**〜**C**は，札幌市（北海道）・松本市（長野県）・奄美《あまみ》市（鹿児島県）のいずれかの「月別平均気温と降水量」を表したグラフです。都市とグラフの組み合わせとして適当なものを次のア〜カから一つ選び，記号で答えなさい。

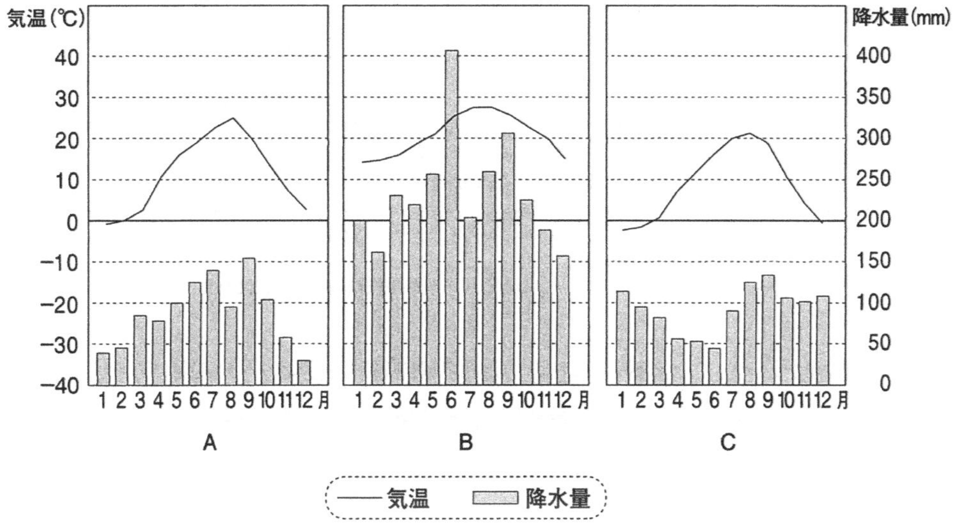

（『理科年表2019』を参考に作成）

	札幌市	松本市	奄美市
ア	A	B	C
イ	A	C	B
ウ	B	A	C
エ	B	C	A
オ	C	A	B
カ	C	B	A

問５　下線④について，下のア～エは，レタス・ぶどう・茶・肉用牛のいずれかの生産上位の都道府県を表したグラフです。レタスにあてはまるものを次のア～エから一つ選び，記号で答えなさい。

ア
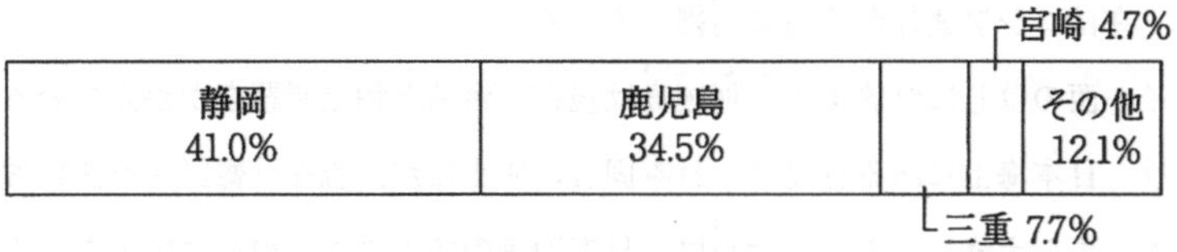

イ
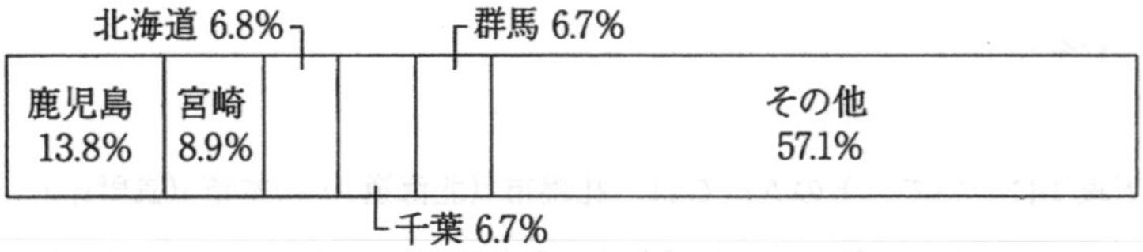

ウ
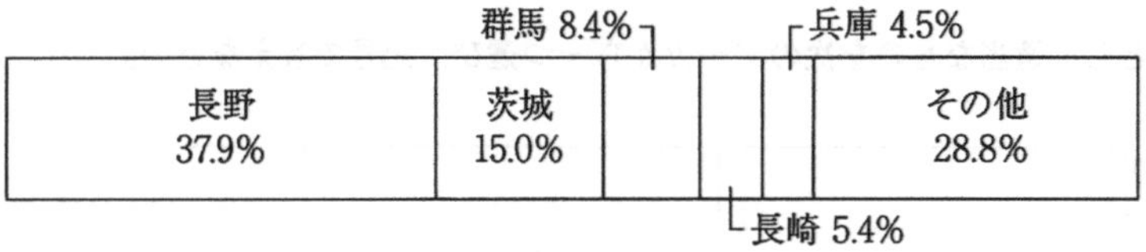

エ
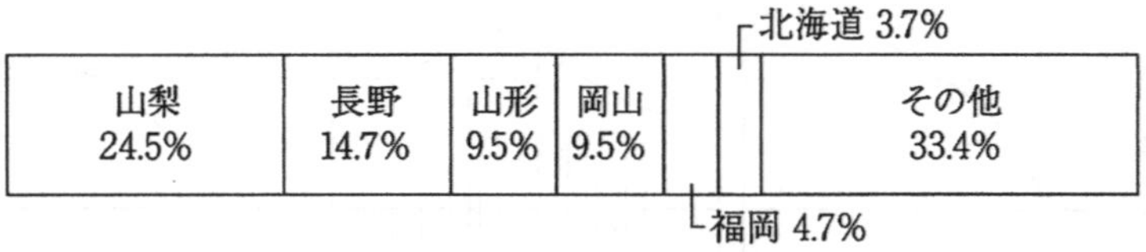

（『日本国勢図会2019/20』を参考に作成）

問６　下線⑤について，下の**資料１**は日本における漁業種別漁獲量《ぎょかくりょう》のうつり変わりを表したものであり，**資料１**中の**D**～**F**は，沿岸漁業・沖合漁業・遠洋漁業のいずれかです。**D**～**F**と漁業種の組み合わせとして適当なものを次ページのア～カから一つ選び，記号で答えなさい。

資料１

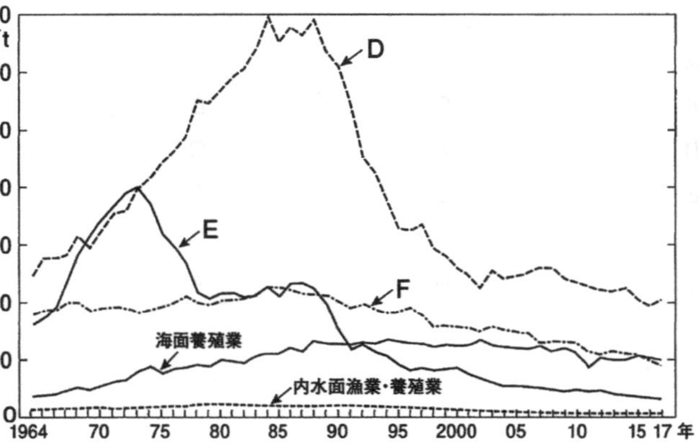

（『日本国勢図会2019/20』を参考に作成）

	沿岸漁業	沖合漁業	遠洋漁業
ア	D	E	F
イ	D	F	E
ウ	E	D	F
エ	E	F	D
オ	F	D	E
カ	F	E	D

問7　下線⑥について，貿易のさいに輸入品にかける税金を関税《かんぜい》といいますが，関税をかける権限は世界各国に認められています。このような権限が認められる理由を**15字以内**で書きなさい。ただし，下の会話文を参考に考えること。

花子さん　日本は貿易がさかんな国ですね。原料を輸入し，高い技術力をいかして工業製品をつくり，それを輸出していますね。

先　生　そうですね。貿易をさかんに行うことで国を豊かにしていこうと取り組んでいます。現在，世界では自由な貿易を推《お》し進めようと，関税を撤《てっ》廃《ぱい》するうごきが活発です。日本も自由な貿易をめざす環太平洋パートナーシップ（ＴＰＰ）協定の話し合いに参加していますね。

花子さん　自由な貿易を推し進めるために関税を撤廃したら，日本はどうなるのですか。

先　生　関税がかからないため，安い外国製品が日本国内に入ってくることになるよね。そうなると国内ではどのような事態になるか予想できるかな。

花子さん　割高《わりだか》な国内製品が売れ残ることが考えられますね。自由な貿易を行うと不利になる面もあるんですね。先生のお話で貿易をめぐる関税の重要性がわかりました。

2　次のⅠ～Ⅸの文章を読んで，あとの問いに答えなさい。なおⅠ～Ⅸの文章は，時代順に並んでいるとは限りません。

Ⅰ　明治天皇が国民に与えるという形で，大日本帝国憲法が発布されました。この憲法では，主権は天皇にあり，天皇が大臣を任命し，軍隊を統率し，戦争を宣言することができることなどが定められていました。また議会は二院制で，衆議院と[1]で構成されていました。

Ⅱ　足利氏が京都に室町幕府を開きました。３代将軍足利義満は，各地を治めていた守護大名を従え，[A]と貿易を行って，強い権力を持ちました。また①室町時代には，京都に住む武士を中心に，それまでの貴族の文化や大陸の文化の影響を受けながら，新しい文化が生まれました。

Ⅲ　②江戸時代，鎖国のもとでも交流が行われていた国の一つとして，朝鮮があげられます。朝鮮との貿易は，[2]藩を通じて行われ，朝鮮からは朝鮮通信使と呼ばれる使節が，将軍が替わるごとに来日するようになりました。

Ⅳ　平氏との戦いに勝利した源頼朝には，多くの武士が御家人として従いました。頼朝は，有力な御家人を守護や[3]として全国各地に置き，武士による政治体制を整えていきました。1192年，頼朝は征夷大将軍に任命され，全国の武士を従える地位につきました。鎌倉を政治の中心として，頼朝が開いた政府を鎌倉幕府といい，幕府の続いた約140年間を鎌倉時代といいます。

Ⅴ　中国の歴史書である「魏志」倭人伝には，邪馬台国の女王として[4]の名がみられます。[4]は，神のお告げを伝えて人々の心をとらえ，弟が[4]の考えにもとづいて政治を行っていました。

Ⅵ　織田信長の有力武将であった③豊臣秀吉は，信長を倒した[5]との戦いに勝利し，やがて朝廷から関白に任じられました。そして他の大名や一向宗などの仏教勢力をおさえ，全国を統一しました。その後，秀吉は海外にも目を向け，[A]を征服しようと二度にわたって朝鮮に大軍を送りましたが，秀吉は二度目の戦いの途中に病死し，日本軍は引き上げました。

Ⅶ　1946年11月3日，新しい国づくりの基本となる日本国憲法が公布され，翌年の5月3日から施行されました。この憲法の前文では，国の政治を決める権利は国民にあるとし，世界の平和を願う尊い理想を掲げています。また教育の制度も大きく変わり，小学校6年間，中学校3年間の9年間が義務教育となりました。

Ⅷ　縄文時代の代表的な遺跡の一つに，④三内丸山遺跡があります。この遺跡では，今から約5500年前から約1500年間にわたって人々が暮らしていた跡が見つかっています。くりやクルミなどの栽培が行われ，この地域ではとれない黒曜石なども多く出土しており，他の地域との交流もあったと考えられています。

Ⅸ　⑤聖徳太子は朝廷で大きな力を持っていた蘇我氏とともに，天皇を中心とする国づくりを目指して，政治の改革に取り組みました。また聖徳太子は，小野妹子らを［B］に送って，対等な国の交わりを結ぼうとしました。

問1　文中の［1］～［5］にあてはまる語句を漢字で答えなさい。

問2　文中の［A］と［B］にあてはまる語句の組み合わせとして適当なものを次のア～エから一つ選び，記号で答えなさい。

ア　A：明　B：唐

イ　A：明　B：隋

ウ　A：清　B：唐

エ　A：清　B：隋

問3　下線①について，このことの説明として**適当でないもの**を次のア～エから一つ選び，記号で答えなさい。

ア　足利義満は京都の北山に金閣を建て，また観阿弥や世阿弥の活動を保護した。

イ　足利義政は京都の東山に銀閣を建て，その隣にある東求堂は寝殿造の建物として知られている。

ウ　石や砂を用いて山や水を表現する庭づくりが行われた。

エ　京都の僧であった雪舟は，自然を題材とした水墨画を描いた。

問４　下線②について，**資料１**で描かれている都市として適当なものを次のア～エから一つ選び，記号で答えなさい。

資料１

ア　長崎　　　イ　平戸　　　ウ　大阪　　　エ　江戸

問５　下線③について，豊臣秀吉が百姓に対して行ったこととして**適当でないもの**を次のア～エから一つ選び，記号で答えなさい。

ア　百姓の一揆を防ぐために，刀狩令を出し，鉄砲などの武器を取り上げた。

イ　全国で検地を行い，土地のよしあしや耕作者，収穫量などを調査させた。

ウ　戦いに備えて武士の人数を確保するために，百姓が武士に身分を変えることを認めた。

エ　百姓は城下町ではなく，村に住むことを強制した。

令和2年度 筑紫女学園中学校 入学試験

国語解答用紙

受験番号

得点

※100点満点
(配点非公表)

一

問一
a アゲ
b シマツ
c ショリ
d 育む
む

問二

問三

問四
1
2
3

問五

問六
(1)
A
B
(2)
A
B

問七
1
2

問八
⑤
⑥

問九

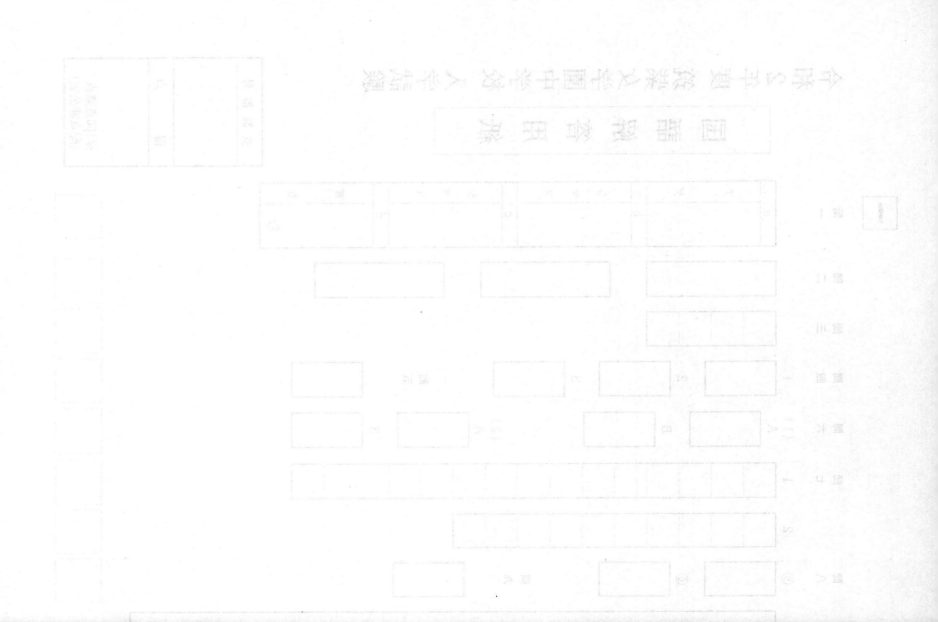

	cm^3		cm^3		分　秒後

4

(1)	度	(2)	g	(3)	cm	点

5

(1)		(2)	黒 ： 白	(3)	番目

6

(1)	分	(2)	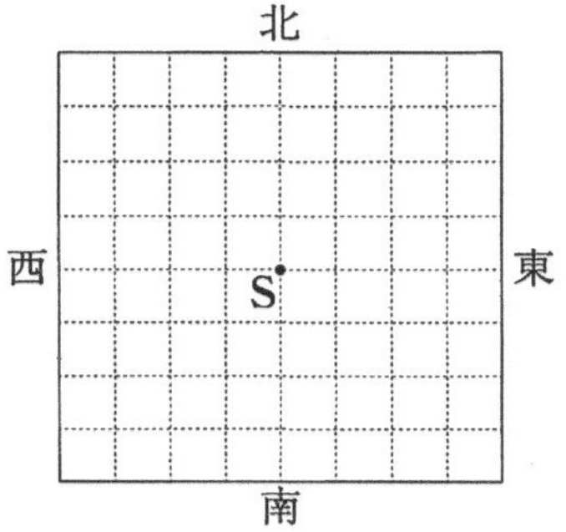	(3)	○ ○ ○	点

受験番号	得点
	※100点満点 (配点非公表)

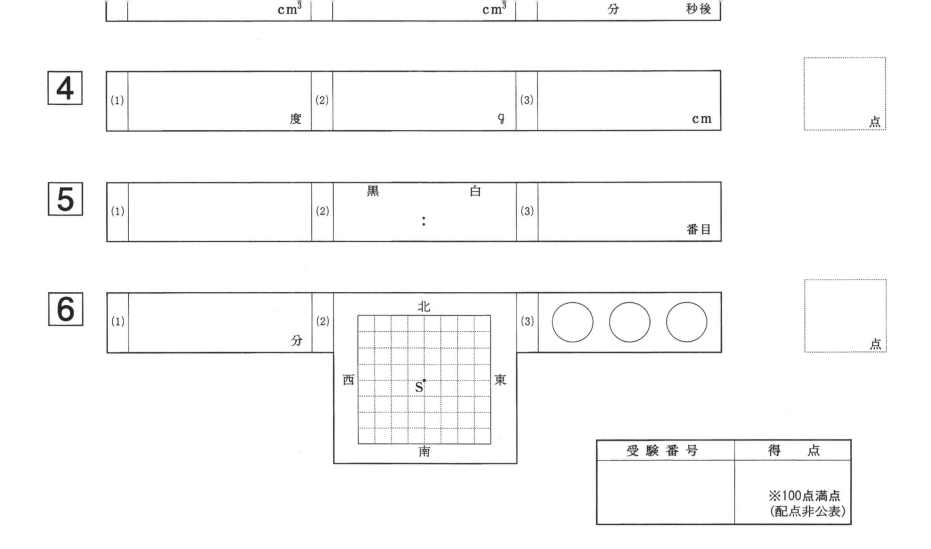

園中学校　入学試験

用　紙

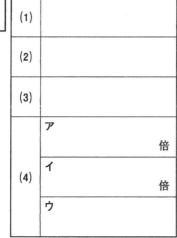

3

(1)	①	
	②	
(2)		
(3)		
(4)	①	
	②	

点

6

(1)		
(2)		
(3)		
(4)	ア	倍
	イ	倍
	ウ	

点

7

(1)		
(2)		g
(3)	①	g
	②	g
	③	g

点

受験番号	得　点
	※75点満点 (配点非公表)

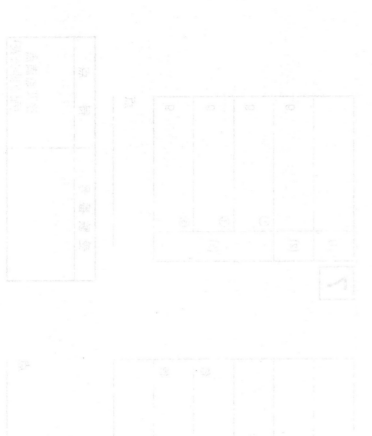

問2	問3	問4	問5	問6	問7	問8	問9

点

点

3

問1		
1	2	3

問2	問3	問4	問5		問6
			（A）	（B）	

点

点

受験番号	得　点
	※75点満点 (配点非公表)

令和２年度 筑紫女学園中学校 入学試験

社 会 解 答 用 紙

1

問1			問2
1	2	3	
山脈			

問3	問4	問5	問6

問7														
				5					10					15

点

点

点

2

問1		
1	2	3
	藩	

点

【解答

令和２年度 筑紫

理 科 解

1

(1)	
(2)	
(3)	ア / イ
(4)	
(5)	

点

2

(1)	ヘチマの種	アサガオの発芽の様子
(2)		
(3)		
(4)	①	
	②まちがっている部分 →	正しい言葉
	まちがっている部分 →	正しい言葉

点

4

(1)	
(2)	
(3)	
(4)	
(5)	

点

5

(1)					
(2)					
(3)	①				
	②				

点

令和２年度 筑紫女学園中学校 入学試験

算 数 解 答 用 紙

1

(1)		(2)		(3)	円
(4)	点	(5)	分後	(6)	
(7)	g				

点

2

(1)	度	(2) ①	cm^2	(2) ②	cm^3
(3)	cm^2	(4)	cm	(5)	

点

二

問一

a 待望

b 半ば

c ナットク

d デントウ

e シュウイ

f ユソウ

問二

問三

1 まじめ

2 細い

3 苦い

問四

③

④

問五

1

2

問六

1

2

問七

「　」。

問八

問九

我々の心の中から

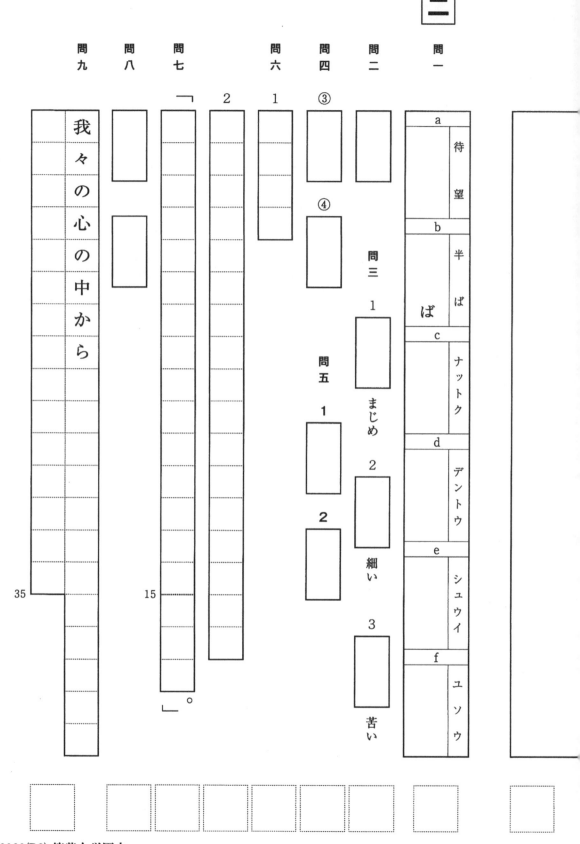

問６　下線④について，この遺跡がある場所として適当なものを**地図Ⅰ**中のア〜エから一つ選び，記号で答えなさい。

地図Ⅰ

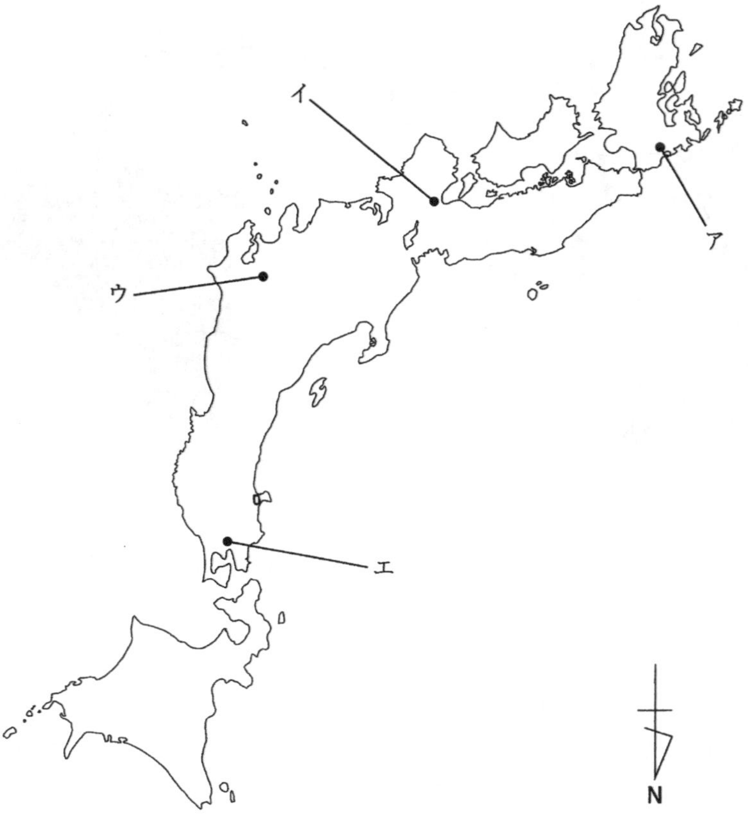

問７　下線⑤について，このことの説明として適当なものを次のア〜エから一つ選び，記号で答えなさい。

ア　朝廷の役人の位を 12 段階に分け，その家がらによって役人が取り立てられた。

イ　天皇の権力を示すために，新しい都として平城京がつくられ，都が遷《うつ》された。

ウ　仏教があつく信じられ，東大寺において大仏づくりが進められた。

エ　人の和を第一とすることや天皇の命令に必ず従うことなど，役人の心得が定められた。

問８　**資料２**で描かれている出来事が起きた時代として適当なものを次のア～エから一つ選び，記号で答えなさい。

資料２

ア　Ⅱの時代　　イ　Ⅲの時代　　ウ　Ⅳの時代　　エ　Ⅵの時代

問９　Ⅰ～Ⅸの文章を時代順に並べた場合，「古いものから５番目」となる文章として適当なものを次のア～エから一つ選び，記号で答えなさい。

ア　Ⅱの文章　　イ　Ⅳの文章　　ウ　Ⅴの文章　　エ　Ⅵの文章

3　**次の父と娘の会話文を読んで，あとの問いに答えなさい。**

父　2019年の６月28日，大阪でＧ20サミットが開催されたね。

娘　うん。そうだね。私も新聞やニュースで見たよ。でもＧ20って，何なの。

父　Ｇ20とは，日本，アメリカ，イギリスなどのＧ７を構成している７カ国に，ロシアやサウジアラビアなど12カ国とヨーロッパ連合（ＥＵ）を加えた主要20カ国・地域による枠《わく》組みのことなんだよ。

娘　へぇ〜，そうなんだ。そういえば，①福岡でも会議が開催されたよね。ニュースで，福岡を訪れたイスラム教徒の関係者に，豚骨を使わない豚骨風のラーメンがふるまわれたって聞いたわ。

父　福岡での会議とは別に大阪では首脳会合が開催されて，アメリカのトランプ大統領も大阪に来ていたよね。首脳会合では，自由貿易の推進や②環境・地球規模の課題への貢献など，多くのテーマで話し合いが行われたんだよ。特に，アメリカと③中国の貿易摩擦についての話し合いがどこまで進むかについては注目が集まったね。アメリカと中国の問題は，日本にも大きく影響するから心配だね。

娘　６月の会議の後，すぐに選挙が行われたよね。2019年の７月に行われた④国会議員の選挙は，投票率が低かったって，ニュースで言ってたわ。選挙には⑤税金をたくさん使ってるのにね･･･。

父　７月の選挙では，参議院において安倍首相が代表を務《つと》める[1]は，連立を組んでいる公明党とあわせて過半数の議席は確保したけど，安倍首相が主張している憲法改正については，「憲法改正の発議に必要な３分の２以上の議席」を確保できなかったね。もちろん，憲法の改正を最終的に承認するのは[2]の結果によるんだけどね。

娘　憲法の改正が[2]で承認されるというしくみは，国民主権にもとづくものだよね。

父「国民主権」は，日本国憲法の三つの原則のうちの一つだね。他には，生まれながらの権利を大切にするという「[3]」と，戦争を二度と繰り返さないという「平和主義」の二つがあって，これらの原則がきちんと守られる社会を作っていきたいね。そして，日本国内だけじゃなく世界中のみんなと協力していけるといいね。そうすれば，さまざまな問題もすぐに解決するんじゃないかな。

問１　文中の[1]～[3]にあてはまる語句を答えなさい。ただし，[1]は**漢字５字**で答えなさい。

問２　下線①について，福岡で開かれた会議に集まった大臣として適当なものを次のア～エから一つ選び，記号で答えなさい。

ア　外務大臣　　イ　農林水産大臣　　ウ　財務大臣　　エ　経済産業大臣

問３　下線②について，環境問題の一つである地球温暖化を防ぐために温室効果ガスの排出を減らすことが求められています。1997年に温室効果ガスを減らすことを決めた国際会議が開かれた都市として適当なものを次のア～エから一つ選び，記号で答えなさい。

ア　神戸　　イ　京都　　ウ　大阪　　エ　名古屋

問４　下線③について，現在の中国の国家主席を次のア～エから一つ選び，記号で答えなさい。

ア　　イ　　ウ　　エ

問５　下線④に関連して，**資料１**は三権分立のしくみを示したものです。**資料１**中の（A）・（B）に当てはまる文として適当なものを次のア～カからそれぞれ一つずつ選び，記号で答えなさい。

資料１

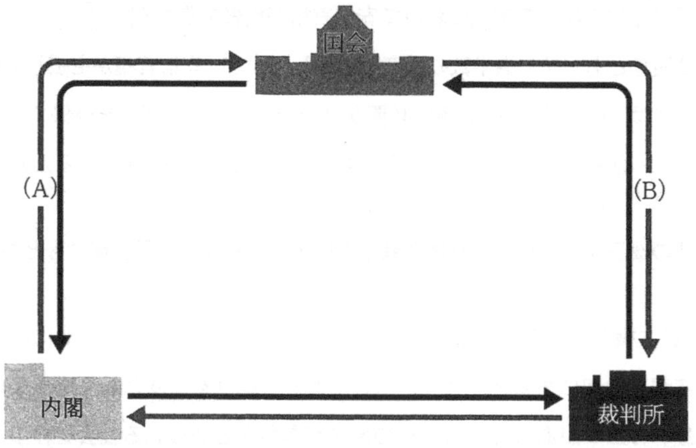

ア　法律が憲法に違反していないかを審査する。
イ　最高裁判所長官を指名する。
ウ　裁判官をやめさせるかどうかの裁判を行う。
エ　内閣の不信任を決議する。
オ　行政処分が憲法に違反していないかを審査する。
カ　衆議院の解散を決める。

問６　下線⑤について，**資料２**は2018年度の日本の歳入（収入）と歳出（支出）を示した円グラフです。この円グラフに関連することについて述べた文として**適当でないもの**を次のア～エから一つ選び，記号で答えなさい。

資料２

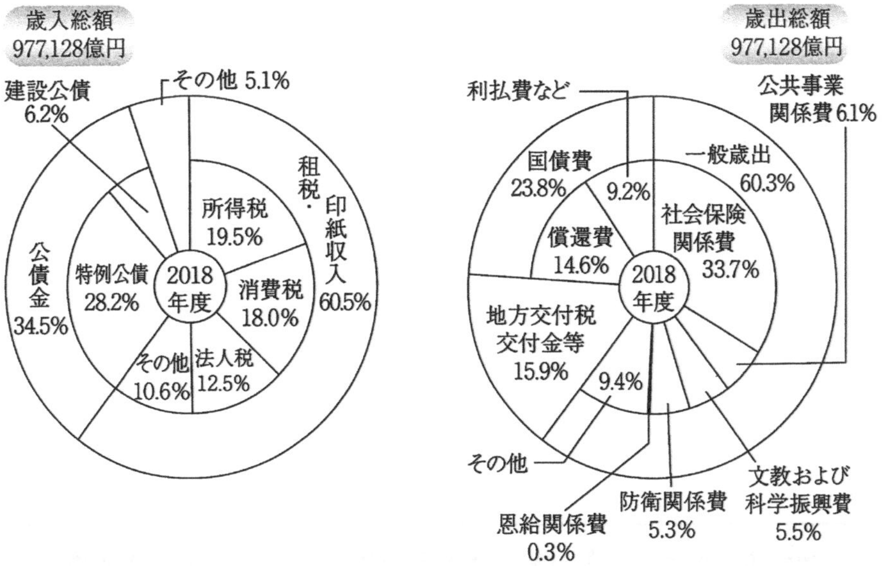

（『財務省資料』）

ア　日本は高齢化が進んでおり，高齢者の医療保険や年金にお金がかかるため，歳出（支出）において社会保障関係費の割合が最も高くなっている。

イ　租税・印紙収入において，物を買ったときにかかる税が１番高い割合を示している。

ウ　歳入における「公債金」の割合と歳出における「国債費」の割合を除いて，日本の歳入（収入）と歳出（支出）を比べると，日本の財政は赤字である。

エ　2018年度の日本の歳入（収入）と歳出（支出）の総額は，等しくなっている。

これで，社会の問題は終わりです。

2020(R2) 筑紫女学園中
K 教英出版